中国社会科学院 学者文选

陈栋生集

中国社会科学院科研局组织编选

中国社会科学出版社

图书在版编目(CIP)数据

陈栋生集／中国社会科学院科研局组织编选. —北京：中国社会科学出版社，2009.4（2018.8 重印）

（中国社会科学院学者文选）

ISBN 978-7-5004-7640-5

Ⅰ.①陈… Ⅱ.①中… Ⅲ.①区域经济学－文集②宏观经济学－文集 Ⅳ.①F061.5-53②F015

中国版本图书馆 CIP 数据核字（2009）第 025932 号

出 版 人	赵剑英
责任编辑	吴连生
责任校对	李 莉
责任印制	张雪娇

出 版	中国社会科学出版社
社 址	北京鼓楼西大街甲 158 号
邮 编	100720
网 址	http://www.csspw.cn
发 行 部	010-84083685
门 市 部	010-84029450
经 销	新华书店及其他书店
印刷装订	北京市十月印刷有限公司
版 次	2009 年 4 月第 1 版
印 次	2018 年 8 月第 2 次印刷
开 本	880×1230 1/32
印 张	15.25
字 数	366 千字
定 价	89.00 元

凡购买中国社会科学出版社图书，如有质量问题请与本社营销中心联系调换

电话：010-84083683

版权所有　侵权必究

出 版 说 明

一、《中国社会科学院学者文选》是根据李铁映院长的倡议和院务会议的决定，由科研局组织编选的大型学术性丛书。它的出版，旨在积累本院学者的重要学术成果，展示他们具有代表性的学术成就。

二、《文选》的作者都是中国社会科学院具有正高级专业技术职称的资深专家、学者。他们在长期的学术生涯中，对于人文社会科学的发展作出了贡献。

三、《文选》中所收学术论文，以作者在社科院工作期间的作品为主，同时也兼顾了作者在院外工作期间的代表作；对少数在建国前成名的学者，文章选收的时间范围更宽。

中国社会科学院
科研局
1999 年 11 月 14 日

目 录

序 ……………………………………………………（1）

第一编 区域经济和经济布局理论

我的空间经济观 ……………………………………（3）
工业布局规划的内容与方法 ………………………（51）
工业布局与经济效益 ………………………………（95）
重视新兴产业布局的研究 …………………………（125）
区域经济三题 ………………………………………（129）
中国区域经济研究的回顾与前瞻 …………………（137）

第二编 区域经济和经济布局战略与政策

走向2000年的中国经济布局 ………………………（145）
改善中国经济布局的对策 …………………………（199）

关于沿海与内地协调发展的几个问题 …………… (211)
产业政策必须和区域政策相结合 ……………… (224)
论九十年代中国经济布局的指导方针 …………… (233)
九十年代区域经济发展的任务及其实现 ………… (243)
论区域协调发展 …………………………………… (247)
落实区域发展总体战略　促进区域协调发展 …… (263)
关于贫困地区经济发展的几个问题 ……………… (271)
欠发达地区经济发展的几个问题 ………………… (281)
壮大县域经济：全面建设小康社会的重要一环 …… (289)

第三编　西部地区经济社会发展

大战略　新思路
　　——论西部大开发 ………………………… (299)
漫话西部大开发 …………………………………… (311)
中国西部地区工业化历程的回眸与前瞻 ………… (322)
西部大开发启动年回眸
　　——兼论经济全球化与西部大开发 ………… (343)
从经济布局看新疆经济的发展 …………………… (360)
西部大开发：企业新机遇 ………………………… (371)
投资西部，就是投资未来 ………………………… (375)
论西部地区投资软环境的建设 …………………… (378)
东中西协力联动　推进西部大开发 ……………… (386)

第四编　中部地区经济社会发展

从经济总体布局看中部经济社会的发展 ……………（397）
中部五省跨世纪发展的定位与目标 ………………（403）
努力走出中部地区崛起的新路子 …………………（416）
大力发展非公有制经济：中西部经济崛起的重要
　支点 …………………………………………………（425）
充分发挥武汉在加快中西部发展中的战略制高点
　作用 …………………………………………………（430）
深化改革优化结构：中西部地区工业振兴之路 …（433）
下决心走新型工业化道路
　——对山西经济发展的几点建议 ………………（459）
发展食品工业　推进中部崛起 ……………………（463）

作者年表 ………………………………………………（467）
作者论著目录 …………………………………………（469）

序

  收进"集"子里的34篇文稿，是从1979年以来发表的论著中遴选出的，都属于区域经济和经济布局范围，亦是我从1955年进入经济学领域以来，尽管任职单位数变，而一直固守的"阵地"。区域经济和经济布局，着力从空间侧面研究经济问题，或者说，将"地理空间"变量引入经济问题研究。

  今年正值改革开放30周年，改革开放开启了中国历史的新时期，揭开了中国特色社会主义的新篇章，亦为区域经济学的孕育、发展，提供了社会环境、社会需求。在高度集中的指令经济体制下，"经济布局"问题当然存在，亦有所研究；但区域经济的研究就难以提上日程。因为在那种制度安排下，区域不是相对独立的利益主体，缺乏必要的地区经济自组织能力，基本上是"上令下传、下情上达"的"传达室"和按行政指令运作的"算盘珠"。

  改革开放30年，尽管城乡、区域之间，距离协调发展、共同富裕美好愿景与目标的实现，还有相当长的路程；但30年来，东西南北中各类区域经济社会面貌都发生了历史性的巨变，区域经济发展呈现出的千帆竞发、百舸争流之势，却是有目共睹的。区域经济蓬勃发展，对区域经济学研究，提出了多层次、多类型的广泛社会需求；各类区域成功发展创造和积累的宝贵经验，为区域经济学的研究，提供、输送了丰富的素材与滋养；区域经济发展的某些问题与困惑，亦为区域经济学研究的深化，发挥着导向的作用。汇集于书中的34篇文稿，就是近30年里区域经济和区域经济学澎湃前行大潮中的几朵小小浪花。

1991年在为《区域经济学》一书所写的自序中，曾希望自己在这门学科发展初始阶段的一些探索，能为后来者攀高起到"垫脚石"的作用；进入21世纪，浏览一下有关区域经济学的专著、教材、"皮书"、地区规划和博（硕）士论文……林林总总，堪称"海量"，研究的广度、深度与研究方法，皆非昔日可比；"垫脚石"的作用，看来是高估了，就让它在中国区域经济学发展进程中，发挥一点"历史记忆"的作用吧！

最后要感谢李维民、丁易同志的敦促与多方面的帮助，特别是吴连生和裴叔平两位教授冒着酷暑高温，对全部文稿悉心审订，帮我发现、订正了原稿中的一些疏漏和瑕疵。

陈栋生

2008年8月20日

第一编
区域经济和经济布局理论

我的空间经济观

引 言

　　生产力布局与区域经济学是对国民经济空间侧面发展与运行规律进行专门研究的经济理论。生产力布局从俯视的角度，分析资源与生产要素分布、流动与空间聚合；区域经济学从平视的角度，研究区域的结构、差异、发展、耦合与区际关联等。两者如同一枚硬币，不同视角下显现不同的画面，而实体为一。

　　生产力布局是一多层次、经纬交织的多维网络系统。按布局客体的繁简，有总体布局与个体布局之别；从空间单元看，包括点、线、面、网；从构成看，包括产业布局与区域布局；从空间范围看，分为宏观布局、中观布局与微观布局三个层次。全国生产力布局蓝图，正是通过众多布局主体与要素主体的区位选择，在多层次的经纬交织中形成。整个运作过程，既需要充分发挥市场机制的作用，又需要运用政策调节。

　　区域经济是国民经济的子系统。国民经济是由不同类型的区域经济耦合而成，而不是同类型区域经济的简单聚合。马列主义劳动地域分工理论，是区域经济发展与制定区域政策的指南。处于不同发展阶段、资源禀赋与区位条件不一的地区，应遵循区域成长与产业结构演进的客观规律，审时度势，正确制定地区经济发展战略。

进一步完善生产力布局、实现地区经济协调发展，是20世纪90年代中国经济发展的重要任务之一，也是实现第二步战略目标的重要保证。在指导方针和总体布局框架上，宜采取"适度倾斜、协调发展，合理分工、各展所长，横向联合、优势互补，结构递进、动态耦合，以点带面、连点成带，产业走廊、纵横交错"举措。在对策与措施上，需进一步深化改革，重构生产力布局形成与运作机制；催化要素市场发育，制止封关设卡分割统一市场，保证要素流动畅通；通过产业政策区域化和区域布局政策产业化，使两者有机结合，形成"双坐标定位"的调控体系，更好发挥政策导向作用。按照补偿原则，建立完善区域政策体系，兼顾效率与公平；政府职能分解，专司管理职责，建立多级调控，实现双向选择。

一　生产力布局与区域经济研究的演变

1. 基本概念

"一切存在的基本形式是空间和时间。"[①] 社会生产力在时空中运动、发展，一国经济的发展最终总要落实到一定的地域空间，各地域之经济（区域经济）有机结合构成国民经济整体。对国民经济空间侧面发展与运作规律进行专门研究的经济学，即谓空间经济学，或谓生产力布局与区域经济学。生产力布局与区

---

① 恩格斯：《反杜林论》，《马克思恩格斯选集》第3卷，人民出版社1972年版，第91页。

域经济学从俯视的角度,分析资源与生产要素分布、流动与空间聚合;区域经济学从平视的角度,研究区域的结构、差异、耦合和区际关联等。两者如同一枚硬币,不同视角下显现不同的画面,而实体为一。生产力布局与区域经济研究的要旨,简要地说,有下述几方面:

(1) 社会生产力和要素空间配置规律的研究。空间经济问题,无论是表现为投资主体在原料、市场等既定条件下的区位选择,还是表现为区域条件与环境既定前提下,发展模式、发展方向直至资金具体投向之选择,实质上都受着资源禀赋差异(绝对优势、比较优势)、规模经济与聚集经济、转移成本三者的支配。在同一生产力水平下,不同产业(行业、产品)中三者有不同的影响;三者在社会生产力发展不同阶段中各自的变化、地位以及相对关系的演变等,形成和决定了生产力空间配置规律。只有揭示经济空间的配置规律,才能打开资源空间优化配置的大门。

(2) 体制构架与运行机制的研究。直观考察,生产力布局与区域经济表现为资源与生产要素在不同区域的空间聚合,而在其背后决定、制约要素流向和聚合形态的,是各有关利益主体的利益驱动,不同利益主体之间权益的协调(不同制度、不同体制下,协调的准则是不同的)。体制构架与运作的研究,从分析各利益主体决策动机、决策根据对现实布局之影响出发,设计调动各利益主体出于自身权益的决策方向,使其接近而不是背离资源空间优化配置的要求。

(3) 布局战略和区域政策的研究。如果说上述(1)、(2)两项属基本理论研究,本项则属对策性研究。布局战略研究,旨在根据一国既有生产力布局和区域经济的态势,以及国际环境,预测未来经济空间格局的演变趋势,勾勒现实可行的布局蓝图;

而区域政策的研究，旨在并用计划与市场两种调节手段，为实现既定布局目标，架设"桥梁"。

（4）地区诊断分析，不同类型区域发展模式研究，区域规划理论、方法与技术研究。此项可看做为生产力布局与区域经济学的"开发应用研究"，它开拓了学科的服务范围，既为推进社会发展做出直接贡献，又为深化学科理论研究汲取与积累丰富的素材。

2. 生产力布局与区域经济研究的历史回顾

对经济现象空间分布的记述与分析，早已有之。在中国，春秋战国时代成书的《山海经》、《禹贡》就有这方面的记载，特别是《禹贡》，把当时黄河流域和长江流域分为九州，记述了各地区的自然条件、自然资源和土地利用与贡赋的状况；再后来，在《史记·货殖列传》、《汉书·地理志》中对地区经济的记载与分析就更加详尽；东汉以后按照《汉书·地理志》的体例编纂的地方志，历代连绵不断，累计达九万余卷。明末清初著名学者顾炎武利用这些方志材料和自己的实地调查，写成了《天下郡国利病书》，这个书名用现代语言表达，就是分析各地区经济发展的优势与劣势。在西方，公元前古希腊、古罗马也出现过地理志的巨著，到15世纪地理大发现以后，记载各国、各地区的自然、经济和物产状况的著作大量涌现，有的称做商业地理学，有的称之为国势学。上述著作，总的来看，还停留在对经济现象或经济活动地理分布的描述上。

对经济现象、经济活动地理分布差异的理论探讨，大体始于18世纪末。开始流行的是"地理环境决定论"、"人地相关论"。确实，不同的地理环境对经济发展是有影响的，生产力水平越是低下，这种影响就越明显。马克思在分析人类社会早期在地区生产差异基础上发展起来的社会分工时曾指出:"不同的公社在各自的自然环境中,找到不同的生产资料和不同的生活资料。因此,它们的生产方式、生活方式和产品,也就各不相同"①,"不是土壤的绝对肥力,而是它的差异性和它的自然产品的多样性,形成社会分工的自然基础。"② 而随着生产力的发展,科学技术的进步,单以地理环境解释经济分布和地区经济差异的形成,就会愈来愈违背客观实际。19世纪20年代,西方开始出现运用经济因素分析这种差异的"区位论"。最初是杜能的"农业区位论",他分析了围绕一个城市(农产品市场)的农业地区,视其与城市的不同距离,应布局不同的农业结构,配置不同的农作物。他从利润=销售价格-(农业生产成本+农产品从产地到市场的运费)的公式出发,指出距离城市最近的第一圈,应该配置蔬菜、牛奶等农业部门,因为这些产品是每天都要消费的,量大易腐败,运费与产品价值相比,运费比率高;第二圈则应配置薪炭林,以就近供应城市燃料;以后各圈则相应配置集约性谷物业、休耕制谷物业、三圃式农业、畜牧业;第六圈以远,发展任何农产品运到城市都无利可图,则势必荒芜。1909年和1914年,德国经济学家阿尔弗雷德·韦柏发表了《工业区位理论·区位的纯粹理论》和《工业区位理论·区位的一般理论和资本主义的理论》,首次提出了比较系统的工业区位理论。韦柏探寻的是保证制成品最低成本的工厂区位的所在,他把影响成本的区位因素归结为三个:运费(运输成本)、劳动费(工资成本)和工业集聚与分散;提出了寻求最低成本区位的三个步骤。第一

---

① 马克思:《资本论》,《马克思恩格斯全集》第23卷,人民出版社1972年版,第390页。
② 马克思:《资本论》,《马克思恩格斯全集》第23卷,人民出版社1972年版,第561页。

步，首先寻求运输成本最低点，在假定运输方式和运费率单一的情况下，即寻求原料和制成品运输的总吨公里的最少点。他把原料重量与制成品重量的比例定义为原料指数，指出原料指数大于一，工厂厂址应建在原料产地；原料指数小于一，则建在产品消费区。第二步分析各地工资成本的差异。第三步分析工业集聚与分散对制成品成本升降的影响。然后采用"等差费用曲线分析法"，确定建厂地点是否从运费最低点向工资成本最低点和工业集聚与分散效益点转移，以实现制成品成本最低。很明显，韦柏的学说是一种静态的局部均衡下的微观布局的抽象研究，与资本主义工业布局的现实还有较大的距离。后来的西方区位论学者，从不同侧面对区位理论作了补充、修正与发展。1944年，德国学者廖施出版的《经济的区位》，被认为是20世纪前半期西方最重要的区位理论著作。他认为，工业区位的趋向是寻求最大的利润，而不是最低成本、总利润的多寡，取决于产品的需求和价格，而需求和价格之间呈函数关系。如果工厂设置在可以吸引足够数量消费者的地点，它就能够获得利润；反之，就不能获得利润，也就不适宜作为建厂地点。廖施兼顾了一般均衡和局部均衡分析，既重视价格和多个市场之间的竞争对工业区位的影响，又重视工厂建设地点与产品可能的销售量、赢利水平的关系，因而比较接近资本主义工业布局的现实。以后，费特尔提出了"贸易区位论"、高兹提出了"港口区位论"、克里斯塔勒提出了"中心地理论"、奥林提出了"国际（区际）分工和国际（区际）贸易理论"。瑞典经济学家伯尔蒂尔·奥林在《地区间贸易和国际贸易》（1933年）等著作中提出了"生产要素禀赋学说"，他认为，各国（地区）生产要素禀赋不同，不同商品需要不同的生产要素搭配比例，每个国家（地区）出口本国（区）具有丰裕而价廉的生产要素的商品，进口本国（区）稀缺而价昂的生产要素的商品，就可以获得经济利益。李嘉图用比较成本解释国际贸易，奥林进一步用生产要素禀赋差异揭示了比较成本的差异，并且把李嘉图的个量分析扩大为总量分析，不局限比较两种产品的劳动耗费差异，而是全面比较两国（地区）生产要素总供给的差异。和韦柏局限于工业区位因素的技术经济分析不同，奥林把区位问题和贸易、价格问题联系起来，从而使区位理论由单个工厂的建厂地点选择扩大到一个国家（地区）产业发展的总体选择。

第二次世界大战后，区位理论的发展有以下三个特点。一是在微观经济分析中，对区位因素的探讨更加全面，在原有的运输、劳动费、市场等以外，补充了技术、资金、信息、环境和其他"不确定因素"，把区位的研究和规模经济、风险问题、区域经济政策相结合，由纯理论的探讨向区域政策和区域规划方法等应用领域深入。二是更加重视区位问题的宏观经济分析，使之与增长经济学、发展经济学的研究相结合，着重分析各国（地区）经济增长率的差异同各该国家（地区）区位形成的关系；研究投资率、失业率、通货膨胀率等经济因素与区位的关系；研究资本、劳动力、技术等各种生产要素的供给、需求和流动，对新工业区的形成、老工业区振兴（或衰退）的作用。三是引入行为科学的理论和方法，分析影响区位的非经济因素，探讨制度、军事防务、文化、社会心理、人际关系、决策行为等对区位选择的影响，运用经济因素与社会因素综合分析的方法研究区位的形成与演变。

十月革命后，苏联的经济学家和经济地理学家，开始以马列主义关于劳动地域分工的理论为指导，研究社会主义的生产布局理论。由于各人学术素养和源流的不同，先后出现过"部门统计学派"、"区域学派"、"经济学派"和"地域综合体学派"。

中国对布局经济的理论研究，开始于新中国建立以后，初期主要是翻译、介绍苏联"区域学派"和"经济学派"的论著。以后配合国家经济建设，研究工作者先后参加了许多地区和流域的考察与规划工作，作出了一定的贡献。但在1978年以前的20多年，由于理论上否定商品经济，实践上是大一统的高度集中的指令性经济，采用行政性方式实施资源与要素的空间配置，政府特别是中央政府几乎是布局的唯一决策主体，使当时的生产力布局与区域经济研究，长期局限于"社会主义生产力布局原则与应用"等几个狭小的领域，而且在布局原则的论述中，长期把"均衡布局"简单化地作为社会主义的首要原则。党的十一届三中全会以来，特别是有计划商品经济的新体制模式提出以后，伴随指令性计划减少，纵向行政约束弱化，地区经济的自组织能力相应增强。长期以来，中央政府一笔独绘布局蓝图的局面，正向多元化布局主体在各自利益驱动下寻找自己的最优区位的方向转化。20世纪80年代至90年代初，中国地区经济呈现出历史上从未有过的活力，取得了很大的发展；与此同时，各种新、老方面的问题也充分显露——如大量重复建设，造成地区间产业结构不合理的趋同；区际摩擦加剧，从经济过热时争夺稀缺资源的种种贸易"大战"，到市场疲软时，地区间构筑"进出壁垒"；国内地区间，不仅东西部而且南北间的发展差距迅速拉大……在经济实践中，无论是新的成就与经验，还是新的矛盾与问题，都给生产力布局与区域经济研究者以全新的感觉，推动研究领域的拓展。尽管现在作出很高评价还为时过早，但改革开放十余年来，中国生产力布局与区域经济学研究领域的拓展与成果，远远超过前29年，则是有充分事实根据的论断。

40多年来，中国生产力布局与区域经济学发展的历程表明：只有坚持从实践出发，而不是从先入为主的"原则"出发，在

"求实"的基础上，才有可能"求是"。对于"舶来品"，既不能"一边倒"全盘接受或全盘移植，也不能不加分析地"一概否定"，必须根植于中国的实践与国情加以消融，取舍扬弃。中国疆域广袤，各地区自然、经济与社会人文条件差异大，地区发展很不平衡，实践对生产力布局与区域经济学既提出了紧迫的需求，又为其发展提供了深厚的土壤与丰富营养。建立能圆满回答中国"四化"建设中种种区域经济问题，在理论方法上达到与发达国家区域经济和区域科学并驾齐驱水平的、具有中国特色的区域经济学，我以为这是全国生产力布局与区域经济理论工作者和实际工作者应为之奋斗的目标。

40多年来，中国生产力布局与区域经济实践的曲折历程表明：生产力布局与区域经济是大国经济发展中具有战略意义的重大课题，是保证中国社会主义现代化"三步"宏伟目标完满实现的重要支撑点。逐步实现生产力布局合理化和区域经济协调、有效发展，具有下述多方面的意义：

第一，有利于充分有效地利用全国各地区的自然资源、经济资源和劳动力资源，发挥中国疆域辽阔、人口众多、资源丰富的优势，调动地方和广大群众建设社会主义的积极性，加快社会主义现代化建设的步伐；

第二，有利于科学地组织原燃料基地、生产基地和消费市场的联系，高效率地组织生产、流通、分配和消费，提高社会劳动生产率和生产建设的经济效益；

第三，有利于保护环境和生态平衡，充分利用自然生产力，为保障生活环境和国民经济当前与长远发展需要的自然物质基础作出贡献；

第四，有利于少数民族和其他经济落后地区经济的发展，为巩固、加强各民族的大团结，逐步缩小、消除历史遗留下来的各民族经济和文化事实上的不平等作出贡献；

第五，有利于国防安全的巩固，有效地抵御敌对势力对中国发动的突然袭击，支持反侵略战争胜利地进行。

二　生产力布局原理

如果把整个国民经济看做一个巨系统，生产力布局就是这个巨系统的空间侧面。而生产力布局又是一个多层次、经纬交织的多维网络结构。按布局客体的繁简不同，可分为总体布局和个体布局，前者指整个国民经济的空间配置，后者指一个企业、一个单位的选点定址。从空间单元构成看，包括：点（经济基点）、线（产业带、城镇带）、面（幅员、水平不等与类型不同的经济区域）、网（联结点、线、面的各种网络，是要素流动的通道、经济能量转移的载体）。从构成看，包括产业布局与区域布局两方面，前者为经，后者为纬。产业布局着重分析各产业、各行业布局的特点与配置要求，研究同类产品通过竞争与联合形成产业配置格局的机制，以及对资源供给区和市场区的划分；区域布局着重分析在特定地域空间，各部门集聚形成规模不等、类型不同的地域经济联合体，以及区域间的竞争与联合。从空间范围与层次上看，包括宏观布局、中观布局和微观布局三层次。上一层次把下一层次作为一个集合体包含其内，对下一层次起控制、约束作用，成为下一层次发展的"外环境"；下一层次作为上一层次的子系统既受控于又再反馈到上一层次，形成赓续相连的空间系统。全国生产力布局蓝图，正是通过众多布局主体与要素主体的区位选择，在多层次的经纬交织中形成。其整个运作过程，既需要充分发挥市场机制的作用，又需要运用计划调节。没有充分发育的商品与要素市场，就不可能有客观准确的"区位成本"。失却了生产力布局这个最基本的经济参数，所有关于资源空间配置的计划，就缺乏起码的根据与前提，势必陷入主观与盲动；而市场机制的某些内在缺陷，又要求有规划调节手段和区域政策的干预。但这种计划、规划，从总体上看，应是导向性、诱导性的，因为只有这种"柔性"而非"刚性"的规划，才有可能与市场兼容。

1. 宏观布局

宏观布局是生产力布局的战略环节，它要对全国生产力总体布局的走势与框架，进行分析、预测。主要内容包括生产力布局展开的方式与重点方向——一定时期建设的重点或热点区域、产业带，以及不同阶段重点建设区域的转移与衔接、各经济地带和大经济区相对地位与耦合方式的变化，等等。

支配宏观布局有哪些制约因素，宏观布局变化有哪些客观规律？根据对中国和国外生产力布局演变历程和经验教训的分析，可以看到一个疆域辽阔、原有地区经济基础很不平衡的大国，在宏观布局上具有以下一些规律：

（1）一个国家生产力布局的均衡度和该国工业及国民经济的总水平存在正相关关系。均衡配置只可能在经济发展水平不断提高的过程中逐步地相对实现，生产力布局向新地区展开的速度需与经济发展的速度相适应，新基地建设的总规模要与一定时期国家的财力、物力相适应，超越国民经济发展水平提供的可能性，企求更高的布局均衡度，往往会降低社会宏观效益（见图1）。

对众多国家工业化进程中经济总量（人均国内生产总值等）与地区经济发展均衡度（地区之间人均国内生产总值的比值）进行相关分析，大致可以绘出近似"U"形的曲线。即经济起飞阶段，通常伴随地区均衡度下降，即地区之间发展水平差距的扩大；

而越过起飞阶段,均衡度相应走出谷底(O_1)而逐步提高。如美国19世纪末20世纪初人均收入的地区差异数量高达1:3.2(均衡度1/3.2),而到20世纪70年代已下降到1:1.54;中国人均收入最高的地区为上海,最低的为贵州,两者差距达1:8.56(均衡度1/8.56)①。一般来说,疆域愈辽阔的国家O'_1点的位置愈偏右,即曲线转折点的出现要求更高额的国内生产总值。

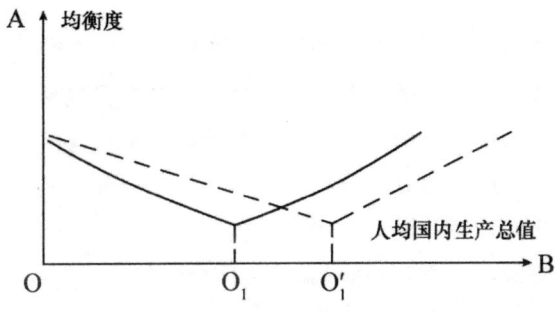

图1　均衡度与人均国内生产总值

(2)提高原有经济重心区和开发新地区相结合。均衡布局不是通过"抑高拔低"实现的,而必须以提高已有经济重心区,作为布局向新地区展开的出发点和依托。新地区的开发,无论从供给推动还是从需求拉动看,主要来自现有开发区,特别是经济重心区。为了增强开发新地区的推力和拉力,都要求不断提高原有经济重心区。而原有经济重心区随着产业集聚程度的提高,要素丰缺和区位成本的变异,也要求工业向新地区扩散,要求开发新地区以增加资源的供给。

---

① 《中国统计年鉴(1988)》,中国统计出版社1988年版。

(3) 新基地的建设要有序展开。从总体上看要循序渐进，按照依托老基地—开辟一批新基地—继续发展、提高老基地，巩固充实已建新基地—再开辟另一批新基地……的方式有序展开，而不是径直地、不间断地搞战略布局的新展开。

(4) 重点建设地区的形成和转移取决于关键产业、关键资源和关键要素的变动。每个时期制约国民经济发展的瓶颈和推进经济发展的引擎各不相同，各个地区在承担解决瓶颈、引擎等方面的条件、能力和效率方面，也是各有不同的。所以在每一时期的生产力布局总是有重点的、不平衡的。除必要的国防考虑以外，每一时期重点建设地区的形成，主要取决于哪些地区在解决关系国民经济全局发展的关键产业、关键资源、关键要素等方面具有综合优势，效益高、见效快。从动态发展看，制约与带动国民经济发展的关键产业（资源、要素）不断变化，各地区不同要素的区位成本和相对优势也处于变动之中，从而导致不同时期重点建设地区的相应转移。在市场机制作用下，处于创新阶段的产业多发轫于经济技术水平处于高梯度的地区，随着该产业向发展、成熟、衰退阶段推移，布局上相应呈现向中梯度、低梯度地区转移的趋势。

2. 中观布局

中观布局包括地区经济发展模式和地区内部产业结构与空间结构——经济基地的规模与布局、城镇体系的组成与布局，和工厂、企业建设地点的选择等。为行文之便，前者留待在本文"三 区域经济原理"中分析，这里先从经济基地的规模与布局问题说起。

对生产力分布，特别是对第二、三产业分布的直观考察可以看到，它和生物群落有类似之处，也是以工厂或产业群落的形式出现。为什么会如此，不同类型、规模的产业群落为什么会在一定的地点形成，这些都需要从构成群落的个体——企业、工厂的定点说起。

工厂建设地点的选定，从经济上看，就是要保证企业单位产品花费的完全换算费用最低；只有这样才能保证企业在市场竞争，首先是价格竞争中取胜。由于不同行业、不同产品完全换算费用的构成不一，产品及其原料的自然、经济特性和加工工艺不一，能够保证完全换算费用最低点的所在很不一致。例如，多数农产品、矿产品的初步加工工业，如轧花厂、榨油厂、制糖厂、洗煤厂、选矿厂等一般都趋向于接近原料地，因为这些产品生产过程中，原料失重程度（原料重量与成品重量的比值）大，单位产品的原料消耗量数倍甚至几十倍于成品的重量；有些农产原料在运输、贮藏过程中损耗较大，靠近原料产地建厂，外运成品比把工厂建在消费地要大量运输原料更合算。相反，原料失重程度小甚至增高，成品不便运输或运输周转过程损耗大，不便利用管道等廉价运输方式的工厂，一般多靠近消费地建设，如硫酸厂、玻璃厂、家具工厂。大多数花色、品种、款式多样，变化频繁或与地方消费习惯有关的日用消费品，也宜靠近消费地建厂，其主要目的在于及时适应市场变化，改进产品设计，调整产品结构。大耗电工业的工厂，建厂地点一般选择在靠近动力基地特别是能提供廉价电能的大型水电站或坑口电站附近，如铝、镁、钛的冶炼厂、铁合金厂、电石厂、人造纤维厂等。这是因为这些产品主要采用电解或电热工艺，单位产品的电能消耗大，电费占产品成本少则百分之二三十，有的高达一半以上。这类工厂靠近电站，取得廉价电能和减少电能输送损失所获得的利益，通常可以绰绰有余地补偿原料、半成品调运中的劳动耗费。至于劳动密集型行业的工厂，资金有机构成低，工资开支占成本的绝大部分，选厂定点主要考虑劳动力供应充裕、待业人员多的地方。以上可分别简称为工厂布点的"原料指向"、"市场指向"、"能源指向"和"劳动力指向"。指向原理是生产力布局理论的一项重要内容。

新技术革命中出现了一系列高技术的新兴产业，其布局与传统工业有许多差别。以微电子工业为例，根据美国的"硅谷"、"硅原"，日本的"硅岛"、"硅路"这四个世界最著名的微电子工业基地的情况看，新兴产业布局地点的选择着重考虑以下四方面的条件：

第一，智力密集地区。具有与科研机构、高等院校相结合的人才条件，拥有雄厚的技术开发能力和覆盖面广、传递迅速的信息网络。

第二，完备的辅助工业和发达的第三产业。新兴产业对供水、供电，材料、气体、化学试剂与元器件的供应，设备的研制与维修，都有特殊要求。如用水要求高净洁度的软水，供电要求电压、频率稳定。日本把集成电路基地选在九州，重要原因之一，就在于那里有丰裕的优质地下水和充裕电力，供电稳定。

第三，环境质量好，无传统工业污染。高技术产业的生产技术过程要求四季温差变化小，温度湿度适中，空气清新。

第四，四通八达、迅速方便的运输条件。人才、信息高频率的交流和广泛的生产技术协作，是高技术产业发展的重要条件。因其产品体积小、重量轻，故以采用空运等高速运输方式为宜，可以说属于"临（航）空（港）型"布局的产业，其所在地应拥有大型机场和发达的公路网。

在对企业区位指向"个体"考察的基础上，来进一步分析作为产业"群体"集聚的经济基地和城镇规模问题。如从主观偏好看，有人倾向集聚程度高，多发展大城市；另一些人则恰好相反，主张产业分散，多发展中小城镇。就观点论长短，始终莫衷一是，不如深入剖析制约产业集聚与分散的经济社会因素。

工业企业的布点必须适当集中、互相配合。首先，是因为现代工业是一个复杂的分工协作体系，只有相关企业集中布置，才便于加深专业化分工和协作，形成综合生产能力，对资源和其生产要素进行综合利用，提高经济效益。其次，现代工业需要有相应的生产性和社会性基础结构设施相配合，其能力和效率才能充分发挥。企业布点适当集中，才有可能统一建设起比较齐备的基础结构设施，节约基础结构设施的投资，提高这些设施的使用效果。在科学技术迅速发展的现代商品经济，工业的发展有赖于发达的商业与金融网络、科技开发和信息咨询等，而上述第三产业的发展规模和水平，又以人口与经济的集聚为前提。再次，企业布点的适当集中，才能为不同类型的劳动力提供多种就业门路，并有利于职工婚姻等社会问题的解决。布局实践中正反两方面的经验告诉我们：产业布点的适当集中和"集聚利益"，是客观存在的趋势和事实。各种产品生产需要就地协作的技术经济联系和城市公用设施经济规模的起点，是决定产业布点最低集中程度的重要因素，达不到这个最低限，就是过于分散。

但是，产业布点的集中程度，并非愈高愈好。当产业布点超越客观条件过度集中时，也会带来许多弊病，其主要有：（1）各种原料、燃料需要量大增，原料、燃料和产品的运输距离拉长，流通过程中的劳动耗费增加。（2）城市人口的相应集中，形成对各种农副产品的大量需求，而工业集聚又需大量占用耕地，缩小城郊农业用地的数量。目前，在中国农业劳动生产率和商品率比较低的情况下，工业城镇规模过大，势必增加城市农副食品供应困难。（3）生产和生活用水量大增，在本地水源不足时，开辟新水源、远距离引水，一项引水工程往往就耗资数亿元，在中国北方水资源紧缺地区，这个问题更为突出。（4）大量生产和生活排泄物的集中排放，势必造成环境污染和生态平衡的破坏，利用自然界自净能力净化"三废"的可能性相对下降，为保持环境质量，不得不耗费巨资兴建各种人工净化处理设施，增加环境保护费用。当产业集聚带来的上述"外部不经济性"（又称社会不经济性）的总和超过生产集聚带来的利益时，综合经济效果反而下降，这就表明集聚程度已不符经济合理的界限。

综上所述，就每个经济基点和城镇而言，合理的规模和集聚程度，一方面取决于各组成企业的规模、生产技术协作的要求和企业在全国及所在地区中的地区状况；另一方面又取决于当地土地资源、水资源和环境容量与城郊农业的发展水平。就经济基点的总体考察，它又是循着集中—分散—再集中—再分散……的规律不断发展的历史过程。一个国家或地区的工业，最初总是从少数几个经济基点起步。一个经济基点一旦建立，它对其他拟建企业就具有强大的吸引力，因为在现有工业基点建厂，既可以现有的基础结构设施为依托，加快建设进度，节约配套投资；又可利用现成的生产技术协作关系，提高专业化水平，降低生产费用。随着许多后续项目为了利用"集聚利益"而不断进入现有经济基点，城镇规模不断扩大，过度集中的弊病将逐渐显露，在生产要素全盘商品化的市场经济下，它通过地价、水电等公用设施费用、排污费上涨，生活费指数上升，工资成本提高等反映出来，"集聚利益"也随之愈来愈多地被过度集中造成的"外部不经济性"所抵消，最终导致"区位成本"提高。这时，生产建设向新的基点扩散的需要开始提出，而随着从现有经济基点出发的运输和电力输送等网络向外扩展，也就为新经济基点的建立提供了物质基础。新经济基点建立后，也会经历老经济基点大体类似的发展过程，导致又一批更新的经济基点的出现。

以上分析，主要就大机器工业时代而言。如果把考察的时间跨度向后、向前同时延展，则可看到经济基地（基点、城镇）的布局在历史上经历了分散—集中—再分散的历程。在工场手工业及其以前的时代，在手工劳动，依靠畜力和河流天然落差的水力作动力，凭借人力、畜力和风力进行运输的时代，经济基点呈现小规模的星散分布。第一、二次产业革命时期，蒸汽机、电力、铁道、高速公路和大机器工业相继出现后，产业布局集聚趋势加剧。经济基地呈大规模集中配置。在以电子计算机等为代表的新技术革命时期，由于运输和信息网络的高度发达、广泛分布、速率大增，经济的空间距离相对缩小，以及企业规模的小型化，产业地点布局再次呈现分散化，这在美国、日本和德国等工业发达国家已初现端倪。

3. 微观布局

微观布局是生产力布局的最基层一环，主要分析城镇内部各项经济社会活动设施的布局规律和要求，以及如何实现这些要求。它包括功能区的划分与组成，直至企事业建设地址的选择。

以工厂的厂址选择为例，其起码的要求有两条，一是满足拟建厂生产建设和职工生活的要求；二是不能"以邻为壑"，影响危害四邻和所在城镇、流域的环境与景观，而且有利于所在城镇和工业小区总体规划的实现。从满足拟建厂生产建设需要看，所选厂址应达到以下基本要求：

（1）厂区土地面积与外形，能满足厂房与各种构筑物的需要，并适合于按科学的工艺流程布置厂房与构筑物。

（2）厂区地形力求平坦或略有坡度（一般以不超过千分之五至十为宜），以减少土地平整的土方工程，又便于地面排水。

（3）厂址尽量选在工程地质、水文地质条件较好的地段。土壤耐压力应满足拟建厂的要求，严防选在断层、岩溶、流沙层与有用矿床上和洪水淹没区、已采矿坑塌陷区以及滑坡下。厂址的地下水位应尽可能低于地下建筑物的基准面。

（4）厂址尽可能接近水源地，并便于污水的排放与处理。

（5）需铺设铁路专用线的工厂，厂址的位置应尽量接近铁路线，并便于与距离最近的车站接轨。

（6）厂址选择应便于供电、供热和其他协作条件的取得。

由于工业企业只是城镇各项物质要素之一，它只有和城镇其他物质要素——城市交通运输、给排水、动力供应、生活居住、商业服务等系统密切配合，才能正常运转。所以厂址选择以至整个城镇工业企业的布置，不仅限于满足本企业生产建设的需要，更重要的是通过全盘规划，妥善处理工业与城镇其他要素的联系和矛盾，求得城镇整体协同的最佳效果，为建设具有高度物质文明、精神文明和环境优美的社会主义新型城市作出贡献。为此，需按"性质分类、功能分区、成组布局，优选区位、各得其所、总体最优"的内容与目标，进行城镇总体规划。

"性质分类、功能分区"，是指按照城镇内部工业生产和其他方面的需要，分别计算对于土地的需求，统筹平衡城镇的工业用地与生活居住、公共建筑、对外交通、园林绿化各方面的用地。然后，按照功能的不同，分别组成各类工业小区和市中心区、居住区、文教区等，并妥善安排各功能区之间的联系。

"成组布局"，是指将相关企业尽可能集中配置，形成特定的工业小区，其主要类型有：①对某种主要原料进行连续加工的各个企业，如将烧结厂、焦化厂、炼铁厂、炼钢厂和轧钢厂等采取成组布局，可以大大缩短半成品的运输距离，实行连续热装，节约能源消耗。②产品、零部件和工艺有密切联系的各专业厂，如将冶金机械厂、矿山机械厂、重型机床厂、金属结构厂等采取成组布局，建立重型机械制造工业区，就可以统一建立铸锻中心、设备维修中心等技术后方基地，提高企业专业化的水平，节约建设投资，降低产品成本。属于这种类型的，还有某种产品的总装厂和各种零部件的供应厂，生产某种成套设备的专业厂，如由锅炉厂、汽轮机厂、发电机厂等组成的动力设备工业区。③对原料、燃料、动力、副产品和"三废"进行综合利用的各企业，例如，火力发电厂与建筑材料厂、铝氧厂与水泥厂、金属冶炼厂（以各种硫化矿为原料的）与硫酸厂、炼油厂与石油化工厂、木材加工厂与林产化工厂等。对这些企业采取成组布局，便于经济有效地充分利用各种资源，做到"化害为利，变废为宝"。将上述各种类型的企业成组布局，还可以为统一建设、使用各项公用工程（运力、运输、供排水、生活服务等设施）提供条件。

"优选区位、各得其所"，是指根据企业性质和规模的不同，特别是占地和运输量的多寡、污染的程度分类，选择不同的位置。第一种类型的企业是规模小、运输量小（不需修建铁路专用线）、无污染或少污染的企业，如食品、服装、印刷、精密仪表等，可靠近市区或在市区内的独立工业地段布置，也可采取"工业大厦"立体布局的形式，与城市其他要素统一安排。对于用地紧张的特大城市，这是值得重视的一种新的格局。第二种类型的企业是中等规模的机械制造厂、纺织厂等，可布置在与市区邻近的专门工业区，如北京、郑州、西安等市的纺织工业小区和西安的"电工城"，均取此种方式。第三种类型是占地广、运输量大、污染重的企业，如大型冶金厂、石油化工厂、重型机械厂等，则宜于布置在离市区较远的专门工业区或卫星城，如北京市的房山石油化工区、武汉市的青山钢铁区都是这样布置的。

"总体最优"，是指上述各方面的安排从总体上看来最优。在社会主义社会里，不应以某一企业的局部利益为出发点，而应以城镇整体协同的总效益最优作为出发点和归宿。以城镇用地的划分为例，最接近水陆交通干线和便于工厂专用线接轨的地段，应优先安排各种运输量大的企业；最接近水源和便于供水的地段，应优先安排各种用水量大的企业；最接近热电站和便于供汽的地段，应优先安排各种大量用汽的企业。污染环境的工业区和工厂，则应布置在城市盛行风向的下风向和河流的下游。

由上可见，城镇欲达到经济繁荣、生活方便、环境优美等多重目标，不凭借（区域和城市）"规划"手段是难以想象的；但是"规划"的制定，必须以市场信息为前提，"规划"的实施，除必要的行政手段外，更大量的是运用经济手段——如对不同产业、不同位置、区段的地价标准、水价标准等的调控。

三　区域经济原理

1. 区域经济的特点和地位

（1）区域经济的特点及其研究的必要性。如果说整个国家经济是一个大系统，那么，区域经济（此处既指经济区，又指行政区，仅就其共同点而论；两者的差异需另文专门分析）就是其中的子系统。同样，如果说整个国际经济是一个大系统，那么，每个国家的经济，即其子系统。但两类系统的特性有质的差别。后者，各子系统具有独立的国家利益，有国界、海关，在社会制度、经济体制、经济运行规则和币制等方面都有重大差别；要素在国际间的转移通常受到许多条件的严格限制。而前者，各子系统尽管也有行政区划的界限，其他方面则几乎是一致的（"一国两制"下的特殊情况另作别论）；要素在国内区际间的流动，原则上是不受限制的，各子系统之间是"全贯通"的，也只有达到这一境界，全国统一市场才算真正形成。

区域经济在某种意义上可以说是国家经济的缩影，它也有第

一、二、三产业，也由工、农、建、贸、运等业组成。在这种情况下，为什么还需要对"区域经济"进行独立研究、分析呢？我想有以下几点原因：

第一，要素分布的不均衡性。就每一区域而言，要素的种类往往是"不充分"的：某些具体要素或是"不充足"的，或是相对过剩的；各种要素的匹配比例通常是失衡的。从而决定了区域产业结构的"非均衡发展"。

第二，要素空间转移的特性。从空间转移特性看，要素大体可分为三类：第一类是区际间无法转移的要素，如土地和相应的自然条件；第二类是不易转移的要素，如水资源，某种情况下的人口与劳动力；第三类是区际间可转移的要素，但转移成本高低不等。

第三，基于地理区位和通过社会公共资本投入等创立的"区域环境"利益利用上的某种排他性。

第四，区域长期历史发展中社会文化积淀形成的区域特征。

以上四方面综合作用的结果，决定了对区域经济进行独立研究的必要性。

(2) 区域经济在国民经济中的地位。区域经济是客观存在的，但在不同的经济管理体制下，又显现出巨大的差别。如1978年以前，在高度集中的指令经济下，产品统购统销、统一调拨，财政上统收统支，在一切经济运行都统得很死的旧体制下，区域经济作为独立的利益主体基本不存在，地区缺乏自增长能力，成为单纯被指挥的"受体"。地方经济管理部门，基本上是"上令下传、下情上达"的"传达室"，缺乏对地区经济的自组织能力，和当时的企业一样是被拨动的"算盘珠"。党的十一届三中全会以后，经过10多年的改革，情况已发生很大变化。

从建设有计划商品经济的目标模式看，今后区域经济将处于何种地位呢？我认为，作为客体考察，它具有中观经济的性质。如果说企业是国民经济的"细胞"，是微观基础；那么，区域经济就是"器官"、"系统"，如同人体由不同的器官和系统组成，整个国民经济也是由不同类型的区域经济有机耦合而成。

从经济管理调控上看，地区经济管理部门具有第二层次调控的职能。全国宏观调控是第一层次。在一个几万平方公里、几百万人口的国家，有第一层次调控就足够了，而在我们这样疆域广袤、人口众多、地区自然地理与人文地理条件差异很大的国家，还必须有第二层次或第三层次调控。这如同小国家有一个电视、广播发射中心就行了，而我们的中央电视台和中央人民广播电台，必须靠许多差转台、卫星地面接收站才能覆盖全国一样。

2. 区域经济发展的两种结合模式

所有区域经济的结合构成整个国民经济。在如何"结合"上，有两种类型：

一类是，区域经济简单聚合型。即每个地区按统一模式建立行行俱全的、独立完整的地区经济体系。这就如同一袋马铃薯，是由结构、质地相同，仅有大小差别的马铃薯聚合而成。采用这种形式，即使能实现国民经济总体发展目标，其效率和效益肯定也是低下的。

另一类是，区域经济有机耦合型。即各地区从实现国民经济总体发展目标出发，根据各地不同的条件与特点，建立各具特色的地区产业结构，通过劳动地域分工和区际贸易，形成各具特色、相互耦合、互相促进的地区结构。这就如同一个京剧团，演员只有各扮生、旦、净、末、丑，才能协同合作演出一台好戏。

马列主义关于劳动地域分工的学说是地区经济发展的理论基石，其核心是扬长避短、发挥优势。马克思说："一个民族的生产力发展的水平,最明显地表现在该民族分工的发展程度上。"①"这既包括部门、企业间和企业内部的分工,也包括把一定生产部门固定在国家一定地区的地域分工。"② 即"各个地区专门生产某种产品,有时是某一类产品甚至是产品的某一部分。"③ 实行劳动地域分工,建立各具特色的地区产业结构,其客观依据有以下几方面:(1)地区自然条件的差异和自然资源分布的不均衡性;(2)原有经济发展水平、特点,和各种社会经济、文化因素的地区差异;(3)充分利用生产专业化、集中化、集聚化、联合化效益的需要;(4)各地区自然地理、经济地理、运输地理和国防地理位置的差异。

在上述四个方面中,第一项构成劳动地域分工的自然基础;后三项构成劳动地域分工的经济基础和社会基础。按照劳动地域分工的理论,各个地区都应重点发展能更多更好地利用本地区供应充裕、价格低廉的生产要素的产品(行业、部门),扬其所长、避其所短,并通过地区间的商品交换,以己之长、补人之短,以人之长、补己之短,这就可以大大提高整个国民经济的效益。

现在大家都承认"扬长避短、发挥优势"是制定地区发展战略的重要原则,为了真正贯彻这一原则,我以为在思想认识和理论方法上还须明确以下几个问题:(1)了解"扬长避短、发挥优势"方针的理论依据——劳动地域分工学说;(2)正确理解"经济优势"、"扬长避短"、"扬长克短"等概念;(3)了解地区产业结构的一般模式和有关方法。

---

① 《马克思恩格斯选集》第 1 卷,人民出版社 1972 年版,第 25 页。
② 《资本论》第 1 卷,人民出版社 1972 年版,第 392 页。
③ 《列宁全集》第 3 卷,人民出版社 1959 年版,第 389 页。

3. 劳动地域分工的一般原理

一种产业（行业）的建立与发展，一种产品的生产，有赖于劳动力、设备、原材料、资源、能源、市场、资金、技术、经营管理、信息等生产要素和条件。由于各个地区自然条件、地理位置、社会经济和文化发展诸方面的差异，不同地区同一生产要素和同一地区诸种生产要素的丰缺情况不一，导致各地区诸生产要素供给价格水平的不一，最终反映为同种产品不同地区生产费用的区间差异。换一个角度看，也造成同一地区不同产业（产品）经济效益水平的差异。一般地说，一个地区对各类产品的需求是全面的，如何满足这种需求呢？一种做法是，本地区需要何类产品，需要多少，就建立相应种类和规模的产业，这就是封闭型自给自足的地区经济模式。另一种是开放型地区经济模式，即商品经济所要求的结构模式，按这种模式进行劳动地域分工，通常，可以用节省得多的人力、物力满足同样的社会需求。下面以一组简化的案例加以说明。假设有甲、乙两个地区，每个地区都需要也有条件生产 A、B 两种产品，但是由于自然条件和经济条件的不同，A 产品的单位投入量（包括劳动耗费和资金占用）甲地区低于乙地区；B 产品的单位投入量乙地区低于甲地区。如果甲、乙两地都采取自给自足的办法，为满足 A、B 两种产品的需求，总共需投入相当于 800 元的劳动耗费；而采取地区分工协作时，由于充分地利用了地区分工效益，满足同样需求，只需投入 600 元。节约的 200 元称之为地区分工的毛效益。假设地区之间产品流通过程中的劳动耗费为 50 元，那么，地区分工的净效益即为 150 元（见表 1）。总之，一些地区在某些产业或某类产品的生产效益上占优势（劳动耗费和资金占用量比其他地区低）；另一些地区在另外一些产业和产品上占有优势，不同地区各自着重发展自己具有优势的产业和产品，相互交换，此即所谓绝对利益。

表1　　　　　　　　"绝对利益"示意

方式	产品 指标 地区	A产品 需要量（吨）	A产品 生产量（吨）	A产品 单位产品投入量（元/吨）	B产品 需要量（吨）	B产品 生产量（吨）	B产品 单位产品投入量（元/吨）	总投入量（元）
地区自给自足时	甲地区	50	50	2	100	100	3	100 + 300 = 400
地区自给自足时	乙地区	100	100	3	50	50	2	300 + 100 = 400
地区自给自足时	甲、乙两地总投入量							800
地区分工协作时	甲地区	50	150	2	100	—	—	300
地区分工协作时	乙地区	100	—	—	50	150	2	300
地区分工协作时	甲、乙两地区总投入量							600
	甲、乙两地区区际商品交换中的投入量							50
	地区分工毛效益（800－600）							200
	地区分工净效益（800－600－50）							150

在现实生活中，经常可以看到，有的地区一系列产品（或行业）产生的经济效益都高于其他地区，如目前上海等大城市的许多日用轻工产品和机械工业产品的经济效益都高于其他地区；有的地区一系列产品（或行业）生产的经济效益都低于其他地区，如目前西北干旱、半干旱地区的许多农作物的单产都低于长江三角洲和珠江三角洲等地区，工业品亦大致如此。能否据此认为，所有的工农业产品生产都应由上海等大城市和其他经济效益较高的地区来代替呢？显然不能这样认识。因为生产的布局还要受到生产要素的"有限性"、"不可转移性"（如土地）或"不易转移性"（如水资源）的制约。如上海等大城市的工业用

地和水源等都是有限的，不可能容纳所有轻工业和机械行业的超限度发展，这时就需要按照"两利相权取其大"的"优中选优"原则确定这些地区经济优势的利用。反之，西北地区的土地、人口等生产要素由于"不可转移"或"不易转移"，当地仍需发展农作物栽培，这时就需要按照"两弊相衡取其轻"的"劣中选优"原则，确定这个地区农作物发展的种类与方向。照此进行地区分工，同样可以获得效益。总之，各地区不是根据绝对成本（利益），而是根据相对成本（利益），使经济发展水平高的地区，选取与其他地区比较成本（利益）优势差幅大的产业作为优势产业，经济发展水平低的地区，选取与其他地区比较成本（利益）劣势差幅小的产业作为优势产业，此即所谓比较利益（见表2）。

表2　　　　　　　　"比较利益"示意

方式	产品 指标 地区	A产品			B产品			总投入量 （元）
		需要量 （吨）	生产量 （吨）	单位产品 投入量 （元/吨）	需要量 （吨）	生产量 （吨）	单位产品 投入量 （元/吨）	
地区 自给 自足时	甲地区	50	50	2	100	100	3	100+300=400
	乙地区	100	100	4	50	50	4.5	400+225=625
	甲、乙两地总投入量							1025
地区 分工 协作时	甲地区	50	150	2	100	50	3	300+150=450
	乙地区	100	—	4	50	100	4.5	450
	甲、乙分地区总投入量							900
	甲、乙两地区区际商品交换中投入量							50
	地区分工毛效益（1025－900）							125
	地区分工净效益（1025－900－50）							75

细心的读者，会发现以上论述中的一个"内在矛盾"，即经济发展水平低或发展条件差的地区，从全国劳动地域分工看，可以而且应该选择不具绝对优势，但具比较优势的产业（产品）作为发展方向。但在市场交易中，通行的是绝对比较，买方在同质产品中总是择低廉者而购，而决不会考虑什么"劳动地域分工"、"不发达地区的发展"的。这一"内在矛盾"，单靠市场机制是无论如何解决不了的，必须借助政府干预——如中央政府对此类地区实行投资补贴、信贷和税收优惠；地方政府对区内实行低地价和地方税收优惠等——否则这类地区具有"比较优势"而无"绝对优势"的产业是难以发展起来的[1]。

由上可见，为了实现全国劳动地域分工，为了兼顾全国国民经济的整体利益和地区利益，为了兼顾发展水平和条件不同的各类地区的利益，为了兼顾效率与公平，都需要"计划"与"市场"两种调节并用。这说明计划与市场的结合，并非源于某一特定社会制度和国家特色，而是社会化大生产下，一个国家为实现经济社会稳定、高效、协调发展的共同内在要求。

4. 正确理解"经济优势"、"扬长避短"和"扬长克短"

20世纪80年代，中国许多地区先后开展了有关地区经济发展战略、国土规划等的研究和制定。有些地区经济发展战略的材料，开宗明义就写着"本省（市、区）已有探明储量的矿藏××种，××种矿藏储量居全国之冠，××种矿藏储量居全国前三名……"在以上叙述中，实际把"有利条件"和"经济优

---

[1] 由于资源总量的自然约束，产品的生产价格由劣等资源（如土地）生产条件下的劳动耗费所决定。马克思在《资本论》、《剩余价值学说史》中已有透彻分析，本文不再重复。文内探讨的是资源总量超过需求总量，因而存在"比较"和"地域分工"的问题。

势"画上了等号。有利与不利和优势与劣势这两对概念，有一个共同点，就是都属于相对的和相比较的概念，除了这个共同点外，还有许多区别。这些区别，在日常生活用语中，没有必要加以严格区分，而在把"经济优势"作为经济学的一个概念、一个范畴来加以解释或应用时，则应和"有利条件"加以区别。

首先，"经济优势"是个综合概念。众所周知，一个地区发展某种产品和产业，需要有多种条件，多种有利条件的综合，或者某些有利条件能克服或消除不利条件，才能形成优势。俗话说"万事俱备，只欠东风"。即这个地区在发展某种产业上有一万条有利条件，如果缺一条关键的"东风"，仍然不会成为现实的优势。把有利（不利）条件和优（劣）势区分开来，我们就能把注意力放到"转化"工作上，即只有发挥已有的有利条件的作用，创造新的有利条件，克服或消除不利条件，才能取得优势地位。其次，"经济优势"是商品经济、市场竞争中的概念。一个地区某种产业取得优势地位，表明它的产品运到消费市场，其完全换算费用低于全国平均水平和其他地区，在价格和质量上有竞争能力。商品的赛场即市场。一个地区说自己某种产业有优势，不是根据该产业的产品在"家门口"的自我感觉，而是根据它在统一的国内市场和国际市场上竞争的结局来判定的，集中表现为本地区产品在市场上的占有率的高低。

现在一些地区的经济发展战略，往往把"自然资源"作为分析的起点。从摸清家底的角度看，也不失为一种方法，但根据当代经济发展的特点看，似乎尚未跳出小商品经济的圈子。小商品经济的特征是：资源→产品→市场（商品），即本地有什么资源，就开采、加工什么产品，然后寻找市场，使一部分产品转化为商品。而现代商品经济的特征，要求我们的战略思想要以市场为出发点，即市场→资源→商品。也就是说，首先分析国内外市场的需求，选择近、远期市场需求势头看涨的产品，然后分析本地区发展该种产品的诸种"资源"条件（包括技术、信息等软资源的广义资源概念），看这些条件具备与否，不具备的条件有无可能克服或转化，进而明确本地区的主攻方向。它一开始就以占领市场（当地和外地的）为目标。

与此相关的，还有一个"扬长避短"和"扬长克短"问题。"扬长避短"是就地区产业、产品结构安排而言的，即一个地区无必要搞行行俱全，而应着重发展能充分发挥本地区充裕生产要素作用的那些产业，尽可能避开那些大量需要本地区短缺生产要素的产业。而"扬长克短"是就生产要素本身而言的。比如说，一个地区发展某种产业（产品）的原料、市场条件都有利，唯独缺乏营销艺术和市场信息，对后者就不是"避短"的问题，而必须"克短"，不克服掉这个短或不足，在原料、市场方面的有利条件就无法转化为现实的经济优势。这里不妨分析一下温州和日本这两个国内外的实例。从矿产资源看，日本是个"资源小国"，但由于它利用对外投资参股，采用大型海轮以廉价运费取得了矿石与能源的供应，克服了矿产资源贫乏的不利条件，成了"经济大国"。浙江省温州地区，近几年来已发展成为全国性的若干日用小商品基地，它一不就原料，二不近市场，但是它通过"腿长"（数万名遍布全国城乡的农民推销员）、"信多"（每年发出千万封推销商品的信函）等营销艺术与手段，克服了前述不利条件，使若干日用小商品占据了广阔市场。而一些矿产资源丰富的地区，经济发展反而相形见绌，其重要原因之一，我以为就在于没有从市场出发，围绕几项拳头产品和优势产业的形成，有针对性地狠抓"克短"这个重要环节。

5. 地区产业结构的一般模式

发挥优势，并不是每个地区只孤立地发展一两个优势部门，而是围绕优势部门建立一个结构紧凑、相互协调又具有较高经济效益的地区经济有机体。这种地区经济有机体大致由以下几部分构成：

第一类是作为地区经济支柱的主导产业（或称地区专业化部门），它是整个地区经济发展的核心。不同地区的主导产业是不同的。如山西、豫西、贵州等煤炭资源丰富、开采条件优越的地区，煤炭、能源是主导产业；辽宁等省铁矿、煤炭资源兼备，黑色冶金则为主导产业；南方湘、赣、云、贵等省称为"有色之乡"，有色冶金则为主导产业；江、浙等省农产品资源丰富，棉纺、丝绸历史悠久，技术基础雄厚，则该地区应以轻纺和机电工业为主导产业。作为地区主导产业，需同时具备两个条件：一是具有比较优势；二是产业关联度较高。一个地区某种产业的相对优势越大，该种产品的市场占有率和区际调运率（包括调往国内其他地区和出口国外）也就越高，产品的市场范围也就越广阔。

第二类是围绕主导产业发展的关联部门（或称地区辅助产业部门），它又可细分三个亚类：（1）为主导产业提供产前服务的上游产业（或称支撑产业），如：山西、豫西的优势产业是煤炭，那么矿山机械制造与维修等就属于此类产业；江、浙等省支撑轻纺工业发展的染料、油漆等行业亦属此类。（2）对主导产业的产品或利用其"三废"进行加工、再加工以及其他由主导产业衍生而出的诸下游产业。仍以山西、豫西为例，利用煤炭发展的火力发电，利用煤炭伴生的石灰石资源和粉煤灰发展的建材工业，利用煤炭发展的煤炭化工以及对煤化工产品的深度加工产业，均属此类。在江、浙等纺织工业发达的省、市，发展服装、针织等产业亦属此类。(3) 为当地居民提供一般消费品的产业。

第三类是基础结构部门。它包括交通运输、公用动力、供水等生产性基础结构部门，以及科研、技术开发、劳动力培训等社会性基础结构部门。因其"产品"多以劳务形式出现的，难以或根本不可能进行区际调剂，也不能以产品形式进行储备，故其规模应能满足前述两类产业和居民生活的需要，并留有相当的余力。

我把上述地区结构模式，简称为地区经济的三环同心圆结构，它和地区经济发展的三重任务，恰相对应。这三重任务：一是完成国民经济和全国劳动地域分工对本地区的要求；二是保证地区经济繁荣，人民生活水平不断提高，地区财力逐年增长，经营环境、投资环境日益改善；三是保持环境生态的动态平衡与良性循环。三重任务兼顾了全局与局部、长远与近期的效益，是地区经济健全发展的完整目标体系。

6. 地区经济结构的动态分析

以上对地区经济结构进行了静态分析。从动态分析看，地区经济发展所处的阶段对地区经济结构有重大影响。如同人的一生有少年、青年、中年和老年等成长阶段一样，地区经济发展也有待开发（不发育）、成长、成熟、衰退等发展阶段之分。除了特殊情况外，一般都是循序渐进的。在同一地区，不同发育阶段的地区经济结构都有所变化，这种结构变化和经济总量的增长一起，反映地区经济从一个发展阶段进入另一个更高的发展阶段。从动态分析的目的出发，地区经济结构则可以分为领航或先行产业、主导产业、衰退产业和基础设施等。领航产业，尽管当时在地区经济中不占显著地位，但由于它符合经济和科技进步的趋势，或有较大的衍生带动作用，经过一段时间，将成长为地区经济未来的主导产业。当前地区经济中某些主导产业,尽管在地区经济中占有重要地位,随着岁月的流逝,或由于技术(产品)的老化和市场萎缩,或由于所依托资源的枯竭,会逐步沦为衰退产业。未雨绸缪,有预见地安排领航产业,及时更新衰退产业是长久保持地区经济活力的关键。

在疆域广袤、发展不平衡的大国,按时序区分为待开发(不发育)、成长、成熟、衰退赓续相连的诸发展阶段,从同一时点上看,则表现为并存的处于不同发展阶段的若干区域。各地区由于位居发展程度不等的"梯级",起点不一,地区经济发展战略的选择也应有所不同。

(1) 待开发地区(或处于不发育阶段的区域)。这类地区的一般特征是经济发展水平低下,第一产业在产业结构中占极高的比例,长期停留在自给自足甚至自给不能自足的自然经济中,自身资金积累能力低下,甚至长期依靠上级财政补贴和救济。中国边远西部的一些地区和18个贫困地区,大体属这种类型。这类地区要想成功地走出不发育阶段,跨入工业化的"门槛",往往需要借助外部资金、人才、技术输入的"第一推动力"。这类地区经济发展战略的核心问题是把外部输入和区内条件结合起来,启动地区经济发展,逐步培植自增长能力。为此需注意以下各点:①资金投入的产业方向要立足本地自然资源,技术层次要适合区内劳动力素质的条件,选择能发挥本地有利条件、同时仍有相当市场潜力的发达地区对外扩散的产业。②资金投入的空间方向要集中于培养区内"增长极"("生长点"),以带动整个区域经济的发展。切忌将有限的资金"撒胡椒面"似的平均分散使用。③重视人口素质的提高和观念转换,"治贫"先"治愚"。打破封闭状况,促进市场发育。在起步阶段要把劳务输出作为一项战略措施,发挥其积累初始资金,减轻区内就业压力,冲破传统观念束缚，提高劳动力的技术和经营素质等多方面的功能。④善于运用外部输入的资金、人才和技术，充分发挥其"催化剂"的作用，推动区内克服阻碍发展的因素，使自然资源和劳动力丰富的有利条件与外部输入要素相结合，转化成现实的经济优势。

（2）处于成长阶段的区域。这类地区的一般特征是已经跨过工业化的起点，第二产业在产业结构中已占主导地位，地区优势产业已经形成或正在形成中，区内已形成具有较好投资环境或投资环境正在建立中的若干"增长极"，整个区域经济呈现较强的增长势头。这类地区经济发展战略的核心问题是：①进一步巩固、扩大优势产业部门，充分利用"规模经济"，降低产品成本，增强价格竞争能力，同时注重非价格竞争（如提高服务质量、重视售后服务等），不断拓展市场，扩大本区优势产业产品在国内外市场的占有率。②围绕优势产业发展前向、后向、侧向的关联产业，形成结构效益良好的产业系列。对于以资源导向为优势产业的地区，更应重视后向加工环节的发展，以提高资源的综合利用水平，提高产品的附加价值。同时要注意防止无关联产业的盲目集聚，造成产业结构无序化。③分析发达地区要素价格和产业结构变化的趋势，对其效益递减或即将"外溢"扩散的产业，抢先建立或移入，引进技术加以改进创新，培植区内新的产业，以增加地区经济发展新的推动力和区内"部门储备"，提高地区经济的结构弹性，避免支柱产业过分单一，在市场条件突变的冲击下，造成区域经济大的波动。④重视第三产业的发展，特别是"增长极"第三产业的发展。如果说工业是"增长极"的实力基础，"增长极"对区域经济的带动功能、扩展效应则主要依靠贸易、金融、信息、咨询、科技、教育等第三产业，通过上述网络发展生产要素的聚集、转化和扩散作用。在重视发展已有"增长极"第三产业的同时,要培植新的或次级的"增长极",以促进区域经济的纵深发展。此项和前项建立"部门储备"的用意都旨在增强区域经济发展的后劲,使处于成长阶段的区域经济能顺利地进入发达或成熟阶段。

(3)处于成熟或发达阶段的区域。这类地区的一般特征是工业化有较久的历史,达到了较高水平,第三产业也较发达,基础设施齐备,交通运输与信息已经基本形成网络;在极化效应和乘数效应的作用下,生产部门相当齐全,协作配套条件优越,区内资金积累能力强,人才素质高。这类地区通常是国家经济重心区的所在,区域经济发展状况与整个国民经济发展的关联度相当高。但在发达、繁荣的掩盖下,许多矛盾随着岁月积累,形成潜在的衰退因素,比较突出的是"空间不可转移"和"不易转移"要素的价格上涨——如地价、水费、排污费、工资上涨,生活费指数高(在中国价格信号不全、不灵的情况下,表现为用地紧张、水源匮乏、环境污染严重、运输阻塞、职工积极性下降)。许多一度曾是领先甚至独占的技术,随着它的逐步普及而丧失其"独占利益";由于设备刚性,许多企业的"硬件"已经陈旧、老化,综合表现为愈来愈多的产业和产品的比较优势逐步丧失。这类地区经济发展战略研究的核心是如何进行全面的"结构改组",吐故纳新,保持发展势头,防止隐蔽的、潜在的衰退危险变成现实。为此:①在产业结构上,要果断地淘汰(移出)比较优势已经丧失的产品和产业,着力发展新兴产业——引进和运用新技术,嫁接式地改造传统产业,使传统产业新技术化,不断开发出高档的新、尖产品,实现产业结构高度化,形成推进产业结构动态递进的正常机制。为此,要特别重视科学技术,开辟技术市场,保持科学研究与经济建设的密切联系,实现科研、开发、生产一体化,技工贸一体化,鼓励创办风险企业,从多方面予以政策优惠。②在市场结构上,要大力发展外向型经济,跻入国际分工与交换的行列,承受国际市场的压力与锻炼,促进区域经济素质的全面提高。实现进口替代和出口导向相结合,互相促进与转化的市场战略;对国内市场,应由过去以商品输出为主,逐步扩大智力、技术和资金的输出。③在空间结构上,以城市中心区为圆心,加快向外围地区的产业扩散,组成城乡一体化的大城市经济圈。市中心区工业向外扩散,以金融、贸易、保险、房地产、咨询、信息等第三产业替代,使之成为众多企业集团(股份公司)总部的驻地,逐步转向以技术开发、营销为主,使周围腹地的工厂成为主要生产基地。

四 20世纪90年代中国的生产力布局与区域经济

1. 指导方针与基本思路

1985年初,着手编制"七五"计划时,我就当时生产力布局的总体态势和今后(1986—2000年)布局方针提出了概括为64个字的建议,即"三级梯度、三大地带,东靠西移、有序展开;因地制宜、扬长避短,东西对话、横向运动;中心开花、极核先抓,墨渍扩散、辐射联系;产业走廊、纵横交错,空间网络、运转灵活。"① 根据"七五"时期(1986—1990年)实践中涌现的新经验,出现的新问题,经过充实补充在1990年初酝酿编制十年规划和"八五"计划纲要时,我就20世纪90年代以

---

① 陈栋生主编:《中国产业布局研究》,经济科学出版社1988年版,第36页。"三大地带"指东部沿海、中部和西部。最初我建议将陕西、四川划入中部,"七五"计划将两省列入西部,为相互吻合,又不失本意,以后我补充建议将西部划为近西部与远西部两部分,近西部和中部采取大体相同的发展思路(详见陈栋生主编:《区域经济研究的新起点》,经济管理出版社1991年版,第167页)。

至 21 世纪初的布局方针与总框架，再次提出了如下建议，即："适度倾斜、协调发展，合理分工、各展所长，横向联合、优势互补，结构递进、动态耦含，以点带面、连点成带，产业走廊、纵横交错。"① 现展开论述如下：

(1) 适度倾斜、协调发展。20 世纪 80 年代地区倾斜方针的实施，使一部分地区先富起来（东部沿海地带居多），同时也扩大了区际发展水平和收入水平的差距，引起了社会的广泛关注，对此褒贬不一。90 年代应否继续执行地区倾斜？看来还会倾斜，只是倾斜要适度，要有正确的基准。中国疆域辽阔，各地区经济发展水平、开发程度以至社会发育水平差距大，投资环境与经营环境优劣不一，从长远奋斗目标看，应逐步缩小这一差距，但这决不是靠几个五年计划时期就可办到的；即使若干年后，由自然条件、区位条件造成的地区差异，也是难以完全熨平的。

为了提高国民经济效益，应使资源的投向、要素的流向，倾斜于投资环境与经营环境好、投资与经营效益高的地区；对于外资的吸引强度，也因投资环境的不同，而具有明显的地区差异。这种客观条件决定的地区倾斜，不以人的意志为转移，只能因势利导，不宜相悖而行。适度倾斜的同时，又能实现地区协调发展，关键有二：一是倾斜的基准应是客观上存在的投资与经营环境的地区差异，而不是通过政策优惠人为制造出来的地区差异。前者能促进国民经济整体效益提高；而后者则由于破坏了公平竞争原则，打乱商品经济正常运行秩序，诱发区际摩擦，导致种种连锁弊端，势必降低国民经济的整体效益。二是按照"补偿原则"，完善区域政策体系，使倾斜适度而不过度。

---

① 陈栋生：《九十年代中国经济布局的方针与走势》，载《技术经济》1990 年第 5 期。

（2）合理分工、各展所长。中国各地区不仅经济社会发展水平不等，而且资源禀赋（自然的、经济的、社会人文的）的种类、数量和结构有很大差异。粗线条地说，就现有固定资产、基础设施，和人才、技术、经营管理与信息等软资源看，大体是东高西低，由东往西依次递减；就多数矿藏和水力、土地等自然资源看，大体是西丰东贫。从纵向看，北部地区的能源特别是煤炭资源丰富，水资源紧缺；长江以南地区则相反，水资源丰富，而煤炭资源短缺。同一资源和生产要素在各地区的不同丰度，和同一地区诸种资源与要素的不同丰度，导致不同地区各种资源和要素供给比例和供应价格的绝对或相对差异，进而导致同种产品不同地区生产费用的区间差异，和同一地区不同产品（行业、部门）经济效益的差异。各个地区分别重点发展能更多、更好地利用本区供应充裕、价格低廉的资源与要素的产品（行业、部门），根据各自不同的优势，各展所长，建立不同的地区主导产业，以此作为整个区域经济发展的核心与重点。围绕主导产业的产前服务、协作配套，和产品深度加工、资源综合利用等发展关联产业，组成各具特色的高效率的地区经济综合体。通过区际商品交换与经济技术协作，以己之长、补人之短，以人之长、补己之短，破除地区自成封闭体系的传统观念，杜绝不必要的重复布点、重复建设，就可使每个地区以至全国经济建设的效益大大提高。

（3）横向联合、优势互补。广泛开展地区之间、企业之间经济技术横向联合，是促进要素流动和布局合理化的重要途径。从经济发展的条件与要素看，中国三大地带之间、点（城市）面（腹地）之间都存在优劣互异的两个反向梯度，通过横向联合，正可长短互补，形成现实优势。20世纪80年代广泛开展横向经济技术协作所取得的成果，充分证明了它对冲破条块分割，实现要素优化配置有重要作用。今后对下述促进产业布局合理化有明显作用的横向联合，应从信贷、税收等方面予以优惠鼓励。抓紧制定保护跨地区投资和经济技术协作各方合法权益的法律。①鼓励东部地区的轻纺企业，首先是生产名优产品的企业，采用参股或组建企业集团等方式带动内地和农村的轻纺企业生产技术和产品质量的提高，使之更好地承担起满足国内市场需求，推动东部地区轻纺工业更多地朝外向型经济发展。②鼓励一、三线企业的横向联合，利用经济特区、开放城市等"窗口"的技术与市场信息，促使三线企业的设备、人才等潜在优势转化为现实优势。③鼓励东部能源紧缺地区的高耗能工业向西部能源富余地区转移。④鼓励发达地区和大中城市向贫困地区、不发达地区，输出资金、技术和人才，独资或联合兴办开发性产业；鼓励贫困地区和不发达地区向发达地区输出劳务。

为了从更深层次推进横向联合，相关或相邻省（市、自治区）应发展多种类型的区域一体化，就相互的地区产业政策协调，进行对话；制定区域市场的运作规制，协调各方权益，促进区域市场的发育。

（4）结构递进、动态耦合。长期历史发展的累积，使中国产业布局与区际产业结构，至今仍具有明显的垂直分工特征，即资源丰富的中部、西部和广大农村，向沿海地区和大中城市提供能源、原材料等初级产品，经后者加工后再返销上述地区。按1985年资料计算，东部地区消耗的煤炭、石油、电力，分别有40%、18%、6%来自于中、西部，东部生产的轻纺产品近60%供应中、西部市场。维持这种格局的直接代价是原料、能源和制成品往返运输的流通费用；而结果是，既使沿海地区产业结构递进缺乏压力，又抑制了中、西部相应加工工业的发展。改变这种格局的代价是：要付出沿海地区传统产业转移或收缩的"沉没成本"，要为中、西部地区建立上述产业支付较高的开拓投资。从一定意义上讲，生产力布局战略的选择取决于对两种代价的权衡；地区间经济分工的格局，取决于"布局惯性"和"布局变异"两种反向作用力对抗的均衡点。长期闭关锁国形成的单一内循环，限制了解决这一两难问题的回旋余地。对外开放政策的提出与实施，两个市场、两类资源的出现，在人民消费水平逐步提高过程中，随着分配原则与机制的调整，国内市场需求层次梯度的拉开，特别是以往被排斥在非农业以外的亿万农民就地或异地进入非农产业的各个领域，为解决上述两难问题，拓宽了回旋余地，提供了全新的环境与机遇。可以设想，东部沿海地区和中、西部的某些大中城市，进入国际市场，利用部分国外资源，逐步增加外向型经济比重，就可以从市场、资源等方面为中、西部地区腾出发展空间。在满足城乡市场，满足富裕型、小康型和温饱型等不同需求层次上也可以有所分工，这样就可使东、中、西部在完成国家经济建设总体目标中各有侧重、各展所长，共同提高。既从每个时间断面看，使区际产业结构的关联与耦合得以保持，使社会再生产能顺畅运行；又能从动态发展上，使各类地区的产业结构，在各自原有的基础上都向前迈进一步，这是生产力布局与区域经济宏观调控的关键与难点所在。

（5）以点带面、连点成带。大机器工业出现后，生产力布局的第一个特征就是由分散转向集聚。集聚既适应了大生产广泛协作的要求，又便于共同建设、使用统一的基础设施，因而带来很大的经济集聚效益；在一定限度内，这种集聚效益是随城市规模等比例增加的。所以城市是现代经济发展的火车头，对每个区域而言，城市尽管只是一个"点"，但它是带动整个区域发展的核心。

今后十几年甚至更长时间，中国经济发展就其主要方面的实质而言，仍是从广度、深度两方面继续进行工业化，顺应经济集聚的客观规律，同步推进城市化。根据城市辐射圈的不同经济实力，相应发展大、中、小各级城市，形成有机结合、比例适当的城镇体系，这是提高宏观经济效益的重要保证。中国城市的规模与分布密度，与三大经济地带相对应，由东而西渐次递减，东部沿海地带，已形成若干城市群体，远西部的城市则大体停留在区域性中心的阶段。根据产业布局集聚与扩散规律，今后在发挥城市中心作用方面应注意：

第一，促进城市由单一工业中心向综合中心转化。过去由于否定商品经济，不仅使新中国成立后新建的城市成为单一的工业生产中心，也使许多原来具有多功能的综合性城市退化为单一的工业生产中心。工业的发展是城市作为"增长极"的实力基础，但城市作为"增长极"对周围腹地通过生产要素的聚集、扩散和转化，带动区域经济发展的功能则主要依靠贸易、金融、信息、咨询、科技、文教等第三产业。加强城市第三产业的发展，催化要素市场体系的发育，是使现有城市充分发挥"增长极"作用的关键。对于远西部、数省（市、自治区）的接壤地区和三线建设时布局过散的地区，培植功能健全的"增长极"应作为推进地区开发的关键一环。

第二，组成城镇体系，以点带面，推进城乡经济一体化、网络化，"增长极"按其规模、功能和吸引辐射范围的不同，客观上形成多层次结构。从乡镇企业和各种农业服务体系集聚而成的最基层"增长极"——集镇，到小城市、中等城市和大城市组成的城镇体系，在要素市场发育、各种人为地分割壁垒被铲除的情况下，各产业、各行业，将按其规模经济的要求、传输费用的水平（其倒数即为经济传输距离）和对不同要素的需求比例，有规律地配置在不同层次的"增长极"，这样就可以扭转目前城市国有工业和农村乡镇工业"双轨式"发展，布局上"两盘棋局"的状况，使大多数乡镇工业走出"村村点火、处处冒烟"的社区经济阶段，逐步形成贯通城乡的统一"产业链"。这样既有利于带动农村经济的发展，也有利于城市产业结构的升级和市区产业布局的调整，防止城乡工业发展中的内耗。

第三，连点成带，构建骨架。如果说大机器工业的布局，由空间上集聚成"点"起步，其进一步发展，经过"墨渍扩散"，由"点"到"面"；经过"辐射扩散"，连"点"成"带"结"网"，这是伴随经济发展，生产力布局展开的有效方式。产业带、城镇带既可进一步扩大城市的集聚效益，又可在一定范围内兼取集聚和分散的优点，避免特大城市过分膨胀的弊端。

中国疆域辽阔，现有运网密度很低（每万平方公里铁路通车里程仅55公里），近期内又难以挤出更多资金使运网密度迅速提高，工业和城市的发展，要想取得好的效益，除了依托现有和拟建的运输网络，别无他途。从更长远看，要想在我们这样的大国使生产力布局充分展开，也需要从建立纵横交错的"三沿"（沿海、沿江、沿铁路公路干线）产业带、城镇带，形成生产力布局的骨骼系统入手。

(6) 产业走廊、纵横交错。产业走廊或产业带分纵向和横向。纵向产业带的建设步骤是：

第一，结合沿海对外开放前沿地带的建立、发展沿海产业带，及时把握20世纪最后一次国际资本、技术与产业转移浪潮的机遇，使之成为中国经济实力最雄厚、技术水平最先进，对外、对内辐射相结合的产业密集带；沿海产业带由于可以依靠近海运输，生产中可以部分利用海水，这对避开陆上运输紧张和水资源紧缺两个瓶颈也大有好处。

中国大陆海岸线总长1.8万多公里，不同区段情况各异，根据各区段及其腹地的差异和对外进出口国别的不同，大致可分为三大区段。一是大连至连云港的北部海岸带；二是南通到宁波的东部海岸带；三是温州到北海市的东南海岸带。北部海岸带的近腹地即环渤海湾地区，这里有丰富的煤炭、石油和铁矿资源，石油与铁矿储量分别占全国的45%和40%；全国五大油田中的四个、全国三个大型铁矿中的两个都在环渤海湾地区，无论当前和今后产业结构均以重制造业与原材料工业为主。其远腹地包括黄河中、上游广大地区，是中国能源与高耗能工业的主要基地。总之它内联东北、华北、西北广大腹地，面对东北亚各国，应积极参入东北亚经济圈的联合与竞争。东部海岸带的近腹地为东南沿海地区，以高新技术产业和轻制造业为主。其远腹地包括长江中、上游广大地区。东南海岸带的近腹地为华南地区，以轻制造业为主，同时也是云、贵、湘、赣等省对外开放的"窗口"，主要面向中国港澳和东南亚各国。

第二，充实加强哈大、京沪杭、京广沿线产业带。再次是北同蒲—太（原）、焦（作）—枝（城）沿线产业带。

随着京九（龙）铁路的建设，在京沪和京广路之间将形成又一大动脉，这将有力推动东部和中部结合部的广大经济低谷地区（如鲁西、豫东、皖西、赣南、粤东北等）的经济振兴。

以上是就纵向产业带而言。横向产业带的发展是：

第一，长江沿岸产业带、珠江—西江沿岸产业带。这两条产业带分别在长江三角洲、珠江三角洲与沿海产业带交汇，既是支持沿海产业带面对太平洋通向全世界的坚强后盾，也是沿海现有和引进的先进技术与管理经验，向内地转移的主要通道，同时也是支援西南和广西开发的桥头堡。

第二，陇海—兰新沿线和京包、包兰沿线产业带，它们分别在连云港和天津与沿海产业带交汇，是沟通北部沿海地区与大西北和内蒙古的主要通路，也是支持大西北开发的桥头堡。陇海、京包和包兰产业带绝大部分和黄河产业带相重叠，黄河虽无水运之利，但其干流和沿岸地区蕴藏有丰富的能源和有色金属等矿藏。黄河上游为水电富矿带，水能资源超过 2000 万千瓦；黄河中游晋、陕、宁、蒙为中国煤炭资源蕴藏最集中的地区，20 世纪 80 年代山西能源基地建设取得了很大成绩，90 年代将继续西进，开发陕北和内蒙古东部的神府、东胜、准噶尔等大煤田；黄河下游是中国重要的石油基地。可以说黄河产业带是一条以能源为基础和主干、以高耗能工业和石油化工等为主导的产业带。

上述诸产业带，不仅从东、南两面通达沿海，而且在西、北两面，与苏联、蒙古人民共和国等周边国家相连，为"两沿"（沿海、沿陆地边境）对外全方位开放，奠定了基础。

2. 对策与措施

（1）深化改革，重构生产力布局的形成与运行机制。总的思路是，国家制定生产力布局总体目标和基本框架（规划各地带、各地区发展的主要方向与任务，国家级产业带的走向，重点开发区域和"增长极"，等等），综合运用经济手段、法律手段和必要的行政手段，调节市场，通过要素市场的经济参数，引导企业和各投资主体，围绕国家生产力布局目标，自主作出投资区位的决策。至于操作方案，当前，似可考虑采用"分层规划、竞争优选"的办法。具体地说，即根据建设项目的不同性质，区分为全国、大经济区和省（直辖市、自治区）三级，分层规划，利益兼顾，协调平衡。全国层次，主要抓跨大经济区的基础设施，资金密集度高、投资规模大的基础产业和高新技术产业，其建设内容和生产大纲，从全国一盘棋出发，统一规划；具体建设区位，依靠竞争优选。第二层次是大经济区一级，包括资金密集度比较高、规模效益明显的基础产业和生产规模比较大的制造业，按大经济区统筹规划，由省（市、自治区）联合投资，建设区位也依靠竞争优选。其他中、小型建设项目，由省（市、自治区）统筹规划、投资主体自行决策，充分发挥市场存优汰劣的机制。采用分层规划、竞争优选，使计划与市场两种调节手段有机结合，可避免板块结合的弊端；同时针对建设项目的不同性质与规模，在不同层次上，采取不尽相同的结合方式，以避免"一刀切"。

（2）催化要素市场发育，让价格重新回到市场。保证各种生产要素自由地流向报酬率最高的地区，保证各产业、各投资主体能自动地选择区位成本最低的地区和地点就位，是实现资源优化配置和生产力合理布局的前提。为了创设上述的经济和社会环境，需要大力催化囊括所有生产要素的市场体系的发育。当前特别要重视在大、中城市等"增长极"建立、完善市场中心，发挥它们作为区域市场中枢和全国统一市场重要支点的双重作用。除了商品市场、资金、劳务、技术、信息、房地产等要素市场外，土地、矿藏资源、水资源、环境资源等关系生产力布局形成与调节的要素也需要商品化。价格要回到市场，逐步理顺能源、初级产品和加工制成品间相对价格的严重扭曲，灵敏反映价值和供求关系的变化，在此基础上形成各地区各产业的区位成本，既向各投资主体显示系统准确的信息，也使政府生产力布局政策和布局规划的制定、修订具有可靠的基础。

市场机制对资源优化配置的作用，以统一的市场和健全的竞争规则为前提，国家有必要通过立法，禁止各级政府和主管部门，运用行政权力，封关设卡，分割或垄断国内市场，以利劳动地域分工的发展。

（3）坚持区际等价交换，促进区际分工。相互开放和平等交换，是形成合理的区域分工和地区经济结构的前提。目前，地区产业结构趋同的重要原因之一就是相对价格的严重扭曲，在价格关系理顺以前，除逐步缩小统一调拨的比例以外，还可采取以下过渡措施。目前，享受国家财政补贴的省（市、自治区）基本上都是以调出能源、资源等初级产品为主，可以考虑从国家对这些地区的财政补贴中划出一块，作为对调出初级产品的价格补贴，直接补给企业（全部或大部分）。这样既不增加国家的财政支出，又可以促进各个地区优势产业的发展，减少财政补贴开支中的严重浪费。

（4）建立"双坐标定位"的宏观调控系统。针对地区倾斜实施中的失误与弊病，20 世纪 80 年代中后期，一些同志曾主张以产业倾斜取代地区倾斜。事实上，任何单向控制都难以达到预期目标并带来负面效应。为了有效地发挥政策导向作用，应采取产业政策和区域政策（含布局政策，下同）相结合的"双坐标定位"，经纬交织地组成调控国民经济总体发展的网络系统。这就要求做到产业政策区域化和区域政策产业化。

产业政策区域化，是指它不仅要明确重点支持或重点控制的产业方向，而且要对各产业在全国的布局有一粗线条的总体勾勒，特别是分析各产业的优区位所在，促进各产业重心区的发展壮大。

众所周知，除地方建筑材料、日常消费品等遍在性产业和无定指向产业以外，其他产业的布局都有特定指向。根据各种产业生产工艺技术的要求和市场特点，应优选区位、各得其所，形成各自的若干重心区域。国家对重心区域实行"择优扶植"，使重心区域的产量占到同类产品全国产量的绝大部分的份额，同时运用市场竞争和兼并机制，就可以促进资源向最优区位流动聚集，充分利用规模经济，为解决长期存在重复建设、规模小、布点散、效益低等问题，找到新的出路。

区域政策产业化，是指这些政策不应仅限于笼统地指出重点支持或扶持的地区方向，而应进一步对各类地区经济发展的总体方向，特别是地区主导产业作出诱导性规定。

(5) 按照补偿原则，完善区域政策体系。市场机制的引入，生产要素按照利益导向流向报酬率高的地区，在一定时期内势必拉大地区间经济发展与收入水平的差距，出现"马太效应"。为了防止区际差距扩大到引起社会振荡，需要通过充实完善区域政策体系，实现利益兼顾、协调发展，达到各类地区共同繁荣的目标。

区域政策的作用既然旨在弥补市场机制的缺陷，是为了缓解追求效率与效益过程中伴生的公平失衡，就必须首先明确区域政策构建的原则——补偿原则，即通过国家财政援助、信贷优惠等措施，使自然条件和历史基础差、区位偏僻等一类地区，得到一定程度的补偿，以减少或消除客观条件造成这类地区在市场竞争中的不利地位，使这类地区的经营主体能与其他地区企业在竞争中处于相近或同一的起跑线上。这也决定了区域政策对"目标区"的投入重点在社会公共部门，是以改善目标区的投资环境与经营环境为中心。

从中国当前情况看，实施区域政策的目标区主要有两类。一是老、少、边、穷地区。新中国建立以来，党和政府一贯重视扶持这类地区经济与文教事业的发展，投入了大量资金，今后应总结经验，改进投入方式，提高投入效益，把重点放在培植这类地区自身造血功能上。二是发展后劲明显衰退的老工业区。这方面迄今无论从理论与实践上，尚未引起足够的重视。老工业区40多年来为国家作出了巨大贡献，在统收统支的旧体制下，财政上缴比例高，一段时期甚至把折旧费也看做收入上缴了，多年矛盾累积，造成这类地区产业结构调整升级缓慢，不少老企业技术老化、设备破旧、产品竞争力下降。国家有必要设立"老工业区振兴基金"和"工业地区布局调整基金",支持老工业区产业、技术和配置结构的全面调整,促进比较优势已经丧失的产业向原料产区或低梯度区转移,扶持这类地区高新技术产业、出口创汇产业的发展和重点企业的技术改造。

（6）职能分解、多级调整、双向选择。社会主义国家政府的特点是：一方面它是国家政权机构,行使社会管理职能；另一方面它又是全民所有制财产的代表,行使经营职能。两种职能长期结合混同,在高度集权下,可以维持低效率的有序状态,而分权时极易出现无序状态。1958年和1970年两次"体制下放"都因出现大量重复建设、布局混乱而不得不"上收"。1980年以后实现财政"分灶吃饭",地方利益强化,为了增加地方财政收入,竞相争上利大的项目,争夺稀缺资源,以致运用行政权力分割统一市场。这再次说明,为了通过市场实现资源和产业的有效配置,社会管理职能和经营职能必须分开,全民所有制财产的经营职能只能由企业、企业集团、投资公司等经济实体承担,各级政府作为社会管理者专司调控职能,如同裁判和运动员的关系,决不能一身两任。中央政府根据宏观布局目标,对各地带、各省（市、自治区）符合规定目标的产业,从税率、利率等予以优惠。不应再把地方政府作为考核产值增长速度的"载体"。地方政府可运用地方税、土地使用费等经济杠杆,对中观、微观布局调控。建设项目的地点和厂址选择,逐步推行招标投标,从而实现"地方"选择"产业（项目）",投资主体选择"产业（项目）区位"的双向竞争择定。

（写于1991年5月,收入《当代中国百名经济学自述：我的经济观》,江苏人民出版社1991年版）

工业布局规划的内容与方法

一 工业布局的系统规划方法

中国是一个大国,各地区自然条件、经济条件和其他社会条件千差万别,在960万平方公里辽阔的国土上,如何部署工业生产力,对社会生产与再生产的各项要素进行合理的空间组织,既保证生产、流通、分配、消费经济有效地运行,又适应政治、国防、社会和环境保护与生态平衡的要求,是一个极其复杂的问题。早在1959年,陈云就指出:"对于这样的问题,如果不做长期打算、整体部署,只顾眼前方便、零敲碎打,是不可能解决得好的。"[①] 20世纪50年代初期,在为第一个五年计划拟建重点项目进行基建前期准备工作时,最初是由各个工厂的主管部门分别进行选厂定点。工作中出现的种种矛盾与难于解决的问题,促使一些技术经济联系密切或打算摆布在同一城镇的项目的主管部门进行"联合选厂"。联合选厂解决了工业项目之间的协调配合与合理布局,然而对于同一地区、城镇的动力设施、交通运输、邮

---

① 陈云:《当前基本建设工作中的几个重大问题》,载《红旗》1959年第5期。

电通信、水利、农业、居民点、市政公用设施等，如何全面规划、统一安排还无法解决。这些矛盾只有通过区域规划、城市规划才能妥善解决。为此，1956年2月全国第一次基本建设会议讨论制定了《关于加强新工业区和新工业城市规划和建设工作几个问题的决定》，提出通过区域规划，合理布置第二个和第三个五年计划时期拟建的工业项目和新兴工业城镇。区域规划的开展，要求以经济区划为前提，1958年在原有行政区划基础上，全国划分为七个经济协作区，负责协调区内各省（市、自治区）经济的发展，推动协作区内外经济的分工与协作。这些说明，在1958年以前，随着工业布局实践经验的积累，正在逐步形成"全国工业总体布局—经济区区划—区域规划—城市规划—厂址选择"这样环环相扣的工业布局系统规划的组织与方法（见图1）。

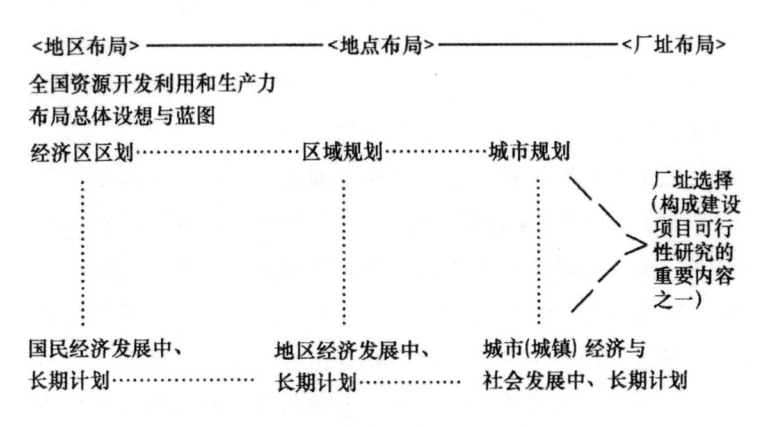

```
<地区布局>—————————<地点布局>—————————<厂址布局>
全国资源开发利用和生产力
布局总体设想与蓝图

经济区区划·········区域规划·········城市规划
                                              ＼
                                               ＼厂址选择
                                                （构成建设
                                                项目可行
                                                性研究的
                                                重要内容
                                                之一）

国民经济发展中、      地区经济发展中、    城市（城镇）经济与
长期计划··········    长期计划········     社会发展中、长期计划
```

图1　工业布局系统规划示意图

可惜的是，1958年以后，不仅没有继续发展、充实这种系统规划的组织与方法，反而倒退到条、块各自为政，各主管部门分头选厂定点的局面。

如果我们把整个工业经济和国民经济体系看做一个"巨系统",那么工业布局就是这个巨系统的横断面,而它本身也具有整体性和系统性的特征,是一个多层次、经纬交织的复杂系统。工业布局客体的系统性,决定了工业布局规划工作必须采取"系统方法",如同博弈对阵,布下任何一枚棋子,都要从对全局的影响来衡量。对这种系统规划方法,我把它归纳为:"三个环节,三个结合。高瞻远瞩,深察底里。宏、微相接,及时反馈。经纬交织,蓝图渐显。平衡、效益,须臾不离。空间侧面,不离整体。优选区位,布定成局。""三个环节"即地区布局、地点布局、厂址布局。"三个结合":一指条、块结合;二指综合平衡与经济效益论证相结合;三指生产力布局与社会再生产整体相结合。

工业布局多层次的特征,要求首先对全国工业总体布局有一个轮廓的设想,只有在宏观战略布局的控制之下,才有可能进一步安排好各工业部门和各地区的工业布局、各工业城镇的布局以至每个工业城镇内部各工业企业的布局。在各层次的关系上,上一层次宏观研究的初步结论,成为下一层次微观研究的约束条件;下一层次研究的初步结论,随时反馈到上一层次,作为对其进行修正的依据。如此上下反复多次,才能使工业总体布局的战略意图和构思逐步具体化,直至落实到每个工业基地和工业城镇的布点,落实到每个工业企业厂址的最后确定。

全国工业总体布局的设想,是全国国土开发、整治规划和生产力总体布局设想的重要组成部分。应该在摸清全国和各地区自然资源、自然条件和社会经济条件的基础上,以勘察探明切实可靠的资源资料为依据,从调查工业布局现状、分析存在问题与矛盾、研究解决的途径与措施入手,提出总体布局的设想,同时要紧密结合对科学技术发展趋势与远景需求的预测,要研究现代战争条件下战略防御体系对工业布局的要求等。

工业布局经纬交织的特点，要求在每一层次布局方案的安排中，把从纵向联系出发安排的各工业部门（行业）的地区分布、地点分布，和从横向联系出发安排的地区经济规划、城镇经济规划有机地结合起来，在经纬交织而成的网络结构中，确定工业企业的定点与选址。

为使各工业部门和行业的布局安排具有充分可靠的科学依据，需要深入研究本部门主要原料资源和产品消费区分布的基本态势，以及现有生产基地与企业的分布状况，从三者的联系和产运销的矛盾中，揭露本部门、本行业布局中存在的问题，明确今后的调整方向，按照每种产品到达消费地的完全劳动耗费最低的原则，编制各主要产品的产销区划和部门经济区划，对每一工业部门、行业的生产基地在全国的分布作出初步安排。

在工业布局各层次及纵向、横向的安排中，都需要把综合平衡和经济效益的计算紧密结合起来，使工业布局方案建立在充分可靠的技术经济论证的基础之上。综合平衡和经济效果的计算，应该在宏观控制之下，在按不同层次和侧面分别研究的基础之上进行，进一步综合分析，全面权衡利弊得失。只有这样，才有可能制定出从国民经济整体考察效果最优的布局方案。

二 工业布局的条件分析

工业布局受一系列客观条件与因素的制约。全面了解制约条件，掌握有关这些条件的切实可靠的基础资料与数据，根据社会主义工业布局的原则，合理组织与利用各种条件，才能取得好的经济效益。

制约工业布局的客观条件与因素，按经济内容划分包括：劳动力、劳动对象、劳动资料、消费（生产消费与生活消费）市场的分布状况和各地区的地理位置与运输条件等。如马克思所说："劳动首先是人和自然之间的过程……劳动过程的简单要素是：有目的的活动或劳动本身，劳动对象和劳动资料。"[①]人借助劳动资料，使劳动对象发生变化，按人们预期的目的形成能满足人们某种需要的使用价值，这就是直接生产过程。而从整个社会再生产过程考察，直接生产过程只是整个再生产过程的起点，中间经过流通与分配，到达消费这个终点，并周而复始地进行。如果劳动力、劳动对象、劳动资料和消费市场，在地理分布上完全重叠，同处一地，而且数量上保持相适应的比例，那么生产力布局问题就会非常简单和浅显易见。在完全自给自足的自然经济情况下，事情就是如此。而在社会化大生产下，劳动地域分工的广度与深度不断加强，与地区生产专业化出现的同时，一个地区工业生产的发展，它的劳动力、劳动对象和劳动资料，已不再限于"就地取才（材）"，而可能来自区外许多地方；一个地区的产品，也不再限于"就地消费"，而可能供应区外许多市场。从而产生了借助运输、流通和信息系统等纽带，把地域空间上分散的原料产地、燃料产地、生产和消费市场联结起来。工业布局就其物质内容考察，从某种意义上说，可以归结为对这些布局要素如何进行空间的合理组织，从而保证物质资料的生产、流通、分配与消费过程能经济有效地运行。

制约工业布局的条件与因素，从条件的形成和性质不同来划分，有以下三大类：

一是自然资源与自然条件的地区差异。各地资源蕴藏种类不一、数量多寡不等，质量优劣有别，赋存开采、加工条件有难易

[①] 《马克思恩格斯全集》第23卷，人民出版社1972年版，第201—202页。

之分。这些差异直接影响着工业的布局。必须适应自然资源条件的地区差异,因地制宜确定工业发展方向,安排建设项目,才能趋利避害、扬长避短,取得好的经济效益。

二是长时期历史发展中形成的各种经济条件与经济因素的地区差异。诸如各地人口密度高低不一,劳动力资源数量多寡不等,工程技术人员的比例、传统的生产技艺和经营管理经验的不同,现有经济发展水平和经济结构的特征各异,生产协作条件和动力、运输、通信联络与其他"基础结构"① 的水平与经济地理位置等"硬环境"的差异,和社会文化传统、智力开发程度、价值观念,特别是商品经济的意识等"软环境"的差异,这些差异也直接影响着工业的布局。必须充分考虑这些条件及其地区差异,才能实现工业的合理布局。这是因为,我们要进行的工业布局,早已不是盘古开天、女娲补阙时代在一张白纸上作画,而是在我们祖先世代经营、新中国成立30多年来已经进行了大规模建设的基础上,对这幅历史画卷,续绘新的篇章。只有在充分考虑这种历史联系中进行新的布局,才能取得好的经济效果。马克思说:"人们不能自由选择自己的生产力——这是他们的全部历史的基础,因为任何生产力都是一种既得的力量,以往的活动的产物。……单是由于后来的每一代人所得到的生产力都是前一代人已经取得而被他们当做原料来为新生产服务这一事实,就形成人们的历史中的联系。"②在工业布局中,既要考虑各种天然资源,也要充分考虑人类长期活动形成的各种经济资源,善于使这

---

① "基础结构"是指为工农业等基本生产部门服务的综合体,包括各种运输设施与事业、物资储运供应系统、公用动力事业,给排水系统,通信信息系统、科技与经济情报系统、科研与技术服务系统、普通教育、专业教育与职工培训系统、保健与休息系统等。

② 《马克思恩格斯选集》第4卷,人民出版社1972年版,第321页。

些"原料""为新生产服务"。

三是与社会主义阶段的一些历史任务有关的因素，诸如加强、巩固民族团结，逐步消除各民族在经济、文化上存在着的事实上不平等；逐步缩小城乡差别和工农差别，为三大差别的消灭创造条件；巩固国防安全；等等。

随着社会生产力的发展，在现实生活中，以纯粹自然形态出现的布局条件与因素越来越少，更多的是以自然与历史交互作用的结果表现出来。例如，一个地区的矿产资源，虽然归根到底取决于大地构造与成矿条件，但对布局直接发生影响与制约作用的，是经过地质科学研究与普查、详查探明的资源；再如，某一地区的经济地理位置，既与自然地理的"天然"因素有关，更是人们利用"天然"因素发展、改造的结果。所有影响制约工业布局的条件与因素，其作用的性质、强度等都不是固定不变的，而是随着历史的发展而变化，特别是随着科学技术的进步而变化的。因为"各种不费分文的自然力"，能否并入和以怎样的效能并入生产过程，直接取决于科学技术的进步。几个世纪以前，当人们只能借助小型木制水轮机利用水力时，中、小流量的河流较之水流湍急的大江大河更为有利，工场手工业时期，磨面厂、纺织厂、冶金厂等沿中、小河流摆布就是证明。而现代当人们掌握了大坝建筑技术和几十万千瓦到几百万千瓦水电机组，以及高压、超高压输电技术后，像长江三峡等大型水利资源才可能显现其优势。有些布局条件与因素，例如，国防地理位置，则是随国际形势而变化的。

不仅影响、制约不同布局环节的重点条件与因素有所不同，而且同一条件对不同布局环节影响的内容也不尽相同。以土地资源条件而言，在地区工业布局环节中，它主要是作为农业的生产资料影响地区农业生产的水平与农业结构的特征，进而制约地区工业发展的规模，影响地区工业结构，特别是农产品加工工业、农用工业及相应的中间产品的结构；在工业地点布局环节中，"土地资源"既通过对城郊农业水平与结构的影响制约城镇工业发展的规模与结构；又通过工业用地条件，制约城镇工业的规模与结构，而在厂址布局环节中，"土地资源"主要作为工业场地条件发生作用，因而除考虑一般的土地丰度外，更着重考察其地貌特征、工程地质、水文地质条件等。关于影响、制约工业布局的诸种条件与因素在工业布局不同环节中的作用，请参见表1。

表 1　　　　　　制约工业布局的因素及其影响

制约因素 \ 布局层次	地区布局	地点布局	厂址布局
I　自然资源、自然条件			
1. 燃料动力资源（能源）	影响地区工业发展规模与工业结构的特征	影响城镇工业发展规模与方向，对大耗电工业的布点有重要影响	已建成或可能建立的动力中心、输电网对厂址选择的影响，主要在于尽可能近的取得电（热）供应，节约输电线路的投资，减少输电（热）损失
2. 矿物原料资源	决定地区采掘工业的发展规模、结构，影响地区工业结构的特征	对原材料工业的布点和以采掘工业为主的城镇形成有重要影响	—

续表

布局层次 制约因素	地区布局	地点布局	厂址布局
3. 一般建筑材料资源	—	对新兴工业基地与城镇建设的选点有一定影响	对大型企业的选址有一定影响
4. 森林、草场等生物资源	对地区采伐工业和对农产品加工工业的规模、结构有重要影响	对农产品加工工业的布点有影响	—
5. 水资源	对西北、华北、东北大面积缺水地区有明显制约作用	影响城镇工业发展规模与方向,对大耗水工业的布点有重要影响	对大耗水工业的厂址选择有重要影响
6. 土地资源及其丰度	通过地区农业生产水平与农业结构影响地区工业发展规模与结构	通过城郊农业规模、工业用地条件影响城镇工业发展规模与结构	土地的工程地质、水文地质条件和地貌特征对厂址选择有重要影响
7. 气候、地形等自然条件	中国西部不少待开发地区,地势险峻,气候高寒,给新工业基地的开辟增加了困难	对新兴工业城镇的选点有影响	对厂址选择,特别是重污染企业的厂址选择有较大影响
Ⅱ 经济与文化因素			
1. 国家财力、物力和科技水平	对新工业区开发的总规模以及对待特大型资源和复杂共生的资源开发有重要影响	—	—
2. 人口密度、劳动力资源及其质量	人口密度与绝对量决定消费品的市场分布,以消费品及相应中间产品的市场因素影响工业地区布局	劳动力资源及其质量、传统的生产技术经验,对城镇工业结构有重要影响	对劳动密集型和知识密集型企业的厂址选择有重要影响

续表

布局层次 制约因素	地区布局	地点布局	厂址布局
3. 现有经济发展水平及特征			
(1) 现有生产基金的数量及利用率	对确定新、老工业区投资分配比例有重要影响	对新、老工业城镇投资分配比例及重点建设城镇的选择有重要影响	—
(2) 现有工业生产特征及协作条件	对地区工业结构发展、改造的方向有重要影响	对城镇工业结构与投资方向有重要影响	—
(3) 基础结构的水平	对确定新、老工业地区投资分配比例和重点建设地区的选择有重要影响	对重点建设城镇的选择和新兴城镇的选点有重要影响	—
4. 经济地理位置与运输条件	运输网的发达程度和运输业的劳动生产率，是决定地域劳动分工广度、深度的物质前提，对原燃料资源相对匮乏的老工业区和新工业区开发顺序的确定有重要影响	运输条件是现代工业基地和城镇发展的起码物质前提。工业基地和城镇在全国运输网中所处的位置，直接影响其优势发挥的范围与程度，劣势弥补的难易。四通八达的交通枢纽，可以克服其他客观因素的不足，成为独立的工业布点牵引因素	厂址选择中主要考虑尽可能减少专用线的建设长度，使社会流通过程与厂内生产过程直接衔接；对大运输量企业的选址，影响尤为突出
5. 社会文化、价值观念	有重要影响	—	—
Ⅲ 政治和国防安全条件	是地区布局考虑的重要因素之一	确定城镇规模和重要企业的集中程度时应考虑的因素之一	安全隐蔽条件是重要企业厂址选择时应考虑的因素

三 工业布局规划的主要任务

在我们这样的大国，为搞好工业布局，需要研究、解决的问题很多。从30多年的历史经验看，关键是要妥善解决好以下四个方面的问题。

1. 处理好发展老工业区和开辟新工业区的关系

旧中国遗留给我们的工业大部分偏集东部沿海地区，内地人多地广、资源丰富，国防安全条件较好，但开发程度很低。因此，处理好内地与沿海新、老工业基地的关系，成为中国工业布局头等重要的课题。从第一个五年计划时期开始，党和政府就正确规定了充分利用、合理发展沿海老工业区和积极建设内地新工业区相结合的方针。

为什么必须在内地有计划地建立新工业基地呢？

这是因为中国一半以上的人口分布在内地，只有逐步发展内地工业，才能把内地广大群众吸引到国家工业化和现代化的行列中，充分利用内地丰富的劳动力资源，为农业劳动生产率提高后解放出来的大批劳动力提供就业门路，同时更好地满足内地广大群众对各种工业品的需求。

逐步发展内地工业，也是为了更好地适应中国资源分布的客观情况。中国许多种类的矿产资源大部分分布在内地。如石油、天然气、煤炭、水力资源等各种一次能源的蕴藏量，内地分别占全国的61%—93%；铁矿、铝土矿、磷矿、钒、钛和许多有色金属矿藏内地分别占全国的56%—95%。发展内地工业，有计划地开发和利用内地丰富的自然宝藏，才能使整个工业的发展建立在可靠的、愈来愈雄厚的能源和各种原料资源的基础之上。

中国内地的土地面积占全国国土的85%，耕地面积占全国的62%，提供了占全国产量54%的粮食，棉花、茶叶、油菜、芝麻、烤烟、甜菜等经济作物产量分别占全国的50%—87%。全国70%以上的森林面积、90%左右的草原面积，以及宜农、宜林、宜牧荒地也分布在内地，绝大部分的木材和各种林产品、畜产品与山货土产都出自内地，只有逐步发展内地工业，才能就近更好地支援内地农业的发展，发掘内地农业生产的巨大潜力，改变内地农业的落后面貌，使工业和整个国民经济的发展建立在更加坚实可靠的基础之上。

内地工业的发展，不仅可以就近对矿产资源和农产原料进行加工，减少不合理的过远运输，而且能为沿海地区提供愈来愈多的矿产、农产原料和相应的初级加工产品。这是沿海地区现有生产能力得以充分发挥，各种加工工业能够进一步发展的重要物质保证。

内地也是中国各少数民族的主要聚居区，多数地区国防安全条件较好，从巩固、加强各民族的大团结和国家安全的战略考虑，也必须逐步发展内地工业。

为什么必须同时充分利用、合理发展沿海工业呢？

这是因为在中国工业化和现代化建设中，开辟、发展新工业区所需的设备、材料、资金和技术人才，都需要沿海地区原有工业基地提供和支援。沿海地区原有工业是整个国家工业化的出发点，只有充分利用、合理发展沿海工业，把工业建设向内地推进，才有坚实可靠的根据地。

这还因为，内地新基地从开始建设到投入运转、发挥作用要经历一个或长或短的过程，在这段时间内只消耗而不提供任何产品，为了满足国民经济和人民生活的近期需要，也必须充分利用与发展沿海工业。

这还因为，沿海地区原有技术基础雄厚，经营管理经验丰富，工业协作条件较好，各种基础结构设施有一定的基础。与内地相比，进行同样的建设，投资省、工期短、见效快，近期效果比较明显，对争取全国工业发展保持一定的速度有重要意义。

毛泽东同志在《论十大关系》中精辟地论述了沿海工业和内地工业发展之间的辩证关系，他指出："新的工业大部分应当摆在内地，使工业布局逐步平衡，并且利于备战，这是毫无疑义的。但是沿海也可以建立一些新的厂矿，有些也可以是大型的。……好好地利用和发展沿海的工业老底子，可以使我们更有力量来发展和支持内地工业。如果采取消极态度，就会妨碍内地工业的迅速发展。"①

在上述正确方针指引下，中国沿海老工业区得到了改造与加强，内地工业则以高于全国和沿海地区平均速度的步伐向前发展，在全国工业生产中所占的比重逐步提高（见表2）。

表2　沿海工业和内地工业在全国工业总产值中的比重　　单位：%

年份 地区	1949	1952	1959	1962	1965	1970	1975	1980
沿海地区	71.5	70.8	67.0	65.8	65.0	64.9	63.5	63.5
内　　地	28.5	29.2	33.0	34.2	35.0	35.1	36.5	36.5

注：沿海指辽宁、天津、北京、河北、山东、上海、江苏、安徽、浙江、福建、广东和广西等12个省（市、自治区）；其余各省（区）为内地；从"六五"计划起，安徽省划为内地。

在工业地区布局调整过程中，沿海和内地工业互相支援、互

---

①　毛泽东：《论十大关系》，人民出版社1976年版。

相促进。如辽宁省从新中国成立初期到 1978 年共调出各种金属切削机床 35 万台、重型冶金设备 39 万吨、矿山设备 77 万吨，从 1957 年到 1978 年共调出钢材 3170 万吨、生铁 2057 万吨、水泥 2159 万吨、纯碱 458 万吨、烧碱 92 万吨等大量设备与工业原料支援全国特别是内地建设；同时向外输送了 6 万多名管理干部、技术人员和技术工人。上海除提供大量生产资料支援内地建设外，每年调出价值 100 多亿元的轻工产品，占全国同类产品区间调拨量的 45%；同时从资金和技术方面极大地支援了内地建设，如 1950 年到 1976 年期间，上海为全国提供的积累就占同期全国基本建设投资的 41.9%，向外输送了几十万名技术人才和管理人才，为外地培训青工艺徒 10 多万人。

内地工业的迅速发展，一个又一个新工业基地投入运转，为全国工业增添了新的生力军，目前内地许多产品的生产量已超过全国总产量的一半以上，如：煤炭年产量已达到 4 亿多吨，占全国的 68%；原油 6000 万吨左右，占全国的 58%；木材 4000 多万立方米，占全国的 80%；磷矿石 1000 万吨，占全国的 98%……这些产品给沿海工业以很大的支援，仅以煤炭、原油而言，内地每年向上海、北京、辽宁提供的一次能源就分别在 1000 万吨以上。

在处理沿海工业和内地工业的关系上，也曾有过失误：一次是 20 世纪 50 年代中期，新工业区投资比例过大，挤了沿海老工业区发展、改造的投资；再一次是 60 年代中期以后，内地投资占全国的比重激增到 65% 以上，个别年份高达 69%，由于大量资金投放到多年后才能见效的新工业基地，给当时国民经济带来了一系列不利影响。

30 多年来正、反两方面的经验告诉我们：

(1) 建设内地新工业基地的方针必须坚持，但是规模不能过大、步子不能过急。一个时期，内地新基地规模搞多大，不决定于主观愿望，而决定于客观的可能。一是国家财力、物力的可能性；二是新地区大规模工业建设的基本条件是否具备。中国内地资源固然丰富，但多处于山区，地形复杂、工业建设工程艰巨。以单项工程而言，为形成同样的生产能力的投资一般比沿海地区要高。如吨钢综合生产能力的投资，沿海为 1000 元，内地则近 3000 元；每万千瓦发电机组装机容量的投资，全国平均 833 万元，内地则为 952 万元。特别是内地新开辟的工业区的运输、供水、供电和市政建设等一系列基础结构设施的建设，近乎白手起家，投资远远超过原有的基础较好的沿海地区。如根据内地两个新钢铁基地估算，钢铁部门本身的投资和各种配套项目的投资比例为 1:2—2.4，而在沿海地区扩建老钢铁基地时，两者的比例为 1:1，即为了建设 1 亿元规模的钢铁工业，在内地国家实际要花的综合投资为 3 亿元到 3.4 亿元，而在沿海地区只需 2 亿元。从 1953 年以来 20 多年累计的投资产出系数看，沿海地区为 0.973，内地为 0.414，三线地区为 0.256，也即同样投资 1 亿元，在沿海地区工业产值的净增长额为 9730 万元，在内地为 4140 万元，三线地区为 2560 万元。在工业建设总规模一定的情况下，内地投资比例安排过大，势必使原有工业区利用与发展所需要的财力、物力失去保证，从而延缓整个工业的发展速度，既影响当前国民经济和人民生活对各种工业产品需求的满足，也使内地新基地建设所需的设备、材料和资金缺乏保证，到头来，过大规模的新基地建设计划也是不可能实现的。

为了实现新、老工业区的最佳结合，需要首先找出两者建设投资的上、下极限，再进一步从上、下极限之间选定最优比例。譬如说，按新基地建设总规模计算的主要物资需要量，不能超过现有工业基地主要物资生产量扣除现有企业简单再生产的需要量和人民生活维持现有水平的需要量后的余额。新基地建设规模超过了这个极限，就会出现：一方面新区、新厂到处建；一方面老区、老厂现有生产能力不能发挥以及基建挤人民生活与市场供应的情况。再进一步考虑，新基地建设各类主要物资的需要量，不能超过老基地主要物资的生产量扣除现有企业生产能力充分利用后的物资需要量和人民生活一定幅度提高后的物资需要量的余额。扣除之后还有余额，可以用于基本建设，但需要通过具体方案计算比较，看多少用于老基地合理，多少用于新基地合算。开发内地资源，保证继起期工业生产进一步增长的需要，是一定时期新基地建设的最低限。

（2）无论老基地的发展改造和新基地的开辟，都宜一步一个脚印，有计划有步骤地建成几片，再开辟几片，切忌蜂拥而上、齐头并进。第一个五年计划时期的投资总规模比以后几个五年计划时期少得多，由于当时沿海地区投资主要集中于以鞍钢为中心的辽宁工业基地的扩建与新建，内地工业投资 80% 以上放在湖北、内蒙古、甘肃、陕西、黑龙江、吉林等 6 个省（自治区），集中主要力量进行武汉、包头、兰州、西安等几个新工业基地的建设，总的看，"仗"打得干净利索，效果明显。1965 年以后，西南、西北、湘西、鄂西、豫西等大三线和许多省（市、自治区）的小三线同时上马，"遍地开花"，开拓性投资需要量大，使每个新基地需要的财力、物力都难以充分保证。于是造成了停停打打的局面，或只能保证主体工程，无力保证配套，形成主体大、配套小，有"骨头"无"肉"，工厂生产缺乏必要的协作配合条件，职工生活条件也很困难，严重影响了投资效果的发挥。中国疆域辽阔，内地现有基础结构设施和多种协作条件薄弱，而且短时期内还难以改变的特点，除个别特殊项目可以采取"跳跃式"进行纵深配置外，整个工业布局以采取"渐进式"，从现有基地出发由近而远逐步展开为宜。新基地宜建成一批，巩固、发展一段，站稳脚跟后，再继续开辟其他新区。这既有利于节约建设投资，也便于新基地投入运转后与原有工业基地协作配合，提高经济效果。

（3）地区布局重点的转移，要防止"急转弯"。随着国民经济发展的任务与条件的变化，地区布局的重点会有所转移，但这种转移应有条不紊地进行。对已建的工业区要善始善终，形成综合生产能力再"收兵"；对拟开辟的地区，要充分做好建设前期各项准备工作后再动手。切忌一个时期强调某类地区是重点，就急如星火，不顾条件地大干快上，走向极端，直至碰壁后又"急转弯"，再来个"矫枉过正"。当前，在以更大力量注意发挥老工业区大、中城市作用的同时，亦应注意逐步解决"三五"时期以来建立的许多新基地的遗留问题，根据国家当前与今后的需要和三线地区的实际情况，从积极方面发掘它们的巨大潜力。

2. 建立各具特色能够发挥优势的地区工业结构

工业地区布局在确定各地区工业发展速度与比例的同时，还要解决各地区的工业朝什么方向发展，建立怎样的地区工业结构的问题。是按统一的标准模式，各个地区建立独立完整的地方工业体系，还是因地制宜、扬长避短，建立各具特色，能够发挥各自优势的地区工业结构？这是一个理论上长期有争论，在实践中也积累了很多经验和教训的问题。第一个五年计划时期，围绕建立全国工业体系的总目标，以156项为中心的1600个投资限额以上的大型项目和许多中、小型项目，基本上是根据国家工业总体布局的要求和各地区的具体条件，进行地区安排和部署的。总的说，效果比较好。1958年"大跃进"中，提出了地方应该想办法建立独立的工业体系，各地区的工业建设一律"以钢为纲"。1959年，陈云针对这种情况，明确指出："在一个省、自治区以内，企图建立完整无缺、样样都有、万事不求人的独立的工业体系，是不切实际的。"① 但这个正确意见未被接受。到20世纪70年代中期，更加具体地要求"钢铁、燃料和一般机械产品各大区全部或大部自给"、"一般日用轻工业品省（区）自给"，许多专区和县也盲目追求建立"小而全"的"五小"工业体系。在这种思想指导下，1958年以后几次刮起了地区"体系风"，许多地区不问有无煤、铁资源和运输条件，工业发展一律"以钢为纲"，有的地区每吨生铁成本达三四百元，甚至七八百元，也要不惜工本保本地区的"钢铁元帅"升帐，其他工业部门的布局也存在类似的情况。直至党的十一届三中全会，特别是党中央提出"发挥优势、扬长避短"的方针以后，工业布局的指导思想才开始有了根本的转变。

30多年来正、反两面的经验告诉我们：不顾地区的具体条件，盲目追求建立地方的独立的工业体系和经济体系，是小生产自给自足的自然经济思想在工业布局上的反映。它与社会化大生产的要求完全背道而驰，既违背客观经济规律，也不符合自然规律和技术发展规律的要求，势必造成严重损失，延缓工业的发展。

马克思列宁主义关于劳动地域分工的学说，是地区经济发展"扬长避短、发挥优势"方针的理论根据。马克思说："一个民族的生产力发展的水平，最明显地表现在该民族分工的发展程度上。"② 这既包括部门、企业之间的分工，也包括"把一定生产

---

① 陈云：《当前基本建设工作中的几个重大问题》，载《红旗》1959年第5期。
② 《德意志意识形态》，载《马克思恩格斯选集》第1卷，人民出版社1972年版，第25页。

部门固定在国家一定地区的地域分工"①。列宁也曾指出:"同一般分工有直接联系的是地域分工"②。实行劳动地域分工,建立各具特色的地区工业结构的客观根据是:

(1) 地区自然条件的差异和自然资源分布的不平衡性。工业生产的原料归根结底来自采掘业和农业两大部门。采掘业的布局直接受矿产资源的制约,而矿产资源的分布,无论从数量和质量上看都是不均衡的。以中国的铁矿而言,全国430多亿吨探明的储量中,52%集中在辽宁、四川和河北3个省,储量不足三四亿吨和无铁矿的省(市、自治区)共9个。以铜矿而言,全国探明储量的48%集中在江西、云南和西藏3个省(区),有9个省(市、自治区)储量极少或根本无铜矿。钨矿和铝土矿的分布更集中,85%的钨矿储量集中在湘、赣、粤、桂、闽5个省(区),10个省(市、自治区)的储量分别不足1.2万吨,9个省(市、自治区)根本无钨矿;铝土矿的86%集中在晋、豫、黔、桂、鲁5个省(区),9个省(市、自治区)的储量不足1000万吨,11个省(市、自治区)根本没有铝土矿。有的矿种,尽管资源分布比较普遍,但数量多寡、质量优劣、开发利用的难易也大相径庭。如中国71%的煤炭资源集中在山西、内蒙古和贵州3个省(区);江南9个省(市)的煤炭储量仅占全国的1.8%,而且煤田规模小、地质构造复杂、煤质也差,每吨煤炭生产能力的投资比山西等北方煤田高30%,原煤开采成本高40%—50%,劳动生产率低50%—60%。20世纪50年代后期和70年代初期,江南各省"大打煤炭翻身仗",希望尽快"扭转

---

① 《马克思恩格斯全集》第23卷,人民出版社1972年版,第392页。
② 《俄国资本主义的发展》,载《列宁全集》第3卷,人民出版社1959年版,第389页。

北煤南运"，实践证明相当一部分效果不好。如苏南地区的煤炭工业为形成200万吨生产能力累计投资和亏损共7亿元，吨煤投资比全国平均水平高五六倍，如果将同样的资金投放在徐州煤田或其他北方煤田，可以形成近1000万吨的生产能力。

工业特别是轻工业的原料相当一部分来自农业，而农作物的分布受气候、土壤等自然条件的制约。以制糖业的主要原料——甘蔗、甜菜为例，甘蔗的高产区主要在两广和福建，平均两三亩①甘蔗地的产量可产糖1吨，产量最高的珠江三角洲地区只需要一亩七分地就可产糖1吨；甜菜的高产区集中在黑龙江、吉林、内蒙古和新疆等省（区），一般六七亩地的甜菜可制糖1吨。20世纪70年代，为了"实现轻工业产品省（区）自给"，湖南、湖北和河南也自办糖厂，相应引起"甘蔗北上"、"甜菜南下"，由于气候、土壤条件不适宜，单产低，含糖量少，在两湖得六七亩地的甘蔗才产1吨糖，在河南得十多亩地的甜菜才产1吨糖，造成工、农业生产效益双下降。

（2）原有经济发展水平、特点和各种社会经济因素的地区差异。在长时期历史发展进程中，由于多种因素的影响，各个地区不仅经济发展水平有很大的差异，而且现有工业的结构，传统的生产技艺和经营管理经验，科技人才和专业技术工人的多寡、种类和素质，以及生产协作条件互相间的差别也是很大的。以上海和苏南地区的轻纺工业为例，它们的厂房和设备条件不比内地好，甚至还差一些，但其经济效果显著高于内地。如上海轻工系统每一职工一年为国家创造税利9810元，比全国平均水平高3倍多，比内地一些省高十几倍。重要原因之一，是这些地区百余年来轻纺工业在生产技术和经营管理方面积累了丰富经验，拥有

---

① 为维持原文用词仍保留亩，1亩≈666.7平方米（下同）。

一大批经验丰富的技术人才和管理人才。在安排地区工业结构时，既要考虑自然资源和自然条件的特点，又要充分考虑长期历史发展中形成的经济资源和技术资源。

（3）充分发挥生产专业化和集中化的效益。列宁说："要把制造整个产品的某一部分的人类劳动的生产率提高，就必须使这部分的生产专业化，使它成为一种制造大量产品因而可以（而且需要）使用机器等等的特种生产。"① 而生产的专业化、集中化的发展和劳动地域分工又紧密相连，往往表现为"各个地区专门生产某种产品，有时是某一类产品甚至是产品的某一部分"②。如果每个地区各自建立独立完整的封闭工业体系，追求样样产品的地区自给，就会重复建设大量同类型的"小而全"、"大而全"企业，既造成投资的浪费，也使企业的生产批量达不到经济合理规模的起点，严重影响了经济效果。如中国汽车工业的总生产能力，20世纪70年代末只有18万辆左右，却分散在26个省（市、自治区）的130个厂点生产，其中110多个厂点的年生产能力不足1000辆，每辆车的成本要比大批量生产的长春第一汽车厂高一两倍。1969年至1978年，许多省（市、自治区）为了提高本地日用轻工产品的自给率，先后建设了二十几个"小而全"的手表厂，每个厂平均规模只年产七八万只，其单位生产能力的投资比年产两三百万只的手表厂高一倍，成本高两三倍。类似情况在其他机械制造和日用机电产品等行业中也广泛存在。随着工业的发展，科学技术的进步，将涌现出愈来愈多的大型或复杂产品，它们通常由几千个甚至几万个零部件组装而成，不依

---

① 《论所谓市场问题》，《列宁全集》第1卷，人民出版社1959年版，第84页。

② 《俄国资本主义的发展》，《列宁全集》第3卷，人民出版社1959年版，第389页。

靠地区之间的分工协作，企求在一个地区内部自给自足，全部包下来，势必造成很大的损失。

（4）地理位置的不同。各个地区不同的自然地理位置、经济地理位置和国防地理位置，对地区工业结构的类型的确定也带来不同程度的影响。例如，广东省毗邻港澳，具有对外经济联系的优越地理条件和交通条件，过去也和其他地区一样搞重型工业结构是不合理的，而应当利用其他地区难以具备的优越的地理位置条件，在工业结构中突出安排各种出口产品和可以利用进料加工的工业部门。国防地理位置的不同，着重影响地区工业结构中军事工业和军品生产的地位和比重。

上述四方面的根据中，地区自然条件的差异和资源分布的不均衡性，构成劳动地域分工的自然基础，后三方面构成劳动地域分工的经济基础与社会基础。地区诸种不同条件的综合作用，最终反映为同种产品不同地区生产费用的区间差异。充分利用地区分工的绝对利益[1]和比较利益[2]，各个地区都重点发展那些产品劳动耗费和资金占用量低于全国平均水平和其他地区的部门、行业与产品，各展所长，各避所短，并通过地区间的分工协作，互通有无，以己之长、补人之短，以人之长、补己之短，就可以大

---

[1] 绝对利益是指两（n）个地区，甲地区 A 产品的生产费用低于乙地区，B 产品的生产费用高于乙地区。甲地区生产 A 产品，乙地区生产 B 产品，比甲、乙两地，同时生产 A、B 两种产品有利。绝对成本学说的最早提出者是亚当·斯密。参见〔英〕亚当·斯密：《国民财富的性质和原因的研究》，郭大力、王亚南译，商务印书馆 1972 年版。

[2] 比较利益是指两（n）个地区，甲地区 A、B 两种产品的生产费用都低于乙地区，但两种产品地区生产费用的差幅不一，甲地区生产差幅大的产品，乙地区生产差幅小的产品，仍然比两地区自给自足时有利。比较成本学说的最早提出者是大卫·李嘉图。参见〔英〕大卫·李嘉图：《政治经济学及赋税原理》，郭大力、王亚南译，商务印书馆 1972 年版。

大提高整个国民经济的效益。

发挥优势,并不是每个地区只孤立地发展一两个优势部门与行业,而是围绕优势部门,建立一个结构紧凑、相互协调又具有高经济效率的地区经济有机体。这种地区经济综合体由以下三类部门组成:①地区优势部门(或称地区专业化部门)。这一类利用本地最有利的自然、经济条件和技术条件建立的部门,是整个地区经济发展的中心与重点,其发展规模除满足区内自用外,还承担外调他区和出口的需要。②围绕专业化部门发展的各个关联产业部门,包括为专业化部门提供协作配套条件、对专业化部门的产品进行初步加工或深度加工的部门,利用专业化部门的副产品、联产品和"三废"的部门,以及满足区内消费品需求的部门。③能满足以上两类部门和人民生活需要的基础结构部门。

由这三类部门按一定比例组成的地区经济综合体,同过去企图建立的地方独立工业体系和经济体系,有几点截然不同之处:①它要求适当综合发展,但这种综合发展是以广泛开展区际经济分工协作为前提的;它不要求各个地区行行业业俱全,也不无根据地要求每种产品地区自给。它要建立的是开放性的地区经济综合体,而不是万事不求人的、封闭的地区自然经济的孤立国。②各个地区工业的发展,各有重点,各具特色。铁矿、石油、森林资源丰富的地区,可以钢铁、石油、森林采伐和加工为重点;有色金属矿、水力资源和草场资源丰富的地区,则以有色冶金、畜产品加工工业为重点;煤炭资源丰富的地区,可以煤炭开采和综合利用为重点;技术力量雄厚的地区,可以技术密集型行业和高、尖、精产品为重点……而不强求一律"以钢为纲"或者以某一部门作为全国各地区工业发展共同的中心与重点。③各地区配合不同专业化部门发展的同一行业也应各具特色,以避免不必要的重复建设。如同是机械行业,在以钢铁、石油、森林采伐和加工为重点的地区，应侧重发展矿山设备、石油勘探、炼钢设备、森林采伐机械为主；在以有色冶金、畜产品加工工业为主的地区，则应侧重生产有色冶炼设备和畜牧业机具等。总之，各配合部门如众星捧月，紧密围绕专业化部门这个中心做文章，支持、促进它的发展，而不是"荷叶包钉子个个要出头"，搞平行发展，以致牵制或削弱专业化部门的发展。中国各省、市、自治区经济结构和工业结构的现状详见表3。

表3　1980年各省、市、自治区经济结构和工业结构分析

地区	工业产值占工农业总产值（%）	工业中轻、重工业比例（%） 轻工业	重工业	轻工业中（%） 以农产品为原料	以非农产品为原料	重工业中采掘工业和原材料工业（%）	主要专业化部门
北京	94.4	39.1	60.9	60.1	39.9	48	$7E_3, 2F_4, 2K_2, F_3$
天津	92.8	53.2	46.8	61.9	38.1	45	$3J_1, 2E_4, 2F_5,$ $2K_2, E_3, K_1$
河北	70.9	45.3	53.7	72.1	27.9	54	$3J_1, 2C, B, D,$ E_2, K_1
山西	74.0	31.3	68.7	72.6	27.4	63	$8C, B$
内蒙古	68.0	42.5	57.5	72.4	27.6	61	$4H, 4K_2, 2C, 2J_2$
辽宁	88.7	32.4	67.6	59.3	40.7	60	$2A_1, D, E_1, J_1$
吉林	77.7	39.4	60.6	71.3	28.7	36	$4F_3, 3H, 2L, C, E$
黑龙江	77.5	33.2	66.8	73.1	26.9	67	$5D, 4H, C, F_3$
上海	96.2	52.6	47.4	58.4	41.6	41	$3F_5, 2F_4, 2F_6, 2K_2,$ A_1, E_1, E_3, K_1
江苏	75.7	54.6	45.4	70.8	29.2	30	$2F_4, 2F_8, 2K_3,$ F_1, G, K_1
浙江	69.1	60.5	39.5	71.8	21.2	31	$7K_3, F_1, F_4, L$

续表

指标\地区	工业产值占工农业总产值(%)	工业中轻、重工业比例(%) 轻工业	工业中轻、重工业比例(%) 重工业	轻工业中(%) 以农产品为原料	轻工业中(%) 以非农产品为原料	重工业中采掘工业和原材料工业(%)	主要专业化部门
安徽	64.7	52.2	47.8	77.6	22.4	46	$2C,A_1,J_3$
福建	64.6	61.6	38.4	70.0	30.0	41	$3H,2L,1J_2$
江西	61.8	47.8	52.2	68.5	31.5	49	$3A_2,2H,2J_2$
山东	70.6	50.9	49.1	71.8	28.2	49	$2D,E_1,J_1,J_3$
河南	62.4	51.3	48.7	80.9	19.1	43	$4J_3, 2C, 2F_1, A_2, B$
湖北	76.0	47.7	52.3	72.1	27.9	47	$2A_1,2F_2,K_1$
湖南	64.4	42.0	58.0	72.0	28.0	49	$3A_2,C,J_3$
广东	71.7	62.1	37.9	58.3	41.7	52	$8J_2,3F_8,F_6$
广西	60.8	58.7	41.3	77.2	22.8	43	$11J_2,A_1$
四川	65.5	45.7	54.3	76.6	23.4	48	$2J_1,A_1,H,K_3$
贵州	60.0	36.3	63.7	81.3	18.7	41	$3J_3,2A_2,B,C$
云南	60.0	45.2	54.8	80.0	20.0	58	$5A_2,4J_3,2H,2J_2$
西藏	25.0	32.0	68.0	94.0	6.0	65	K_2
陕西	75.1	48.4	51.6	77.4	22.6	29	$2F_2,2K_1,F_5$
甘肃	77.2	19.9	80.1	65.9	34.1	77	$7A_2, 2B, 2D, 2E_3,2K_2$
青海	68.2	33.9	66.1	64.3	35.7	49	$6J,5K_2,F_1,F_2$
宁夏	71.9	26.9	73.1	74.7	25.3	52	$4C, 4K_2, 2B, A_2,F_7$
新疆	60.0	43.3	56.7	86.4	13.6	72	$3D,3J,3K_2,C$

说明：(1) 本表系在胡兆量：《我国省、市、自治区工业特征分析》一文附表基础上补充编制而成。

(2) 专业化部门符号。

A 冶金工业：A_1 黑色金属工业，A_2 有色金属工业。

B 电力工业

C 煤炭和炼焦工业

D 石油工业

E 化学工业：E_1 基本化学原料工业，E_2 化学肥料工业，E_3 有机化学工业

F 机械工业：F_1 农业机械制造工业，F_2 工业设备制造工业，F_3 交通设备制造工业，F_4 电子工业，F_5 生活用机械制造工业，F_6 自行车、缝纫机、手表工业，F_7 生产用金属品工业，F_8 日用金属品工业

G 水泥及水泥制品工业

H 森林工业

J 食品工业：J_1 制盐工业，J_2 制糖工业，J_3 卷烟工业

K 纺织、缝纫、制革工业：K_1 棉纺织工业，K_2 毛纺织工业，K_3 丝绢、纺织工业

L 造纸工业

(3) 专业化率的计算方法：以该省、市、自治区工业占全国的比重为分母，以该省（市、自治区）某工业部门占全国同类部门的比重为分子，计算两者的比值。如山西省工业占全国工业的2.7%，山西省煤炭工业占全国煤炭工业的22%，两者比值为8.1，即山西省煤炭工业的专业化率。

(4) 专业化部门符号前的数字表示该部门的专业化率，如：

A、B、C，专业化率为1.1—2

2A、2B、2C、……专业化率为2.1—3

3A、3B、3C、……专业化率为3.1—4

……

余按此类推。

在上述定性分析的基础上，下面我们进一步探讨地区经济综合体内三类部门的数量比例关系的确定方法。首先看第三类部门即基础结构部门。这类部门的一个突出特点是通常以"劳务"形式出现，供需的余缺无法以地区间产品交换来协调，供需必须区内平衡。例如，一个地区各种运输设施的通过能力，必须与本

地区的客、货运量相平衡并略有富余。因而：第一类部门规模搞多大，产品调出区外的比例占多少；第二类部门中，哪些行内区内应该建立，哪些不应该建立，哪些产品区内应全部或部分自给，哪些区域不宜生产，这些都决不是按一个口号"一刀切"下去就行的，而是需要通过复杂的技术经济计算才能确定。具体方法简述如下：

首先是进行产销区划。产销区划的方法是按产品到达消费地的完全劳动耗费量与占用量最低的原则，通过计算一个地区（或企业）某种产品的合理供用半径，再进一步确定该地区（或企业）某种产品的最优规模。现以一组简化了的案例对产销区划简介如下：

设：$C_甲$，$C_乙$——甲、乙两地（或企业）生产同类产品的单位生产费用；D——甲、乙两地（或企业）之间的距离（公里）；F——单位产品每公里的运费；$D_甲$，$D_乙$——甲、乙两地（或企业）该种产品的合理供应半径（公里）。

则：
$$D_甲 = \frac{C_乙 - C_甲}{2F} + \frac{D}{2} \tag{1}$$

$$D_乙 = \frac{C_甲 - C_乙}{2F} + \frac{D}{2} \tag{2}$$

公式（1）、（2）只考虑了劳动耗费，如果同时考虑劳动占用，则为：

$$D_甲 = \frac{C'_乙 - C'_甲}{2F'} + \frac{D}{2} \tag{3}$$

$$D_乙 = \frac{C'_甲 - C'_乙}{2F'} + \frac{D}{2} \tag{4}$$

式中：$C'_甲$，$C'_乙$——甲、乙两地（或企业）生产同类单位产品的计算费用；F'——单位产品每公里的运输计算费用；

$C'_甲 = C_甲 + K_甲 \cdot E$，$C'_乙 = C_乙 + K_乙 \cdot E$，$F' = F + K_F \cdot E$；$K_甲$，$K_乙$——甲、乙两地（或企业）生产单位产品的资金占用量；K_F——单位产品每公里运输的资金占用量；E——平均资金利润率或基本建设投资标准效果系数。

在确定地区优势产业规模时，我们可以甲地代表优势产业所在地区（如山西、豫西的煤炭），通过公式（1）、（3），可以计算出山西、豫西煤炭的合理供应半径，进而计算需求总量，确定山西、豫西煤炭工业发展的合理规模。

在确定关联产业（即地区经济综合体系中的第二类产业）时，也可运用产销区划法。如煤炭工业在湖北和江苏、浙江等省都属于关联产业，以图2中乙地表示它们，如果计算得出的 $D_甲$ 为 x_1（简称等费用线），即山西、豫西调入的煤炭比湖北、江苏、浙江当地自产煤炭费用高时，则当地煤炭还需适当开发；如果计算得出的等费用线在 x_2，即山西、豫西调往的煤炭比当地自产煤炭费用低廉时，说明这几个省没有必要发展煤炭工业。如果我们将乙地所辖区域补充绘入，就可根据等费用线，具体确定这些省中，那一部分地区利用外地调入煤炭合理，那一部分地区依靠当地自产煤炭合理，等等。

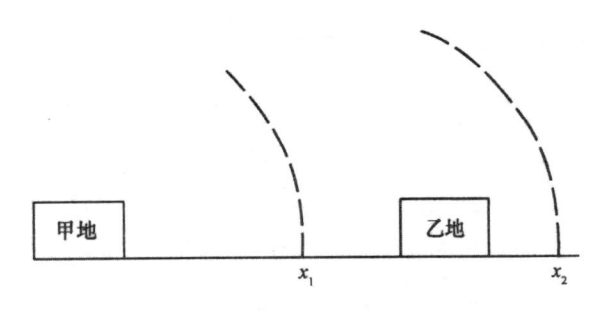

图2 确定关联产业的产销区划法

上述公式只适于某种产品的生产地只有两个的简单情况下运用。实际生活中，现有和可能发展某种产品生产的产地远在两个以上，这时最优布局的目标是使各个生产地的产品按运往各消费地的完全劳动耗费与劳动占用的总量最小，以模型表示，即求解下式的极小值。

$$\left\{ \sum_i c_i(x_i) + \sum_i EK_i(x_i - x_i^0) + \sum_{ij} a_{ij} x_{ij} \right\}$$

求解的未知数：x_i——第 i 个生产的产量（$i=1, 2, \cdots, n$，表示有 n 个生产地）。x_{ij}——从第 i 个生产地向第 j 个消费地所运输的产品数量（$j=1, 2 \cdots, m$）。

求解上式的几个约束条件是：

（1）每个生产地的生产与分配相平衡，产品可以全部运销消费地地，无积压。以公式示之为：

$$x_i = \sum_{j=1}^{m} x_{ij} \qquad (i=1, 2, \cdots, n)$$

（2）每个消费地的需要量可以由各产地的运量全部满足，供需数量平衡，不脱销。以公式示之为：

$$B_j = \sum_{i=1}^{n} x_{ij} \qquad (j=1, 2, \cdots, m)$$

（3）某种产品的生产总量与需求总量相平衡，各生产地产量的合计额等于各消费地需求量的合计额。以公式示之为：

$$\sum_{j=1}^{m} B_j = \sum_{i=1}^{n} x_i$$

（4）所需基本建设投资额不能超过投资的最大可能额，即

$$K_i(x_i - x_i^0) \cdot (x_i - x_i^0) \leq K_{\max}$$

以上四式中：n——可能的生产地数（$i=1, 2, \cdots, n$）

m——消费地数（$j=1, 2, \cdots, m$）

其中已知的条件为：

B_j——第 j 个消费地对某种产品的需求量；

$C_i(x_i)$——第 i 个生产地的单位产品生产费用，C 与 x_i 为函数关系，x_i 为函数中的自变量；

a_{ij}——从第 i 个生产地向第 j 个消费地运输单位产品的运费及其他流通费用；

x_i^0——第 i 个生产地不追加新的投资，依靠充分利用现有生产能力的最大可能产量；

$K_i(x_i - x_i^0)$——第 i 个生产地有关产品新增单位生产能力的基本建设投资额。K_i 与 $(x_i - x_i^0)$ 为函数关系 $(x_i - x_i^0)$，为函数中的自变量。即表示计划产量超过现有企业最大产量的部分。当 $x_i > x_i^0$ 时，表示扩建现有企业；当 $x_i^0 = 0$ 时，表示新建企业。

产销区划的准则是：一种产品从外地调入，产地的计算费用连同运输等流通环节的计算费用，如果低于本地自产同类产品的计算费用，本地就不宜生产；反之，则应就地生产。以煤炭开采为例，通过上述方法，既可以确定江南九省（市）中，哪些地区当地煤炭不值得开采（当外地调入煤炭连同运费、路途损耗低于本地自产煤的劳动耗费量时），哪些地区当地煤炭还有开采价值（当外地调入煤炭连同运费、路途损耗高于本地自产的劳动耗费量时），也可以确定山西、内蒙古、山东、河北、黑龙江、安徽、贵州等煤炭资源丰富、投资和成本都比较低的省（区），煤炭外调的合理供应范围与数量。按照同样的准则和方法，可以划出从采掘、采伐、农牧业等初级产品到加工工业产品直至最终消费品的每个生产基地的经济供应范围和产销区划。就生产资料而言，一种产品的产销区划，就是另一种产品或另外几种产品的原料供应区划，如：铁矿石的产销区划，就是炼铁厂的原料区划；棉花的产销区划，就是棉纺织基地的原料区划。通过供销区划，可以初步看出每一部门、每种产品在全国应如何布局，哪些地区该重点发展、规模多大，哪些地区不宜发展，有利于克服不顾全国原燃料和产品的供需平衡，各地盲目建厂、重复建设的弊病。

由于同一地区各部门、各种产品生产技术和经济上错综复杂的联系，按上述方法初步确定的各地区每一部门、每种产品的发展规模，还需要通过编制"地区各部门间综合平衡表"和"地区间产品生产与分配平衡表"，进行更全面的技术经济计算，进一步补充修正。这是因为：①许多部门和产品在同一地区发展，往往形成影响生产力布局的"衍生因素"。例如，某地区煤炭、木材等产品大量外调，有大量回空车辆按照"钟摆原理"可资利用，尽管该地区没有铁矿资源，适当地发展钢铁工业仍然是可能的。机械制造和金属加工工业集中的地区，利用废钢铁发展炼钢工业；在黑色冶金、有色冶金、火力发电工业集中的地区，综合利用高炉渣、赤泥、粉煤灰等发展建材生产，都属于此类。②一个地区某一部门和产品的发展规模，不仅影响该种产品的外调数量、供应范围和运输距离，还往往影响到其他部门的调入数量和运输距离。例如，在目前中国采煤机械化水平较低，占用劳动力较多的情况下，对于煤炭蕴藏丰富、开采条件优越的地区（如山西、贵州等），确定其供应范围与发展规模时，不仅要考虑煤炭外运的劳动耗费与运输设施的投资，同时要考虑煤炭工业发展规模对当地农业、轻工业发展，和农产品、轻工产品调入量的影响，把这些产品调入时的劳动耗费考虑在内。在区际经济分工协作和区内综合发展的研究中，把按部门、产品编制产销区划和同一地区各部门间综合平衡的分析经纬交织地结合起来，才能得到从国民经济整体考察效果最优的区际经济联系和区内综合发展最优部门结构的方案。

3. 工厂的合理布点与工业基点的合理规模

在战略上安排好各地区之间的关系以后，进一步就要选择好工厂建设地点，正确地确定由若干个工业企业集聚而成的工业基点的布局与合理规模。

工厂建设地点的选择，从经济上看，就是要保证企业单位产品耗费的完全换算费用最低，亦即保证包括产品在直接生产过程中的劳动耗费与资金占用，包括原材料、燃料动力和产品到达消费地整个流通过程中的劳动耗费与资金占用的总和最低。

由于不同行业、不同产品完全换算费用①的构成不一，产品及其原料的自然、经济特性和加工工艺特点不一，各行业、产品选择建厂地点的要求很不一致。例如，多数农产品、矿产品的初步加工工业，如轧花厂、榨油厂、制糖厂、洗煤厂、选矿厂等一般趋向接近原料产地，因为在这些产品生产过程中，原料失重很大，单位产品的原料消耗量数倍甚至几十倍于成品的重量，有些农产品原料在运输、储藏过程中损失较大，接近原料产地建厂外运成品比在消费地建厂大量运输原料更合算。相反，原料失重小甚至增重、成品不便运输或运输周转过程损耗大、不便利用管道等廉价运输方式的工厂，一般多靠近消费地建厂，如硫酸厂、玻璃厂、家具工厂、许多食品工厂、日用消费品工厂、专业设备制造厂和大部分炼油厂；款式、规格变化频繁和具有地方或民族色彩的消费品工业（如时装、各种民族特需用品等），为了适应市场需求的变化，一般也适宜在消费地建厂。许多大耗电工业的工厂，建厂地点一般应选择在靠近动力基地特别是能提供廉价电能的大型水电站或坑口电站附近，例如，铝、镁、钛的冶炼厂，铁

---

① 完全换算费用 = 产品生产费用 + 产品到达消费地的流通费用 + 生产和流通环节的资金占用量 × 平均资金利润率（或基本建设投资效果标准系数）。

合金厂、电石厂、人造纤维厂等。这是因为这些产品在生产过程中主要采用电解或电热工艺，单位产品的电能消耗大，产品成本中电费占百分之二三十，有的高达一半。这类工厂靠近电站，由于取得廉价电能和减少电能输送损失所获得的利益，通常可以绰绰有余地补偿原料、半成品调运中的劳动耗费。至于劳动密集型行业的工厂，由于资金有机构成低，工资开支占产品成本的绝大部分，选厂定点主要考虑劳动力供应充裕、待业人员多的地方。随着科学技术进步，各种精密仪表、电子计算机等"知识密集型"、"技术密集型"的工业将取得迅速发展，这类工厂建厂地点的选择，更多的是考虑技术协作条件，一般多选在科学技术中心。以上选择建厂地点的不同要求，可分别简称为工厂布点的原燃料指向、市场（消费地）指向、动力指向、劳动力指向和技术指向（见表4）。在具体选厂定点时，由于所在地区的条件不同，特别是原料、燃料动力、消费市场的地理位置、相互距离和运输条件的不同，工厂到底建在什么地点才能保证企业建设和建成投产后取得好的经济效果，还必须通过多方案的技术经济计算才能确定。

　　社会主义制度下建厂地点的选择，不仅要保证企业最佳的经营效果，更要保证国家和社会的利益。这包括适合国防安全的要求，保护环境和生态平衡的要求，适合所在城市的性质与发展方向的要求，等等。过去由于对"变消费城市为生产城市"的方针的理解简单片面和绝对化，一度出现把冶金、化工等重污染型工厂，建在杭州、苏州和桂林等旅游城市，使那里"山水甲天下"的旅游资源遭到严重破坏。再如，30多年来北京的工业有很大的发展，现在回头来看，作为全国政治中心、科学教育中心和国际交往中心的首都，搞这样大的工业规模，特别是摆布了许多占地广、耗水、耗能多和污染重的大型重工业工厂，使工业人口占到城市人口的40%,重工业占全市工业的61%,是不恰当的。这些经验教训告诉我们:工厂的布点,固然要以企业的经济效果计算为基础,而更重要的是要符合国家城市建设的方针和所在城市的性质和发展方向。

表4　　　　　工业企业建厂地点的一般指向

原燃料指南	动力指向	市场指向	劳动力指向	技术指向
采掘业	电解铝	石油加工	工艺品	仪器、仪表
采伐业	电解镁	玻璃	缝纫	精密机械
捕捞业	电解钛	水泥	服装	高档耐用消费品
选矿业	电解镍	家具等木器	纺织业	电子产品
农产品初步加工	人造纤维	食品工业		
纸浆	铁合金	纺织业		
冶金业				
制糖业				
火力电站				
纺织业				
重型机械制造业				

工业企业地域空间上的集聚,形成规模不等的城镇。企业布点究竟是集中一些好?还是分散一些好?工业城镇的规模搞大一些好,还是小一些好?这不仅是工业内部的问题,而且是涉及工农关系、城乡关系和国防安全等多方面的问题。周恩来同志在总结第一个五年计划时期工业布点经验的基础上指出:"在工业地点的分布问题上,不论是内地的工业或是近海地区的工业,我们的方针是既要适当分散,又要互相配合,反对过分集中和互不联

系的两种倾向。"①

为什么工业企业布点必须适当集中，互相配合呢？

这是因为，现代工业是一个复杂的分工协作体系，只有相关企业集中布置，才便于形成综合生产能力，对资源和其他生产要素进行综合利用，提高经济效益。

这是因为，现代工业需要有相应的生产性和社会性基础结构设施相配合，能力和效率才能充分发挥。只有企业布点适当集中，才可能统一建设起比较齐备的基础结构设施，节约基础结构建设投资，提高这些设施的使用效率。

这还因为，企业布点适当集中，才能为不同类型的劳动力提供多种就业门路，并有利于职工婚配等社会问题的解决。

新中国成立以后，我们在像上海、天津、武汉、沈阳等原来工业具有一定基础的城市，陆续摆布了一些大、中、小型工业项目，在像兰州、洛阳、包头、吉林、齐齐哈尔等原有工业基础非常薄弱或几乎是空白的新兴城市开始建设时，就同时摆布了一批建设项目，以后又利用已建立起的基础，继续摆布了一些新的项目，总的来看，效果是比较好的。20世纪60年代中期开始的大、小三线建设，由于林彪反革命集团的干扰破坏，不问工厂性质，一律"靠山、分散、进洞"，不仅相关企业，甚至一个完整的工厂也被拆得七零八落，布置在相距几公里到几十公里的山沟里。由于工厂布点过于分散，各个工厂甚至有的车间（分厂）不得不各建一套厂外工程和生活服务设施，为厂内外联系服务的各种管、网、线路大大延长；建筑工程量大增，单位生产能力投资比同类工厂一般高一倍甚至更多，建设周期也大大延长；投产后

---

① 周恩来：《关于发展国民经济的第二个五年计划建议的报告》，人民出版社1956年版，第48页。

内外协作困难，生活服务设施比较完善的小城镇长期难以形成，迫使企业不得不自办各种社会事业，领导精力分散，职工生活诸多不便，给正常的运营管理带来了许多困难，产品成本比同类工厂高1/3甚至更多。正反两面的经验告诉我们：工业布点的适当集中和"集聚利益"是客观存在的趋势和事实，各种产品生产需要就地协作的技术经济联系和现代城市公用设施经济规模的起点，是决定工业布点最低集中程度的重要因素，低于这个最低限，就是过于分散。

但是，工业布点的集中程度，并不是愈高愈好。列宁在论述大生产的优越性受许多条件制约时指出："关于大生产具有优越性的规律，也并不像人们有时所想象的那样绝对，那样简单；在工业中，也只有当'其他条件'相同时（这在现实生活中决不是常有的），才能保证这个规律完全适用。"[①]同样，工业生产集聚的优越性也受多种条件制约，当工业布点超越客观条件的允许而过度集中，也会带来许多弊病：（1）各种原燃料需要量大增，原燃料和产品的运输距离延长，流通过程中的劳动耗费增加。（2）工业过分集聚，城市人口的集中，形成对各种农副产品的大量需求，而工业集聚又需大量占用耕地，缩小城郊农业用地的数量，在目前中国农业劳动生产率和商品率还比较低的情况下，工业城镇规模过大，势必使城市农副食品的供应发生困难。（3）工业过分集中，生产和生活用水量大增，在本地水源不足时，不得不开辟外地水源，远距离引水，一项引水工程往往就耗资数亿元。在中国北方水资源紧缺地区，这个问题更为突出。（4）工业过分集中，大量生产和生活排泄物的集中排放，造成

---

① 《农业中的资本主义》，载《列宁全集》第4卷，人民出版社1959年版，第101页。

环境污染和生态平衡的破坏,利用自然界自净能力净化"三废"的可能性相对下降,为保持环境质量不得不耗费巨资兴建各种人工净化处理设施,从而增加环境保护的费用。当工业集聚带来的上述"外部不经济性"(或称社会不经济性)的总和超过生产集聚带来的利益时,综合经济效益就会下降,表明集聚程度已超过经济合理的界限。

综上所述,就每个工业基点和城镇而言,合理的规模和集聚程度,一方面取决于各组成企业的规模、生产技术协作的要求和它们在全国和所在地区中的地位;另一方面又取决于当地土地资源、水资源、环境容量的状况和城郊农业的发展水平。就工业基点的总体考察,工业的布点经历了集中—分散—再集中—再分散……的历史过程。一个国家或地区的工业,最初总是从少数几个工业基点起步的。一个工业基点一旦建立,它对其他拟建企业就具有强大的吸引力,因为到现有工业基点建厂,既可以利用已有的基础结构设施,加快建设进度,节约配套投资;投产后,又可以利用现成的生产技术协作网络,提高专业化水平,降低生产费用。随着许多后续项目为了利用"集聚利益"不断摆布到现有工业基点,城镇规模不断扩大,过度集中的弊病将逐渐显露,"集聚利益"也随之愈来愈多地为过度集中的不经济所抵消。于是,工业建设向新的基点扩散的需要开始出现,而随着从现有工业基点出发的运输、电力输送等网络的向外扩展,也为新工业基点的建立提供了物质基础。新工业基点建立后,也会经历与老工业基点大体类似的发展过程,导致又一批更新的工业基点的出现。无论社会主义还是资本主义国家,工业基点的逐步展开,大体都是循着上述历程波浪式地进行的。不同的是,在资本主义国家,这一过程,从根本上是通过价值规律的自发调节作用,特别是大城市土地价格暴涨、工资水平提高等市场机制来实现的。尽管资本主义国家的政府也通过行政的、法律的和经济的手段干预这一进程，但这并不改变其自发调节的本质。在社会主义国家生产资料的公有制和国民经济的有计划发展，为自觉地调节工业布点的适当集中与分散，在现有工业基点还有"集聚利益"可资利用时，避免过早地铺设新点；在现有工业基点"外部不经济性"已经超过"集聚利益"时，适时地布置新工业基点，提供了广阔的可能性。为了使这种可能性变为现实性，就要求综合运用计划调节和市场调节两种手段。新中国成立以来，中国城市土地等生产要素实行无偿使用，使"区位成本"残缺不全或严重失真，极不利于工业集中与分散度的及时调整。

从中国情况来看，许多大城市，特别是百万人口以上的特大城市，30多年来不断"水多加面、面多加水"，城市规模不断膨胀，加上市政建设的长期欠账，目前各项公用设施已经超负荷，城市内外交通运输、供水、用地、住宅等都很紧张，环境污染也相当严重。今后，一般新建项目，特别是大型项目，不宜再摆在这些大城市中；生产技术联系紧密，必须摆在大城市的，也应建在城郊的卫星城；现有大城市市区内一些运量大、占地广、耗能耗水多和污染重的工厂，应结合工业改组和企业组织结构的调整，有计划地逐步迁往卫星城镇或其他地区。现有的一批人口不足50万的中、小城市，多数是所在地区的经济中心，具有比较方便的运输条件，在生产技术和经营管理上都有一定的基础，工业协作的条件也比较好，而又没有大城市过分膨胀带来的一系列弱点，今后还有很大的发展前景，可以继续摆布一些与这些城市性质相适应的建设项目。南通、常州和沙市等中、小城市工业生产经济效益居于许多城市的前列，就是有力的佐证。随着经济的发展和管理体制的改革，中小城市将分别与邻近大城市组成沿水陆运输干线的带状工业带或经济地区，这是很值得重视的一个发展趋势。全国除200多个城市外，还有3000多个小城镇和5万多个农村集镇，它们与周围农村有紧密的经济联系，是分布在广大农村的最基层的经济中心。有计划、有步骤地发展小城镇的工业和手工业，特别是各种适于就地安排的农产品加工工业和农用工业，既可以就地安置农业劳动生产率提高后解放出来的大批劳动力；又可以进一步密切工农关系，使生产接近原料产地和消费地。使这些小城镇更好地发挥作为改变全国农村面貌前进基地的作用。

4. 城镇内部工业企业的配置与厂址选择

厂址选择是工业布局最基层的一环，又是厂内总图布置的前提之一。其主要任务是，在已选定的建厂地点（城镇）范围内，具体确定工厂的建筑地段，坐落的位置和东西南北四至。从建筑群体看，是厂址布局，从个别工厂看，即厂址选择。

（1）厂址选择的基本要求。厂址选择最根本的要求有两条：一是满足拟建厂生产建设和职工生活的要求；二是不能"以邻为壑"，影响或危害四邻和所在城镇、区域的环境与景观，而且有利于所在城镇和工业小区总体规划的实现。从满足拟建厂生产建设的需要看，所选厂址应满足以下基本要求：①厂区土地的面积与外形，能满足厂房与各种构筑物的需要，并适合于按科学的工艺流程布置厂房与构筑物。不占或少占良田。②厂区地形力求平坦略有坡度（一般以不超过千分之五至千分之十为宜），以减少土地平整的土方工程，又便于地面排水。③厂址应尽量选在工程地质、水文地质条件较好的地段，土壤耐压力应满足拟建厂的要求，严防选在断层、岩溶、流沙层与有用矿床上，严防选在洪水淹没区、采空矿坑塌陷区范围之内以及滑坡地段。厂址的地下水位应尽可能低于地下建筑物的基准面。④厂址应尽可能接近水源地，并便于污水的排放与处理。⑤需铺设铁路专用线的工厂，厂址的位置应尽量接近铁路线，并便于与距离最近的车站接轨。⑥厂址选择应便于供电、供热和其他协作条件的取得。

为了保护城镇的环境与景观，每个建设项目都应进行环境影响的预评价，根据物料平衡的设计数据，计算排污总量、主导污染物及其构成，并与所在地的环境容量进行平衡。排放大量有毒气体的工厂，应避免建在沟谷窝风带，以防"烟雾罩沟谷，缭绕久不散"，重污染型企业严禁放在城市上风、上游和居民区。

（2）厂址选择的步骤。一般是：①根据已批准的建设项目计划任务书规定的工厂规模与组成等，计算和确定工厂需要占地的面积，对用地外形、工程地质、水文地质条件的要求，厂内外运输量，用水的数量与质量，用电、用热的数量与特性，以及对其他协作条件的要求；紧接着根据上述要求，到现场踏勘，选择若干可供比选的厂址，整理成厂址比较方案汇总表（见表5）。②再进一步计算各方案的经济效果，分析其他不易定量的各种因素（见表6），从中选出厂址初步方案。

（3）城镇工业企业的布置和厂址选择。由于工业企业只是组成城镇的各项物质要素之一，它只有和城镇其他物质要素——如城市交通运输系统、给排水系统、动能供应系统、生活居住系统等密切配合，才能正常运转。所以厂址选择以至整个城镇工业企业的布置，不应限于满足本企业生产建设的需要，更重要的是通过通盘规划，妥善处理工业与城镇其他要素的联系与矛盾，求得城镇整体协同的最佳效果，为建设具有高度物质文明、精神文明和环境优美的社会主义新型城市作出贡献。这是社会主义制度下厂址选择与资本主义制度下工厂"最优区位"选择的本质区别。为此，城镇工业企业的布置和厂址选择的原则是：①应该服从城镇功能分区的要求，根据不同企业占地和运输量多寡、污

表 5　　　　　　　　　厂址比较方案汇总

指　　标	厂址方案		
	甲方案	乙方案	丙方案
1. 位置			
2. 面积与外形			
3. 地形及坡度，土石方工程量			
4. 地质条件（土壤性质、耐压力、地下水位）与基础处理工程量			
5. 土地利用现状（是否高产良田）和地面现有建筑物及其价值			
6. 运输条件（专用线接轨长度及工程量）			
7. 给排水条件			
8. 电力、热力供应条件			
9. 建筑施工条件			
10. 与城市现有住宅区的距离与交通联系			
11. 环境质量指数与环境现状和预测评价			
12. 对所在城镇的影响，与城市规划的关系			

表 6　　　　　　　　　厂址方案效果比较

指　　标	甲方案		乙方案		丙方案	
	数量	金额	数量	金额	数量	金额
一、投资费用						
1. 土地购置费						
2. 地面建筑物拆迁、补偿费						
3. 土石方工程						
4. 专用运输线路与设施						
5. 供水设施						

续表

指　标	甲方案		乙方案		丙方案	
	数量	金额	数量	金额	数量	金额
6. 排水与污水处理设施						
7. 动力供应设施						
8. 住宅及文化福利设施						
9. 临时工程费用						
10. 建筑材料运输费用						
11. 其他						
二、年运营费用						
1. 工厂物料运输费用（包括原材料、燃料运入、产品、废料运出）						
2. 给水费用						
3. 排水及污水处理费用						
4. 动力供应费用						
5. 其他						
三、年计算费用						
四、其他不易定量的因素						

染的轻重程度等分组，规模小、运输量小（不需修建铁路专用线）、无污染或少污染的企业。如：食品、服装、印刷、精密仪表等可靠近市区或在市区内的独立工业地段布置；中等规模的机械制造厂、纺织厂等可布置在与市区邻近的专门工业区；占地广、运输量大、污染重的企业，如大型冶金厂、石油化工厂、重型机械厂等则宜布置在离市区较远的专门工业区或卫星城；污染环境的工业区和企业，都应布置在城市盛行风的下风向和河流的下游，并与生活居住区、风景游览区、水源保护区等保持一定的

距离。从城镇用地的划分看，最接近水陆交通干线和便于工厂专用线接轨的地段，应优先安排各种运输量大的企业（如大型冶金厂、重型机械厂等）；最接近水源和便于供水的地段，应优先安排各种用水量大的企业（如造纸厂、化工厂等）；最接近热电站和便于供汽的地段，应优先安排各种大量用汽的企业（如印染厂、胶合板厂等）。② 城镇内部各工业企业，应尽可能采取"成组集团式"布局，避免遍地开花、星散布点，这样既可以防止对城镇环境的污染和景观的破坏，又可以显著提高工业生产建设的效益。成组集团式布局的类型主要有：(i) 对某种主要原料进行连续加工的各个企业。如将烧结厂、焦化厂、炼铁厂、炼钢厂、轧钢厂等采取成组布局，可以大大缩短半成品的运输距离，实行连续供热，节约能源消耗。(ii) 产品、零部件和工艺有密切联系的各专业厂。如将冶金机械厂、矿山机械厂、重型机床厂、金属结构厂等采取成组布局，建立重型机械制造工业区，就可以统一建立铸锻中心、设备维修中心等技术后方，提高企业专业化的水平，节约建设投资，降低产品成本。属于这种类型的还有某种产品的总装厂和各种零、部件的供应厂，生产某种成套设备的专业厂（如锅炉厂、汽轮机厂、发电机厂等组成的动力设备工业区）。(iii) 对原燃料、动力、副产品和"三废"进行综合利用的各企业。例如，火力发电厂和建筑材料厂、铝氧厂与水泥厂、有色金属冶炼厂（以各种硫化矿为原料的）与硫酸厂、炼油厂与石油化工厂、木材加工厂与林产化工厂等。这些企业采取集中成组布局，便于经济有效地充分利用各种资源，做到"化害为利、变废为宝"。如一座年产 30 万吨的氧化铝厂一年排放的赤泥多达 60 万吨—120 万吨，一座装机 20 万千瓦的燃煤火力发电站，一年排放的粉煤灰多达十几万吨，赤泥、粉煤灰等工业废渣运输经济性低，只有就近建立水泥、砖瓦等建材厂，才有可能充分实现综合利用。以上各种类型的企业成组布局，同时也为各企业统一建设，使用各项公用工程（动力、运输、给排水、生活服务等设施）提供了前提。采用统一建设公用设施，较之各厂分散建设，通常可以节约投资 30%—50%。

第一个五年计划期间，以 156 个项目为中心的大型项目的定点选址，紧密结合区域规划和城市规划，讲究功能分区，采用成组布局，实践证明，无论对工业生产建设还是城市发展，效果都比较好。20 世纪 50 年代以后，区域规划工作中断，城市规划和规划管理工作大大削弱，城市工业布点和整个城市建设一度陷入严重无政府状况，否定功能分区，以致有的"三废"污染严重的工厂被建设在城市的上风向和水源上游，或者"见缝插针"建设在居民区，形成工厂区、居民区、科研文教区、风景游览区犬牙交错的混乱局面。许多企业分散建设公用设施，搞"一厂一水"、"一厂一电"，既恶化了城市的环境，破坏了城市的景观与格局，也不利于工业自身的发展。今后除新建项目和重大改、扩建项目需严格按照城市总体规划的要求进行布置外，现有企业中"三废"污染严重和噪声震动扰民的工厂，亦应结合工业调整与改组和城市的改造，或转产、停产，或另迁新址。

（本文曾以《论工业布局》为题，连载于《贵州社会科学》1982 年第 3、4 期）

工业布局与经济效益

工业布局是工业经济这个大系统的空间侧面,工业布局是否合理,不仅直接和间接地制约着当前工业经济效益的水平,还对其发展趋势具有重要影响。

一 工业布局对工业经济效益的影响与作用

工业的发展总是在一定的时间和空间中进行的,工业建设最终总要落实在特定的地域空间。工业生产力在整个国土范围内的分布与组合,构成一个国家的工业布局。在社会化大生产条件下,劳动力、劳动对象、劳动资料(既有的生产能力)和消费市场,在空间上往往分离,通过资金投入,借助运输、信息等纽带,使地域上分散的诸种资源合理配置与组合,达到以尽可能少的劳动耗费与资金占用满足国内外市场的需求,是从经济效益上对工业布局的根本要求。所以工业布局对工业经济效益的影响与作用,无论从范围和时间而言,都是大跨度的,即它既对全国工业的宏观经济效益有重要影响,也对各个地区、各个工业企业的中观、微观经济效益发生作用;既对近期经济效益有重要影响,又对长远的经济效益有着重要作用。

1. 工业布局与工业生产建设的经济效益

工业布局从动态角度考察，表现为新增生产能力和资金增量的空间配置。配置方案的选择，对工业生产能力的形成和工业建设的经济效益有着直接和广泛的影响，具体表现在为形成同样的工业生产能力，不同配置方案之间工程量、投资额、材料消耗、建设周期和单位生产能力投资的差异。造成这种差异的主要原因是：

（1）各地区自然资源丰度和赋存情况的不同。自然资源丰度和赋存状况对工业布局经济效益的影响，最突出的表现在采掘、采伐和水力发电等直接开发"劳动资料的自然资源"上。例如，中国煤炭资源绝大部分分布在北方，特别是华北和西北地区，这些地区煤炭的蕴藏不仅储量丰富（占全国总储量的76%），而且煤质优良、赋存情况好，多数煤田埋藏浅、倾角平缓，工程地质和水文地质条件简单，这些有利条件使华北和西北地区按形成吨原煤生产能力计算的投资比其他地区低一半左右；如果考虑煤炭质量的地区差异，折算为标准煤，按每吨标准煤计算的吨煤生产能力投资的区际差异幅度还远高于上述数据。以水电站建设投资而言，西北、西南和中南地区则优于其他地区。从表1可以详细看到开发煤炭，石油和水力发电建设投资的地区差异。马克思曾经指出："撇开自然物质不说，各种不费分文的自然力，也可以作为要素，以或大或小的效能并入生产过程。它们发挥效能的程度，取决于各种方法和科学的进步。"[1] 合理布局工业正是使"各种不费分文的自然力"并入工业经济运转过程，

---

[1] 《马克思恩格斯全集》第24卷，人民出版社1972年版，第394页。

提高工业经济效益的重要方法。

表1　煤炭、石油、水电开发建设投资的地区差异

指标 地区	单位生产能力投资额			区际投资比较		
	原煤 （元/吨）	原油 （元/吨）	电力 （元/千瓦）	原煤	原油	水力发电
华北地区	80	130	1300	设为1	设为1	1.85
东北地区	120	149	1289	1.5	1.15	1.83
华东地区	120	130	1093	1.5	1	1.55
中南地区	120	294	707	1.5	2.26	1.01
西南地区	122	294	867	1.53	2.26	1.23
西北地区	100	294	703	1.25	2.26	设为1

资料来源：作者根据20世纪80年代初中期到几个专业设计院调查收集的数据整理。

（2）投资环境的地区差异。同样内容与规模的工业建设项目所在地区的自然条件、经济条件和社会人文条件的不同，投资的耗费大相径庭。例如，建在山沟的工厂，需要防洪护坡工程，建在工程地质条件复杂或地震烈度高于六级以上的地区，其投资额明显高于其他地区。工业项目所在地区的经济发展水平，特别是各项基础设施的状况和工业项目所需协作配套条件具备与否，对投资水平的影响很大。据有关方面根据经验数据估算，每吨钢的综合生产能力投资，内地新区比辽宁等老钢铁工业基地高两倍。项目所在地区距离国家经济重心区和产品主要消费区的距离及其交通状况，对保证产品价值实现的流通过程的物质基础——交通运输、通信等配套投资的水平影响很大。例如，西北和贵州地区，形成吨原煤生产能力的投资和东北、山东等地不相上下，但前者离工业发达地区和煤炭主要消费地区比后者远，为保证煤

炭运出的配套投资要比后者高一倍到几倍。

2. 工业布局与工业生产经营的经济效益

工业的不同区位，除在建设阶段，影响到工程造价，建设周期，并通过折旧额影响到项目投产后的经济效益水平，还对项目投产后生产运营的一系列经济效益指标有着重要影响。其原因仍如前述两项。一是资源丰度；二是区域和区位环境。一般地说，对采掘、采伐等工业而言，前者影响较大；对制造业而言，后者影响更大。对制造业中的各行业，区位环境中各项条件的作用强度也不一，对原材料工业而言，矿石、能源的供应（包括运距、运输方式、运价、质量等）条件，对经济效益的作用强度更大；对加工工业而言，地区经济发展水平、协作配套条件等环境状况的作用更为明显；而对高技术产业而言，则主要看当地科学技术力量、信息条件、职工素质等"软资源"的丰度。

从表2可以看到由于自然资源丰度等原因，各地区煤炭、石油开采费用的地区差异，从表3可以看到由于矿石、燃料供应及其他区位条件的不同，各地区大型钢铁企业经济效益的差异；从表4各地区机械工业资金利税率的差异中，可以看到经济效益的区域差异和经济与科学技术发展水平的区域差异是大体吻合的。

综上所述，即使对单个工业项目建设布局经济效益的考察，在"产出"一定的情况下，从"投入"方面看，既要计算其直接生产过程中的投入，也要计算原料、能源等进入生产过程和产品到达消费市场的流通过程中的投入；而无论是直接生产过程和流通过程中的投入，既要计算其劳动耗费，又要计算其资金占用。通常可以采取完全换算费用的指标，其数值 = 产品生产费用 + 产品到达消费市场的流通费用 + 生产过程中的资金占用量 + 流通环节各项物质技术基础的资金占用量 × 标准投资效果系数。

表2　　　　　煤炭、石油开采费用的地区差异

指标 地区	开采费用（元/吨）		开采费用的区际比较	
	原煤	原油	原煤	原油
华北地区	12.01	50.17	1.00[②]	1.77
东北地区	15.13	28.41	1.26	1.00[②]
华东地区	15.13	38.60[①]	1.26	1.36
中南地区	18.04	110.22	1.50	3.88
西南地区	18.94	110.22	1.50	3.88
西北地区	16.68	95.72	1.39	3.37

注：（1）华东地区原油开采费用为山东省的数据；

（2）开采费用的区际比较中原煤以华北地区为1.00；原油以东北地区为1.00。

资料来源：同表1。

表3　　　　1984年各地区钢铁工业资金利税率的差异

地区（企业）	资金利税率（%）
河北（唐山钢铁公司）	46.99
北京（首都钢铁公司）	46.66
辽宁（鞍山钢铁公司）	37.57
山西（太原钢铁公司）	18.63
湖北（武汉钢铁公司）	17.02
四川（攀枝花钢铁公司）	16.96
内蒙古（包头钢铁公司）	8.06

资料来源：引自《中国统计年鉴（1986）》，中国统计出版社1986年版。

表4　　　各地区机械工业百元资金利税率的差异

高于全国平均水平		低于全国平均水平40%以内		低于全国平均水平40%以上			
上海	3.05	山东	0.91	四川	0.57	甘肃	0.45
天津	1.75	辽宁	0.87	内蒙古	0.57	贵州	0.40
浙江	1.68	吉林	0.85	山西	0.50	黑龙江	0.39
江苏	1.45	福建	0.79	云南	0.49	西藏	0.27
北京	1.33	湖北	0.75	陕西	0.47	宁夏	0.23
广东	1.12	湖南	0.75	新疆	0.46	青海	0.05
		广西	0.71	江西	0.45		
		河北	0.69				
		安徽	0.62				
		河南	0.61				

注：本表以全国机械工业资金利税率为1。
资料来源：1984年机械工业统计年报。

社会主义经济和资本主义经济都属于商品经济，这决定了两者在工业布局经济效益标准上有共同的一面；而两种制度、两种生产关系又决定了社会主义国家工业布局效益标准与资本主义国家有一系列本质的差别。首先，社会主义既重视每个单项建设的布局效益，更重视工业和国民经济总体布局的效益，在两者发生矛盾时，要求前者服从后者。其次，社会主义既重视工业布局的近期效益，又重视其长远的效益，并力求使两者圆满地结合。再次，社会主义既重视工业布局的直接效益，也同样重视其间接的连锁衍生效益，如工业布局对农村经济的振兴，对不发达地区特别是边疆少数民族地区经济振兴的带动作用，把这些看做工业布局的重要"产出"；社会主义在重视工业布局的各种"正产出"的同时，对工业布局可能造成的自然资源、环境、生态破坏等"负产出"，也予以高度重视，并通过科学评估和规划，使其减少到最低限度。"只有按照统一的总计划协调地安排自己的生产力的那种社会,才能允许工业按照最适合于它自己的发展和其他生产要素的保持或发展的原则分布于全国。"① 恩格斯这段名言,高度概括了社会主义工业布局的原则和效益标准。

为了保证工业布局实践能够按照上述原则和经济效益标准进行,根据多年的经验,在我们这样疆域辽阔的大国,需要采取系统规划和计划与市场相结合的调控方法,从宏观、中观和微观布局三个赓续相连的环节,加以统筹安排。

二 工业宏观布局与工业经济效益

工业宏观布局是工业布局的战略环节,它要对整个工业布局作出总体安排,所以是保证工业宏观效益的首要环节。

工业宏观布局影响工业经济效益的关键有两方面:一是资金增量在新、老工业区之间的分配,二是国民经济不同发展阶段,工业建设重点地区的选择,以及重点地区和其他地区关系的协调。

工业发展中工业总量的增长和工业布局空间的拓展往往是相伴而行的。只有逐步开发各地区的多种自然资源,把它们和丰富的劳动力资源尽可能多地吸引到工业和国民经济周转中来,才可能支撑工业总量的增长,并开辟更广阔的国内市场,以适应工业发展的市场需求。所以,有计划地开发新工业区,对于促进各地区经济的普遍繁荣,保持国民经济发展的后劲,保证工业发展的长远经济效益都是必需的。但是,新地区的开发、新基地建立的

---

① 恩格斯:《反杜林论》,载《马克思恩格斯选集》第3卷,人民出版社1972年版,第335页。

规模和速度又受到多种客观因素的制约。

1. 资金增量在新、老工业区之间的分配

（1）新地区的开发、新基地的建立，由于白手起家，开拓性投资需要量大，一般地说，为形成同量的新增生产能力，投资比老工业区新建，特别是比老工业区现有企业改、扩建和更新改造的投资高、见效慢。根据钢铁部门有关同志对内蒙古和西南两个大型钢铁联合企业的调查测算，开拓性配套投资约为钢铁企业自身投资的3—3.4倍，比老工业区形成同样规模新增生产能力的配套投资高一半左右[1]。根据"六五"（1981—1985年）期间资料计算，单位基本建设投资的资金产出系数，东部沿海地区为1.54，中部地区为1.03，西部地区为0.797，即同样投资1亿元，在东部地区获得的工业产值净增额为15400万元，在中部地区为10300万元，在西部地区为7970万元；对1953年至1978年期间基本建设投资和工业产值增长额的分析，沿海地区资金产出系数为0.973，内地为0.414，三线地区为0.259[2]。可见，在国家投资总额一定的情况下，投资地区分配比例的不同，对整个工业的发展速度与工业经济效益水平的影响是大相径庭的。

（2）投资地区分配比例，不仅对近期，也对远期国民经济的发展有很大影响。这是因为新、老经济基地的资金利税率相差悬殊。根据1985年各省（市、自治区）全民所有制独立核算工业企业百元资金实现利税的资料分析，资金利税率高于25%的7个省（市），全部在东部沿海地区；资金利税率15%—25%之间的15个省（市、自治区）中，4个在东部，7个在中部，4个在

---

[1] 于铁柱等：《关于我国钢铁工业布局的几个问题》，载《经济地理》1982年第4期。

[2] 陈栋生：《工业布局与环境经济学》，贵州人民出版社1984年版，第22页。

西部；资金利税率低于15%的7个省（区）中，2个在中部，5个在西部（详见表5）。生产建设经济效益水平从东到西的三级"阶梯形"分布，与地区经济技术发展水平客观上存在的东、中、西三大经济地带的经济分布的总态势，大体正相吻合。在国家投资总额一定的情况下，投资地区分配比例的不同，决定了全国资金利税率的不同水平，以及相应的剩余产品（即社会纯收入）绝对额的多寡，而后者是继起期增加积累和消费基金的唯一源泉，直接影响到扩大再生产和人民物质文化生活提高的速度。

表5　　　1985年各省、市、自治区独立核算工业企业
全部资金实现利税率　　　　　单位：%

>25%		15%—25%				<15%	
上海	56.9	山东	23.79	黑龙江	19.27	新疆	14.71
北京	35.55	湖南	22.53	河南	18.63	陕西	14.15
天津	34.79	福建	22.29	四川	18.12	山西	13.22
浙江	32.59	云南	22.28	吉林	17.58	内蒙古	10.64
江苏	29.69	安徽	22.12	甘肃	17.31	宁夏	10.62
辽宁	25.91	广西	20.94	江西	16.28	青海	7.79
广东	25.41	湖北	20.88	贵州	15.01	西藏	0.85
		河北	19.77				

资料来源：1985年工业统计年报。

（3）新地区开发、新基地建立所需的资金、设备等，除利用外资和引进设备外，主要依靠国内现有基地的提供；新基地投资比例安排过大，挤占了老基地扩大再生产所需的财力、物力，影响了老基地向新基地提供资金和设备的可能，到头来将直接制约

新基地建设计划实现，降低投资效果。反之，新基地投资比例安排过小，不能满足国民经济进一步发展对资源供给和市场开拓的新需求，总的投资效果也会下降。

可见新、老工业区投资分配比例无论何方比例畸高、畸低均不利于工业和国民经济的发展，不利于经济效益的提高。而且两者之间并没有固定的适合于任何时期的最优比例，相反它是随扩大再生产方式（内涵与外延扩大再生产的比例）、新、老工业区各类资源与生产要素需求比例变化而变动不拘的。一般地说，可先根据制约这一比例关系的诸种因素，找出两者的上、下极限（最高比例和最低比例），从老工业区看，保证现有生产能力的充分发挥为其下限；从新工业区的开发看，保证当前和后续时期国民经济发展追加的、而老工业区又匮乏的资源需求为其下限，老工业区为新工业区开发最大限度可能提供的资金与物资为其上限，然后在上、下限之间的区域，测算分配比例的不同方案，编制相应的区际投入产出联系表（价值的与实物的），寻求能保证从工业和国民经济整体考察效益最高的分配比例。按此安排资金的地区分配比例和生产力布局，才可能使新、老工业区资金的投入，不仅保证本地区工业的发展与效益提高，也有利于对方的发展与效益提高，从而保证全国宏观经济效益的提高。

2. 工业建设重点地区的选择

与新、老工业区布局相关的另一个问题是国民经济不同发展阶段工业建设重点地区的选择。工业地区布局中不顾条件一味追求"均衡配置"、否定重点和重点建设地区选择失当，往往导致工业经济效益明显下降，20世纪50年代末"大跃进"和60年代中、后期开始的三线建设，在以上两方面都分别有过深刻教训。疆域辽阔和家底很薄这两个基本国情，决定了中国在每个五年计划时期，应该集中国力，特别是将国家预算内的财力集中投放于若干重点建设地区。工业地区布局中重点建设地区的选择，与工业部门结构中重点部门的选择，是互为表里、相互对应的。通常以制约工业和国民经济发展的薄弱环节（如从 20 世纪 70 年代末至今后一段时期的能源工业）和对整个工业与国民经济有较强带动作用的先导部门作为重点；那么，最有利于这些部门发展的地区，往往成为重点建设地区；更广泛地说，重点建设地区的选择应以对解决全局发展的关键资源、关键产业、关键要素见效最快、效益最高为准则。只有这样，才能既使重点建设地区的发展先行一步，又能切实带动其他地区的发展，取得好的宏观经济效益。例如，当前和今后一段时期，以山西为中心的能源基地是重点建设地区之一，投入能源基地建设的资金，既加快了这一地区的发展，又为其他许多能源紧缺地区提供了能源，促进了一系列地区的发展；反之，将这笔资金分散到各个地区发展一般加工工业，诚然，近期也可以取得一定的效益，但不用多久，就将受到能源供应的制约，而难以为继。

三　工业中观布局与工业经济效益

工业中观布局是宏观和微观之间的中介环节，它对工业经济效益的影响，主要表现在三方面：一是地区工业发展的模式选择，特别是地区工业结构和产业关联的建立；二是工业项目建设地点的选择；三是工业基地（城镇）的规模与结构。

1. 地区工业结构与工业经济效益

一个地区的工业朝什么方向发展，是按统一模式建立独立完整的工业体系，还是因地制宜，建立各具特色、发挥当地优势的地区工业结构，长期以来存在争论。从1958年提出地方应该想办法建立完整的工业体系和经济体系以后，工业布局上曾走过一段较长的弯路，付出了高昂的代价，证明这是一条既违背社会化大生产的经济规律，也不符合自然规律与技术发展规律，事倍功半、经济效益低下之路。

马列主义关于劳动地域分工的学说，古典经济学家亚当·斯密、大卫·李嘉图关于绝对利益和比较利益的理论，揭示了地区工业发展扬长避短、区际相互分工协作，促进经济效益提高的原理。马克思说："一个民族的生产力发展的水平，最明显地表现在该民族分工的发展程度上"[①]，"这既包括部门、企业间和企业内部的分工，也包括把一定生产部门固定在国家一定地区的地域分工"[②]，即"各个地区专门生产某种产品，有时是某一类产品甚至是产品的某一部分"[③]。实行地域分工，建立地区各具特色的工业结构的客观依据有如下几方面：

（1）地区自然条件的差异和自然资源分布的不均衡性；

（2）原有的经济发展水平、特点和各种社会经济因素的地区差异；

（3）充分利用生产专业化、集中化、联合化的效益；

（4）各地区自然地理、经济地理、运输地理和国防地理位置的差异。

上述四方面中，第一项构成劳动地域分工的自然基础；后三项构成劳动地域分工的经济基础和社会基础。诸种资源和生产经营要素在各地区分布的不均衡性，表现为同一资源和生产要素在

---

① 《马克思恩格斯选集》第1卷，人民出版社1972年版，第25页。
② 《资本论》第1卷，人民出版社1972年版，第392页。
③ 《列宁全集》第3卷，人民出版社1959年版，第389页。

各地区的不同丰度和同一地区诸种资源和生产要素的不同丰度，从而导致不同地区各种资源和生产要素供给比例和价格的绝对或相对差异，最终反映为同种产品不同地区生产费用的区间差异和同一地区不同产品（或行业、部门）经济效益的差异。各个地区各自重点发展能更多、更好地利用本地区供应充裕、价格低廉的资源和生产要素的产品（行业、部门），根据各自不同的优势，建立不同的支柱产业（或称地区专业化部门），以此作为地区工业和经济发展的核心与重点，围绕支柱产业的产前服务、协作配套和产后深度加工、资源综合利用等发展关联产业，组成各具特色、互相依存、相互促进的高效率的地区经济综合体，通过区际商品交换，以己之长、补人之短，以人之长、补己之短，破除不顾具体条件各地自成封闭体系的自然经济思想，杜绝不必要的重复布点、重复建设，就可以促进工业生产建设经济效益提高。

从表6和表7两个简化案例，可以清楚地看到劳动地域分工带来的经济效益。1978年以后，浙江、山西、内蒙古、云南、贵州等省（自治区）工业经济效益的变化，也为此提供了有力的佐证。1978年以前一段较长时间里，浙江这个煤炭资源匮乏的省，曾把大量财力、物力投入"大打煤炭翻身仗"，使本省加工制造业的优势未能发挥；与此同时，煤炭资源丰富的山西和内蒙古，却用很大力量"大打轻工产品大会战"，投入资金在工业投资中的份额一度逐年下降；云贵两省为追求建立地方工业体系，烟、酒和有色金属等产业的优势，也未能充分发挥。党的十一届三中全会以后，上述各省（区）扭转长期"抑长攻短"的做法，按照扬长避短，发挥优势原则，调整地区工业结构，促使工业经济效益明显提高（详见表8）。

表6　地区自给自足和地区分工协作的经济效益比较之一

方式	地区	A产品 需要量（吨）	A产品 生产量（吨）	A产品 单位产品投入量（元/吨）	B产品 需要量（吨）	B产品 生产量（吨）	B产品 单位产品投入量（元/吨）	总投入量（元）
地区自给自足时	甲地区	50	50	2	100	100	3	100 + 300 = 400
	乙地区	100	100	3	50	50	2	300 + 100 = 400
	甲、乙两地总投入量							800
地区分工协作时	甲地区	50	150	2	100	—	—	300 + 0 = 300
	乙地区	100	—	—	50	50	2	0 + 300 = 300
	甲、乙两地区总投入量							600
甲、乙两地区区际商品交换中投入量								50
地区分工毛效益（800－600）								200
地区分工净效益（800－600－50）								150

注：此表说明甲地区A产品的劳动、资金"投入量"低于乙地区，B产品的"投入量"高于乙地区时，开展地区分工协作所带来的经济效益，即"绝对利益"。

表7　地区自给自足和地区分工协作的经济效益比较之二

方式	地区	A产品 需要量（吨）	A产品 生产量（吨）	A产品 单位产品投入量（元/吨）	B产品 需要量（吨）	B产品 生产量（吨）	B产品 单位产品投入量（元/吨）	总投入量（元）
地区自给自足时	甲地区	50	50	2	100	100	3	100 + 300 = 400
	乙地区	100	100	4	50	50	4.5	400 + 225 = 625
	甲、乙两地总投入量							1025

续表

方式	产品 指标 地区	A产品 需要量（吨）	A产品 生产量（吨）	A产品 单位产品投入量（元/吨）	B产品 需要量（吨）	B产品 生产量（吨）	B产品 单位产品投入量（元/吨）	总投入量（元）
地区分工协作时	甲地区	50	150	2	100	50	3	300 + 150 = 450
	乙地区	100	—	4	50	100	4.5	450
	甲、乙两地区总投入量							900
	甲、乙两地区区际商品交换中的投入量							50
	地区分工毛效益（1025 - 900）							125
	地区分工净效益（1025 - 900 - 50）							75

注：此表说明在甲地区，A产品、B产品的劳动、资金"投入量"均低于乙地区，但不同产品高低差幅不一时，开展地区分工协作所带来的经济效益，即"相对利益"。

表8　浙、晋、蒙、云、贵诸省（区）工业资金利税率　单位：%

地区 \ 年份	1978	1983	1984	1985
全国	24.16	23.2	24.24	24.02
浙江	29.77	31.9	32.61	32.59
山西	11.93	16.8	16.27	13.22
内蒙古	5.88	11.0	10.99	10.64
云南	11.59	20.8	23.33	22.28
贵州	7.69	12.0	13.9	15.01

注：本表只包括全民所有制独立核算工业企业。
资料来源：当年工业统计年报。

2. 建厂地点选择与工业经济效益

工厂建设地点的选择,能否保证企业的产品达到国内外市场的完全换算费用最低,对经济效益有着重要和长远的影响。由于不同行业、不同产品完全换算费用的构成不一,产品及其原料的自然、经济特性和加工工艺不一,能够保证完全换算费用最低点的所在很不一致。例如,机械制造工业以摆在工业和科学技术力量雄厚、协作配套条件完备、信息灵通的城市为宜。从各地区机械工业资金利税率的对比分析中可以得到印证。1983年全国机械工业平均资金利税率为16.36%,东部沿海地带为23.9%、中部和近西部为10%,远西部(新疆、西藏和青、甘、川、滇四省西部)为5.3%;其中上海、天津、北京和辽宁、江苏、浙江三省的大中城市资金利税率都在20%—50%之间,而青海省机械工业的资金利税率仅0.76%。20世纪70年代末,山西省雁北地区13个县皆有小化肥厂,"其中紧靠原料无烟煤产地的浑源化肥厂,每吨无烟煤的入厂价20元,年年有赢利;其余十几厂,远离原料产地的,每吨原料入厂价40元;既远离原料又不在铁路沿线的,每吨原料入厂价70元;还有原料、铁路线、水源三不靠的工厂,年年亏损近百万元"[①]。可见根据各类企业的特点和技术经济要求,"按照最适合于它自己发展"的要求,优选区位、各得其所,对工业经济效益的深远影响。

3. 工业基地的集聚规模与工业经济效益

工业布局中很少是一个工厂茕茕孑立、孤处一隅,通常是和其他工厂和企业等聚集成一定规模的工业基地和城镇,以利用

[①] 陈栋生:《基本建设布局与经济效果》,载《工业经济管理丛刊》1980年第1期。

"集聚效益"。集聚效益形成的客观基础是：(1) 现代化生产是一个复杂的分工协作体系，只有相关企业集中布置，才便于形成综合生产能力，对各种资源和生产要素充分利用，才便于提高革新技术，开发新产品。

(2) 现代产业需要有相应的生产性和社会性基础设施相配合，其能力和效率才能充分发挥；企业布点适当集中，才有可能统一建设起比较齐备的基础结构设施，节约这些设施的投资，提高这些设施的使用效益。

(3) 企业布点的适当集中，才能为不同类型的劳动力提供多种就业机会。从表 9 不同规模城市工业企业经济效益指标的比较中，清楚地看到大城市的职工资金装备程度比中、小城市还低，但许多效益指标，均高于中、小城市。

表 9　　　　1985 年不同规模城市工业的经济效益

城市规模	每一职工拥有的固定资产原值（元）	每百元固定资产原值提供的产值（元）	每百元固定资产原值提供的利税（元）	每百元资金提供的利税（元）	全员劳动生产率（元/人·年）	每一职工创造的净产值（元/人·年）
200 万人以上人口	15282	154.4	39.1	38.8	22872	7737
100 万—200 万人口	16598	115.7	27.4	30.2	18089	6539
50 万—100 万人口	17857	95.1	22.2	24.7	15937	5937
20 万—50 万人口	15878	95.9	18.2	19.3	14603	4958
20 万人以下人口	16162	91.9	17.9	19.4	13042	5677

注：本表数据取自《中国统计年鉴（1986）》（中国统计出版社 1986 年版）中，只包括全民所有制独立核算工业企业。

20世纪60年代中期至70年代,受"靠山、分散、进洞"错误方针的干扰,当时建设的一些项目,不仅相关企业,甚至一个完整的工厂也被拆得七零八落,布置在相距几公里甚至几十公里的山沟里。工厂布点过于分散,各个工厂甚至有的车间不得不各建一套厂外工程和生活服务设施,为厂内、外联系服务的各种管、网和线路大大延长,建筑工程量大增,单位生产能力的投资比同类厂高一半甚至一倍,建设周期也大大延长。投产后内外协作困难,生活服务设施比较完善的小城镇长期难以形成,迫使企业不得不自办各种社会事业,领导精力极为分散,职工生活诸多不便,给企业的正常运营和管理带来了许多困难,产品成本比同类厂高1/3,甚至一倍以上,特别是信息不灵,不利于提高技术、开发新产品,面对瞬息变化的市场,反应迟钝,在市场竞争中处于极为不利的地位。正反两方面的经验告诉我们:"集聚利益"实质上就是工业布局中的"规模经济",各种产品生产需要就地协作的技术经济联系和现代城市公用设施经济规模的起点,是决定工业布点最低聚集度的临界点,善于利用聚集效应是提高工业经济效益的重要途径之一。

但是,工业布点的聚集程度,并非愈高愈好,当工业聚集超越客观条件,也会带来许多弊病,促使工业经济效益下降。周恩来在总结第一个五年计划经验的基础上曾指出:"在工业地点的分布问题上……我们的方针是既要适当分散,又要相互配合,反对过分集中和互不联系的两种倾向"[1];此后30多年的经验反复证明,上述原则仍然是今后确定工业基地合理规模,促进经济效益提高应当遵循的方针。

---

[1] 《关于发展国民经济的第二个五年计划建设的报告》,人民出版社1956年版,第48页。

随着工业和整个经济的进一步发展，在布局实践中，先后涌现了由母城和卫星城组成的大都会（Metroppolitan）和城市群（Agglomeration），再进一步发展成为产业带和城镇带（Megalopolis）。产业带既避免了点状过度集聚带来的弊病，又在更大范围内利用了聚集效应，获得了集聚效益，因而在各发达国家得到了广泛发展；最著名的，如：美国的波士华产业带，加州产业带、密西西比河沿岸产业带；在欧洲有南英格兰产业带，纵贯荷兰、联邦德国（鲁尔）、比利时和法国的产业带；日本有太平洋沿岸产业带；等等。在中国，在沪宁杭沿线、长江下游沿岸地区和辽（宁）中、南地区也已显现城市群体和产业带的雏形，在这些产业带和城市群体范围内的城乡工业企业的经济效益，多数居于全国前列，说明今后工业布局为取得更好的经济效益，有计划地朝着建立"三沿"（沿江、沿海、沿铁路干线）产业带方向发展，是一重要途径。

四　工业布局效益评价的理论与方法*

1. 对现有评价方法的评述

目前常见的对布局经济效益评价的方法主要有以下三种：

（1）传统的评价方法。基本上沿用苏联基本建设投资效果评价方法，主要采用如下指标：实物工程量、建设周期、材料消耗、投资额、工程造价、工程质量、固定资产交付使用率、新增生产能力、单位生产能力投资、达到设计能力的时间、投资回收年限（包括追加投资回收年限）、投资效果系数（包括追加投资效果系数）等。

---

* 本节采用了作者与程选合作研究的成果。

以上指标中，前九项是对项目建设过程（包括设计、施工全过程）的评价；接下来的三项是对建成后一段时间内项目运营状况的评价。固然这 12 项指标的好坏也受到生产布局决策正确与否的影响，在一定程度上反映投资地域分配的效果，但主要的是反映设计、施工单位建筑过程与项目自身运转过程的状况。基本上属于投资效果的微观评价。

投资效果系数指标，是使用层次跨度较大的指标，它适用于对整个国民经济、部门与地区以及项目自身三级（即宏观、中观、微观）投资效果进行评价。但是作为一个综合性指标，受诸多因素影响，无法直接鲜明地反映生产布局是否恰当。

(2) 部门布局效益评价。部门布局效益评价，是从部门技术经济角度出发对投资的空间分配效益进行的评价，从部门技术经济要求出发，根据项目布局的"指向性"分析，寻求最佳布局区位，可使项目运转后所支付的生产要素成本费用最低，从而获得最大的项目或部门效益。这是评价部门布局效益的基本思路。

但是这种由各部门的技术经济角度出发确定的项目"最佳区位"组合而成的地域结构，从整个国民经济角度，从区域经济结构合理化的角度，特别是从长期持续稳定发展的角度看却未必是整个经济活动最佳的地域组合。应该说，部门布局效益评价是一种不完全的布局效益评价。

任何一个企业都存在着自身的规模经济效益问题，各工序间生产能力协调的结构效益问题。同理，任何一个区域、一个地域综合体，也存在着一个合理聚集规模问题，区内合理部门结构产生的结构效益问题；从整个国民经济看，也同样存在着一个合理的地域分工与组合所带来的地域结构效益问题。随着技术不断进步，企业布局指向性要求日趋灵活，除个别"资源指向性"要求严格的行业外，绝大多数行业的"最佳区位"会集中在那些发展条件优越的地区，而这些纷纷集中起来的企业群内部，未必有着"生产链"关系或工艺性协作关系以及相互服务性关系。因此，从部门技术经济角度出发，特别是从短期利益出发确定的"最佳区位"往往会损害地域上合理聚集规模效益、区域合理部门结构效益。我们把这种鱼龙混杂的区域集中现象称为盲目投资造成的"地域结构缺陷"，这种"地域结构缺陷"潜在地、滞后地削弱甚至完全抵消掉投资给该地区乃至整个国民经济所带来的短期的直接的效益。

布局综合效益评价强调合理地域结构，良好的区域经济对国民经济发展的影响；部门布局效益评价则是从部门布局是否获得"最佳区位"的角度看对国民经济发展的影响。两者同属于投资的空间评价，但其角度、评价思路与方法不同。前者既强调"区域性"研究，又重视"区位"评价；而后者则偏重于"区位"评价。

在生产力布局理论的发展史上，区域布局的研究是后起的。在20世纪前半期以前，布局理论主要集中于微观经济区位的研究，无论是韦勃（A. Weber）从运输成本和工资成本着手分析，还是如廖施（A. Losch）从利润和产品的销售范围着手研究，都是采取微观经济学的方法，以企业为服务对象，以帮助他们寻找到用最低成本费用获取最大限度利润的工厂区位为目标。并以获得原料的成本（从原料地到生产地的运输成本）、加工成本、分配产品的成本（把制成品运往市场的成本）三项之和最小作为确定企业区位的基本条件。第二次世界大战后，随着政府对经济生活干预的加强，空间经济学的研究重点，也由考察企业区位问题转向着重于全国范围和区域范围的国民收入增长率及区际差异，转向区域经济发展，地域结构状况对整个国民经济发展的影响的研究。

(3) 个别省区所进行的"区域评价"。中国有些省区对国家在其行政区划范围内的某项投资也进行过许多"区域效益评价"。其思路是某项重点建设投资使该区人均产值、国民收入增长若干，安排就业人口若干，带动区内相关企业发展若干，区内经济结构比例变动若干，等等，以及定性地谈到经济上乃至社会学意义上的"波及效果"。

这固然是一种评价，但是它只让人们看到区内各种"量的增长"，以及区内社会经济状况的改善，却无法使人们判定这个"增量"与改善程度相对于"投入"的数量是否合算，以及投资的地区选择是否恰当。因为它缺少一个"参照系"，作为空间评价，它缺少一个"参照空间"。以包钢建设为例，假定这一投资行为不是发生在包头，而是在冀东，所带来的"增量"会有多大？如果布点在海南岛，"波及效果"又会怎样？这里，我们无意就某一具体项目布点效果的好坏作出判断，只是要说明对投资效果进行区域评价，必须在区际比较中进行。事实上，从方法论上讲，任何评价都必须确立与其评价内容相应的"参照系"方能进行，即只有在比较中才能作出效益优劣的判断。如果只让人们看到一笔投资所带来的"增量"，以数十年前与数十年后进行比较，那么，只能算是区域社会经济发展速度的评价，而不是投资效果的区域评价。

2. 布局效益评价的准则

(1) 以宏观效益为基准。生产布局效益的评价只能以整个国民经济的利益为基点，而不能以地区利益为基点。这是由社会化大生产条件下按比例发展规律和社会劳动地域分工规律决定的。

国民经济的顺利发展，必须正确处理整个国民经济系统与构成其空间子系统的区域经济系统间的关系。在安排经济资源的地区分配和空间组合时，不仅要考虑到各空间子系统的优化值，更要考虑到总系统的最优值，而且后者更为重要。因为总系统的效益是诸多子系统效果的综合表现，而不是各局部效果的简单相加。如果资源的空间配置不是使各子系统功能分明，各展所长，互相补充，而是分别追求全面功能，自成体系，就会在原料、投资、市场等方面，时时发生摩擦、相互掣肘、互相抵消。那么，总系统的效益必然大打折扣，大受损害。

从中国情况看，各个地区对资金的需求都很大。沿海发达地区渴求资金以进行结构调整和技术改造；成长中的中部地区经济发展方兴未艾，亟待迅速丰满；落后地区更是普遍等待"第一次推动"，以跨过工业化起点……在这种背景下，投资的区域分配和特定区域内的投资方向、投资结构，更需要强调从保证整个国民经济获得长期稳定增长和高效益的要求出发。与之相适应，对投资区域分配效果的考察，要从整个地域系统的增长着眼，不可拘泥于发生投资行为的特定区域。

在整个国民经济总系统中，各区域子系统分别承担特定的地域分工职能，它们之间存在着复杂的投入产出联系。特定区域内发生的投资行为，其作用效益不仅仅反映在该区域国民收入及其他各种指标量的增长上。下面以意大利的一个区域间投资预评价模型的结果来说明。

模型把意大利分为北意和南意两个区，北意是经济发达的工业区，南意是落后的农业区，当时意大利计划在南意进行 1500 亿里拉的投资（包括政府的和私人的）。模型模拟的结果表明，由于投资需要的生产资料，如金属和非金属制品、化工产品、矿石等主要由北意生产，所以在南意投资后，北意供给南意的产品数量猛增,这就使北意各生产部门规模增大。发生在南意的 1500 亿里拉的投资行为分别对南北意国民生产总值的影响是:北意增加 5240 亿里拉,而南意仅增加了 4310 亿里拉。从区域利益看,南意所获得的利益明显地低于北意,或许换一种投资内容对南意更有利些,但却可能使整个国家利益受到损害。可见,对投资效果的评价,如果只着眼于发生投资行为的区域内,无疑会使投资效果的评价发生扭曲、失真。

(2) 以获取整个国民经济持续稳定增长为目标。正确处理近期效益与长期效益的关系,表现在投资地域分配上,就是安排好投资在处于不同发展阶段的区域之间的分配比例。从整个国民经济发展的长远需要来看,应逐步开发各地区丰富的自然资源和各种经济资源,把它们尽可能多地吸收到国民经济的周转中来,以保持经济发展的后劲,以防成熟区域有朝一日不可避免地进入"暮年",使整个国民经济不能持续稳定地发展。用我们习惯的说法,就是要安排好在发达地区与落后地区之间的投资分配比例,掌握好经济布局"西进"的节奏。

这方面国际、国内的经验与教训已有不少。苏联乌拉尔工业基地的建设,使得苏联国民经济体系在二次大战中免遭毁灭,保证和加速了其在国内战场取得反法西斯战争的胜利;而苏联亚洲地区经济开发迟缓,又使其近十余年来整个国民经济发展速度降低,难于维持平稳的增长;中国 20 世纪 60 年代生产力布局在地域上西进步伐过大,降低了国民经济宏观效果,延缓了整个国民经济的发展。

可见,处理好投资地域分配中近期效益与长期效益的关系,把握好布局展开的节奏是非常重要的。

3. 布局效益评价的主要内容

布局效益评价的任务有二。一是对布局效益的优劣作出判断；二是找出影响布局效益的各种因素。具体地说，就是要找出生产力布局和要素地域组合对国民经济增长影响的途径与方向，同时以能否满足上述各方面的要求。作为衡量生产力布局方案合理与否的标志，它包括：

（1）投资的地域分配是否遵循了区域比较利益原则的要求，应有助于真正发挥各地区优势，从而有助于全社会劳动地域分工的发展。

（2）特定区域内的投资是否有助于该区域产业结构的合理化，形成地域综合体，以利于其所承担的地域分工职能的履行。

（3）投资的地域分配是否有利于保证一定的"区域储备"，进而有利于整个国民经济持续稳定地发展。

"区域储备"是影响整个国民经济能否持续稳定增长的一个重要的地域因素，是布局效益评价不可缺少的重要内容之一。

一般地说，任何一个经济区域从动态上考虑，大体上都经历着如下的发展过程：不发育阶段、成长阶段、成熟阶段和衰退阶段，并在更高的社会经济发展阶段上周而复始（这里排除一些极其个别的"突变"，如自然灾害、战争等带来的毁灭性灾难导致区域经济发展的中断现象）。所谓不发育、成长、成熟、衰退都是根据区域经济状况相对于社会经济发展的一定时期，或特定时期内不同生产力发展阶段，相对于该时期或该阶段的生产方式特征、生产力发展水平（应用水平）特征的相符合的程度而划分的。

区域经济发展是一个连续的过程，在赓续相连的发展过程中，显现出具有一定质的差别的不同阶段，各阶段各有其特征，不发育阶段的特征是：整个区域经济状态（生产方式、生产力水平）总体上尚明显地带有前一时期（或阶段）的特征，在经济的增长动态上表现为萎缩、徘徊的特征。成长阶段：已完成不同时期（或阶段）的状态转变，新的生产方式、新的技术工具的采用使之发展迅速，增长动态表现为明显的加速上升趋势。成熟阶段：先进的生产方式，先进技术的应用潜力充分发挥出来，处于区域经济发展的巅峰状态，表现出稳定的高速增长特征。衰退阶段：相对于时代的变化，以前处于巅峰状态时的各种条件成为过去，使其增长疲软，低增长与停滞在较长时期将处于支配地位，甚至出现负增长（见图1）。

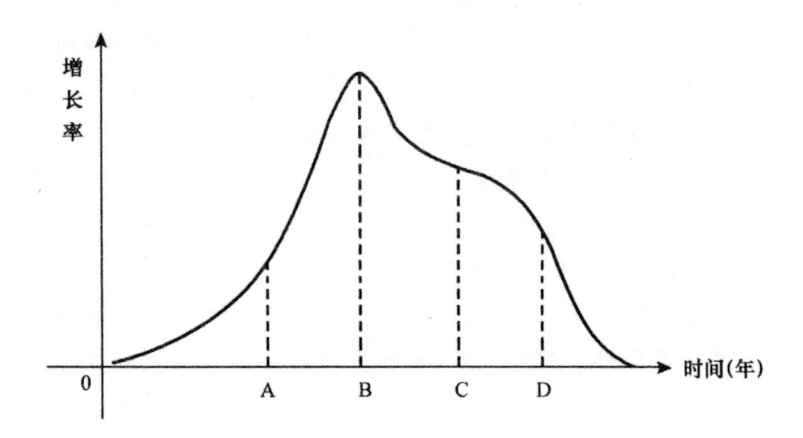

图1 区域发展阶段与周期示意

OA 区间——不发育阶段；

AB 区间——成长阶段；

BC 区间——成熟阶段；

CD 区间——衰退阶段；在衰退阶段，现实中可能出现负增长率，如图中虚线所示。

不同区域在某一社会经济发展时期的某一时点上，经济繁荣状况、先进技术应用水平有高低之差；在跨入某一社会经济发展阶段的时间上有先后之别。详细考察任何一个社会经济发展时期，都可对不同区域进行所处发育阶段的划分。受各方面条件的影响，不同区域经历某个阶段的时间或长或短，从而表现出区域间发展的不平衡，有的后来居上，有的一度领先而后来落后。特别是在生产力发生巨大变革，经济社会制度发生变革时，个别区域可能在全新的外界环境（新技术成果出现，新产业部门出现，新资源与新材料需求出现，新经济秩序出现，等等）的冲击下，在数十年内走过正常情况下需数百年才能走完的历程，而有的区域长期建立起来的经济结构突然在变革面前变得陈旧，不同的变革背景给不同区域带来不同的发展机遇，使领先与落后的区域排列发生变动。但是，这绝不意味着区域发展可以跨越某个阶段，在区域发展历史上留下一段空白。

从整个国民经济的发展看，任何一个地域辽阔的大国，在某个时期显然要依赖某些重点区域，即处于成熟阶段的区域，但是这些区域迟早要走向衰退，若无新的进入成熟阶段的区域取代其所担负的整个国民经济增长的骨干区域功能，则整个国民经济的增长将随之衰退。这就是建立区域储备的意义（见图2）。有远见的国民经济组织者，宏观投资决策者必须重视这种区域发展规律性的研究，保证总地域系统中各子系统（区域）之间正常的新陈代谢，进而保证总系统增长活力的绵绵不绝，即国民经济的持续稳定的增长。

结合中国的具体实际，就是要在充分发挥东部成熟地区作用的同时，在积蓄适当实力的基础上，注意安排一定比例的投资，建立起"区域储备"。这种区域储备的建立，要根据新技术革命的背景，结合成熟地区产业结构的调整，国民经济发展的薄弱环节的补充，以及不同区域的经济地理条件等多方面的考虑，慎重地选择重点地区，加速其向成熟型区域发展。切不可"撒

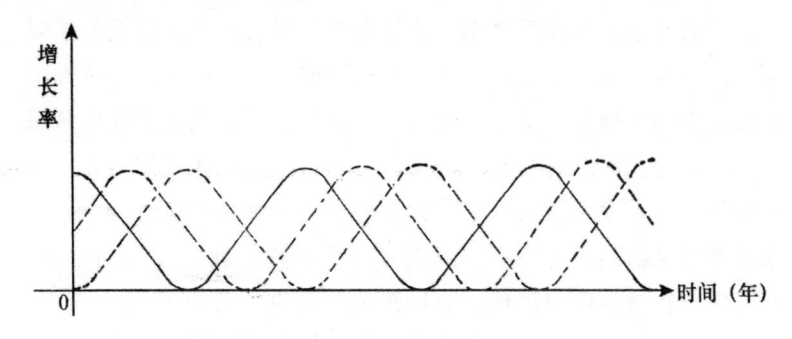

图2 多区域（机遇相等情况下）保持全面稳定增长示意

胡椒面"，追求各区域同步发展，那是违背区域发展规律性和区域间发展不平衡规律的。

（4）投资是否有利于处于不同发育阶段区域的健康发展，区域投资对策是否正确。社会主义国家，各区域经济的发展和整个国民经济的发展在根本利益上是一致的，但有时也有矛盾。

损害区域经济健康发育的投资通常有两种。第一种发生在以"项目既定、选择区域"为特点的投资行为中，人们往往以部门的"区位"要求作为唯一的空间布局依据，而对保证区域经济健康发育考虑得少，结果虽带来了一定的部门布局效益却损害了区域结构，造成了"地域缺陷"。第二种一般发生于"区域既定，选择投资内容"为特点的投资行为中，这种投资多是帮助一些地区克服发展的障碍，以解决特殊的区域问题为目的的投资行为。人们往往由于缺乏对处于不同发育阶段区域的特点的认识，没有一个恰当的投资对策，从而不能"对症下药"，虽有良好的初衷，却未能收到良好的效果。

能否使各区域经济在保证整个国民经济稳定发展的前提下健康发展，是布局效益评价的一个重要内容，其具体评价标准是：特定区域内发生的投资能否使处于不发育阶段区域以较少的投资尽快地跨过工业化起点；使处于成长阶段的区域在发育过程中避免"地域缺陷"，增强"区域结构弹性"，并顺利进入成熟阶段；使处于成熟阶段的区域能够充分地发挥"骨干区域"的作用，尽可能地延长其繁荣期；使处于衰退阶段的区域尽可能平稳地衰退，避免负增长，使其衰退不致对整个国民经济发展造成剧烈地起伏震荡。要保证这种良好的区域投资效果，必须对处于不同发育阶段区域的特点进行深入的研究，并分别制定恰当的投资对策。

4. 需要进一步研究的问题

（1）应有一个科学的"国家生产力总体布局构想"作为评价的"理想参照空间"。

（2）需要建立一套区域评价指标体系，作为"评价参数"。布局效益评价的特点是空间效益与长期效益的评价，但是反映两者效益差异的数量指标还有待于科学的确定，仅依靠定性的理论指标进行评价有着不易把握的缺点。

在国外的区域经济分析中，常用"区位商"等指标来反映区际分工、区内专业化水平；用"劳伦茨曲线"等反映区内部门结构状况；用"产值密度"等反映经济活动在地域上集中与分散的程度等。但是这些指标只能反映"水平、程度"的差异，而不能反映"适当的水平，合理的程度"。区域经济分析是很复杂的，因区域条件的差异，专业化部门的不同，上述指标的合理量值，甚至合理量值区间都很难确定。因此，这些指标虽有一定的意义，但相对于生产力布局效益评价的要求来说，还远远不能满足需要。

另外，投资地域分配对于整个国民经济长期增长趋势的影响如何利用数量指标反映也是个难点。

（3）需要有一套投资效果区域评价的定量分析方法，作为科学评价的手段。数学是以真实的外界现象和过程，以抽象的数量关系形式来反映客观规律的。借助数学这一科学工具可使我们弥补定性分析的许多缺陷，能使我们对许多复杂因素的相关性把握得更具体、更清晰。在生产力布局方案拟订和效益评价中，已有很多问题可以直接借助数学方法来解决。例如：借助区域、区际投入产出模型，可以计算项目在特定区域内建设将产生的产业连锁反应，比较不同投资内容在同一区域内产生的影响差异，比较同一投资内容在不同区域发生的效益差异，计算自然资源（如水资源）在区内不同部门或不同区域间分配的效益差异等；借助线性规划方法，可以计算在区域多种约束条件下区内最大经济活动容量，计算专门化部门发展规模与运输业发展的相互制约关系等；利用中心地模型确定市场范围和在市场范围既定条件下的中心地分布密度，企业分布的可行性空间；运用聚类分析方法进行各区域综合优势，发展潜能的比较分析；等等。

但是在布局效益评价中，还有许多问题尚未找到合适的数学分析手段。如：与社会经济发展水平相适应的地域分工水平的确定；不同生产力地域组合方案的比较；地区专门化与综合发展的程度如何把握，才能既有助于地域职能的履行，又有助于"区域弹性"的增强；如何准确把握不同区域开发的节奏，才能既不过多地丧失近期效益，又能保证未来稳定增长；等等。都有待深入的研究，找到定量分析的途径。

（本文曾以《工业布局与投资效益》为题，连载于《投资管理》1987年第6、7期）

重视新兴产业布局的研究

以信息科学、生命科学和材料科学等最新科学技术成就改造传统工业和建立新兴产业，是迎接世界新技术革命对策中不可分割的两个方面。新兴产业最大的特点是知识与技术的高度密集，其研究试制费用在产品成本中的比例，和科技人员在职工中的比例，比一般加工工业高一倍以上，故通常也称作高技术产业。搞好新兴产业的布局，为新兴产业基地选择"最优区位"对加速中国新兴产业的发展，带动传统工业的技术改造都具有重要意义。

新兴产业的特点，决定了它和一般加工工业布局的条件与要求，有很大的差异。接近原料、燃料资源产地，是传统的资源密集型工业布局的重要条件；而对新兴产业布局，则微不足道。传统的机械制造工业布局，一般采取零部件生产分散化、成品装配集中化的空间配置形式；而电子工业等新兴产业则恰恰相反，宜取元件、器件、集成电路生产集中化，成品装配分散化的配置格局。

美国的"硅谷"（位于加利福尼亚州）。"硅原"（位于得克萨斯州的达拉斯），日本的"硅岛"（九州）、"硅路"（位于日本宇都宫至盛岗的东北新干线沿线），是目前世界上著名的四大微电子工业基地，它们在选择布局地点时，着重考虑的是以下四方面的"区位条件"，值得我们参考借鉴：

一 优美、无污染的地理环境条件

硅片和集成电路的生产，对空气的净洁度要求很高，故需选择环境质量高，无传统污染工业的地方。如硅谷位于加州旧金山市以南的圣塔克拉拉县境两山夹峙的谷地内，气候四季如春，1月份平均最高气温达17℃，7月份仅28℃，无风沙。原为一大片果园，无污染型工业，既能满足微电子工业生产对环境质量的要求，又便于吸引大批高级技术人才来此工作或定居。

二 与科研机构、高等院校相结合的人才条件

新兴产业也可以说是知识产业，技术人才和管理人才是区位选择要考虑的首要条件。智力密集是建立新兴产业基地的启动力，也是适应新兴产业产品与技术更新迅速，实现科研—开发—设计—制造一体化，持续保持竞争能力的基础。如硅谷所在地区拥有包括美国第一流大学斯坦福大学在内的十多所高等院校，以及33所技工学校，为高技术产业源源不断地培养、输送人才。各公司与学校、研究所订有合同。公司从财力上支持学校与研究所实验设备的现代化，学校与研究所的研究成果则迅速转让给各公司，大大缩短了从实验室向工业生产转移的周期。

三 完备的辅助工业条件

新兴产业对供水、供电和材料、气体、化学试剂与零部件的供应，设备的研制与维修都有特殊要求。如：用水，要求高净洁度的软水；供电，要求电压，频率稳定。日本把集成电路基地选在九州，重要原因之一，就在于那里有丰裕的、水质优良的地下水，而且电力充裕、供电稳定。

四 四通八达、迅速方便的运输条件

运输是现代工业布局的基本条件。如果说传统工业对运输的要求，主要是运量大、运价廉；而新兴产业对运输的要求，则主要是运速快、四通八达。因为人才、信息高频率的交流、传递和广泛的生产技术协作是新兴产业发展的内在要求，而其产品体积小、重量轻，故以采用空运等高速运输方式为主；空运运费固然高，但新兴产业产品的价值更高，相比之下，运费在产品成本中仅占1%左右。如果把传统的资源密集型产业划为"临（铁）路型"和"临海（港）型"布局的产业；则新兴产业则属于"临空型"布局产业，要求所在地区拥有大型机场和四通八达的高速公路网。

中国新兴产业正处于建立和发展的初期，无论从行业、产品的选择和地区、地点布局的安排上，都宜采取集中力量、支持重点的方针。沿海地区，特别是十四个对外开放的城市与四个经济特区，以及内地的武汉、合肥、西安、成都、长春等大城市，工业基础比较雄厚、科学技术力量比较集中，对国外先进科学技术的吸收、消化、创新能力较强，在对外经济技术协作方面既拥有一系列有利条件,又积累了一定的经验,在发展新兴产业。迎接世界技术革命挑战中承担着更繁重的任务。在上述地区,选择适当地点,经过创立和改善某些条件后,建立新兴产业的技术经济密集小区,是中国迎接新技术革命对策中不可忽视的一个重要方面。

(本文原载《技术经济与管理研究》1984年第4期)

区域经济三题[*]

一 区域经济与区域经济学

区域经济是大国经济社会发展中的重大课题。从宏观角度研究不同区域经济的发展及区际相互关系的学科是为区域经济学。改革开放以来，随着市场经济的逐步扩展深化，地区经济自组织能力增强，近十几年，是中国区域经济发展空前活跃取得重大成就的时期，也是多种区域经济问题与矛盾——东西发展差距拉大、区际摩擦加剧、重复建设与地区结构趋同……充分显露的年代。

在社会需求的有力推动下，中国区域经济研究空前活跃，硕果累累。在已有成就的基础上，如何朝着建立起既能圆满解决中国区域经济实践中提出的种种课题，又能在理论方法上跻身于世界先进行列的、具有中国特色的区域经济学，这是参与、关心中国区域经济学发展的同志共同关注的问题。借鉴、吸收国外区域

---

[*] 本文是为《区域经济学》、《区域经济的实证研究——对呼伦贝尔繁荣富裕之路的思考》写的自序和为《中国地区比较优势分析》写的序言集合而成。

经济学的科学成分，无疑是重要的；但非根本之道。中国区域经济研究的主战场，应是面向"四化"建设中最紧迫的区域问题，进行实证分析和对策研究，扎扎实实地对诸如转轨时期的布局形成机制和区域经济运行机制，现有各种区域政策的实际效应，部分地区"先富"与各地区普遍"共富"，沿海、沿江、沿边和内陆地区、山区、少数民族聚居地区与贫困地区经济发展等一个又一个具体区域经济课题进行实证研究。与此同时，也有必要结合对策与实证研究，充分利用其研究成果，开展区域经济学基本理论与方法的研究，进行学科自身的"基本建设"，以支撑实证与对策研究水平的不断提高。

由于区域经济学是一门新兴的、正在发展中的学科，在其学科基础建设中，对其研究对象、研究边界、学科体系等，难免众说纷纭、莫衷一是。吾以为：现无"一是"，乃日后达到"一是"的必经阶段，在此路程中，"众说"愈多，会使今后能为多数区域经济学者所接纳的"一是"更贴近客观实际、更臻完善。我和四位青年学者共同撰写的《区域经济学》，与已经出版的几本同名著作，在体系结构上就迥然有异。在构建全书框架时，我们着力注意了以下四组关系：

1. 客体和主体研究的关系

区域经济学是一门实践性很强的应用学科，诸如地区经济社会发展战略制定、区域政策体系的设计等，均系重要研究内容。但所有这些均属某一决策主体的政策选择，这种政策选择与设计，欲取得预期的正面效应，就需要弄清区域经济客体的发展规律。故此，我们坚持先客体研究，后主体研究；先弄清区域经济发展演变的规律，再回答"应该怎么做"、"应该设计怎样的体制与机制"、"应该采取怎样的战略与对策"，总之是依"足"配

"履",决不能按"履"求"足"、削"足"。

2. 个体与总体研究的关系

一个国家的国民经济,是由众多区域经济耦合而成,如同一有机体是由众多细胞与器官组成。要揭示整个系统运作变化的规律,要从细胞与子系统的剖析做起,再进一步厘正子系统与大系统,以及各子系统之间千丝万缕的联系。故此,我们坚持先"个体"、后"总体",即先对一个抽象的"区域"进行解剖,再对构成国家经济的众多区域的关键与耦合予以研究。而区域耦合是通过区际商品交换与要素的流动赖以实现,故书中对"区际贸易"、"劳动力的区际流动"、"资金的区际流动"和"技术的区际转移与扩散"均有专门章节予以论述。

3. 一般与具体的关系

从研究进程看,起点是具体的区域。在多年的科研实践中,笔者先后深入到沿海、内陆和边疆不同类型地区调查研究,从那既丰富又庞杂的素材中,萃取出"一般的"区域,提炼出标识区域发展的三个主要向量——区域经济的总量、区域产业结构的嬗变、区域空间结构的演化,再进一步探寻制约这三个主要向量的因素,分析相关关系。作为一本理论著作,在论述时,则采取了与研究历程反向的处理,即先"一般"(区域)后"具体"(区域)。

4. 逻辑与历史(现实)的关系

为了从理论上清晰地复制出区域经济的发展与演变,必须按其内在逻辑关系展开,而此逻辑轨迹,绝非凭主观臆造,而必须源出于庞杂纷呈的区域经济发展的历史与现实,再凭借"由表及里、去粗取精、去伪存真"的抽象思维,从杂乱的现象中萃取出逻辑的轨迹,并以此作为贯穿全书的经线,再以国内外区域经济发展历史与现实的典型事例,作为纬线。以期能在经纬交织、骨(骼)肌(肉)结合中,立体地还原区域经济发展演化的本相。

二 宏观探道 微观寻真

从20世纪50年代中期跨入经济学研究领域以来,笔者主攻的方向一直是生产力布局与区域经济学。也许由于学科实用性、地域性的特点,要求首先得"腿"勤,一年总有几个月甚至大半年在神州大地东西南北调查走访。正是依凭多年来实地调查所得,能对生产力布局和区域经济进行若干规律性的探索;并在此基础上,围绕国家"三步走"的战略目标,对中国生产力总体布局战略、区域经济政策等进行对策性研究,取得了若干为理论界承认、决策部门采纳的成果。对这些成果,笔者是既自信又不自信的。自信,在于这些观点、结论,非凭空臆构或简单逻辑推导,而是对丰富素材,悉心梳理,去伪存真,由表及里、去粗取精的结果;不自信,在于这些素材不是亲身实践的体验,而多半是"走马观花"调查所得,是否"真",是否"实",信疑参半。

正当笔者盼望一次"寻真"机会的时候,机遇送上了门。1991年夏,内蒙古呼伦贝尔盟向中国社会科学院领导提出,希望从该院学者专家中聘请一位副盟长,在中国社会科学院领导推荐下,我应聘就任。在这一年多时间(1991年7月至1992年10月)里,不是以一个调研员的身份观察区域经济的运转,而是以一个实践者的身份参与区域经济的运转。两者的体味,大相径庭。

多年来，对区域经济发展，在脑海中萦绕着一个朦胧的图像："区域发展"的舞台，类似三角形，三个顶点分别是：自然条件、自然资源和地理位置，既有经济基础、社会人文条件与历史积淀。三角形的中央是一个大写的人（含个体、群体双重意义）。在不同历史发展阶段，和不同的外部环境机遇下，一个地区的人民依托、利用三方面的条件，发展本地区经济；这些条件既是发展的舞台，又对"发展"构成约束，也在"发展"中被改造（自然地理位置等不变条件除外）。在封闭的情况下，各地区的运转，大体是孤立平行地进行着；而在开放条件下，各种要素的"出"、"入"形成的人流、物流、信息流、资金流、技术流、意识流……对地区发展起着愈来愈大的影响。但是，无论对本地区固有条件和诸种流入要素的利用状况，与达到的发展成就，归根到底，取决地区经济的主体——当地群众和干部的素质与价值取向。资金、技术等"基础性要素"的投入，无论对较发达地区的进一步繁荣，抑或启动落后或贫困地区的发展，都是重要的。但如果仅仅看重基础性要素，忽视了人力资源的开发和新观念、新体制（经济体制、行政体制、社会结构）等"推进性要素"的投入，无形却无孔不入的沉重历史积淀，就有可能把种种基础性要素吞噬殆尽；反之，重视推进性要素的作用，关注传统遗产中的良莠之别，果敢地吐故纳新，它们就可对基础性要素作用的发挥起到"点石成金"之效。

人的素质决定发展，人的素质又在发展中重塑。在主客体交互影响下的发展进程充满着矛盾（经济的、文化的、心理的……），矛盾困扰着发展，矛盾最终推动着发展，矛盾的解决显示着发展登上了一个新台阶。旧的矛盾刚解决，新的矛盾又出现，它标志着更新一轮的发展进程已经开始……

呼伦贝尔广袤丰饶，在这所 25 万平方公里没有围墙的大学里学习一年多以后，上述图像愈益清晰，它在笔者脑海中，不再是抽象的条文、枯燥的数字，而是幅幅充满焦虑、困惑、冲撞和喜怒哀乐的画面。夜阑人静之时，把其中的一部分"翻译"成了文字。作为笔者不是以一名调查与观察者，而是以一名参与者对区域经济发展体验的记录。

三 要重视地区比较优势理论的研究与应用

"地区比较优势分析"，是一个既具有理论价值，又具有实践意义的课题。

各地区自然条件、自然资源、要素禀赋和历史发展基础与社会人文条件的差异，集中表现为地区比较优势的差异。科学地分析地区比较优势的差异，才能深刻地、集中地揭示区域经济的特征和本质，因此地区比较优势研究成为区域经济学的主要理论支柱之一。

中国疆域广袤，各地区之间，一是社会经济发展很不平衡；二是各地区自然、经济与社会人文条件差异大。充分认识国情中这两个特点，遵循自然规律、技术发展规律和经济规律，科学地调节区际间的经济分工与耦合，就可以极大地提高国民经济的整体效益，并有效地促进地区间经济发展水平差距的逐步缩小。1958 年以后的 20 年，忽视以至漠视这一问题，武断地要求建立完整的地区经济体系，曾使经济建设遭致严重的损失。党的十一届三中全会后，党和政府提出了"扬长避短、发挥优势"的原则，从指导方针上进行了拨乱反正，对推动地区经济发展和区际分工，发挥了重大作用。许多地区在制定本区经济发展战略、发展规划和国土规划时，也都力图贯彻与体现上述原则。但由于多种原因，地区间不必要的重复建设、重复引进和地区产业结构走势趋同，仍然是牵制中国经济效益提高的重要原因之一。

帮助人们全面深刻地理解"地区比较优势"的科学含义，构建准确地评价地区比较优势的科学方法，克服对地区比较优势简单直观的理解和孤立、静止的评价方法的局限与误导，是区域经济学者的应尽职责，对克服和扭转地区产业结构走势趋向，无疑将产生积极作用。郭万清、韦伟、王健三位同志的新作《中国地区比较优势分析》在这方面做了可贵的尝试。作为国内第一本试图全面、系统地分析与评价地区优势的专著，有以下几个特点：

1. 注重对地区优势进行系统的理论分析

作者在对西方各学派比较优势理论简要回顾和评价的基础上，分析了西方比较优势理论在中国地区分析中的适用性。作者把地区优势分为自然资源、人文资源、生产要素、经济结构、政策体制、经济效益等类型，提出地区优势对经济发展最根本的影响是它决定了社会生产在空间地域上的基本形式。一定产业的区位指向与特定地区的比较优势相结合，形成地区间生产分工及贸易联系的物质技术基础。这种分工与贸易联系又在很大程度上决定了国民收入在地区间的分配格局。基于上述认识，作者提出区域经济研究应当把地区优势分析作为出发点之一，并且循着优势—分工—贸易—利益分配这样一个线索展开分析，这就为阐释地区比较优势与地区乃至国家的经济运行间的关系，正确评价地区优势，提供了较为明确的理论框架。

2. 注重地区优势评价方法的研究

评价方法的欠缺是目前地区优势比较分析难以深入的主要原

因之一。针对这一问题,该专著专门讨论了地区比较优势分析的有关方法问题。作者介绍了横向比较与纵向比较、择同比较与择异比较、直接比较与间接比较、静态比较与动态比较、定性比较与定量比较等主要的比较方法,并指出了目前常用的绝对比较、静态比较方法的局限性,认为,在国家制定区域布局政策和各地制定发展战略时,应注重相对比较优势分析和动态比较优势分析。作者还介绍了评价地区优势的许多数学模型方法,如经济计量模型、投入产出模型、层次分析法、线性规划、系统动力学模型等,这对深化中国地区优势分析无疑有积极的意义。

3. 注重用全局的观点,客观评价地区优势

地区优势的评价,顾名思义,是以某一地为研究客体。但要正确认识一个地区的优势,就必须跳出地区的局限性,站在全局的立场上,从全国看局部,对各地区经济发展诸方面的条件进行科学的横向比较。

此外,该专著在各地区生产要素、产业结构、政策体制、经济发展阶段、综合实力等方面的比较分析也有许多新的见解。限于篇幅,不能一一列举。

地区优势评价是一个复杂的系统工程。该专著可以说是作者在这一领域耕耘的一个良好的开端。但既然是开端,也就必然存在一些不成熟与值得推敲之处,如关于潜在优势向现实优势转化的分析就显得不足;在分析各省区既有优势基础上如何确立地区间协调发展新格局问题,该专著中基本没有涉及;某些章节的分析较为单薄。这些都有待于作者在今后的研究中进一步深化。

(本文原载《市场经济研究》1993年第4期)

中国区域经济研究的回顾与前瞻[*]

一

中国区域经济学会成立至今已经七载，这期间，中国经济继续在快车道疾进，胜利完成了第八个五年计划，提前五年实现了国内生产总值比 1980 年翻两番。1992 年初小平视察南方重要谈话的发表，如拂面春风，中国区域经济的发展再次呈现万帆竞发、百舸争流之势，跑步前进居于最前列的粤闽江浙几省"八五"期间 GDP 年均增长率高达 17% 至 19%；即使最慢的省区"八五"期间 GDP 的年均增长率也超过 7%。当然，在体制转轨时期的快速发展，不可能不伴生诸多矛盾和问题，除了后遗症至今尚未完全"化解"的开发区热、房地产热以外，诸如：地区发展差距特别是东西差距拉大；某些老工业基地在体制、结构和历史包袱等多重折磨下经济发展滞缓以至衰退；新一轮的重复建设和地区结构趋同，导致一些行业和产品的生产能力过剩，放空

---

[*] 本文是 1997 年 9 月 1 日在河南省南阳市召开的中国区域经济学会年会上的发言要点。

闲置的占到一半甚至一半以上；环境生态破坏，影响可持续发展的问题，在某些区域（如淮河流域）异常突出。形形色色林林总总的区域问题大量涌现，新的矛盾、问题和困惑，和新的成就与经验一起，吸引、激励着一批又一批的经济学家、地理学家、社会学家以至工程技术学家投身到区域经济研究的领域。不同级别、不同范围和不同规模的地区发展战略研讨会，一个接着一个地召开，邀请参加地区发展规划研究咨询、评审和委托研究的请柬应接不暇，每年有关地区发展战略、地区规划和种种对策研究的成果，不下数百部，深入改革开放前沿和理论升华的学术成果在近几年来大批问世。一批著述深化了区域经济研究成果，开拓了新的研究领域，并且有一个共同的特点和优点，即把区域经济的实证研究向前推进了一大步，这包括学习运用从国外引进的分析理论、范畴和方法。"求实"是"求是"的前提，只有首先弄清"是什么"（过去发生了什么？现状怎样？），才谈得上"为什么（如此）"、"怎样看"、"如何办"。今后仍要继续重视和加强实证研究，没有实证研究的基础，任何聪明和高明的思辨都将是无源之水。需要特别强调的是，许多有分量的实证研究成果出自中青年之手，近七年，以至改革开放以来近20年，中国区域经济研究的成就可以说上十几条，以至几十条，而简要地说就是两条：一是"出成果"，其中不乏精品佳作；二是"出人才"，特别是年仅三十多岁，能挑大梁的年轻人才成批涌现。

二

1995年9月，《中共中央关于制定国民经济和社会发展"九五"计划和2010年远景目标的建议》鲜明地把"坚持区域经济协调发展，逐步缩小地区发展差距"作为指导今后经济和社发展的九项重要方针之一。八届全国人大四次会议通过的《关于国民经济和社会发展"九五"计划和2010年远景目标纲要》，勾画了中国跨世纪发展的宏伟蓝图。该建议和纲要给区域经济学提出了一系列对策性与理论性研究课题。

1. 空间配置规律和空间经济格局演变的研究

地区经济协调发展和共同富裕，是体现社会主义本质的重要方面和良好愿望，但市场经济下要素空间配置的趋向，和愿望并非经常相合，甚至往往相悖。

从理论上深刻揭示支配不同生产要素空间配置的环境与因素，对当前资本、技术、人才、劳动力诸要素空间配置和空间转移的如实描述；对诸要素未来配置趋势和由之形成的空间经济格局作出科学预测。这样，才可能明确预期愿望和实际格局之间的差距，为区域政策的指向与力度提供前提。

科学技术的进步，特别是国民经济与社会生活信息化步伐加快；经济的全球化，提高国家竞争力愈显迫切与突出……这些对沿海发达地区拉动力，将远远超过对中西部内陆地区发展的拉动力。

随着科技发展和社会进步，决定地区经济增长与发展诸因素的相对地位发生了明显的变化，简言之，各种天赋资源的相对地位下降，而各种后天获得性资源的地位相对上升，如地方文化特性与大众观念、制度创新与机制、信息网络、智力资源、企业家的素质等。总之，"地区优势"的内涵是随时代而变迁的，理论上予以科学准确的诠释，对于提高地方经济决策水平，提高地区发展战略研究的质量都具有指导意义。从一个角度看，世界经济在经历了劳力经济、资源经济的时代以后，正向智力经济和软经济时代前进，而迄今许多欠发达地区仍然囿于"资源优势"考虑问题。

2. 体制构架和运行机制的研究

区域经济学从一个方面看，也可以说是通过优化资源的空间配置、优化经济空间结构，提高产出、增进福利的学科。但任何资源空间优化配置方案的实现，必须以各利益主体合理权益得到保证为前提。深察区际摩擦、上下相左等等，盖出于此。对此，贵在有一制度性安排，而不是一事一法，"一对一"的讨价还价的处理。譬如"倾斜"是区域经济文献中出现频率最高的词汇，每个地区都企盼，甚至采用各种"跑部（步）钱（前）进"的办法，达到天平向自己倾斜；最高决策层也会陷于"今天东倾，明天西斜"的困境。对一个十几亿人口国家的"公共选择"性问题的决策有无准则可依、有无科学程序可循，看来不无探讨的必要。

3. 经济区与区域组织问题

中国是一个自然、人文条件差异大、发展极不平衡的大国，无论从认识和组织、协调经济运行看，进行多种区域划分都有必要。自20世纪50年代以来，不同时期，亦有种种不同的区划方案。但是许多未弄清楚的问题，至今还是说不明白。首先，以现在采用的七个跨省、区（市）的大经济区方案而言，第一次采取局部重叠，应该说这符合"市场区"的实际，但在每个大经济区的规划制定、实施上，也带来不易界定的问题；其次，这种大经济区在整个区域组织系统中侧重发挥什么作用，如何发挥作用，迄今也未界定清楚。

改革开放以来，自下而上涌现了许多区域经济组织，较醒目的有三类：一是数省毗邻地（市）组成的经济联合协调组织，如淮海经济区、中原经济区、陕甘宁川毗邻地（市）经济联合会等；二是沿江、沿路各地（市）的经济联合组织，如长江沿岸地（市）联席会、陇海—兰新沿线地（市）经济联席会、京九沿线地（市）经济联席会等；三是以特大城市和省会城市为中心组成的经济协作区。除第三类协作区有中心—边缘地等理论阐释，对前两类在经济运行中发挥了较大作用的区域经济组织，无论其积累的经验和存在的问题，理论上至今未见系统总结。

4. 区域政策研究

中国无论在计划经济时期，还是向市场经济转轨时期，单项的区域政策不可谓不多，但适应社会主义市场经济体制的区域政策体系却有待建立、完善。各项宏观政策，如财政政策、金融政策、投资政策的区域效应，以及区域政策的基准、手段等方面的研究都有待深化。

西方国家在经济发展进入阶段性转折时期，都曾经出现过萧条区、衰落区，也有专门针对"问题"区域的政策而使其复苏再度繁荣的经验。中国经济增长已进入新阶段，事实上，在某些老矿区集中的地区、在某些老林区、在某些军转民迟缓的三线军工企业集中的地区、在某些传统工业集中的地区，种种"问题"区域已经在石山裸露、人口超载的岩溶地区出现，但至今还没有针对性强、具体可操作的区域政策。

在研究、解决上述问题之时，无疑应该充分吸取国外的成功经验，吸收国外区域经济学的研究成果，形成既能回答、解决中国区域经济问题，又能在理论方法、技术手段等各方面跻身于世界先进行列。形成融国际化、本土化于一体的具有中国特色的区域经济学。

今天，我们聚首南阳研讨区域经济之时，深深怀念学会首任会长、著名经济学家孙尚清教授，他一贯关心、支持区域经济问题研究，对学会的筹组和成立大会的召开，给予了热情指导，他英年早逝，是中国区域经济研究领域的重大损失。我们决心把学会工作搞得更好，把中国区域经济研究提升到新水平，以告慰、纪念尚清同志。

（本文原载《工业技术经济》1998年第1期）

第二编
区域经济和经济布局战略与政策

走向 2000 年的中国经济布局[*]

经济布局对策是经济发展战略和产业政策的重要组成部分，为保证 20 世纪末实现国民生产总值比 1980 年翻两番，人民生活达到小康水平，到 21 世纪中叶人均国民生产总值达到中等发达国家水平，基本实现现代化。从中国资源、生产要素、既有生产力分布的态势和国内外市场环境出发，针对经济布局中的主要矛盾，遵循社会化大生产和商品经济条件下生产力布局演变的客观规律，探讨经济布局的战略对策，绘制一幅具有中国特色的布局蓝图，是既有现实意义又有深远意义的课题。

一 生产力合理布局的意义

中国是一个人口众多、幅员辽阔的大国，各地区自然资源、自然条件、社会文化条件与现有经济发展水平等方面的差异都很

---

[*] 本文是我接受国家计委地区局委托，承担《"七五"和后十年中国生产力布局研究》课题，于 1985 年 12 月 12 日提交的研究报告；为适应公开发表，又在报告基础上作了些许修改。

大，生产力布局合理与否，是一个具有多方面影响的重大问题。

合理布局生产力，有利于充分有效地利用全国各地的自然资源、经济资源和劳动力资源，发挥中国疆域辽阔、人口众多、资源比较丰富的优势，调动各级地方和广大群众建设社会主义的积极性，加快社会主义现代化建设的步伐。

合理布局生产力，通过使工业同时或分别接近原料、燃料动力产地、消费市场和交通枢纽，以尽量减少原燃料运输、产品加工直至产品到达市场的各个阶段的劳动耗费；通过使农业布局更好地适应当地自然条件与市场需求，通过国民经济各部门最佳的地域组合，有力地促进社会劳动生产率和生产建设经济效益的提高，更好地满足全国各地人民的消费需求。

合理布局生产力，有利于保护环境和生态的动态平衡，为保障城乡居民生活环境的质量。为保护国民经济当前与长远发展的自然物质基础作出贡献。

合理布局生产力，有利于发挥地区之间的相互促进作用，带动少数民族地区和其他经济落后地区经济和文化、教育、科技事业的发展，逐步缩小和最终消除历史上遗留下来的各民族经济、文化事实上的不平等，为巩固、加强全国各民族的大团结作出贡献。

合理布局生产力，有利于战略防御体系的建立和国防安全的巩固，减少敌对势力对中国发动突然袭击时的损失，支持反侵略自卫战争胜利地进行。

所以，生产力布局是建设有中国特色社会主义经济中，涉及经济、政治、国防、社会和环境生态等多方面，具有长远性质和全局性质的战略问题。

经过30多年的实践，对于布局合理百年受益、布局不当百年受害的道理，已为愈来愈多的人们所认识；同时也深切体会到，一个国家疆域越大，各地区自然、经济、社会文化条件差异越大，生产力布局问题的复杂程度也越高，对于从中国国情出发，从理论与实际相结合的角度研究生产力布局问题的需求也愈迫切，重要性也愈大。

二 生产力及其要素分布的总态势

认清中国生产力及其要素分布的总态势和特点，分析制约生产力布局的客观因素，掌握生产力布局演变的客观规律，正确确定生产力布局的原则，是研究生产力布局战略的前提。

经过三十多年的建设与调整，旧中国遗留下来的生产力畸形布局也有了极大改变，生产力的战略布局已经展开，但地区经济发展不平衡的状况仍显著存在。它具体表现在以下三方面：

1. 经济发展水平的地带性差异

从地区经济技术发展水平看，客观上存在着东、中、西三大经济地带。按人均国民收入看，三个地带的比率是1:0.67:0.53；按人均工农业产值看，三者的比率是1:0.58:0.45；按人均工业产值看，三者的比率是1:0.50:0.36；按工业化程度看，三者比率是1:0.7:0.65。生产建设的经济效益水平也呈现地带性差异；如按1952年至1985年每百元基本建设投资实现的国民收入看，三者的比率为1:0.67:0.53（见表1）。从社会文化意识和商品经济观念看，三个地带间的差异甚至超过可以量化表示的经济指标。造成这种地带性差异，既有自然条件的深刻影响——如西部地区有大面积的沙漠、戈壁和高原，降雨量由东南至西北逐步递减，西部大部分地区为干旱、半干旱地区，也是南宋以来经济中心朝东南转移、特别是19世纪中叶以来长期

表1　1985年三大地带主要经济、社会指标

地带\指标		单位	东部	中部	西部	占全国的比例(%) 东部	中部	西部	三大地带指标的比值(以东部为1) 中部	西部	三大地带间的梯度差(%) 中部比东部	西部比东部	西部比中部
总量指标	土地面积	万平方公里	129.37	281.95	541.37	13.4	29.7	56.9	—	—	—	—	—
	耕地面积	万亩	48034	63556	35264	32.7	43.3	24.0	—	—	—	—	—
	人口	万人	42995	37125	23987	41.3	35.6	23.1	—	—	—	—	—
	社会总产值*	亿元	9203.95	4906.48	2424.95	55.6	29.7	14.7	—	—	—	—	—
	工农业总产值	亿元	6927	3520	1721	56.9	28.9	14.2	—	—	—	—	—
	工业总产值	亿元	5664	2457	1134	61.2	26.5	12.3	—	—	—	—	—
	农业总产值	亿元	1263	1063	587	43.3	36.5	20.2	—	—	—	—	—
	国民收入**	亿元	3804	2200	1094	53.4	30.8	15.8	—	—	—	—	—
密度指标	人口密度	人/平方公里	332.00	130.00	44.00	—	—	—	0.40	0.13	−60	−87	−66.2
	产值密度	万元/平方公里	71.14	17.41	4.48	—	—	—	0.24	0.06	−76	−94	−74.3
	人均耕地	亩/人	1.10	1.70	1.90	—	—	—	1.55	1.73	+55	+73	+11.8

续表

指标	地带	单位	东部	中部	西部	占全国的比例(%) 东部	占全国的比例(%) 中部	占全国的比例(%) 西部	三大地带指标的比值(以东部为1) 中部	三大地带指标的比值(以东部为1) 西部	三大地带间的梯度差(%) 中部比东部	三大地带间的梯度差(%) 西部比东部	三大地带间的梯度差(%) 西部比中部
发展水平指标	人均国民收入	元	896	595	462	—	—	—	0.67	0.53	-33	-47	-22.4
	人均工农业产值	元	1611	948	718	—	—	—	0.58	0.45	-42	-55	-24.3
	人均工业产值	元	1317	661.8	472.7	—	—	—	0.50	0.36	-50	-64	28.6
	人均居民消费	元	459	391	326	—	—	—	0.85	0.71	-15	-29	-16.6
	农民人均纯收入	元	463	389	322	—	—	—	0.84	0.70	-16	-30	-17.2
	工业化程度***		2.56	1.78	1.66	—	—	—	0.70	0.65	-30	-35	-6.7
效益指标	1975—1985年平均每万元固定资产增加的社会总产值	元	151	117	85	—	—	—	0.77	0.56	-23	-44	-27.4
	1952—1985年平均每万元基本建设投资实现国民收入	元	1060	710	560	—	—	—	0.67	0.53	-33	-47	21.1

续表

地带 指标	单位	东部	中部	西部	占全国的比例(%) 东部	占全国的比例(%) 中部	占全国的比例(%) 西部	三大地带指标的比值(以东部为1) 中部	三大地带指标的比值(以东部为1) 西部	三大地带间的梯度差(%) 中部比东部	三大地带间的梯度差(%) 西部比东部	三大地带间的梯度差(%) 西部比中部
独立核算工业企业固定资产原值	亿元	7176	2333	1380	65.9	21.4	12.7	—	—	—	—	—
人均固定资产原值	元	1669	628.4	575.3	—	—	—	0.38	0.33	-62	-65	-8.5
发展基础与自增长力指标 每万人口中自然科技人员	人	84	69	69	—	—	—	0.82	0.82	-18	-18	0
每万人口中大专以上文化程度人数	人	74	51	50	—	—	—	0.69	0.68	-31	-32	-2
铁路网密度	公里/万平方公里	115	85	24	—	—	—	0.74	0.21	-26	-79	-72
公路网密度	公里/万平方公里	2342	1171	561	—	—	—	0.50	0.24	-50	-76	-52
财政收支差额	亿元	227	-54	-73	—	—	—	—	—	—	—	—
区内积累率****	%	42.7	30.1	21.0	—	—	—	0.70	0.49	-30	-51	-30

注：* 总产值按1980年不变价格计；** 国民收入按当年价格；*** 以工业产值与农业产值之比反映工业化程度；**** 剔除中央财政再分配的影响，以区内国民收入生产额和消费额的差额与国民收入的比值表示。

资料来源：基本数据取自《中国统计年鉴(1986)》，中国统计出版社1986年版。

历史发展累积的结果①。

对生产力诸要素进行分析,则呈现两个反向梯度。就现有资金存量、基础设施,和智力、技术、经营管理与信息等软资源看,大体是东高西低,由东向西依次递减。如以人均固定资产原值看,三个地带间的比率是:1:0.38:0.33;以铁路网和公路网密度看,三者的比率分别为1:0.74:0.21 和1:0.5:0.24,水运网密度的差幅更大于陆路运网。

而就矿藏、水力、土地等自然资源看,则大体是西丰东贫,由东而西递增。以矿藏资源为例,东部占优势的资源仅石油（44%——占全国总储量的份额,下同),铁矿（46%）、菱镁矿（95.4%）几种;中部占优势的资源则多达十几种,如石油（42%）、银（43%）、铜（52%）、钼（55%）、金（58%）、铝（58%）、钽（63%）、锡（68%）、萤石（67%）、煤（72%）、石墨（87%）、黏土（93%）、铌（96%）、天然碱（96%）、稀土（98%）等;西部地带居优势的矿产资源也达十种以上,如铅（41%）、锌（42%）、天然气（65%）、钒（68）、芒硝（85%）、云母（85%）、镍（88%）、钛（97%）、钾盐（99%）。

2. 地带内的区域性不平衡发展

无论东、中、西地带内部区域性发展也不平衡。东部地带

---

① 早在1935年胡焕庸先生在其所著的《中国人口之分布》中就指出:从黑龙江的爱辉连接云南的腾冲,作一条直线,此线与中国400毫米等雨量线大体重合。该线东南半壁土地面积占全国总面积的36%,却居住着全国人口的96%;西北半壁占全国总面积的64%,而人口仅占全国总人口的4%。仍以上线为界,按1982年资料计算,东南半壁占全国总面积的42.9%,人口占全国的94.4%;西北半壁占全国总面积的57.1%,人口占全国的5.6%。

内，辽宁省的辽东半岛地区和辽西地区之间，山东省的胶东半岛地区和鲁西北、鲁西南地区之间，江苏省的苏南与苏北之间……发展水平都有明显差异；中部地带内，如山西省的汾河地区和晋西、晋东地区，河南省的豫北地区和豫西、豫南地区，湖北省的武汉—黄石地区和鄂西地区，湖南省的长（沙）株（洲）（湘）潭地区和湘西地区之间……都有显著的差异；西部地带内，四川省的成渝地区和川西、川北地区，陕西省的关中地区和陕北、陕南地区之间……在发展水平上更有极显著的差距。

3. 点、面梯度差

不发达国家二元经济的特征，从空间上看，即表现为现代化工业集聚的城市和保持传统生产方式的农村。1978年以前，亿万农民和广大农村除了为工业化提供资金积累、粮食和原料，其他方面排斥在工业化进程之外；1978年以后，农村乡镇工业蓬勃发展，情况才开始发生变化，但截至1985年全国三百几十个城市仍拥有全国工业固定资产的2/3，提供了87%的工业总产值和4/5以上的财政收入；以每一城市为圆心，周围地区的经济发展水平，大体与交通运输地理距离的远近成比例地递减；城市分布的密度，与三个地带的客观分布相对应，亦是由东而西渐次递减；城市和城市周围地区经济发展水平的差幅，北方大于南方，西部甚于东部。从不同生产要素分别考察，在城乡，点面之间也存在两个反向梯度。

现有生产力布局是勾勒布局新蓝图的出发点，把握上述布局态势，充分利用不平衡发展蕴涵的势能和要素分布反向梯度的互补功能，是确定生产力布局原则，选择布局对策的重要基础。

三 生产力布局的原则

生产力布局必须遵循以下原则：

1. 承认和自觉运用地区经济发展不平衡的客观规律

均衡配置大工业，缩小各地区经济发展水平的差距，在多民族的社会主义国家，大力扶持少数民族发展经济文化建设，消除历史遗留下来的少数民族经济、文化不发达的状况，都是社会主义阶段的历史任务。问题是，在我们这个人口众多、疆域辽阔、各地区原有基础很不平衡而家底又薄的大国，如何完成上述历史任务，实现上述目标。一种做法是，不考虑国家财力、物力的可能和各地区原有基础和自然、经济条件的差别，从现在起就将工业均衡配置，企望各地区经济一样快地搞上去，同一个时候一起富起来，在措施上平均使用财力、物力，不采取重点推进，其结果必将事与愿违，弄得谁也上不去，谁也上不快，到头来迟缓了整个国民经济的发展。另一种做法是，每个时期从影响国民经济发展的关键资源、关键产业和因素出发，将国家有限的财力、物力优先放在对解决全局发展的关键资源，关键产业和关键因素见效最快、效益最高的地区，保证这些重点地区先走一步，同时把重点地区的发展和其他地区的开发有效地结合起来，充分利用三个地带和点、面之间两个梯度差的经济势能，使"效益和平等"两方面得以兼顾。

三十多年来，中国生产力布局正反两方面的经验都证明，通过每个时期有重点的、不平衡的发展，从短时间看，可能扩大地区间经济发展水平的差距；从长时期看，它既可以保证整个国民经济较快地发展，又能切实有效地逐步缩小地区之间经济发展水平的差距。综观其他国家生产力布局演变的历程，实际上也是走着这种由不平衡到逐步平衡的相反相成的道路。如美国最早的制造业产生和集中于东北部的新英格兰六州[①]，以后扩展到中部大西洋沿岸地区，到19世纪中叶，由于苏必利尔铁矿、阿巴拉契亚煤矿、宾州油田和伊利运河等水运系统的建设，滨湖地区才逐渐崛起，而西部太平洋沿岸地带和南部地区的经济大开发，则直到二战期间和战后才大规模展开；美国生产力布局在整个国土展开，前后经历了两百多年之久。日本也是先发展了一个基础雄厚的京滨地区，尔后，扩展成太平洋沿岸工业带，才带动了其他地区的经济发展。苏联十月革命后，首先加强和改造了欧洲部分的莫斯科、列宁格勒和乌克兰等老工业基地，然后才逐步转向开发乌拉尔、哈萨克斯坦北部和西西伯利亚，东西伯利亚和远东地区的大规模开发直到战后60年代才真正开始。所有这些经验表明，一个国家生产力布局的均衡度和国民经济的总水平存在着正相关关系，均衡配置只可能在国民经济总水平不断提高的过程中逐步地相对实现。"均衡配置"和"合理配置"并非两个相等同的概念，超越国民经济发展水平提供的可能性，企求更高的布局均衡度，往往会降低社会宏观效益。国内外的经验还表明：均衡配置的实现，必须以提高原有经济重心区作为布局向新地区展开的出发点和依托，始终把提高原有经济重心区和开发新地区两者紧密结合起来，而不是径情直遂地、不间断地搞战略布局的新展开。

2. 遵循社会劳动地域分工的客观规律，广泛开展地区分工协作，建立各具特色、发挥优势的地区工业结构和经济结构

各地区自然资源与自然条件的不同，同类资源自然丰度的地

[①] 包括马萨诸塞州、康涅狄格州、罗得岛州、佛蒙特州、新罕布什尔州和缅因州。

区差异，构成劳动地域分工的自然基础；各地区现有经济发展水平与特点和经济地理位置的不同、生产集中化、专业化的效益以及各地区生产诸要素的不同供给比例与价格比例，构成劳动地域分工的经济基础；最终反映为同种产品不同地区生产费用的区间差异。充分利用地区分工的绝对利益和比较利益，趋利避害、扬长避短，在各地区不同的经济优势基础之上，建立各地区的支柱产业（或称地区专业化部门），作为地区工业和经济发展的核心与重点，围绕支柱产业的产前服务、协作配套和产后深度加工、资源综合利用等发展关联产业，组成各具特色、发挥优势、互相依存、相互促进的高效率的地区经济综合体，破除不顾具体条件各地自成封闭体系的老框框，杜绝不必要的重复布点、重复建设，是提高整个国民经济效益的必由之路。

3. 遵循提高社会劳动生产率规律，根据各类企业、各种产品生产、流通与消费的不同特点，使工业分别或同时接近原料、能源产地、消费市场或交通枢纽

一个产品的完全劳动消耗和生产费用，除了直接生产过程中的消耗与费用外，还包括原燃料动力及其输送费用、产品到达市场和消费者的流通费用，以及生产流通全过程中的资金占用，为了提高社会劳动生产率，工业企业的布点，应保证上述三部分的总和，即完全换算费用最小。根据各种产品完全换算费用的不同构成，产品及其原料的不同自然、经济特征和工艺特点，使各种产业"按照最适合于它自己发展"的要求，优选区位、各得其所。加工过程中原料失重程度大的农产品、矿产品的初步加工企业，应尽可能就原料产地布点；原料失重度小、成品不便运输，或成品规格、品种繁多、市场需求变化频繁的产品，宜就消费市场配置；大耗能工业则宜就大型水、火电站等廉价电源中心安排；技术密集型产业则以摆在工业和科技力量雄厚、协作配套条件完备的城市为宜。切忌不顾各产业、产品的差别，按照统一标准，强求一律。

4. 遵循社会主义基本经济规律和生态规律的要求，按照有利生产、方便生活、保护环境的要求，确定工业基地与城镇的适当规模

在工业布点上，防止过度集中与过于分散。社会主义生产的目的是满足人民日益增长的物质与文化需要，这就要求安排工农业项目布局时，既考虑"最适合于它自己的发展"，取得就每个项目本身考察最优的经济效益；又考虑有利于"其他生产要素的保持或发展"，计算全局的、长远的宏观经济效益。同时安排好第三产业和各种社会性基础设施与生产性基础设施的建设，适应现有城镇的合理发展方向与规模，有利于新建城镇向合理方向与规模发展，求得城镇整体协同的最佳效果。从总体看，要有利于促进全国性、地区性大、中、小经济中心的形成，通过多种运输和通信方式组成的综合运输网络、信息系统和流通系统，将这些经济中心以及它们和广大农村紧密联系起来，形成渠道畅通，运转灵活的国民经济整体，以促进工农业和城乡间的相互支援和城乡差别的逐步缩小。

5. 充分考虑政治和国防安全的要求

社会主义国家生产力的布局，既要求在和平时期有利于加快国民经济的发展与人民物质文化生活水平的提高，也要求在战争时期能够经受住战火的考验，有效地抵御敌对势力对中国发动的突然袭击，支持反侵略战争胜利地进行。这就要求生产力布局必须和国民经济战备动员计划相结合，在地区布局上处理好国防前沿地区与战略腹地的关系，重要工业与产品的生产能力要有纵深配置，要有若干个地区分散布置的同型企业；在地点布局上，防止过度集中，避免在一个工业区集中过多的重要工厂；对于多数常规武器和一般军品的生产，根据平时需要量少、战时需要量激增的特点，宜打破军民界限，做到"寓军于民"，和平时期，国防工业完成军品任务后的剩余能力，统一纳入当地民品生产系列；战时，民用工业按照战备动员计划能有条不紊地转产军品，和当地国防工业组成有机的军品生产系列。讲生产力布局要考虑国防安全，不是否定经济合理的原则，不进行经济效益的计算。首先，对不同部门、产业和企业应有不同的安全标准要求，不能一律要求"万无一失"，而不顾建设时投资和投产后运营费用增加的数额；其次，对安全标准要求高的项目，为了满足同样的安全标准，也有多种途径与可能方案，仍需进行经济效益的比选。

在我们这样疆域辽阔的大国，搞好生产布局需要研究、解决的问题很多，而关键在于抓住三个层次，解决好每一层次的几个中心问题。

第一个层次，安排好国民经济的宏观布局。其主要任务是：

（1）正确划分经济地带和大经济区，正确选择每个时期的重点建设地区，处理好重点建设地区与非重点建设地区的关系，安排好不同时期重点建设地区的转移与衔接；

（2）确定各产业部门在全国的总体布局与轮廓方向；

（3）确定全国运输网络、电网系统的框架，大产业带的走向与发展。

第二个层次，安排好中观布局。其主要任务是：

（1）根据不同经济地带和经济区域的现有生产力水平，针对各自的条件与特点，围绕全国经济建设总目标的实现，制定区域性的经济发展战略，确定能发挥各个地区不同优势的地区产业结构；

（2）确定地区内部不同规模、不同类型的产业基地和城镇体系的布局。

第三个层次，搞好微观布局。其主要任务是：

（1）安排好城镇和农村内部各项生产、生活设施和自然保护设施的布局；

（2）合理选择工厂厂址，确定农村土地等资源的利用方向与作物配置。

有了棋盘，才能布子对弈，为了进行生产力布局，需要根据各地的自然条件、资源状况、现有生产力的水平和地区经济的内在联系，进行多层次的经济区域划分。

从"一五"计划开始，长期沿用的是将全国划分为沿海与内地两大地带。20世纪60年代初，从战备需要出发，根据各地区战略位置的不同，将全国划分为一线、二线、三线。"六五"期间在地区经济发展上，则采用沿海、内陆和少数民族三个地区。这些划分方法在当时的生产力布局中都曾起过一定作用，随着情况的变化，上述划分已不适应今后生产力地区布局的要求。为了正确反映全国各地区经济、社会和科学技术的发展，适应已经变化了的情况和发展的要求，按照地区经济发展的水平、交通运输条件、经济地理位置等方面的差别，全国可划分为东部、中部、西部三大经济地带。东部地带包括辽宁、河北、天津、北京、山东、江苏、上海、浙江、福建、广东、广西等11个省、市、自治区[①]。中部地带包括黑龙江、吉林、内蒙古、山西、安徽、江西、湖南、湖北、河南、陕西等10个省区和四川省的川中、川东地区。西部地带包括新疆、西藏、宁夏、甘肃、青海、

---

① 暂未包括台湾省。

贵州、云南和四川西部地区。考虑到"七五"计划中已将陕西和四川划入西部地带，为了统计数字使用上的一致等原因，笔者主张在"七五"计划现有划分的基础上，大体以兰州—成都—昆明一线为界，将西部地带划分为近西部和远西部，此线以东为近西部；此线以西为远西部。远西部包括西藏、青海、新疆、滇西和四川省西部三州等地区。在区域性发展战略研究中将近西部和中部作为同一地理单元。

四 宏观布局

在宏观布局上要做到适度倾斜、合理分工、各展所长、共同提高。

1. 适度倾斜

（1）尽管地区经济发展不平衡仍显著存在，但总的看，战略布局在大部分国土上已经展开，具体地说，在兰州—成都—昆明一线以东地区，布局的框架已经树立，利用、提高这一地区既有的生产能力，使其潜力和效益充分发挥出来，要做的文章已很多，任务已很繁重。此线以西地区，自然资源尽管丰富，但条件严峻，开发难度甚大，大规模开发在20世纪内非国力所及，所以2000年以前，产业布局在总体上不宜再做新的大规模拓展。建设的重点应放在充实、完善、提高兰州—成都—昆明一线以东布局框架已经展开的地区。通过完善和提高产业结构、组织结构、技术结构，优化与调整中、微观布局，提高效益，更充分地发挥作用。

（2）在兰州—成都—昆明一线以东地区，也应有所"倾斜"，重点放在东部沿海地带，中部与近西部的大型能源和原材料基地以及现有大中城市。集中力量把这些地区和城市的经济先搞上去,才能有效地解决制约国民经济全局发展的资金、技术、能源等关键要素。

2. 合理分工、各展所长、共同提高

长期历史发展的累积,使中国产业布局的地区分工形成如下格局:资源丰富的中部和西部以及广大农村,向东部沿海地区和大、中城市,提供各种农业、矿业的初级产品与能源,东部和大中城市的制造业经过加工后再返回上述地区。按 1985 年资料计算,东部地区消耗的煤炭、石油、电力,分别有 40%、18%、6%,来自于中、西部;东部生产的轻纺产品将近 60% 供应中、西部市场。维持这种格局的直接代价是原料、能源和制成品往返运输的流通费用;而深层的后果是,既使沿海地区产业结构递进缺乏压力,又抑制了中、西部相应加工工业的发展。改变这种格局的代价是,要付出沿海地区传统产业转移或收缩的"沉没成本",要为中、西部地区建立上述产业支付较高的开拓投资。从一定意义上讲,产业地区布局政策的选择取决于对两种代价的权衡;产业地区分工的格局,取决于"布局惯性"和"布局变异"两种反向作用力,对抗的均衡点。长期闭关锁国形成的单一内循环,限制了解决这一两难问题的回旋余地。对外开放政策的提出与实施,两个市场、两类资源的出现;在人民消费水平逐步提高过程中,随着分配原则与机制的调整,国内市场需求层次梯度的拉开;特别是以往被排斥在非农业以外的亿万农民就地或异地进入非农产业的各个领域,为解决上述两难问题,拓宽了回旋余地,提供了全新的环境与机遇。可以设想,东部沿海地区和中、西部的某些大中城市,进入国际市场,利用部分国外资源,逐步增加外向型经济比重,就可以从市场、资源等方面为中、西部地

区腾出发展空间。在满足城乡市场，满足富裕型、小康型和温饱型等不同需求上也可以有所分工，这样就可使东、中、西部在完成国家经济建设总体目标中合理分工、各展所长、共同提高。

五　三大地带区域性发展战略

1. 改造、振兴老工业基地，加快东部沿海地带的发展

东部沿海地带是我国工业基础最雄厚，科学技术、文化教育水平高，商品经济比较发达，历史上就与国外有广泛联系的地区。三十多年来经济有很大的发展，为国家作出了重大贡献，总起来说，已经达到或接近"成熟型"经济。由于国际国内多种因素的影响，经济建设中沿海与内地的关系在过去较长期间里，都摆得不够合理。特别是忽视了运用新技术及时改造、提高老工业基地，以致在产业结构、产品结构、技术结构等多方面出现"老化"。创造条件，改造和振兴上海、辽宁等老工业基地，使其在四个现代化建设中发挥更大作用，已成为关系经济建设全局的重要课题。

在改革和对外开放的新形势下，不失时机地加强东部沿海地带的经济建设，从各方面促进其迅速发展，特别是加快4个经济特区、14个进一步开放的港口城市和海南岛，珠江三角洲、长江三角洲、闽南"金三角"三个经济开放区和辽东半岛、胶东半岛的发展，逐步形成北起大连港，南迄北海市的沿海产业带和对外开放的前沿地带，以充分发挥其经济技术和对外经济技术合作的优势，并以此为阵地，带动中部和西部地区的开发，将对加速中国四化进程，加快中国与发达国家经济技术水平差距的缩小发挥关键作用。

沿海经济地带的发展，要按照"外引内联"的方针，走引

进、改造、振兴的新路子。通过引进，采用先进技术，改造传统工业，开拓新兴产业，使老工业基地重新焕发青春。

为了与封闭的内向型经济朝内向、外向结合型经济转变相适应，沿海地带的产业结构、产品结构和原材料来源结构均需逐步进行调整，把重点放在发展技术密集型和知识密集型产业上；围绕提高产品出口竞争能力，适应国际市场需要，大力发展高、精、尖、新产品，和信息、咨询等第三产业，逐步实现产业结构、产品结构的高度化。为了克服或避开沿海地带能源和矿产资源紧缺等不利条件，今后除特有资源和利用国外资源外，不宜再在那里搞耗能高、用料多、运量大的建设项目；对现有高耗能的企业和产品，有条件的要逐步向中部、西部能源丰裕地区转移；在部分水源不足的老工业城市，要控制高耗水型企业的发展。总之，这类地区只有在高能耗、高资源消耗、用水多和普通技术的一般产业上"有所不为"，才能在技术密集和知识密集型的新产业上"大有所为"，不能片面追求产值翻番，驾轻就熟地凭借增加一般产品的数量，与内地工业相竞争，而应面向国际市场、面向新兴产业等新领域开拓前进，才能既使沿海地带的工业提高到一个新水平，又给内地工业发展腾出原料和市场，提供技术，使全国三大经济地带之间技术和经济的转移长流不断、生生不已，在螺旋形的上升和衔接中，使三大经济地带的工业发展各得其所、共同前进。4个经济特区要以工业为主，技工贸结合的外向型经济为目标逐步建立具有本特区特色的、产业结构和产品结构合理的外向型工业，着重发展精（密）、小（型）、轻（巧）、新（颖）的产品，更好地发挥技术、管理、知识、对外政策"四个窗口"的作用。

这样，沿海经济地带不仅可以在完成翻两番的宏伟任务中发挥"主攻手"的作用，在全国最先成为内外结合、工农结合、城乡渗透、开放式的、现代化的文明富庶地区；同时也能发挥"二传手"的作用，担负起引进、消化和向内地转移国外和沿海自身先进技术的任务；担负起筛选、吸收国外先进管理经验，向内地转移的任务，充分发挥沿海地带的门户与桥梁作用；成为发展各种新兴产业（微型电子计算机、大规模集成电路、遗传工程、光导纤维、精细化工等）和传统产业采用新技术进行产品更新换代的基地；成为培养和向全国输送高级技术和经营管理人才的基地；成为向全国提供咨询服务，提供先进技术、高档消费品和出口创汇的主要基地。

为了使东部沿海地带建设的效益更好，与国力相适应，要区别情况，有重点有步骤地进行，不宜同时全面铺开。

（1）重点建设4个经济特区和14个沿海开放城市与海南岛。它们大体可分为两类：

第一类，原来经济就比较发达的老工业城市。要处理好老区与开发区的关系，有的开放城市不一定搞开发区，有的开放城市即使建立开发区，也要以改造老区的现有企业，充分发挥传统产业的作用为主；鼓励外商到老区投资进行技术改造，把开发区的建设与老区的城市改造老企业的易地扩建结合起来。至于上海、天津、广州、大连这样一些大城市，它们的发展应当考虑以它们为中心的区域性生产力布局的要求，发挥各自的优势。如上海除了成为全国和长江三角洲最大的经济中心、西太平洋重要的国际港口城市外，还有条件在开放中逐步形成中国知识密集型工业的中心。它的发展要联系整个长江三角洲的发展来规划。其工业布局要实现"三个转移"：有的产品生产要向内地转移；协作配套产品生产向中小城市转移；占地广、能耗高、运量大、用水多的工业从铁路沿线向沿江滨海地区转移。天津要进一步发挥作为华北经济中心的作用，充分利用其对外贸易口岸的特点，进一步提高纺织、电子、机械和化工的水平，加速发展技术密集、知识密集的新兴产业，并以天津为重点逐步建立起包括冀东钢铁基地，胜利、辽河、华北、大港、渤海五大油田和石油化工基地在内的环渤海湾工业区（或称渤海湾经济圈）的优势产业。广州要进一步发挥中国"南大门"的作用，发展供出口的中、高档消费品和旅游事业，并随着南海油田的开发，发展石油工业，成为南方经济中心。大连的发展要以东北全区为腹地，以改造、振兴东北老工业基地为目标，以消化、吸收国外先进技术、提高出口创汇能力为宗旨，以发展造船业、运输机械、起重设备、石油化工和轻纺工业为重点，发挥区位和港口的优势，建成为东北对外经济联系的"窗口"。

第二类，属于原有工业基础较差的开放城市。建立开发区要着重做好规划工作和建设前期的准备工作，先搞好基础设施的建设，创造出良好的投资环境，由小到大，面向出口，"外引内联"，逐步形成，不宜急于求成和齐头并进。

（2）要有步骤地建设好沿海开放区，即长江、珠江两个三角洲和闽南厦漳泉三角地区。"七五"时期和后十年这些开发区要进一步"外引内联"，发挥联结两个扇面的枢纽作用，一个扇面是向国际市场辐射，按出口需要发展加工工业，按加工工业需要发展农业和其他原材料生产，调整产业结构、产品结构和企业组织结构，大力发展出口，增加外汇收入；另一个扇面向国内辐射，就是把国外的先进技术、设备和先进的经营管理方式，加以吸收、消化、创新，并向内地转移。工业生产着重搞好轻纺、服装、食品、机械、电子产品的更新换代和新产品开发。积极发展旅游业，改善旅游设施，开辟新的旅游线路和旅游点。适应贸—工—农发展的要求，合理调整农业生产结构，搞好农业的产前、产中、产后服务。特别是珠江三角洲和

"厦漳泉"三角地区①要大力发展鲜活畜产品、水产品、水果、蔬菜、花卉以及其他名优特新热带经济作物的生产,把它们建成为重要的农产品出口基地,积极打入港澳市场,并逐步进入东南亚,进一步开拓国际市场。

在建设好上述三个经济开放区的同时,要为辽东半岛、胶东半岛的开放积极创造条件。

(3) 沿海广大地区,尤其是人口密集、企业众多的地区,要从全局出发,结合本地区、本城市的特点,逐级做好规划,在布局上要互相衔接和配合,比如,江苏省生产力的布局就要从上海经济区的要求出发,以上海为中心,发挥经济区的综合优势,配合上海赶超世界先进水平,用群体力量参与国际竞争;同时,在为上海服务的过程中,发展江苏;在江苏内部,建设好长江下游的"黄金水道",使之成为上海通往腹地,腹地出海走向世界的通道。沿着"黄金水道"两岸逐步建立起港口群带、产业群体,作为振兴并联系沿江各省经济的纽带。通过开发和建设好南通港、连云港和张家港,带动苏北、苏中、苏南3个省内经济区的发展。这就可以促成大经济区—省内经济区—城市与港口三个层次相互衔接的布局。

(4) 要进一步开发利用资源,特别是海岸带和海洋资源。沿海地带虽然开发历史较早,也还有些资源尚未充分利用(如冀东铁矿,鲁南苏北煤田等),它们接近消费市场,开发利用的有利条件多、效益高、见效快,要在合理限度内适当加大开发强度。

中国大陆海岸线18400公里,岛屿岸线14000余公里,海涂面积约207万公顷,大陆架渔场面积150多万平方公里。开发海

---

① 指福建省厦门、漳州和泉州三市所辖地区。

洋矿物资源和生物资源具有广阔的前景。2000年以前，先重点开发海岸带和近海资源，在保持传统产业（如捕捞、海水养殖、海水制盐、滨海旅游等）持续发展的同时，初步建立海上油气、海水综合利用等新兴产业；再进一步扩大海岸带和近海开发利用的深度和广度，有计划地围垦滩涂，整治已利用滩涂，开发海岛，发展海岸新兴产业，形成科学的开发布局，适当开辟大洋渔场、发展外海捕捞和大洋海底矿藏的试验性开发。

2. 利用资源优势，抓紧能源和原材料基地建设，调整改造现有企业，发挥中部和近西部"承东启西"的作用

中部和近西部处于全国腹地的地理位置，是三线建设期间建设资金主要投放的地区，从现有生产力水平看，经济发展处于"成长型"阶段。区内拥有丰富的能源（北煤南水）、有色金属、黑色金属和化工矿产资源。这些有利条件决定了这一地区在全国生产力布局"东靠西移"中处于"承东启西"的战略地位。在今后的几年内，将围绕以下几个中心，进行重大的战略展开。

（1）能源的开发和建设。中部和近西部的北部是全国煤炭资源最丰富最集中的地区。煤炭开发的重点地区，首先是以山西为中心的煤炭重化工基地；其次是黑龙江、内蒙古东部、渭北煤田和两淮煤田。

在煤炭重点开发区，要围绕煤炭的开发，使火力发电、冶金、现代煤化工等也获得较大发展。像山西这样的集中产煤区，要进一步调整工业布局和产品结构，由单纯挖煤，逐步转到煤电、化工、冶金、建材、矿山机械以及轻工产品的协调发展上来。要扩大洗精煤、成型煤和各种能源密集的载能体产品的输出比重。改变目前山西采掘工业等初级产品比重过大，原煤直接输出比重过大的不经济的现象。同时要提高山西煤炭外运能力，加快对现有铁路干线的改造和新铁路线的建设。

中部和近西部的南部是全国水能蕴藏最丰富、最集中的地区。今后要重点选择交通比较方便，接近电力消费地、投资较少、综合利用效益高的长江中上游支流的水电站先行建设。如湖南沅水的五强溪水电站、四川雅砻江的二滩电站（装机300万千瓦）、四川乌江彭水电站（装机120万千瓦）等。

（2）大力开发利用本地区的金属矿产与非金属矿产。重点包括江西的铜矿、钨矿，湖北的磷矿、铜矿和湖南的锑矿，以及山西、河南等地的铝土矿和陕西的铅锌矿等。这些金属资源、化工资源的开发，结合利用本区大量廉价水电，将形成规模较大的几个电冶金和电化工基地。

（3）发展新兴产业和改造传统产业。中部和近西部就整体来说，技术水平不如东部沿海地带，但在某些方面则处于全国领先地位，比起西部则更高一筹。特别是在一些中心城市拥有较强的科学技术力量，新兴产业已有一定基础。如武汉、西安、合肥、重庆、成都、哈尔滨、长春等大城市，工业基础比较雄厚，科技力量比较集中，对国外先进科学技术的吸收、消化、创新的能力较强。如武汉市拥有自然科技人员12万多人，在东湖地区40平方公里的范围内就有19所高等院校、50多个科研单位，平均每4个劳动力中就有一名大专毕业生，是国内重要的智力密集区。20世纪以内，这些城市有可能建立起新兴产业的技术经济密集小区，发展电子工业、光纤通信、计算机软件和信息处理产业，发展激光、新型材料、核工业以及生物工程等新兴产业。与此同时，要用新技术改造本区的传统产业，提高经济效益。中部和近西部的企业绝大多数是新中国成立后建立起来的，其中一部分是20世纪50年代重点建设时期发展的，这一部分设备已经陈旧，技术比较落后，加上经营管理水平较低，经济效益较差。为了适应新情况，中部和近西部除了重点发展能源、原材料工业和新兴产业，还要进行新建以外，经济发展上也要有一个新的战略思路，即用先进的科学技术改造现有的传统产业，搞好技术改造，组织好横向经济联系，有步骤地建立起合理的产业结构、技术结构和产品结构，发挥中部和近西部的经济潜力。黑龙江、吉林、内蒙古等省（区）的轻纺工业要开辟苏（联）东（欧）市场。

（4）开发农牧渔业资源，建成以下几个具有全国意义的农牧渔业基地：①三江平原。是全国的商品粮基地，人均耕地多，粮豆商品率高，机械化农场多，土地后备资源集中，开发潜力大，今后要进一步建成为粮、豆、奶、肉为主、生产比较稳定的现代化综合农业基地。②内蒙古北部草原。草场面积大，但产草量年变率大，畜群多但发展速度有下降趋势，要控制草场超载，改良草场，发展饲草料基地，调整畜群结构。③两湖平原。地势低、水域广、光热足，农产品自给率高、潜力大，但洪涝灾害较多，本世纪末要建成高产稳产的商品粮、棉和淡水水产基地。

为了迎接20世纪90年代中期建设重点向中部和近西部逐步转移，当前，一要充分利用本地区现有的庞大工业基础，按照"调整、改造、发挥作用"的方针，通过工业改组、联合和必要的布点调整，提高地区综合生产能力和生产效益。二要发挥本地区国防军工和科研力量集中的优势，通过军民结合和加速军用技术向民用工业的转移作为提高本区工业技术水平和经济效益的重要途径。三应鼓励区内大型军工和民用企业，把"触角"伸到沿海，在那里开设窗口取得信息，洽商业务，发展进口替代和出口产品。这既有利于充分利用这些企业的生产能力，又有利于它们的技术改造与经营管理水平的提高。四要在内地积极安排好沿海地区移出的企业和产品的生产任务，这样既可以支持沿海工业"更上一层楼"，又可以使本区工业生产能力得到充分发挥，为满足内地广大市场和支援远西部地区服务。

3. 发挥现有产业优势，重点开发国家急需资源，做好大规模开发远西部的前期准备

西部地带疆域广袤，资源远景可观，有很好的开发前景，但现有经济和科技文化基础薄弱，交通不便，总的讲还属于欠开发地区。21世纪初，远西部地区将进入大发展时期。20世纪80年代后期和90年代，这个地带要做好大规模开发的前期准备工作，为今后的大发展打下基础。这并不是说当前就不发展、不建设了，而是要把现阶段的必要建设同将来大发展的准备工作结合起来。从现有基础出发，重点开发国家急需的资源，发挥远西部现有产业的优势，重点抓好以下几方面的工作。

（1）加强资源的普查和勘探工作。远西部地区的资源勘探程度相当低，应争取用5—10年的时间加强对能源、铜、铝土矿、镍、铅锌、稀有金属和贵金属的地质查勘工作。做好区域地质调查、矿产资源普查和成矿预测，在此基础上，提供可供开发建设的矿产资源基地和大型工程建设所需的水文地质和工程地质资料。重点查勘的地区是准噶尔盆地东部和塔里木盆地北缘、阿尔泰地区和滇西。

（2）立足本地资源，重点开发国家急需而又为本地所富有的资源，例如：青海的钾盐、甘肃金川镍矿及相应建设金川有色冶炼化工综合性基地；甘肃厂坝、青海锡铁山、四川会东、会理和云南兰坪的铅锌矿；扩大开发川西、滇西森林资源，建设综合性木材加工厂；扩建宁夏石嘴山、石碳井等煤田，开发宁夏灵武煤田，开发利用龙羊峡、李家峡、黑山峡等黄河上游水电资源的"富矿带"，发展电解铝工业，建设白银铝厂、青海铝厂和宁夏青铜峡铝厂，逐步形成黄河上游能源、矿产资源开发区等。

（3）改善交通运输条件。目前，远西部交通运输条件很差，是进行大规模开发建设的重要障碍。为把全国经济发展的重点逐步向西部转移，必须加快交通运输建设的步伐。特别是要注意发展与区外联系的区际干线的建设。要考虑修建兰州至张掖间和兰州至中卫间的电气化铁路，以提高兰新线东段和包兰线南段高坡地带的运输能力。建设宝鸡至中卫的铁路，为西陇海线分流。着手准备将兰新线继续西进至阿拉山口，为建设新的"丝绸之路"，开发北疆创造条件。南疆铁路自库尔勒修至喀什。视新疆油田开发情况铺设乌鲁木齐至兰州进而入四川的原油管道。新疆、西藏、青海等地广人稀地区，要重视发展民航运输。

（4）发挥农牧业资源的优势，发展农畜产品的生产和深加工。建设甘肃河西走廊和宁夏黄河灌区的粮食基地，在新疆地区逐步扩大长绒棉、葡萄、哈密瓜、甜菜的种植面积，相应地建设一批中小型加工企业。在青藏高原地区，大力发展高原牲畜——牦牛、羊，改良草场和牲畜品种。在远西部地带建成若干细毛羊、肉羊和良种马的生产基地。输出有地方特色、重量较轻、价值较高、质量较优的农畜产品和轻工产品。

（5）重视保护环境，防止生态恶化。远西部生态环境脆弱，要大力植树种草；沙漠边缘地区，要禁止不合理的垦荒，保护好塔里木盆地的"绿色走廊"，建设好北疆防护林带，防治沙漠化。规划和建设好川西、滇西的自然保护区，保护好"丝绸之路"上的古迹，发展新疆、西藏、滇西等地的旅游业。

（6）积极扩大对外贸易，打开西向对外开放的"窗口"发展以苏联、东欧、西亚和中东市场为导向的轻纺食品工业。

六 组织横向的基本经济区，促进"东西对话"，推进生产要素横向流动

中国呈南北走向的三大经济地带，不仅经济发展水平和经济效益有明显的差异，而且各地带的发展条件优劣互异。这些基本特点决定了在经济发展中加强"东西对话"，推进生产要素横向运动，使沿海的技术优势、资金优势和内地欠发达地区的资源优势有机结合，相互取长补短的重要性。党的十一届三中全会以来，广泛开展的跨省（市、区）经济技术协作取得的成果，和国务院上海经济区、东北经济区、山西能源基地和三线建设调整改造四个规划办公室近几年在突破行政区划和部门界限，推动横向经济联系，进行地区统一规划等方面的成就，就是很好的证明。为了从生产力的形成和部署上，更加有计划地促进"东西对话"和"横向流动"，有必要在全国生产力布局总体规划中，以东西横向联系为主划分大经济区。1958年曾将全国划分为七大经济协作区（1961年华中、华南区合并后，即现在通常所说的中南、华东、东北、华北、西南和西北六个大区），二十多年来的发展变化，有必要适应新的形势和任务加以调整。近期，利用已有基础形成上海、东北、山西、京津冀和西南（川、云、贵、桂和重庆）五个大经济区；远景，可以设想组成下述几个以横向为主的基本经济区。

1. 东北经济区

包括黑龙江、吉林、辽宁和内蒙古东部三盟一市（呼伦贝尔、兴安、哲里木盟和赤峰市）以沈阳为中心，以哈（尔滨）—大（连）线和（哈尔）滨—（满）洲（里）线为中轴，以大连、营口、丹东等为海岸窗口，以满洲里等为陆地窗口，形成以重工业为主，以冶金、机械制造、石油、化工、木材采伐与加工等面向全国的专业化部门为核心的地区经济综合体。

2. 黄河流域经济区

包括青海、甘肃、宁夏、山西、山东、河北、北京、天津和豫北，以及陕西的关中和陕北地区、内蒙古的中部和西部地区。以天津为中心，以天津、青岛、秦皇岛、石臼所、连云港等为海岸窗口，以二连浩特为陆地窗口。目前这片地区作为一个统一经济区，还有不成熟之处，开始可先按四块进行考虑：一是京津冀地区，以钢铁、石油、石油化工与海洋化工和某些高档耐用消费品为核心；二是山东地区，以能源、石油化工、纺织、和棉、烟、花生、水果等经济作物为中心；三是山西、豫西和内蒙古中部地区，以能源重化工为中心；四是陕、甘、宁、青和内蒙古西部（阿拉善盟）地区，以能源、有色冶金、盐湖化工、畜产品加工为中心。后两个地区要重视利用连云港这个"窗口"，腹地与窗口相互支持、互惠互利，使陇海沿线这片发展条件优越，现有发展水平较低的"经济低谷地区"，今后能较快地赶上来。随着交通运输网络的进一步发展，华北与西北电力网的联结和跨省（市、区）经济技术协作的加强，上述四个地区将融合成一个统一的综合经济区。

3. 长江流域经济区

包括四川、湖北、安徽、江苏、浙江、上海，和陕南、豫南、赣北、赣中，以及湘北、湘中、黔北。以上海为中心，以长江为纽带，以上海等长江口诸港和北仑港等杭州湾诸港为"窗口"。上述地区为形成一成熟的统一经济区，还有待进一步挖掘长江干、支流的航运潜力，加强铁路、公路、航空等交通设施的建设，和华东、华中、西南电力网的联结。开始先按上、中、下游三块进行考虑。上游为四川和黔北地区，以军工、机械、高耗能工业为主体；中游包括湖北、豫南、陕南、赣北、赣中、湘北、湘中，以能源、钢铁、有色冶金、机械制造为中心；下游包括上海、江苏、浙江、安徽，以技术密集型特别是新兴产业和出口导向型产业为中心。

4. 南方经济区

包括云南、广西、广东、福建，和湘南、赣南、黔南地区。以广州为中心，以广州、湛江、厦门等（远期还包括湄州湾）为"窗口"。上述地区要发展成为统一的经济区，有待南（宁）—昆（明）线、粤闽线的修通，和西江与南、北盘江梯级开发等条件的创立。

新疆、西藏两个民族自治区，面积广阔、条件特殊、战略地位重要。宜分别单独作为两大经济区。

上述六大经济区划分的设想，除了考虑国内外生产布局学关于经济区划的一般原则外，从中国实际出发着重注意了以下几点：

第一，经济区划和行政区划不同，一不需要，也不可能严格地分疆划界，只是就当前和今后的基本经济联系，进行大体的划分；二不需要在中央和省（市、自治区）之间再增设一层行政管理机构，而是采取由参加联合、协作的各地区组成双边或多边的经济区协调委员会，按照自愿互利、平等协商的原则，协调跨省（市、区）的经济技术协作，达到突破行政区划的框架，按经济合理原则统一配置生产力。随着跨省（市、区）的经济联合体愈来愈多的建立。将进一步促进经济体制改革的发展，促使政企分开、各司其职的实现。届时，这种协调委员会有可能发展成为准政府机构，即既是参加协作的各种经济联合体选派代表组成的地区协调组织，又接受国家计划部门的委托，承担经济区范围内的综合平衡任务。

第二，大经济区的地区组合，既注意到经济发展水平的差别，又注意到现有产业结构和发展条件的差异，特别是区际经济的内在联系。除新疆、西藏以外的四大经济区，每一经济区内部都包括较发达、次发达和不发达的地区，除新疆、西藏以外的四大经济区犹如四条巨龙。"龙头"在东部发达地区，"龙身"、"龙尾"在次发达和不发达地区，"龙头"将引进的先进技术、先进经营管理经验和市场、技术信息以及自产和进口的"洋货"，由东而西传递，"龙身"、"龙尾"则源源不断地向"龙头"提供丰富的能源和其他资源、初级产品等，经过"龙头"的加工增值后，进入国际市场，这样既可利用"水不平则流"的经济势能，又可发挥优势条件不一，长短正可互补的作用，使区际经济联合具有内聚力，为区际经济技术协作奠定客观基础，使改造、提高东部老工业基地和开发内地与边疆两者圆满地结合。

第三，每个大经济区的综合发展程度较高，除新疆、西藏以外的四个大经济区，都各自具有比较坚实的能源、基本原材料和农业的基础，但又不是行行俱全的封闭体，而是各具特色、互有分工，在统一的国内市场中承担各自的任务，既有广阔的腹地，又有对外贸易与经济技术交流的窗口，以与国际市场保持密切联系。如：东北经济区以钢铁、石油、木材等基本原材料和机械工业为特色；黄河流域经济区以能源，重化工和大耗能工业为重点；长江流域经济区则以机械、电子、轻纺工业和各种新兴产业见长；南方经济区则侧重轻工和有色冶金，等等。各经济区都具有的同一行业，在产品结构上，也互有分工、各具特色。如同是钢铁工业：东北经济区以大型钢材、重轨和商品矿石调出为特点；黄河流域经济区以特殊钢、重轨为特色，并以稀土金属供应全国；长江流域经济区则以薄板、特厚板、管材和各种异型材为特色，并向全国提供钒钛。

第四，每个大经济区，都有一个以大城市为依托的主要经济中心，和一批层次不等的次级经济中心，围绕大中经济中心，形成规模和范围不等的、由一批城镇群组成的"极核"地区，成为带动整个地区经济发展的据点。如：东北经济区，有以沈阳为中心，包括鞍山、抚顺、本溪、辽阳、大连在内的主要极核区；和以哈尔滨为中心，包括齐齐哈尔、大庆，以长春为中心包括吉林市在内的次级极核地区。黄河流域经济区有以天津为中心，包括京、唐、秦（皇岛）在内的主要极核地区；和以青岛、太原、郑州、西安、兰州为中心包括周围地区在内的次级极核地区。长江流域经济区，有以上海为中心，包括苏州、无锡、常州、杭州等在内的主要极核地区；和以南京、武汉、重庆、成都、长沙为中心包括周围地区在内的次级极核地区。南方经济区，有以广州为中心包括珠江三角洲在内的主要极核地区；和以厦门、南宁、贵阳、昆明及其周围地区的次级"极核"地区。在地区经济发展的战略步骤上，首先要抓住经济中心和"极核"地区，通过经济中心的辐射和"墨渍"作用，带动整个地区。对于现有经济发展程度较高的极核地区（如：长江三角洲地区；京、津、唐地区，辽中辽南地区）重点在于突破行政区划的框架和条块分割、城乡分割，按照产业结构高度化的方向进行工业调整、改组,改变"大而全"、"小而全"的企业组织结构,克服低水平上的重复研制、重复建设、重复生产,充分发挥城镇群体集合力的优势;对于现有经济发展程度还不高的经济中心和"极核"地区(如珠江三角洲、厦门市等),重点则在逐步充实内容,提高经济实力,以提高其对地区经济发展的带动作用。

第五,大经济区的划分,充分考虑自然地理和生态系单元,使生产力布局和国土开发、整治相结合。如前述除新疆、西藏以外的四大经济区,大体分别为黑龙江和辽河、黄河、长江及珠江流域;新疆与西藏两个经济区,也各为一自然地理单元。这样,便于对同一流域的上、中、下游的开发、利用、保护与整治,通盘考虑,统一规划,使经济效益、环境效益和社会效益三者更好地结合。

七 安排好各产业布局,促进产业重心区的形成

如果说经济地带、经济区域布局为纬,各部门、各行业布局则为经,全国生产力布局的蓝图,正是在多层次的经纬交织中编制而成。除地方建筑材料、日常消费品等遍在性产业以外,其他产业的布局多有特定指向。根据各种产业生产工艺技术的要求和市场特点,应优选区位、各得其所,形成各自的若干重心区域。国家对重心区域实行"择优扶植",使重心区区域的产量占到同类产品全国产量大部分的份额,同时运用市场竞争和兼并机制,促进资源向最优区位流动聚集,充分利用规模经济,为解决长期以来重复建设,规模小、布点散、效益低的局面找到新的出路。根据各部门(行业)资源、市场和现有生产基地的分布及其远景变化的预测,各部门(行业)布局调整的轮廓方向如下:

1. 能源工业布局

能源是国民经济和人民生活的重要物质基础，安排好能源工业布局是整个经济布局的基础环节。针对中国煤炭资源分布面广，但储量主要集中在北方，石油资源主要在东北和沿海，水力资源主要在西部，现有工业和人口集中分布在东部的不平衡态势，能源工业布局必须兼顾资源和市场，综合考虑生产建设和运输的效益，发挥多能互补的作用。

（1）煤炭工业布局：为了保证"七五"期间煤炭增产1.5亿吨（1990年煤炭总产量将超过10亿吨），同时保证后十年煤炭继续增产的后劲，"七五"期间煤炭建设总规模需达到3亿吨以上。煤矿布局的重点在山西、内蒙古、河南、陕西和宁夏，其建设总规模将占全国1/3以上，以使这片中部煤炭调出区能分别承担对华东、东北、京津和两湖四个缺煤区的煤炭供应任务；同时抓好东北、华东煤炭调入区的老矿改建与扩建，力求就近增加煤炭供应，减少调入数量；西部新疆、甘肃、青海三省（区）作为煤炭后备开发区，主要根据本省（区）与临近省（区）的需要安排开发规模，同时为今后大规模开发做好准备。具体地说：①要把山西、内蒙古南部、豫西、渭北和陕西神府煤田，作为全国最大的煤炭基地来建设，以满足华东、华北、华中、华南各缺煤省的需要；②继续开发鲁西南、苏北和皖北煤炭基地，就近满足华东地区的需要；③开发内蒙古东部煤田，增加对东北三省煤炭的供应；④逐步扩大黔西、滇东煤炭的开发，以补四川和两广的不足；⑤在不破坏煤矿资源的前提下，依靠群众自办或集资兴办小煤窑，就近满足地方工业、乡镇企业和群众生活的需要。在时序安排上，近期以老基地为重点，优先在老矿区及其外围建新井，同时有计划地开发新区，作好新老矿区的衔接，为20世纪末21世纪初煤炭工业布局西移做好准备；"七五"期间以山西、内蒙古、河南、河北、黑龙江、辽宁、苏北、皖北、鲁西南以及四川10个省（区）为重点；"八五"、"九五"期间，在继续重点开发上述省（区）煤炭资源的同时，要逐步向陕西、宁夏、甘肃、贵州、云南等省区推进。这样，到20世纪末，全国可以形成20个大型煤炭基地，它们将和一大批中型煤矿，以及分布广泛的乡镇煤矿一起，共同满足国民经济对煤炭的需求。

（2）电力工业布局：电力建设是发展能源工业的中心环节。为了满足"七五"期间的电力需求，并为20世纪90年代的发展准备必要的后续能力，"七五"期间电站建设的总规模需达到6000万千瓦以上。电力工业的内部结构宜水火并举，逐步提高水电比重，适当发展核电，因地制宜，各有侧重。东北、华北、华东以煤电为主，西南、西北、华中以水电为主；华东、华南和辽宁适当发展核电。

电源布点上，火电方面可取矿区电站、水陆交通枢纽特别是沿海港口电站和负荷中心电站等几种形式。矿区电站重点在山西、内蒙古、安徽、山东、河南、贵州、陕西、宁夏、甘肃等主要煤炭产地，建设大同、神头、通辽、双鸭山、平圩、石横、姚孟、大武口和靖远等火电基地，将煤炭转化为电能供应负荷中心和本地区。在来煤方便的大连、营口、南通、北仑港、福州和沙角等地将建设一批港口电站。在用电负荷中心将扩建北京、天津、哈尔滨、重庆、谏壁等一批老电厂，新建焦作电厂，在大中城市发展一批热电联产的电站。水电方面，重点是继续开发黄河上游、长江中上游干支流和红水河的水力资源；澜沧江中下游的梯级开发，稍后也宜提上议事日程。具体地说，包括续建或新建龙羊峡、李家峡、葛洲坝、东江、五强溪、铜街子、宝珠寺、天生桥、岩滩和鲁布格、漫湾等水电站，它们与已建成的、今后拟建的水电站，将分别形成几个水电站群。东北和华东地区有条件的河流上将建设一批中型电站，如福建水口电站等。

在电网建设上，除扩大现有华北、东北、华东、华中、西北、西南六个跨省电网外，新建华南电网；联结华东—华中电网，使长江中游的电能直送上海；联结华北—西北电网，以收水火调节之利；联结华北—东北电网，以补东北电力之不足；争取20世纪末建成西电东送的四条主干线路，形成全国统一电网。

近期内，中国新增电量主要靠煤电，运煤发电运距长、运量大，因此很有必要围绕电力发展，通盘考虑能源交通建设，对煤井、交通运输和发电厂的建设进行统一规划，使它们在建设规模、空间布局和时间衔接上密切配合。

(3) 石油工业布局：石油和天然气的勘探、开发以东部和东北地区为重点，加强对大庆、胜利、辽河、大港、华北等油田深部与外围的勘探。全国石油现有地质储量的90%，探明和基本控制的含油面积的60%集中在这个地区，开发基础好，临近市场，投资省、见效快。中部地区重点加强中原等油田的勘探。西部地区以新疆风成城、夏子街、百口泉为重点。继续开展海上石油的对外合作勘探与开发。天然气的勘探，重点放在四川、中原、华北、陕甘宁和江苏等地区。

2. 原材料工业布局

(1) 钢铁工业布局："六五"时期发展的实践表明，在我们这样的大国，要保证到20世纪末国民经济翻两番，钢铁产量在2000年须达近亿吨。为此需要从利用国内、国外两种矿石资源出发考虑，一手狠抓现有重点钢铁企业和基地的改建、扩建（如鞍钢、本溪、首钢、包钢、武钢、上海、马鞍山—梅山、太原、天津—唐山、攀枝花、酒泉等钢铁企业）；有选择地改造、扩大一批条件优越的中、小型钢铁企业和以废钢做原料的特殊钢厂；运用市场机制和必要的行政手段淘汰一批效益低、无发展前途的小钢铁厂，以保证资源得到合理有效地利用。与此同时进行必要的新建，特别是抓紧宝钢的第二期工程；从京津唐地区钢铁工业的发展和商品矿石的调度出发，统筹规划制定冀东铁矿资源的合理开发利用方案；结合西南现有钢铁企业，规划攀西第二钢铁基地的建设。在积极开发国内铁矿资源的同时，沿海和沿长江地区要充分利用进口矿石资源，扩建现有企业，建设新的钢铁基地。宁波、连云港、石臼所、湛江等地都是新建大型钢铁企业较理想的地点。结合改建、扩建和新建，要逐步解决一些大型企业铁—钢—坯—材能力不配套，造成的半成品长途往返运输和能源浪费；注意钢材品种的地区产需平衡，减少不必要的长途调运。这样到 20 世纪末有条件形成环渤海湾、长江中下游、能源基地区和西南地区四个各具特色的钢铁重心区，其产量估计可占到全国钢铁总产量的 80% 以上。

（2）有色金属工业布局：根据中国资源的特点和国内外市场的需求，有色金属工业的内部结构上，应坚持优先发展铝，积极发展铅锌，有条件地发展铜，有选择地安排有出口优势的锡和其他短缺品种的生产。在布局上，根据有色金属工业既是矿石资源大耗用户，又是高耗能型，有色金属材料规格品种繁多，故宜采取大矿大开、小矿放开，定点选矿，集中建设冶炼厂和加工厂的格局；冶炼基地应尽可能配置在廉价能源和资源丰富的地区，逐步向西部能源丰裕地区转移，充分利用中国水能资源和有色矿藏空间分布相吻合的优势；加工厂采取冶炼厂向前延伸搞初级产品加工，和就消费市场建立精加工厂相结合的方针。

在铝工业方面，首先要利用黄河中上游水电资源的"富矿带"，和晋豫接壤地区（长治、焦作）煤、水，矿结合的有利条件，重点建设西北、山西、河南的铝业基地，包括建设山西铝厂、甘肃白银铝厂和青铜峡铝厂、青海铝厂，改扩建郑州铝厂和包头铝厂；连同西南和广西平果，将形成五个大的新铝业基地。

铅锌方面，将形成西北、西南两大新基地。前者包括甘肃厂坝、青海锡铁山铅锌矿和相配套的西北铅锌冶炼厂。铜的重点是扩建江西铜业公司和大冶铜矿，改造一批冶炼厂。锡的重点在改扩建云南锡业公司和广西大厂锡矿，相应建设来宾冶炼厂。镍的重点在扩建甘肃金川基地。

(3) 化学工业布局：化学工业是既关系到工农业生产，又与人民生活特别是衣着和日用品需要密切相关的部门。今后发展的重点在化学矿山、基本化工原料、化肥和精细化工四方面。在化学矿山方面，配合化肥结构的调整，要抓好云南、贵州、湖北、四川等地的磷矿，和广东、湖南、安徽等地硫铁矿的建设。基本化工原料方面，纯碱的建设重点在山东寿光、河北南堡和江苏连云港三个大碱厂，改造现有的五个大碱厂，同时扩建一批小型联合制碱厂。在三大合成材料方面，在续建大庆、山东齐鲁、南京扬子江三套乙烯工程的同时，改造燕山石化公司、兰州化工公司、上海石化总厂、辽阳石油化纤公司、天津石化公司等化工和化纤企业。化肥方面要结合化肥结构的调整，提高磷铵、三元复合肥和钾肥等有效成分高的化肥的比重，布局重点放在山西、安徽、河南、南京、大连、湖北和秦皇岛等复合肥料厂、宁夏氮肥厂和青海钾肥厂；从现有小化肥厂中优选一批条件好的改产尿素和混配肥料。精细化工在化学工业总产值中的比重将逐年提高，并不断开拓新的领域，重点在老工业区的老厂改造和改建、扩建。根据化学工业耗能大、用水多，资源综合利用的要求高。在地区布局上今后应充分发挥老基地的作用，在现有基础上选择能源、水源条件较好的地区搞化工企业群，重点是以下八个主要基地：①上海经济区，着重引进先进技术，发展精细化工，开发新型化工材料。②京津冀地区。③以大连为中心的辽宁地区，这两个地区，今后宜着重发挥海洋化工与制碱工业的优势。④以吉林化学工业公司为中心的吉林地区，以各种合成材料、有机化工原料和中间体为主。⑤山西、蒙南、陕西、豫西重化工基地，重点利用热电优势，发展煤炭化工，主要项目有：晋城化肥基地，乌海电石、烧碱、聚氯乙烯大型联合企业、焦油综合加工厂、30万吨甲醇装置，陕西合成氨厂、山西原平25万吨混合醇装置等。⑥四川天然气化工基地。⑦云南、贵州和湖北的磷矿开发与磷化工基地。⑧西北盐化工基地，包括青海钾盐、新疆芒硝和内蒙古吉兰泰碱资源的开发利用。

炼油厂的布局，以改建、扩建现有企业为主，根据原油资源增加和油品市场的需要，适当布置新点，增加原油加工量并改善布局。同时要发展原油深度加工，增加二次加工能力，并发展炼油厂液化气等的综合利用，使炼厂气的化工综合利用率由目前的13%提高到40%以上。

石油化工方面，除尽快建成在建的四套30万吨乙烯工程外，要根据原料的增产和分布，按宏观经济评价结果，建设若干新的石油化工基地。逐步建设一批石化产品的下游加工装置，发展精细加工。

（4）建筑材料工业布局：水泥、玻璃等建材无论原料和市场分布都属"遍在型"，配置均衡度要求高一些为宜，以便产需尽可能就地平衡。中国现有建材工业布局总的看已基本展开，除宁夏、西藏外，全国各省、市、自治区都建成了大中型水泥厂，多数省、市、自治区也都拥有"六机"以上的玻璃厂。基于上述两方面的情况，今后在建材布局上，宜取改造、提高东部，开发中部，扶植西部，由东向西推移的战略。水泥工业近期除改造扩建上海、南京、柳州、昆明等地，和内蒙古卓子山、江西万年、湖南湘乡等一批现有大中型企业外,新建企业主要应放在华北、西北、华东、广东等产需平衡有缺口的地区,具体包括北京、鲁南、顺昌、云浮、珠江、望都、枝城、铜陵、佳木斯、七里岗、中州、焦作等水泥厂。后十年,东部地区主要是改造、扩建老企业,增加新品种;中部地区主要是配合山西能源重化工基地和长江中下游电力建设的需要,安排水泥厂的建设,逐步使中部地区水泥工业在全国的比重超过东部;西部地区主要是配合煤炭、石油、有色金属工业等的建设,安排水泥厂的建设,在今后十几年内,使西部地区水泥工业在全国的比重有较大的提高。玻璃工业目前多集中在沿海和中部的大城市,西北和四川的能力不足。今后东部老企业重点在提高技术、增加新品种,逐步把上海、广东江门、秦皇岛和沈阳建成为四个玻璃深加工和新品种的生产基地。中部和近西部在洛阳、成都和太原建设几个玻璃深加工基地,同时积极扶植远西部玻璃工业的发展。逐步淘汰能耗高、产品质量差的小玻璃厂。把北京、重庆等地逐步建成为卫生间配套陶瓷的生产基地。

3. 机械电子工业布局

(1) 机械制造工业布局:现在中国已有 10 万个机械工业企业,分布普遍,无论东部、中部、西部都有了不小的摊子,今后主要任务是提高技术水平和专业化协作程度,增加产品品种,提高产品质量。在布局上,要根据地区经济特点和机械工业的现有基础,以大、中城市和骨干厂为中心,突破部门、地区和军民界限,形成各具特色的机械工业系列,拿出各自的拳头产品。如上海、无锡、南京、济南、北京、沈阳、武汉、长沙、汉中、重庆、成都、银川等为中心,形成大型机床、精密机床和数控机床制造系列;以上海、杭州、天津、大连、沈阳、石家庄、开封、武汉、长沙、兰州等为中心,形成石油化工设备和通用机械制造系列;以齐齐哈尔、沈阳、上海、天津、北京、大连、德阳、洛阳、太原、长沙等为中心,形成冶金设备和矿山设备制造系列;以哈尔滨、上海、德阳、北京等为中心,形成发电设备制造系列;以沈阳、西安为中心,形成高压输变电设备制造系列;以长春第一汽车制造厂、湖北第二汽车制造厂、济南重型汽车制造厂等骨干企业为龙头,通过广泛的协作联合,形成若干个汽车(货车)生产系列;以上海、长春、武汉为中心形成3个轿车生产基地。

(2) 电子工业布局:要克服以往布局过散,彼此在低水平上重复研制的弊端,围绕"打基础、上水平、抓质量、求效益"的目标,生产上走集约化大生产的路子;企业结构上突破"小而全"、"大而全"的封闭状态,广泛发展横向经济技术联系,形成各具特色、各有不同主导产品的电子企业集团,朝集团化、基地化方向发展。布局上优先发挥沿海地区的经济技术优势,分别在无锡—上海和北京形成南北两大集成电路的生产科研基地,同时利用现有基础,在甘肃安排一个生产点。在上海—南京、北京、广州形成三大电子计算机(主要是微型机)的生产科研基地;以天津、北京、上海、南京为中心,建成数字程控交换、数字微波通信、光纤通信生产线,形成通信设备生产基地;扩建陕西彩色显像管总厂,和北京、南京、上海3个新建厂一起,形成4个彩色显像管生产基地。彩色电视机、收录机等民用电子产品,实行重点扶植名牌产品发展的方针。东部地区着重发展高档产品,打入国际市场,通过市场机制淘劣存优,使目前"遍地开花"的民用电子产品布局渐趋合理。中部和西部地带,地处深山的电子企业和研究机构,一要适当向附近大、中城市搬迁,如四川省内的可向重庆—成都—绵阳—广元一线靠拢;贵州、山西和西北的可分别向都匀、凯里、太原和关中靠拢，以集中力量，在某类产品或元器件上形成局部优势。二要积极到沿海地区开设"窗口"，和东部、中部开展多种形式的联合、协作，发挥三线地区元器件生产能力较强的优势，和一线地区近几年引进的电子产品装配生产线相结合，既可为加快实现元器件国产化作出贡献，也有利于三线企业生产能力的发挥和技术、经营管理水平的提高。

4. 消费品工业布局

（1）纺织工业布局：中国纺织工业的布局已较充分地展开，29个省（市、自治区）都有了毛纺工业；除西藏以外，其他各省（市、区）也都有了棉纺工业。今后的重点是适应人民消费水平的提高，更加讲究衣着的需求，着重提高质量，增加花色、品种和扩大出口。在布局上，总的宜取大分散、小集中的格局，即在全国不要太集中，各省（市、自治区）都要有程度不等的发展，但在每个省（市、自治区）内，纺织工业的布点要小集中，朝基地化、专业化、网络化方向发展，以提高配套能力，形成能发挥地区优势的各具特色的纺织工业基地和网络。以原有基础雄厚的城市为中心，以大型纺织厂、化纤原料厂和技术先进的印染、后整理工厂为骨干，向网络内各加工企业提供原料、半成品，集中对坯布等初级产品进行印染和后整理，强化科研、信息、设计、新产品开发和技术后方的力量，对网络内各类纺织企业提供技术指导和服务。织布、针织、复制、服装加工等中间环节可采取"墨渍"和"辐射"形式，向周围中、小城市和乡镇企业展开扩散。这样集中、分散有机结合，既可有效发挥大城市纺织工业的优势，又不至于过分密集，加剧大城市的膨胀；既可以带动广大区域和农村纺织工业的发展，又能不断提高技术水平，保证纺织产品的质量，增加花色品种，适应市场变化。

东部沿海地带内几个老纺织工业基地，主要是对老企业进行技术改造和改建、扩建，朝外向型方向发展，提高水平，以适应国际市场的需求。一般产品应向中、西部和乡镇企业转移、扩散，以便腾出力量加快新产品开发。河北、河南、陕西、湖北等棉花主产区，20世纪50年代国家曾集中力量建设了一批大型棉纺织企业群，批量大、花色品种少，中低档产品居多，首先应针对上述问题逐一解决，以提高经济效益，增强竞争能力，其次再考虑扩大生产能力和增加产量的问题。现在调入纺织品较多的四川、云南、贵州、黑龙江、吉林、福建等地，也应适当发展。黑龙江、吉林、四川、湖南四省是亚麻、苎麻主产区，可多发展一些麻纺。少数民族和边远省、区纺织工业的发展，宜着重生产民族特需产品，不要一般化。毛纺工业布局的重点在两头。一是以进口毛为原料的沿海地区；一是以国产毛为原料的毛纺厂。后者主要在牧区城镇发展。化学纤维工业首先是安排好化纤原料生产的布局，在大庆、胜利、中原油田，和抚顺、安庆、宁波等炼油厂通过资源综合利用，生产聚酯、丙烯腈等，以形成几个相对集中的化纤原料基地；化纤抽丝能力的布局则可适当分散，其布点选择，有的着重考虑同化纤原料产地配套，如丙烯腈不便运输，腈纶抽丝的布点就宜与原料地相结合，而涤纶抽丝则着重考虑同纺织加工的需要相配套。

所有新建厂都要重视规模经济，棉纺厂不宜少于3万锭，化纤原料厂和印染厂，规模也宜大些，才便于提高技术、解决污染治理；织布厂、针织厂、丝绸厂等的规模可小些，以利于及时调整产品的花色品种。

（2）轻工业布局：轻工业门类多、行业广，布局上宜根据产品生产、消费和原料的不同特点,区别对待。加工过程中,原料失重程度大,原料不便运输的,宜就原料地,如制糖厂、乳品厂等;产品不便运输或花色品种繁多、变化频繁的行业宜摆在消费区,如日用玻璃制品、家具、服装等;产品生产要求专业化程度高,大批量生产才经济的,主要应考虑原有生产技术基础和协作配套条件,如自行车、洗衣机、电冰箱等耐用消费品工业;为全行业配套服务,生产技术要求高的产品,如家用电器所需的关键零部件、元器件,日用化工所需的基础原料,要统一规划、集中布点;新开发的行业,多为技术密集产品,宜优先放在技术力量强,协作条件好的老工业区,俟取得经验后,再视情况扩大布点。东部地区和中部地区大城市的轻工业,都应着力于开发新技术、开辟新行业、研制新产品,扩大出口,提高产品的出口竞争能力;通过招标,优选一批条件较好的重点企业,改造成创汇率高的出口商品基地企业。已有的成熟技术和一般日用消费品应加速向中、西部和城市周围地区转移。西部地区要利用本地的农牧产品和山货土特产,发展皮革、皮毛、地毯、制糖、水果加工、香精香料等。

为了大力增产名牌优质产品、适销对路产品和中高档产品,以适应人民消费水平提高、消费结构变化的要求,应以生产名牌产品的骨干企业为核心,组织有关企业的联合,形成多种形式的企业群体或集团。加工企业要和原料生产单位直接挂钩,或采取合营、联营形式,使原料供应和原料质量有稳定可靠的保证。

除卷烟、新闻纸等少数产品继续实行指令性计划外,其他轻工产品将主要通过价格等经济杠杆的诱导,使行业定点的指导性计划得以实现,使各项生产要素顺势流向最优区位,实现合理布局。

5. 农业布局

党的十一届三中全会以来,农业连续几年增产,人均粮食产量 1984 年达到 496 公斤,长期以来粮食紧缺的局面有所缓解,为农业和农村商品经济的发展,为农业布局和地区农业结构朝地带专业化、商品化、现代化方向调整提供了物质基础和有利条件。初步预测,在保证粮食稳定增产的前提下,今后农业布局变化的大趋势:一是在沿海的珠江三角洲、长江三角洲、闽南"金三角"、辽东半岛、胶东半岛等地区,以进入国际市场为目标,按照"贸—工—农"的方针,根据国际市场和外贸的需求,朝创汇农业的目标,调整、安排这些地区的农业结构,建立相应的农产品加工工业,逐步形成与当地自然地理经济地理条件相适应,各具特色的外向型农业专业化地带,向国际市场出口各种高、精、尖、稀、优、偏的鲜活农副产品。二是各大、中城市和工矿区周围的农村,将朝"郊区型农业"方向发展,既更好地为城市服务、为旅游服务,又使郊区农村先富裕起来。三是自然条件不适宜种粮食的地区和沙地、盐碱地、陡坡地,有条件加快退耕还林、还牧的速度,逐步发展成各种林、果山货土特产和畜牧业基地;适宜不同经济作物种植的地区,将朝着专业化程度更高的经济作物专业基地的方向发展。四是与上述地区邻近,又适于种植粮食的地区(如靠近珠江三角洲的湖南,邻近长江三角洲的苏北、江西和安徽),粮食生产将进一步集中,粮食商品率将逐步提高,形成就近供应上述地区的商品粮食基地。这样,在洞庭湖平原、成都平原、江汉平原、江淮平原、鄱阳湖平原、松嫩平原、三江平原,将形成大型商品粮食基地;在长江滨海沿河平原、江汉平原、冀中南、鲁西北、豫北平原、黄淮平原、南疆以及关中、晋西南形成大型棉花基地;在胶东、鲁中南形成花生生产基地，在洪、汝河流域及南（阳）襄（樊）盆地形成芝麻生产基地；在阴山丘陵区形成胡麻生产基地；在辽西北形成向日葵生产基地；在松嫩平原西部、吉林西部、内蒙古河套地区、新疆玛纳斯地区形成甜菜基地；在闽南、粤中沿海和琼雷地区、桂南、滇南和四川盆地南部形成甘蔗基地；在长江下游、四川盆地中部、珠江三角洲形成桑蚕基地；在辽东、胶东半岛和豫西山地形成柞蚕基地；在浙江、云南、福建、安徽等传统产地发展龙井、普洱和各种红、绿茶，形成多种名特优茶基地；继续加强西双版纳和两广、闽南的橡胶树种植基地；继续发挥豫、鲁、滇、黔烟叶主产区的优势；根据自然条件和市场条件因地制宜发展各种果品和花卉基地。在饲料资源丰富地区，建立瘦肉型生猪生产基地；在大兴安岭两侧建立肉、乳牛和细毛羊生产基地；在新疆、吉林、河南等地建立肉牛生产基地；在北疆建立细毛羊、肉用羊和养马基地；在华北、西北半农半牧区和青藏高原东南部建立牛羊肉、乳生产基地；在南方水网地区发展水禽生产基地；在大、中城市和工矿区周围广泛兴办奶牛场、系列化的禽蛋生产基地和蔬菜基地；特大城市的蔬菜来源除了依靠近郊区，对宜于长途运输的蔬菜品种，要逐渐向远郊区与外地扩展。在江河湖塘广泛发展淡水养殖；在沿海建立对虾、海鱼、贝珍等海水养殖基地；发展海洋捕捞，在沿海港口，首先是汕头、马尾和天津，发展包括捕捞、加工在内的海洋渔业基地。为了保护、改善生态环境、培育森林后备资源，在广泛植树造林的同时，重点续建"三北"（西北、华北、东北）防护林体系，营造长江上、中游的水源涵养林与水土保持林。要注意农业特别是种植业的专业化和工业专业化的区别。任何专业化农业地带（地区），不应只局限发展某单项农产品，而应因地制宜形成适合本地自然条件与市场需求的粮食作物、经济作物和饲料绿肥作物，形成三者恰当匹配的三元土地利用结构，这对保持土壤肥力的长远效益是绝对必要的。

6. 交通运输网布局

在发挥铁路主干作用的同时，充分发挥海运、内河航运、公路、民航和管道运输的作用，搞好多种运输方式相互配合、干支线衔接的综合运输网络的布局。经过改造、新建和引水工程（南水北调），将逐步形成"十纵十横"的运网格局，以保证大、小循环畅通［大循环指各经济地带、大经济区和省（市、区）之间的运输；小循环指省（市、区）内部的运输联系］内、外循环相衔接。

纵跨南北的十条干线是：

（1）满洲里—沈阳—北京。

（2）齐齐哈尔—通辽—北京。

（3）北起鸭绿江南迄北仑河口的万里海运航线。

（4）京杭大运河。

（5）北京—天津—上海。

（6）北京—商丘—阜阳—九江—南昌—广州。

（7）北京—武汉—广州。

（8）大同—太原—洛阳—枝城—柳州—湛江。

（9）包头—西安—安康—重庆—贵阳—柳州—南宁—防城。

（10）宝鸡—成都—昆明—睦南关。

横贯东西的十条干线是：

（1）通辽—集宁—包头。

（2）秦皇岛—北京—大同—包头—兰州。

（3）青岛—济南—德州—石家庄—朔县—中卫。

（4）石臼所—兖州—新乡—侯马—西安。

（5）连云港—郑州—宝鸡—兰州—乌鲁木齐。

（6）长江航道。

（7）张家港—南京—襄樊—安康—阳平关—兰州。

（8）上海—杭州—株洲—贵阳—昆明。

（9）厦门—龙岩—赣州—韶关—柳州—南宁—昆明。

（10）珠江、西江航道。

综合运输网的建设，重点是围绕畅通以下七个关键性运输通道，同时为20世纪末、21世纪初战略布局的展开做好准备。七条关键性通道是：

（1）山西能源基地外运通道，保证20世纪末能经北、中、南和东南四条通路外运煤炭三四亿吨，近期除改造南、北同蒲线，重点在形成大同—秦皇岛港和侯马—石臼所港两条新的晋煤东运干线；

（2）进出关通道，保证能满足几千万吨出关煤炭和进出关其他货运与客运的需要；

（3）东部和中部地区的南北通道；

（4）沿海南北通道；

（5）长江及其他主要江河东西水运通道；

（6）西北运输通道；

（7）西南运输通道。

除以上20条纵横交错的运输干线外，在沿海地带要积极发展经济特区、14个进一步对外开放的港口城市与邻近腹地间的快速公路网，以及沟通沿海城市间的海上通道。展开以港口为中心，包括与之相配套的集疏运铁路、公路、水运以及民航在内的立体运输网的建设，改善疏运条件，增强集疏运能力，以适应对外贸易对运输时效的更高要求，也有力配合旅游事业的发展。在大西北、内蒙古、西藏等人口密度低、货源零星分散的辽阔草原地区，要大力发展地方航空事业，以加速这些地区的畜牧业等向现代化、商品化转移的步伐。

八 发展纵横交错的产业带、城镇带（网）

经济的发展特别是工业的发展，在空间上通常是集聚成"点"，经过"墨渍"扩散作用，由"点"到"面"；经过辐射扩散作用，联"点"成"带"结"网"；工业走廊、产业带和城镇带的出现，是社会生产力发展到较高水平时，空间布局的必然趋势。

1. 产业带

从保证翻两番任务的完成和更长远的发展来看，建立纵横交错的产业带，发挥它作为生产力布局骨骼系统的作用，是安排好国民经济布局的关键环节。

在建设步骤上，首先是结合沿海对外开放前沿地带的建立，发展沿海产业带，使之成为中国经济实力最雄厚、技术水平最先进，对外、对内辐射相结合的产业密集地带。中国大陆海岸线总长1.8万多公里，不同区段情况各异，根据各区段及其腹地的差异和对外进出口国别的不同，大致可分为三大区段。一是大连至连云港的北部海岸带；二是南通到宁波的东部海岸带；三是温州到北海市的东南海岸带。三者应有所分工、各具特色，在建设步骤上，也要区分轻重缓急，不宜齐头并进、一拥而上。其次是充实、加强哈大、津浦、京广沿线产业带。再次是北同蒲—太（原）、焦（作）—焦、枝（城）沿线产业带。

以上是就纵向产业带而言，与此同时，还应注意横向产业的发展。首先是，长江沿岸产业带和珠江—西江沿岸产业带，这两条产业带分别在长江三角洲；珠江三角洲与沿海产业带交汇，既是支持沿海产业带面对太平洋，通向全世界的坚强后盾；也是沿海现有的和引进的先进技术与管理经验，向内地转移的主要通道；同时也是今后支援西南和广西大规模开发的桥头堡。其次是，陇海沿线和京包、包兰沿线产业带，它们分别在连云港和天津与沿海产业带交汇，是沟通北部沿海地区与大西北和内蒙古的主要通路，也是支持今后大西北开发的桥头堡。

除上述连贯数省（市、区）的全国性产业带以外，对地区级的产业带也应该注意充实与加强，如山东省的胶济沿线产业带，四川省的成渝沿线和宝成线成都—广元沿线产业带等。

2. 城镇带

城镇的发展，既要防止大城市过度膨胀，又要防止中小城市过于分散，应当以水陆交通运输干线为纽带，与产业带的发展相适应，形成城镇带（网）。

东部沿海地带，以现有的四片城市密集区（辽中南、京津唐、沪宁杭和珠江三角洲）为节点，在现有或拟建的大东港、连云港、北仑港、湄洲湾诸港、防城港，以及徐州、枣庄、商丘、清江、阜阳、蚌埠等现有城镇基础上，分别发展为大、中城市。

中部地带，一是围绕山西能源基地和红水河、黄河上游与长江中游水能的开发利用，发展一批新城市；二是沿长江干流和京广线（中段）、枝柳线、陇海线、成渝线、浙赣线上的交通枢纽（如宜昌、马鞍山、当涂、芜湖、荻港、铜陵、贵池、襄樊、衡阳、怀化、洛阳、安康、鹰潭），发展壮大一批沿江城市群。

西部地带，主要是壮大现有城市，同时根据资源开发和交通运输条件，相对集中地发展少量新城市。新疆重点发展乌鲁木齐、奎屯、伊宁等，青海重点发展西宁、格尔木；西藏重点发展拉萨、昌都、日喀则；边境口岸地带的城市，应加强基础设施建设，提高城市设施水平。

九　开展区域规划搞好生产力的战役布局

城市化和工业化、现代化形影相伴，是近代和现代经济发展史早已证明了的客观趋势，社会主义也不例外。列宁说："城市是经济、政治和人民的精神生活中的中心，是前进的主要动力"[1]。

过去在"左"的思想支配下，把城乡差别的消失，曲解为限制、削弱城市的发展，"城乡穷拉平"，加上按行政区划和行政建制组织经济生活，人为地限制了城市经济中心作用的发挥，造成城乡分割、建设重复、流通阻塞，既影响了城市有规律地向外扩散，使部分城市过分膨胀、臃肿；又阻碍了农村商品经济的发展和小城市、小城镇的成长。

为了改变上述情况，就要以经济比较发达的城市为中心，带动周围农村，逐步形成以城市为依托的各种规模和类型的二级、三级经济区，通过区域规划，统筹安排城市大工业、街道工业和农村乡镇工业的布局，在地区经济网络中实现工业和其他经济事业的合理布局，使过去每个工厂单棋孤立布点改变为整个"棋局"的全面统筹安排。

如果说，经济地带和基本经济区的划分是为全国生产力总体的战略布局服务的，重点在安排好各大经济地带和大经济区之间

---

[1] 《列宁全集》第19卷，人民出版社1959年版，第260页。

的关系；那么，区域规划就是前者的继续和深化，主要服务于战役布局环节。简要地说，它的任务和作用有二：一是要明确大经济区内下一层次的经济区域的经济发展方向；二是要具体解决在这个区域范围内各项工农业建设和其他生产性与非生产性建设、城镇和农村居民点的合理配置定点，以保证区域经济的各个方面、各个环节，以及经济与人口、资源、环境生态的协调发展。20 世纪 50 年代中国一些新工业区和新工业城市建设前期的工作中，曾经成功地运用过区域规划，取得了很好的效果。50 年代末期以后，区域规划长期中断甚至被否定，近几年来才逐步恢复。从当前看，有必要先抓紧以下四种类型地区的区域规划，这样既可解决当务之急，又可为今后区域规划的普遍开展积累经验。

（1）城镇密集区。以大城市为中心，以其基本、稳定的经济联系为半径确定区域范围，重点解决各城市之间、城乡之间的分工协作与联合，调整区域内部的生产力布局，组织市区工业向周围中、小城市和城镇的扩散、转移，控制市区规模，发展中、小城市和城镇（包括卫星城），统筹规划区内土地与水资源的合理利用和基础设施的建设、配套以及区域环境的保护与整治。实行市管县的地区，也可采用区域规划，作为统一调整新市辖区范围内工业布局和经济布局的重要方法。

（2）原三线建设项目所在地区。以大型企业和基地为中心（这些企业和基地许多不在现有大、中城市），以主要工艺技术协作为网络，重点解决综合生产能力的形成、军民结合、生活设施的配套、工农矛盾的协调和小城镇的建设与发展。

（3）煤田和其他采掘采伐工业区。可大体以矿带（或林带）和加工基地确定区域范围；以协调各系统的矛盾，合理开发、利用与保护资源，发展矿（林）产加工工业，建立新型矿区作为规划重点,防止随着矿藏保存储量下降,城镇经济萎缩衰落。

(4) 成组新建项目集中的地区。如大型水电站及其周围的大耗能工业,大型煤矿、火电站和建筑材料厂的建设,大型磷矿和硫酸厂、磷肥厂的建设等。通过区域规划可使各相关项目的基建前期工作统一协调进行,对保证同步建设、发挥综合效益有重要作用。

属于第一种类型的区域,包括:辽中南、京津唐、胶东、长江三角洲、闽南厦漳泉三角地区、成渝地区和晋中地区等。属于第二种类型的有贵州都匀—凯里地区、遵义地区、陕南地区等。属于第三、四种类型的有:以大同为中心的晋北地区,以洛阳为中心的豫西地区,以神府、东胜、准噶尔煤田开发为中心的陕北、蒙南地区,渭北地区,两淮地区,黄河上游电站群,三峡及其周围地区,红水河地区,攀西滇东六盘水地区,鲁西南兖滕地区,等等。

在各地区区域规划广泛开展的基础上,就能进一步制定出全国综合性的国土规划,为全国生产力布局的长远安排提供更加坚实的科学基础。

十 加强城镇规划及其管理,科学地安排城镇内部的生产力布局

区域规划对工农业项目配置只能具体到定点,确定工农业布点的格局;而工厂的厂址和各项建设的用地安排,则有待在城市规划中进一步落实。长期以来,经济发展计划与城市规划相脱节,老企业的改建、扩建往往采取"生产(车间)挤辅助(车间),辅助(车间)挤仓库(设施)、仓库占马路",新企业布点则"见缝插针",造成生产区、居住区混杂,严重破坏了城市

的职能分区与环境质量，也制约了城市第三产业的发展。鉴于上述教训，今后无论现有企业的技术改造和改组、联合，还是新建企业的厂址选择，都应严格按照城市总体规划，分区配置、各得其所。有污染的大型企业宜按不同性质组成各种类型的工业小区；无污染的小企业可以和城市其他设施组成综合性小区；针织、服装、精密仪表等劳动密集型和技术密集型企业，可组建"工业大厦"，实现"立体布局"，这是解决城市用地紧张的一个很有前景的途径。

解决特大城市的"膨胀病"，防止现有大、中城市规模失控，除了靠城市产业结构的调整，还需要研究中国今后城市发展的方向和模式。过去采用的办法：一是不断扩大建成区；二是以母城为中心，辐射形地建立卫星城。前者给市区交通带来很大压力，延长了职工上下班的在途时间，在市区人口增加的情况下，不断"蚕食"郊区土地，增加了组织城市副食供应的困难；后者要求大量投资兴建母城与各卫星城的高标准公路，否则，卫星城难以发挥"反磁力中心"的作用。看来，需探索新的出路，即在现有大、中城市之间，沿水陆交通干线，建立小城市、小城镇。从微观上看，它们是大中城市的卫星城；从宏观上看，又是某一产业带和工业走廊的组成部分。宏观与微观布局直接结合，使国家花在交通干线的投资，可以"一钱二用"，一举两得。

要密切关注世界新技术革命对工业和整个经济配置格局带来的巨大影响。重视科研机构、高等和中等专业教育机构、各种技术开发中心、信息中心的合理配置，使上述设施的布局和工业布局密切配合，为今后愈来愈多的企业由单纯生产型向研发、生产、经营型转变，和各种类型的科研—生产联合体的发展创造条件。在智力密集的城市和地区，建立"硅谷"、"硅原"、"筑波"式的科学公园是工业发达国家促进知识密集型新兴产业建立和发展的一项重要措施，值得认真借鉴。这样的科学公园大体需要四方面的区位条件：①智力密集的地区，也就是科研机构、高等院校相对集中的地区；②环境质量好，无传统工业污染的地区；③完备的辅助工业条件，供电稳定，水质良好，材料、化学试剂与元器件、零部件供应方便等条件；④四通八达、迅速方便的运输和通信条件等。从现在到 2000 年期间，我们应当采取集中力量、重点支持的方针，在沿海开放城市或内地若干大城市，选择工业基础较雄厚，科技力量较集中，便于对国外先进科技的引进、吸收、消化和创新的适当地点，经过创立和改善某些条件后，建立新兴产业的技术经济密集小区，为迎接世界技术革命的挑战作出贡献。三线建设时期，摆在内地的许多尖端国防科研和军工单位，有无可能稍作调整、就近集中，解决对外的信息联系，逐步建成某一方面的新兴产业的研制、生产基地，也是值得认真研究的。

随着乡镇工业蓬勃发展、农村工业布局已成为一个值得关注的重要问题。现在通常采取的"村村点火、处处冒烟"的遍地开花式发展，遗患很多，有必要改变为有据点式的发展，使乡镇工业尽可能集中到小城镇和农村集镇，为此要结合农村土地利用规划和城镇发展规划，制定乡镇工业布点规划，并通过加强土地利用管理和相应的优惠政策和诱导措施以保证规划的实现。

（原载《经济研究参考资料》1986 年第 82 期）

改善中国经济布局的对策*

一 现有经济布局的态势

1. 从达到 20 世纪末经济建设的总目标出发，把握中国现有经济布局的总态势与特点，是研究今后经济布局战略，描绘具有中国特色的经济布局蓝图的出发点。

2. 经过 30 多年的建设，尽管地区经济发展不平衡的状况仍明显存在，经济发达的省（市）和经济不发达的省（自治区）按人均工农业产值、人均工业产值等指标计算，相差少则几倍，多则十几倍，但总的来看，战略布局在大部分国土上已经展开。具体地说，在兰新—宝成—成昆线以东的地区，布局的框架已经确立，利用、提高这一地区已有的生产能力，充分改善这一地区内部的布局，使其潜力和效益充分发挥出来，要做的文章很多，任务也很繁重。

兰新—宝成—成昆线以西地区，自然条件较差，非高寒山区

---

* 本文是 1986 年笔者承担桂世镛、魏礼群主持的"我国经济发展重大问题研讨"课题中的专题报告。

即为干旱的沙漠戈壁；社会人文条件也较差，自然资源尽管丰富，但开发难度甚大。要大规模开发这些地区，在20世纪内非国力所及。

3. 从地区现有经济技术发展水平看，宏观上呈现"三级梯度"，即比较发达的东部地带、次发达的中部地带和近西部，不发达、待开发的远西部。近西部指西部地带内兰新—宝成—成昆线以东地区；远西部指此线以西地区，大体包括西藏、青海、新疆、川西三州和滇西等地区。

生产建设的经济效益水平也呈现相应的地带性差异。据1983年各省（市、区）全民所有制独立核算工业企业百元资金实现利税的资料分析，资金利税率高于25%的7个省（市）全在东部沿海地区；资金税率15%至25%之间的12个省（市、区），4个在东部，7个在中部，1个在西部；资金利税率低于15%的10个省（区），1个在中部，9个在西部。

从生产力发展的条件与要素分析，就现有固定资产、基础设施，和智力、技术、经营管理与信息等软资源看，大体是东高西低，由东而西依次递减；就矿藏、水力、土地等自然资源看，大体是西丰东贫，由东而西依次递增，呈现两个反向梯度。

4. 从点、面关系看，300多个城市拥有全国工业固定资产的2/3，提供了87.3%的工业总产值和4/5以上的财政收入。以每一城市为圆心，周围地区的经济发展水平，大体与交通运输地理距离的远近成比例地递减；城市分布的密度，与三个地带相对应，亦是由东而西，渐次递减。城市如群峰高耸，周围地区如山谷逶迤而下，点、面之间经济技术发展水平的梯度差，北方大于南方，西部甚于东部。

从生产力发展的不同条件与要素分析，点、面之间亦是优劣互异，呈现两个反向梯度。

二 经济布局的指导思想与对策

近年来,经济理论和实际部门围绕经济布局战略进行的讨论,意见分歧较大。从布局展开方式看,有的主张"梯度推移"、点轴开发(点指城市,轴指产业带)和由点到面的"墨渍扩散"、"辐射扩散",有的主张"落后地区跳跃发展";从地区建设重点看,有一个重点、一个半重点和两个重点三种意见;从重点建设地区的选择看,有东、中、西部之别。争论的实质,归根结底是继续实行"均衡配置"的方针,还是采取"倾斜性区域政策"。

长期以来,在生产布局的理论上,把"均衡配置"作为生产力布局的首要原则,实践中采取"遍地开花,星罗棋布"。事实上,均衡布局是一个很相对的概念。绝对均衡的布局,在现实生活中几乎是不存在的。在我们这样一个疆域辽阔、自然条件差异很大,各地区原有经济和社会文化基础极不平衡的大国,相对均衡的布局,也是需要若干代人持续努力才有可能实现的。因而不能把"均衡布局"与"合理布局"两个不同的概念相混淆,不能简单地以"均衡布局"作为布局合理与否的衡量标准。一个国家生产力布局的均衡度和国民经济的总水平存在着相关关系,均衡布局只可能在国民经济总水平提高的过程中逐步地相对实现;超越国民经济发展水平提供的可能性,企求更高的布局均衡度,往往会降低社会宏观效益。

实践经验表明,疆域辽阔、原有地区经济基础很不平衡的大国,在宏观布局上还具有以下规律:

1. 承认和自觉运用地区经济发展不平衡的客观规律。通过每个时期有重点的,不平衡的发展,从短时间看,可能扩大地区间经济发展水平的差距;从长时间看,它既可以保证整个国民经济较快地发展,又能切实有效地逐步缩小地区之间经济发展水平的差距。综观其他国家生产力布局演变的历程,实际上也是走着这种由不平衡到逐步平衡的道路。

2. 均衡布局不是通过"抑高拔低"实现的,而必须以提高原有经济重心区作为布局向新地区展开的出发点和依托,始终把提高原有经济重心区和开发新地区两者紧密结合起来。

3. 新基地的建设,从总体上看要循序渐进,按照依托老基地—开辟一批新基地—继续发展和提高老基地、巩固和充实已建新基地—再开辟另一批新基地……的方式有序展开,决不是径情直遂地、不间断地搞战略布局的新展开。

4. 重点建设地区的选择,除必要的国防战备考虑外,主要取决于哪一个地区在解决关系国民经济全局发展的关键产业、关键资源、关键因素等方面具备综合优势,见效快、效益高。

据此,今后经济布局的对策,应充分考虑以下诸点:

1. 经济建设的重点放在充实、完善、提高兰新—宝成—成昆一线以东,布局框架已经展开的地区,使其提高效益、更充分地发挥作用。20世纪内,地区布局原则上不宜再进行新的拓展。

2. 在兰新—宝成—成昆一线以东地区,也应实行"倾斜性区域政策",把重点放在东部沿海地带、中部和近西部的山西、内蒙古、豫西、红水河等大型能源与原材料基地和现有的大、中城市。集中力量首先把上述重点地区和城市的经济搞上去,才能有效解决制约国民经济全局发展的资金、技术、能源等几个关键因素,较好地跟踪世界新技术革命的发展,缩小与发达国家的差距。

采用"后进地区跳跃发展"、"逆梯度发展",尽管可以加快缩小国内不发达地区与发达地区间的差距,而上述关系国民经济全局的主要任务却有落空之虞。

3. 制定区域性发展战略，衔接好地带间产业梯队的转移。三大经济地带，在经济发展上不仅有量的差异，而且有质的差别。从工业化的进程看，东部地带已经达到或接近"成熟型"经济；中部地带和近西部，大体属"成长型"，而远西部则属开发型或待开发型。围绕全国经济建设总目标的实现，分别制定适合各自条件与特点的区域性发展战略，是提高国民经济效益，加速四个现代化进程的重要一环。

东部沿海经济地带的发展，要按照"外引内联"的方针，走引进、改造、振兴的新路子。通过引进，采用先进技术，改造传统工业，开拓新兴产业，使老工业基地重新焕发青春。

为了与封闭的内向型经济朝内向、外向结合型经济转变相适应，沿海地带的产业结构、产品结构和原材料来源结构均需逐步进行调整，把重点放在发展技术密集型和知识密集型产业上；围绕提高产品出口竞争能力，适应国际市场需要，大力发展高、精、尖、新产品，和信息、咨询等第三产业，逐步实现产业结构、产品结构的高度化。为了克服或避开沿海地带能源和矿产资源紧缺等不利条件，今后除特有资源和利用国外资源外，不宜再在那里摆耗能高、用料多、运量大的建设项目；对现有高耗能的企业和产品，有条件的要逐步向中部、西部能源丰富地区转移；在部分水源不足的老工业城市，要控制高耗水型企业的发展。总之，这类地区只有在高耗能、高资源消耗、用水多和普通技术的一般产业上"有所不为"，才能在技术密集和知识密集型的新产业上"大有所为"，不能片面追求产值翻番，驾轻就熟地凭借增加一般产品的数量，与内地工业相竞争，而应面向国际市场，面向新兴产业等新领域开拓前进，才能既使沿海地带的工业提高到一个新水平，又给内地工业发展腾出原料和市场，提供技术，使全国三大经济地带之间技术和经济的转移长流不断、生生不已，在螺形的上升和衔接中，使三大经济地带的工业各展所长，共同前进。

这样，沿海经济地带不仅可以在完成翻两番的宏伟任务中发挥"主攻手"的作用。在全国，最先成为内外结合、工农结合、城乡渗透、开放式的、现代化的文明富庶地区；同时也能发挥"二传手"的作用，担负起引进、消化和向内地转移国外和沿海自身先进技术的任务；担负起筛选、吸收国外先进管理经验，向内地移植的任务，充分发挥沿海地带的门户与桥梁作用；成为发展各种新兴产业（微型电子计算机、大规模集成电路、遗传工程、光导纤维、精细化工等）和传统产业采用新技术进行产品更新换代的基地；成为培养和向全国输送高级技术和经营管理人才的基地；成为向全国提供咨询服务，提供先进技术、高档消费品和出口创汇的主要基地。

中部地带和近西部处于全国腹地的位置，是三线建设期间建设资金投放的主要地区，区内拥有丰富的能源（北煤南水）、有色金属、黑色金属和化工矿产资源。这些有利条件决定了这一地区在全国生产力布局"东靠西移"中处于"承东启西"的战略地位。在今后十几年内，主要围绕能源开发建设、金属、非金属矿藏与相应的原材料工业，改造传统工业，发展新兴产业，利用区内丰富的农林渔业资源，建设若干个具有全国意义的农业商品基地，从这几个方面进行战略展开。

为了迎接20世纪90年代中期建设重点向中部地区的逐步转移，当前：一要充分利用本地区现有的庞大工业基础，按照"调整、改造、发挥作用"的方针，通过工业改组、联合和必要的布点调整，提高地区综合生产能力和经济效益；二要发挥本地区国防军工和科研力量集中的优势，通过军民结合和加速军用技术向民用工业的转移作为提高本区工业技术水平和经济效益的重要途径；三要鼓励区内大型军工和民用企业把"触角"伸到沿海，在那里开设窗口取得信息，洽商业务，这既有利于充分利用这些企业的生产能力，又有利于它们的技术改造与经营管理的水平提高；四要在内地积极安排好沿海地区移出的企业和产品的生产任务，这样既可以支持沿海工业"更上一层楼"，又可以使本区工业生产能力得到充分发挥，为满足内地广大市场和支援西部地区服务。

远西部疆域广阔，资源远景可观，有很好的开发前景，但现有经济科技文化基础薄弱，交通不便。今后十几年，主要是从现有基础出发，重点开发国家急需而又为本地区所富有的资源，发挥农牧瓜果业的资源优势，逐步改善交通运输条件，扩大边境贸易，使资源优势转化为商品优势；同时抓紧资源的普查与勘探、普及教育、提高劳动力的素质，为今后大规模开发做好各项前期准备工作。在空间配置上，宜取"求心战略"，实行"据点开发"。

为使各个地区的发展符合从国家总体布局与当地条件出发所规定的方向，而不是盲目攀比增长速度，对各地区经济发展的考核，应与规定的方向挂钩，实行"目标考核"，如：东部地带应着重考核采用新技术、改造传统产业和开发新兴产业的进度，考核出口商品进入国际市场的规模和创汇额，等等；中部地带和近西部则着重考核在建设能源、原材料基地方面的进展；远西部着重考核在当前经济发展和今后大规模开发的前期准备工作的结合做得如何，在逐步减少财政补贴、提高地区经济内在活力方面进展如何。

地区经济的成长，从产业结构看，一般从劳动密集型或资源密集型产业起步，逐步转向以资金密集型产业为主，再转向以技术密集型产业为主。地区产业结构的递进和经济技术发展水平不同地区之间产业的空间转移，是同步而行的。当发达地区由资源密集型、资金密集型产业为主，逐步转向技术密集型产业为主时，次发达地区就应递补"空档"，顺势把本地区经济向前推进一步。衔接好地带间产业梯队的转移，是把提高东部和开发中、西部，把跟踪世界新技术革命和满足国内市场需要更好地结合起来，使三大地带的经济各展所长、共同前进的重要一环。

4. 城市是经济发展的火车头。城市化和工业化形影相伴，是近代和现代经济发展历史早已证明了的客观趋势，社会主义也不例外。过去，粮食问题长期未解决，1958年"大跃进"中城市人口一度增加过猛，以及城市建设资金不足、长期欠账带来的问题，加上这些年发达国家某些官员、学者大谈"城市病"，使我们对城市化，特别是大城市的发展，既有"余悸"，又有"预悸"。19世纪末，恩格斯面对250万人口的伦敦，称赞"这种大规模的集中，250万人这样聚集在一个地方，使这250万人的力量增加了一百倍"，而现在我们一看到人口超过50万人的城市就要"控制"，岂非咄咄怪事。

大机器工业出现后，经济布局的第一个特征就是由分散转向集聚。集聚既适应了大生产广泛协作的要求，又便于共同建设、使用统一的基础设施，因而带来很大的经济集聚效益；在一定限度内，这种集聚效益是随城市规模等比例增加的。据中国大、中、小城市的资料分析，全国15个百万人口以上的大城市，工业固定资产占全国的25%，而产值却占全国的35%，百元资金利税率也显著高于中、小城市。近十几年来，一些工业发达国家的人口向郊区和小城镇转移，是国家经济实力和人民生活水平进一步提高，交通运输通信网络高度发达的结果。中国还处在城市化初期，远未达到这个阶段。

农业现代化进程中解放出来的大批劳动力和人口向何处去？"离土不离乡"只能解决一部分，很大一部分将进入现有的大、中、小城市。这几年千百万农民就以"暂住人口"的形式进入城市，活跃在建筑业、第三产业等战线，给城市经济增加了活力，这说明城市需要他们，他们也需要城市；也说明"离土又离乡"，是工业化进程中的普遍现象，绝非资本主义工业化的特有现象。

今后十几年甚至更长时间，中国经济发展就其主要方面的实质而言，仍是从广度、深度两方面继续进行工业化。顺应经济集聚的客观规律，同步推进城市化，根据城市辐射区域的不同经济实力，积极发展各级城市，重点发展中、小城市，是提高宏观经济效益的重要保证。

长期沿用的"控制大城市规模、合理发展中等城市、积极发展小城市"的城市发展方针，似应在调查研究的基础上重新予以研究。关于城市规模划分的标准亦宜再议，以 50 万人口作为中等城市和大城市的分界线，明显偏低，建议改以 100 万人口为线，特大城市人口的下限相应可以提高到 250 万人。

5. 发展纵横交错的产业带、城镇带（网），形成生产力布局的骨骼系统。如果说，大机器工业的布局，由空间上集聚成"点"起步，其进一步发展，经过扩散"墨渍"作用，由"点"到"面"；经过辐射扩散作用，联"点"成"带"结"网"；以水陆交通运输干线、主要输电线路和通信网络为纽带，使分散的大、中、小城市和城镇联"点"成"带"结"网"，是社会生产力发展到较高水平时，经济布局的必然趋势。产业带、城镇带一方面进一步扩大了城市的集聚效益，又可在一定范围内兼取集聚与分散的优点，解决特大城市过分膨胀的弊病。

中国疆域辽阔、现有运网密度极低（每万平方公里的铁路通车里程,中国仅54公里,美国为320公里,印度为180公里;每百万人口拥有的铁路,中国仅52公里,美国为1292公里,印度为95公里),近期内,又难以挤出更多资金使运网密度迅速提高,工业和城市的发展,要想取得较好的效益,除了依托现有运输网络和拟建的新线路,别无他途。从更长远的发展看,要想在我们这样的大国使经济布局充分展开,也需要从建立纵横交错的产业带、城镇带,形成经济布局的骨骼系统入手。

产业带的建设步骤,应结合沿海对外开放前沿地带的建立,发展沿海产业带,使之成为中国经济实力最雄厚、技术水平最先进,对外、对内辐射相结合的产业密集地带。大力发展近海运输,依靠海运联结沿海各地区和城市,也有利于缓解京沪等南北干线的运输紧张状况。中国大陆海岸线总长1.8万多公里,不同区段情况各异,根据各区段及其腹地的差异和对外进出口国别的不同,大致可分为三大区段。一是大连至连云港的北部海岸带;二是南通到宁波的东部海岸带;三是温州到北海市的东南海岸带。三者应有所分工、各具特色,在建设步骤上,也要区分轻重缓急,不宜齐头并进、一拥而上。其次是充实和加强哈大、京沪、京广沿线产业带。再次是北同蒲—太(原)、焦(作)—枝(城)沿线产业带。

以上是就纵向产业带而言,与此同时,还应注意横向产业带的发展。首先,是长江沿岸产业带和珠江—西江沿岸产业带,这两条产业带分别在长江三角洲、珠江三角洲与沿海产业带交汇,既是支持沿海产业带面对太平洋,通向全世界的坚强后盾;也是沿海现有的和引进的先进技术与管理经验,向内地转移的主要通道;同时也是今后支援西南和广西大规模开发的桥头堡。其次,是陇海沿线和京包,包兰沿线产业带,它们分别在连云港和天津与沿海产业带交汇,是沟通北部沿海地区与大西北和内蒙古的主要通路，也是支持今后大西北开发的桥头堡。

从经济布局的规划和管理调节看，国家应抓好纵横交错产业带构成的宏观布局框架，以及产业带上的主要节点（大城市）和大城市"墨渍扩散"形成的"极核"地区（地区经济发展的成长极），以此诱导、控制地区经济的发展。

6. 发展横向经济技术联系，是经济布局合理化的重要途径。在经济布局态势的分析中曾经指出，中国三大经济地带和点、面之间，经济技术发展水平存在明显的"梯度差"，有"梯度差"就蕴涵有"经济势能"，充分有效地利用梯度差的经济势能，既能加快国民经济的发展，又能推进布局的合理化。就经济发展的不同条件和要素看，无论三大地带和点、面之间都存在优劣互异的两个反向梯度，通过横向经济技术联系，正可长短互补，形成综合优势。近几年来，广泛开展横向经济技术协作所取得的成果，已作出初步证明。除了现有的各种协作类型与方式外，今后拟应大力提倡企业间的互相参股（不分所有制、隶属关系和军民界限），发展跨省（区）的公司。譬如说，现在中、西部的轻纺企业，无论在技术、经营管理方面，和东部同类企业相比，都有较大差距。如果让东部企业，尤其是生产名、优产品的企业，参股到中、西部的同类企业，使一般的外部协作关系转为公司内部的关系，就有可能使中、西部的轻纺企业迅速改观。近期看，可以较快扭转目前名优新产品供不应求，杂牌产品滞销积压；长远看，也有利改变长期以来中、西部提供原料、东部加工后成品再返销中、西部的老模式。当然，中、西部的企业，特别是三线建设时期形成的大企业，也可以设备等作股参与到东部企业。

更广泛地说，经济布局合理化的实现有赖于劳动力、各类物质资源、资金等生产要素能够在国家计划指导下，顺势在地域间流动，同时又有较准确的价格信号"导航"，才有可能诱导各种生产要素、各种产业和产品生产能力的配置趋能提供较高效益的最优区位。

以上所述可简要归纳为：三级梯度、三大地带。东靠西移、有序展开。因地制宜、扬长避短。东西对话、横向运动。中心开花、"极核"先抓。墨渍扩散、辐射联系。产业走廊纵横交错。点线面网、运转灵活。

（本文原载于桂世镛、魏礼群主编：《我国经济发展的若干问题及其对策》，经济日报出版社1987年版）

关于沿海与内地协调发展的几个问题

中国是一面向海的国家，东部海岸线全长 18400 公里，沿海 12 个省（直辖市、自治区）土地面积占全国 13.57%，内地 18 个省（自治区）占 86.43%，按人口计算，分别占全国的 41.3% 和 58.7%。作为两大地域单元，相互协调发展，不仅是沿海与内地经济各自健康发展的前提，也是保证全国经济持续稳定增长、国内经济循环与国际循环有机契合的基础。20 世纪 70 年代末以来，沿海地区经济明显加快，沿海与内地的差距迅速拉大，相互争原料、争市场的问题日趋尖锐。人们不禁要问：沿海与内地还要不要协调发展，如何协调发展，沿海地区哪些方面"两头在外"有利于协调发展，哪些方面"两头在外"不利于协调发展，如何才能做到沿海带动内地发展。笔者拟就这些问题谈些粗浅看法。

一

沿海与内地经济必须协调发展，不仅仅源于国家经济统一发展的一般要求，更源于沿海与内地互异的资源禀赋、互补的产业结构,以及在此基础上形成的相辅相成的区际耦合。

1. 互异的资源禀赋

分析各种资源、生产要素在沿海与内地的分布,可以明显地看到(见表1):就现有资产存量、基础设施和智力、技术、经

表1　　　　　1985年各种资源在沿海与内地的分布

项目	单位	绝对量 沿海	绝对量 内地	占全国的份额(%) 沿海	占全国的份额(%) 内地
人口	万人	42996	61536	41.3	58.7
土地面积	万平方公里	129.37	824.02	13.57	86.43
耕地面积	万公顷	3202.2	6588.0	32.7	67.3
人均耕地	平方米	733.3	1066.7		
水资源总量	亿立方米	7590	19770	27.7	72.3
人均水资源	立方米/人	1765	3213		
能源储量	亿吨标煤	446.77	5642.74	7.34	92.66
人均能源储量	吨标煤	103.9	917		
矿藏潜在价值*	亿元	8903	48386	15.54	84.46
人均矿藏潜在价值	元	2071	7863		
可开发水力资源	万千瓦	3595	34258	9.5	90.5
工业固定资产原值**	亿元	7176	3713	65.9	34.1
人均固定资产原值	元	1669	603		
运输线路长度	公里	377319	726270	34.2	65.8
线路密度	公里/万平方公里	2916	881		
长途电话电路	路	29000	14933	66.0	34.0
电报电路	路	4577	5571	45.1	54.9
每万人口中自然科技研究人员	人	84	69		
每万人口中大专以上文化人员	人	74	51		
地方财政收入总额	亿元	227	-127		

注:*按45种主要矿产的保有储量折算为价值量。

**仅包括独立核算工业企业。

资料来源:《中国统计年鉴(1986)》,中国统计出版社1986年版。

营管理与信息等软资源看，沿海优于内地。如人均拥有固定资产沿海比内地高177%，运输网密度沿海比内地高231%，每万人口中自然科学与技术人员和具有大专以上文化程度的人数，沿海比内地分别高22%和45%。而就能源、矿藏、土地等天赋资源看，内地均高于沿海地区，而资源丰度则远高于沿海。如人均耕地，比沿海高45%，人均水资源比沿海高82%，而人均能源和矿藏资源比沿海分别高7.8倍和3.8倍。单就某项资源和要素进一步深入分析，沿海与内地也各有优劣长短，以矿藏资源而言，集中分布于东部的有菱镁土、膨润土、大理石、花岗石、硅灰石、高岭土和滑石等，其他主要矿藏，有的半数以上在内地，有的则几乎全部在内地（见表2）。互异的资源禀赋，决定沿海和内地既可以各展所长，又需要密切协同，相互取长补短，通过要素互补，才能使各自分散的、潜在的优势，通过要素优化组合，形成现实的经济优势。

表2　　　　沿海与内地主要矿产资源在全国的比重　　　单位:%

	煤炭	石油	天然气	铁矿	钛	铜	铝土矿	铅	锌	锡	钨	镍	稀土	汞
沿海	7	44	30	46	<3	8	19.7	28	29	29	<25	1.2	<1	<10
内地	93	56	70	54	>97	92	80.3	72	71	71	>75	98.8	>99	>90
	磷	钾盐	芒硝	天然碱	石墨	云母	硼砂	菱镁矿	膨润土	滑石	大理石	花岗石	硅灰石	高岭土
沿海	11.7	<1	<15	<1	<10	<15	<3	95	93	54	>70	>70	>70	>70
内地	88.3	>99	>85	>99	>90	>85	>97	5	7	46	<30	<30	<30	<30

资料来源：《中国统计年鉴（1986）》，中国统计出版社1986年版。

2. 互补的产业结构

资源禀赋与经济地理位置的差异和经济发展水平的不同，使沿海与内地的产业结构有所不同。从三次产业的构成看，沿海地区社会总劳动力中第二产业就业者的比重已突破1/4，农业劳动力向非农产业转移的步伐较快，第一产业劳动者占劳动力总量的比例已降到55%以下，而内地社会总劳动力中仍有70%以上滞留在第一产业，第二产业的就业者在总劳动力中不超过1/5。

从农轻重的关系看，沿海地区的轻工业在工农业总产值中的比例（36%）明显超过农业（30%）和重工业（34%）；而内地则相反，轻工业的比例（25%）明显低于农业（39.5%）和重工业（35.5%）。从工业内部结构看，沿海地区以制造业为主，特别是机电、轻纺和原材料深加工，而内地的采掘（采伐）和原材料工业占较高的比例（见表3）。如内地的新疆、黑龙江、山西、宁夏、内蒙古的采掘工业与原材料工业在重工业产值中所

表3　　　　主要工业产品产量在沿海与内地的分布　　　单位:%

	煤炭	原油	发电量	木材	有色金属矿采选	硫酸	布	缝纫机	自行车	手表	电视机	机床
沿海	23.44	40.1	48.22	22.8	37.3	49.49	58.45	82.40	73.67	86.74	76.65	73.26
内地	76.56	59.9	51.78	77.2	62.7	50.51	41.55	17.60	26.33	13.26	23.35	26.74

资料来源：《中国统计年鉴（1986）》，中国统计出版社1986年版。

占的比重，分别高达45.1%、40.7%、33.9%、25.4%和25.3%。总的来讲，沿海与内地之间水平分工有所发展，但垂直分工仍占主导地位。以有色金属为例，有色金属采矿与选矿以内地为主（内地专业化率为1.6），而有色金属冶炼与轧制则以沿海为主（沿海专业化率为1.4）。这从沿海与内地分别在加工制

成品和能源与初级产品中占主要份额中可以得到印证。

3. 相互依存的区际耦合

在互补性产业结构的基础上，沿海与内地在商品、资金、技术上互相依存，形成跨区性的投入产出关联。总的来说，沿海向内地提供轻纺产品、机电设备和深加工原材料，内地向沿海供应能源、原材料和农产原料。据1985年资料推算，内地供应沿海原油1140万吨、原煤1.3亿吨、电力130亿千瓦小时、木材986万立方米，分别占沿海这些资源耗用量的18%、40%、6%和38%，除此以外沿海还从内地得到大量有色金属材料、化工原料和建筑材料。沿海供应内地的则以轻工产品、纺织品和机电设备为主，沿海轻纺产品有近60%供应内地，内地不少省（自治区）社会商品零售总额中，有1/3甚至更高份额的货源来自沿海地区。

沿海与内地的上述分工格局，尽管有其资源禀赋和历史基础等深层根据，但长期僵化不变，也带来多方面的消极后果。其直接代价是能源、初级产品和工业制成品往返运输的流通费用与通道建设投资；而更深层的后果是，既抑制了内地加工工业的发展，迟滞了内地农业劳动力的向外转移，使内地二元经济结构的明显反差改变缓慢，又使沿海地区产业结构的升级递进缺乏压力，长期停留在传统产业的外延数量扩张上，使中国产业结构的层次与发达国家的差距愈益拉大。1978年以来，随着纵向约束的减弱，地方和企业的权限扩大，地区经济活力的增强，在初级产品与制成品价格扭曲的利益机制驱动下，内地许多省（自治区）着力发展加工制造业，使自产原材料就地加工增值，而沿海地区的产业结构和产品市场方向并未作大幅度调整，从而形成低水平的重复与竞争，加剧了相互争原料、争市场的区际摩擦。

这种区际矛盾与摩擦较集中地反映在以加工工业为主导的沿海地区与以能源、原材料等初级产品为主的内地之间。矛盾的延续和激化昭示着：传统的区际分工格局需要改变，而新型区际分工格局的构建需要立足更高的视角、着眼更广阔的空间。

二

长期闭关锁国的单一内循环，使中国相对丰裕的要素难以发挥，而相对以至绝对短缺的要素又不能通过国际循环得到弥补，这在很大程度上限制了国内沿海与内地分工格局重构的回旋余地。对外开放，特别是沿海发展战略的提出，使我们可以面对国内、国际两个市场，利用国内、国际两类资源，为完成加快农业劳动力向外转移的步伐、进一步增强传统产业的实力和培植高技术产业、推进产业结构高度化、跟踪世界新技术革命的双重历史任务，把国内劳动地域分工和参与国际分工紧密衔接，重构沿海与内地分工的新格局，在新的基础上实现沿海与内地的协调发展。

1. 按照动态比较利益调整沿海与内地的产业结构

中国产业结构的突出特点是多层次、大跨度。为了创造更多的就业机会，吸纳亿万劳动力，作为工业化初期表征的劳动密集型产业还不得不大发展。在工业化中期居主导地位的重化工工业，在当前和今后一段时期都将是国内市场的短缺中心，亟须加快发展。为了跟踪世界新技术革命的发展，在高新技术上必须抓紧研究开发，逐步实现产业化。就全国来说，上述产业必须统筹兼顾，都有发展。而就每个地区而言，则应有所取舍与侧重，按照动态比较利益，调整和形成各具特色的地区产业结构，这样既可减少区际摩擦与内耗,又可通过分工协作更有效地实现全国产业发展的总体目标。

地区分工类型大体有三种。一是根据经济发展水平不同的垂直分工;二是基于资源禀赋差异的水平分工;三是为了获取规模效益的"协议性分工"。

一般地说,沿海和内地的大中城市,特别是科学技术力量雄厚,人才荟萃的特大城市(如上海、北京、天津、武汉、沈阳、重庆、成都、西安、兰州、合肥等)。产业发展的重心应逐步转向技术密集型和知识密集型产业,并以新技术改造、提高传统产业,对原有传统产业进行"技术置换",着力开发新产品,实现产品结构高档化。沿海大城市已经或正在丧失比较优势的传统产业,特别是高能耗、高物耗的传统产业,应分别向沿海与内地的中小城市与乡镇企业转移,已经成熟的一般技术应加快向中、小城市的乡镇企业传递。通过产业和技术空间的重新配置,就可以克服低水平的重复与竞争,使不同地区的产业结构层次相互衔接,又能在现有基础上都向前迈进一步。

根据地区资源禀赋的差异,沿海与内地在劳动密集型产业的发展上,应该也完全有可能形成各自的特色、各有自己的"拳头"产品。在重化工和机电产业上,更应有明确的分工。以金属材料生产为例,中国现有开采条件较好的铁矿主要集中在沿海地区,在进口外矿上,沿海更具便利条件,所以现在和今后都将是中国钢铁工业重点发展的倾斜地区。而有色金属则相反,内地既蕴藏有丰富的有色矿藏,又是能源富采地区,理应成为有色金属重点发展的倾斜地区。

目前,绝大多数省(直辖市、自治区)机电工业在工业总产值中都占到1/4左右,由于追求地区行行俱全,产品庞杂,既丧失了规模经济,又难以形成有竞争力的产品系列,按照水平分工原则，沿海与内地，以及沿海和内地的各地区之间，根据已有基础、市场条件和区位指向，选择各自的重点发展行业（如动力设备、矿山设备、运输设备、重型机械等），甚至围绕某类成套设备形成专门化，就既可减少区际的相互摩擦，又能从总体上推进全国机械工业素质的提高。

在微电子、光导纤维、新材料、生物工程、宇航等新兴产业和轿车等幼小产业的发展上，为了集中财力、物力和技术力量以较快形成规模，沿海与内地，以及沿海和内地的各地区之间，有必要从全局出发，通过"协议性分工"，各有侧重，形成不同的基地；切忌八方出击，导致相互间低水平重复，旷日持久难成气候。

2. 分工协作满足国内多层次的市场需求，全方位开放，拓展多元化的国际市场

随着多种所有制和以按劳分配为主的多种分配方式的发展，居民收入水平和需求层次正在拉开，在沿海和内地、城市和农村之间，将形成各有不同需求特色的区域市场。沿海和内地大中城市的工业，应集中更大力量以高档产品满足高层次的市场需求，内地的中小城市和乡镇工业则以满足需求更为广泛的中、低层次的市场需求为主。对于原料和市场都在内地的产品，对于运输效益低的一般日用必需品和具有地方或民族特色的消费品，沿海地区应逐步让出市场，以利内地相应产业的成长。国家通过调节运费率，改变目前过低的运价，对于促进上述让渡过程将有重要作用。

在开拓国际市场方面，沿海地区特别是广东、福建和海南三省、4个经济特区、14个沿海城市和长江三角洲、珠江三角洲、闽南三角区、辽东半岛和山东半岛，作为全国对外开放的主窗口，在商品市场方向上，应逐步提高出口导向的比重，相应降低内销比重，为内地工业的发展腾出市场空间。

中国除了 1.8 万公里的海岸线以外，还有 2 万多公里的陆地边境线与 10 多个国家接壤，在打开东南沿海主窗口的同时，在东北内蒙古、西北和西南边疆，打开北向、西向的窗口，可以扩大与苏联、东欧、西亚和南亚各国的贸易与经济技术合作。由于中国轻工产品、农副产品在上述国家市场上还有相当的竞争力，又可从对方换回木材、钢材、石油、天然气等国内短缺的原材料，是今后对外贸易的一个重要发展方向。北部、西部窗口的打开，对于改变边疆地区单一内循环时与国内经济重心区相距过远的距离障碍，创造新的区位优势、拓展新的发展空间更有重要意义。

广大内陆腹地的工业，在重点满足国内市场的同时，根据各自的优势，可以培植具有国际竞争力的商品，充分利用东、西、北三方面的窗口进入国际市场，特别是京广、京哈、陇海兰新沿线和长江沿岸地区更具有便捷的条件。

3. 开发国内资源与进口国外资源相结合

为了解决沿海与内地争原料的矛盾，沿海地区从国际市场进口原料，是缓解矛盾的一个途径。进口原料按其制成品的去向划分大体有两类：一类是加工后出口（包括"三来一补"），这是典型的"两头在外"，甚至"四头在外"（原料、市场、资金、设备），其主要作用是利用丰富的劳动力资源创汇，加快沿海地区农业劳动力转移的步伐；另一类是制成品内销，其作用在于通过国际循环解决国内资源的结构性短缺。而短缺原材料中又有两种不同情况。一种是近期短缺，长远也难缓解的，如铁矿。由于中国贫铁矿居多、难选矿多，为了相对压缩钢材进口的用汇，增加铁矿、废钢铁等的进口，总的算起来还是合算的。而另一种如有色金属、化工原料和一些农产原料，尽管近期短缺，但内地有丰富的矿藏和可开发的资源。只是目前尚未充分开发利用而已。如果沿海地区对后一种资源长期依靠国际市场，尽管也可支持沿海加工工业的发展，但其"乘数效应"将大部分外溢，沿海发展带动内地经济成长的作用将明显减弱。所以对后一种原材料，在近期和长远的安排上应有所不同，近期为解燃眉之急可通过进口以求平衡；长远看则宜采取沿海与内地合作开发内地资源的方案。

4. 继续发展横向联合、推进区域一体化

实施沿海发展战略以后，沿海和内地的横向联合，不仅不能削弱，还应进一步加强，朝区域一体化方向发展。这是实现沿海与内地协调发展的重要环节。

除了联合开发内地矿产资源外，联合开发内地能源是横向联合的一项重要内容。据有关方面测算，到2000年沿海地区能源的总缺口将达4.2亿吨标准煤，除就地发展核电、少量进口外，绝大部分需要依靠内地；沿渤海湾和长江三角洲地区主要依靠以山西为中心的能源经济区，广东则依靠广西、贵州、云南的水电和煤炭。

再如沿海地区创汇农业发展后，本地粮食种植面积缩减，短期从国际市场进口一些粮食是可行的，而从建立长远稳定的供应来源看，则以投资内地建立粮食等农副产品基地为宜。

在完成进口替代、出口和出口替代方面，沿海与内地的联合也有广阔的前景。现在中国每年还大量进口机电设备和家用电器的元器件，而国内机电企业的生产能力还有不少闲置，特别是三线建设时期建于内地的许多企业，它们拥有较好的设备和相当的

技术力量，但技术和市场信息不灵，通过沿海与内地联合，先从进口替代入手，在进一步提高技术的基础上，还可以联合出口。目前，中国出口商品中未经加工和仅经初加工的农畜产品、矿产品仍占不小的比例，其中大部分货源出自内地，沿海地区可利用技术和市场信息的优势与内地联合，内地初加工、沿海深加工，组成"出口一条龙"，就可使产品附加价值大增，提高商品换汇率。

在沿海与内地的联合中，除商品交流、资金融通外，对于技术、人才培训、信息等"软"联合应放到重要位置。沿海地区，特别是经济特区和14个沿海城市有责任将引进的先进技术、先进管理经验和市场信息加速向内地传递，充分发挥四个"窗口"、两个"扇面"的作用，为内地进出口商品、引进技术提供信息、咨询、融资和销售渠道等多方面的服务。国家应通过相应政策，鼓励和推动沿海技术向内地的转移。

为了使横向联合稳定地向深层次发展，沿海各省（市）可以分别和内地省（自治区）实行区域联合。如：辽宁和黑龙江、吉林、内蒙古东三盟一市；京津冀和内蒙古、山西、宁夏；苏北（连云港）和陇海、兰新沿线省（市）；长江三角洲与长江中上游地区；福建与江西，广东与广西和云贵；等等。各有关地区面对国内外市场，协调相互的产业政策，平衡双方的权益，逐步实现区域一体化。区域性联合是当今世界经济发展的一大潮流。既然西欧各国为了共同利益还可以实现区域联合，中国各地区之间实现区域联合，应该说没有不可逾越的障碍。

5. 深化改革，完善区域政策，协调区际利益

在传统体制下，沿海与内地的协调发展，是通过高度集中的行政性资源配置而实现，其弊病在抑制了地区经济的活力，在缺

乏明晰、准确的区位成本显示下,行政性调节极易产生主观随意性,其"特长"在简便易行。市场机制引入后,区际关系调节复杂化。按照市场经济理论,各种可移动性资源和要素会顺向流至边际收益高的地区(在中国即沿海地区),所以完全凭借市场调节,区际间的两极化就难以避免。为了在追求效率的同时防止因区际差异扩大而引起的社会震荡,往往需要从反方向,按"补偿原则",实施区域政策以弥补市场机制的缺陷,缓解追求效率过程中伴生的种种社会矛盾,以发挥促进社会和谐的稳定机制。中国对少数民族地区的财政补贴,对贫困地区的财政扶植、贴息贷款等均属此类性质。

改革开放以来,为了迅速打开对外开放的局面,中国实行了另一类性质的区域政策,即对东部沿海开放地带采取优惠政策,在吸收外资企业的条件、进出口管理、进口减免税率、出口外汇留成等方面都远比内地优惠。从实施以来的政策效应看利弊相兼。利者,沿海地区发展明显加快;弊者,是造成地区间的不平等竞争,使沿海与内地差距加速度拉大,特别是造成紧邻沿海的内地省、区(如湖南、江西等)在强大的"空吸效应"下要素大量外溢,迫使有的地方政府运用行政手段构筑"进出壁垒",割裂全国统一市场,与建立有计划商品经济的目标模式完全相悖。所以,无论从理论或实践上看,为了协调沿海与内地的发展,这种"锦上添花"的地区差别优惠政策都亟须调整。看来,可以改取"地区优惠"与"产业优惠"紧相匹配的优惠政策,即无论沿海或内地,只要是国家要求该地区重点发展的产业,均有相应的优惠,其他产业则不在优惠之列。

在新旧体制并存的双轨运行下,沿海与内地关系的协调,较之市场经济更为复杂,其中最突出的是价格扭曲。初级产品与工业制成品相对价格的扭曲(如采矿业的利润率仅 10.47%,而制造业的利润率在 20% 以上；化工原料的利润率仅 6.8%，而化工制品的利润率为 58.4%）在区际关系上，转化为内地资源省利益向沿海加工省外溢。不做到相互大体平等的交换，所有关于沿海内地协调发展的规划、方案设计都将流于空谈。价格扭曲如何理顺？靠"调"，有悖于市场经济的常识；靠"放"，在短缺经济的大背景下必然带来通货急剧膨胀。可以考虑的一条可行之路是，通过沿海（加工省）与内地（资源省）的区域联合，走"协议价格"的路子，逐步理顺比价关系，实现区际利益的协调。

总之，只要坚持深化改革，在充分发挥市场机制作用的基础上，加以政策导向，具有崭新历史内容和形式的沿海与内地协调发展道路，在社会主义商品经济的新时期必将日臻完善。

（本文原载《工业经济管理丛刊》1989 年第 4 期）

产业政策必须和区域政策相结合[*]

一 经纬交织"双坐标定位"的调控系统

为了扭转中国产业结构的严重失衡,发挥政策导向作用,1989年3月国务院颁布了《关于当前产业政策要点的决定》,规定了产业发展的序列,明确了支持和限制的产业和产品,这对实现国民经济稳定和协调发展无疑有重要作用。但是,中国疆域广袤,地区经济发展极不平衡,和那些面积仅仅万余平方公里的微型国家很不相同。仅有产业政策的单向控制,还难以达到预期的政策目标,如若自然地理、人文地理条件各异的地区,一律都按全国统一的产业发展序列安排本地区的产业结构,势必丧失区际分工利益,造成各地区产业结构雷同。区际产业链断裂等严重的政策负效应。

为了预防和避免上述弊端,笔者以为应采取产业政策和区域政策(含布局政策)相结合的"双坐标定位"法,经纬交织地

---

[*] 酝酿编制"八五"计划和后十年规划期间,提高国家计委地区司的咨询报告,并通过中国社会科学院《要报》(1989年第89期)上报。

组成调控国民经济总体发展的网络系统，才能有效地发挥政策导向作用，既安排好产业结构的总体配置，又有利于各地区经济优势的发挥。具体的实施途径在于实现产业政策区域化和区域政策产业化。产业政策区域化是指产业政策在确定先导产业，关联产业相关关系和重点支持与重点限制产业的同时，要对各产业在全国的布局有个总体勾勒，对全国产业发展目标因地制宜地进行地区分解，各省（自治区、直辖市）根据本地区的条件与特点，绝不仅仅限于拟定贯彻全国产业政策的实施办法，而应制定本地区的地区产业政策，国家宏观经济管理部门的职责，在于使各地区的产业政策有机耦合，分工协作实现全国产业发展目标。

区域政策（含布局政策）产业化是指这些政策在确定区域发展重点，各类特定地区开发对策的同时，对各类地区的产业结构，特别是主导产业应有所规定。

和传统体制下国家完全依靠行政指令进行资源配置根本不同的是，无论产业政策和区域政策，都要充分尊重价值规律，以催化市场发育、发挥市场机制为基础，按公平竞争原则处理区际之间和各投资主体间的利益关系。

二 产业政策区域化

从布局特征看，有遍在性与非遍在性产业之分。前者如农业、地方建筑材料、一般日用消费品工业等，各地既有发展条件，也有需求，都应该有所发展，这方面的趋同，是经济性的、合理的。

其他产业则多属遍在性（非遍在性）产业，即对产业的区位有特定的要求，这类产业布局合理与否，对整个国民经济效益有重要影响。根据各种产业生产工艺技术的要求和市场特点，应优选区位、各得其所，形成各自的若干重心区域。如加工过程中原料失重程度大的农产品、矿产品等初级加工产业，应围绕主要原料产地形成重心区；原料失重度小，成品不便运输或制成品规格、品种繁多、市场需求变化频繁的产品，宜围绕主要消费区，形成相应的重心区；高耗能工业则应围绕大型水、火电站形成自己的重心区；高技术产业则应围绕智力密集、协作配套条件完备、环境优美的地方形成若干密集小区。以钢铁工业为例，根据资源和市场条件，20世纪内有条件形成环渤海湾、长江中下游、能源基地区和西南地区四个各具特色的重心区，其产量估计可占到全国钢铁总产量的80％以上。环渤海湾地区，煤铁资源和市场条件兼备，是全国规模最大的钢铁工业重心区；长江中下游地区，充分发挥地理位置和江海运输的优势，是利用进口矿石发展钢铁工业的理想区位；以山西为中心的能源基地区，可利用调出商品煤的回空车辆，调进矿石以补区内之不足发展钢铁工业；西南区则以主要利用区内煤铁资源满足区内钢铁需求为特色。

有色金属、化学和建筑材料等原材料工业，亦应根据各自特点规定明确的重心区。

轻、重制造业，特别是机械电子工业，则要求按行业（如动力设备、运输设备……）以至各类成套设备规定明确的重心区。

国家对重心区域实行"择优扶持"，使重心区域的产量占到同类产品全国产量的较大份额，"择优扶持"的条件是重心区域的产品，有一部分由国家直接掌握、调配，在短缺经济下，国家能否掌握这部分资源，是能否有效实现"国家调节市场"的物质保证。在市场机制充分发挥作用的前提下，不必要采取行政手段制止非重心区发展此类产业，而是充分运用市场竞争与兼并机制，使"适者存，败者亡"，这就可以促使资源向最优区位流动聚积，充分利用规模经济效益，为解决长期以来重复建设、规模小、布点散、效益低找到新的出路。在市场机制还难以承担上述职能时，采取必要的行政手段也是需要的。例如，为了保证中国轿车工业能较快地形成几个具有起码规模的生产基地，不再重复彩电、电冰箱的发展格局，就不得不采取必要的行政手段。

三　经济区域的划分

1. 制定布局政策和区域政策，使产业政策区域化，首先要科学地划分经济区域

一个国家的经济区域，可从不同的角度，为满足不同的需求，采用不同的指标进行多类型、多层次的划分。例如，按经济发展水平的不同，可以划分为发达地区、次发达地区、不发达地区或待开发地区；按经济地理位置的差异，可以划分为沿海地区、内陆地区和边远地区；按居民民族构成的不同，可以划分为主体民族地区和少数民族地区；按对外开放的程度与方式，可划分为经济特区、开放城市和开放地区；按产业结构特点，可以划分为资源开发主导型、加工主导型和混合型等类地区。

"七五"计划按生产力发展水平将全国划分为东部沿海、中部和西部三大地带，基本上符合客观实际，对搞好总体布局与调节区际关系发挥了作用，现在来看，需要改进的有两点。一是中部和西部的界限。现在将陕西、四川划分为西部，而与陕、川两省无论从发展水平和结构特征看都和中部相近，而和远西部差异甚大，"七五"计划关于西部地带发展目标和任务的规定，更多地适合于远西部，而与陕、川两省不尽贴切。所以笔者在《我国经济布局战略的再探讨》①一文中就建议,将西部以兰州—成都—昆明为界限划分为远西部和近西部两部分,近西部与中部采取大体类似的发展对策。二是单有三大地带的划分,对于像我们这样疆域广袤的大国,还嫌太粗,还难以做到很好的宏观分类指导。

2. 如何进一步进行区域细分,有多种思路

一种是在现有三大地带范围内进一步细分。譬如,东部沿海地区分为环渤海湾地区、东南沿海和华南沿海地区。环渤海湾地区包括辽宁、河北、京津、山西,以重制造业为主,作为华北和西北地区的窗口,着重加强和日本、苏联、朝鲜、韩国等国的经济联系;东南沿海地区包括上海、江苏、浙江,以高技术产业和轻制造业为主,作为长江中、上游地区的窗口,着重加强和欧美、日本、中国台湾的经济联系;华南地区包括两广、福建和海南,以轻制造业为主,作为云、贵、湘、赣等省的窗口,着重加强和中国港澳地区、东南亚的经济联系。

再一种思路是按大经济区划分。上述划分遇到的最大困难是和现有行政区划与管理层次不协调。在实施操作上有很大困难,因此以省、直辖市、自治区为单位,按类型划分不失为近期一种现实可行的办法。

3. 经济类型区的划分

划分标准:类型区划分的目的在于将全国产业发展目标进行地区分解,以便实施宏观分类指导,使各地区的发展能耦合协调,实现国民经济发展的目标。反映各地区特点的指标大致包括

---

① 见《社会经济导报》1987年第3—4期合刊。

以下六方面：(1) 经济、社会发育水平；(2) 产业结构特征；(3) 在全国经济中的地位；(4) 要素禀赋特点；(5) 基础设施水平；(6) 经济效益水平。其中最重要的是第(2)点——产业结构特征，这需要从"产值"和"劳动力"结构，以及区际交换的价值构成三方面的指标反映。

以下根据已掌握的资料试作划分。

(1) 以初级产业（农牧业等）为主的地区。如青海、西藏。

(2) 以一次能源和原材料工业为主的地区。如山西、内蒙古、宁夏、贵州、云南、甘肃、江西等。

(3) 资源、加工混合型地区。如黑龙江、河北、河南、湖南、安徽、陕西、四川、新疆、广西、海南等。

(4) 以制造业为主的地区。

①以重制造业为主的地区：如辽宁、吉林、湖北、山东。

②以轻制造业为主的地区。如江苏、浙江、广东、福建等。

③综合型制造业地区。如上海、北京、天津等。

不同类型地区，形成跨省（市、自治区）的产业关联与耦合，在经济发展中这种"关联与耦合"必然受到冲击和突破，而发展本身又要求有动态的平衡，防止跨区产业链的断裂，妥善解决这一矛盾正是地区计划工作的关键与难点所在。所以对不同类型区划分以后，对其发展方向与任务，绝不仅仅是根据现状作出规定，如对以初级产业为主和以初级产品调出为主的地区，如仅仅规定其今后以初级产业发展为主，以保证初级产品调出为主，就会使国内地区垂直分工凝固化，既不科学也势必遭到这些地区的强烈反对。正确的做法是指出其产业结构演进的方向，规定初级产品就地加工与调出的比例，等等。使地区利益和国家利益得到兼顾，对以制造业为主的地区要规定其产业结构高度化的方向，控制一般技术的传统产业的数量扩张。总之，要使区际关联协调和促进各类地区产业结构递进的双重目标得以同时实现。

四 调整、完善区域政策

区域政策是针对具有特定问题与特定任务的地区采取的特殊政策。按照市场经济理论，在投资主体多元化和市场机制充分发挥作用的情况下，资源和各种可流动要素会顺向流至资本和劳动边际收益率高的地区，经济技术发展水平高、经济效益好的高梯度地区对周围低梯度地区各种可流动要素形成"空吸泵式效应"（简称"空吸效应"），这样在工业化进程中，完全凭借市场机制，区际间的两极化几乎难以避免。为了在追求效率的同时防止区际差距扩大到引起社会的震荡，往往需要从逆向，按"补偿原则"，实施区域政策，以弥补市场机制的缺陷或不足，缓解追求效率过程中同时伴生的诸多社会矛盾，发挥促进社会和谐的稳定机制作用。中国对少数民族地区的财政补贴，对贫困地区的财政扶持、贴息贷款等均属此类性质。1979年以来，为了迅速打开对外开放的局面，中国实行了另一类性质的区域政策，即对东部沿海开放带采取优惠政策，在吸收外资企业的条件、进出口管理、进口减免税率、出口外汇留成等方面都远比内地优惠。从实施以来的政策效应看，利弊相兼。利者，在使沿海地区对外经济技术合作取得较快发展；弊者，是造成地区间的不平等竞争，在双重倾斜下，使区际差距加速拉大，导致内地、特别是与沿海省（市）直接毗邻的地区（如湖南、江西等）要素大量外溢，在强大的"空吸效应"下，有的地方政府不得不运用行政手段构筑"进出壁垒"，造成全国统一市场的割裂。总之，从实践上看，这种笼统的地区差别优惠政策，导致经济运作混乱、区际矛盾激化，弊端会愈趋突出；从理论上看，与有计划商品经济的目标模式也完全相悖,亟须加以调整。改进的方向是,把"地区优惠"和"产业优惠"紧密结合。例如:对沿海开放带,不是对所有的产业均予优惠,而仅限于国家要求开放地带重点发展的高技术产业和创汇产业实行优惠;同样,对内地,国家要求该地区重点发展的产业,亦实行相应优惠。这样既利于市场机制的发挥,也体现了在市场机制基础上的政策导向作用,解决了调控中观布局、微观布局,使之与国家宏观布局同向化的问题。

五 继续发展横向经济联合,推进区域一体化

近年来,横向经济联合的发展,对突破条块分割,实现要素优化重组,调整产业布局发挥了重要作用。今后,对下述促进产业布局合理化有明显作用的横向联合,国家应从信贷、税收方面予以优惠鼓励。同时抓紧制定保护跨地区投资和其他经济技术协作各方的合法权益的法律。

1. 鼓励东部地区的轻纺企业,首先是生产名、优产品企业,采用参股或组建企业集团等方式带动内地和农村轻纺企业素质与技术水平的提高,使之更好地承担起满足国内市场需求,推动东部地区轻纺工业更多地朝外向型经济发展。

2. 鼓励一、三线企业的横向联合,利用经济特区、开放城市等"窗口"的技术与市场信息,促进三线企业设备、人才等潜在优势转化为现实优势。

3. 鼓励东部能源紧缺地区的高耗能工业向西部能源富余地区的转移。

4. 鼓励发达地区和大中城市向贫困地区和不发达地区输出资金、技术和人才,承包或租赁企业,独资或联合兴办开发性产业;鼓励贫困和不发达地区向发达地区输出劳务。

为了从更深层推进横向联合，相关省（市、区）可以发展多种类型的区域一体化，就相互的地区产业政策协调进行对话，制定区域市场的运行规制、协调各方的权益，促进区域市场的发育。区域一体化大体有两种类型：一为同质型地区（发展水平、要素禀赋和产业结构大体类似），通过区域协调或区域联合，实行"协议性分工"，这对于克服工业建设重复、分散，实现规模经济，对于共同开发，整治跨省（市、区）的自然资源都有明显作用；另一为异质性地区，通过区域协调或联合，实现"互补性分工"，对于各展所长、长短互补更有明显效益。例如，粤、闽两省为了按贸—工—农原则调整农业结构，大力发展创汇农业，在粮食、生猪等农、副产品的供应上，就有必要和湘、赣等省实现联合，投入资金和技术帮助湘赣等省发展粮食、生猪商品基地，建立向粤、闽稳定供应农副产品和原料的期货市场，这样既利人也利己，经年不断的种种"大战"才有可能逐渐平息。西欧各国为了共同的利益，不仅结成区域共同体，而且正朝"欧洲大市场"方向迈进。我们国内的各省、市、区之间区域一体化的发展，应该说不存在不可逾越的障碍。

（本文曾以《论产业政策区域化和区域政策产业化》为题，刊于《计划与市场探索》1989年第3期）

论九十年代中国经济布局的指导方针^{*}

一

1. 经济布局与区域经济是大国经济社会发展中的重大课题。中国疆域广袤，各地区自然、经济和社会人文条件差异大，地区经济发展很不平衡。上述国情决定了经济布局在中国的特殊重要性和复杂性。

2. 党的十一届三中全会以来，党和政府调整了布局政策，充实了区域政策，增强了地区济发展的活力，改善了经济布局。它集中反映在20世纪80年代取得的下述成就上：

（1）宏观布局政策的调整和多层次逐步推进的对外开放格局，赢得了宝贵时机，使沿海地区经济率先迈上了新台阶，并通过沿海地区的示范效应、扩散效应促进和带动了内地经济的发展。

（2）国家对内地能源、矿产资源的重点开发和农业商品基

---

* 对"八五"计划期和九十年代经济布局方针的政策建议，通过中国社会科学院《要报》（1990年第38期）上报。

地的建设，取得了显著成绩。以山西为中心的能源基地，西北、西南的有色金属和化工基地，吉林等中部省（区）的商品粮基地，广西、新疆和雷州半岛的糖料基地等，在保证国民经济的能源、原材料和农产品供应上，已经并将继续发挥越来越大的作用。

（3）宏观经济分层调控的实施，增强了地区经济的自组织能力，使绝大部分地区的区域经济活力开始得到发挥。

（4）国家对"老、少、边、穷"地区的扶持与援助政策取得了明显成效。全国18片贫困地区的社会经济面貌已有程度不等的改观；原来694个贫困县中的484个已甩掉了贫困的帽子。

（5）跨地区和城乡间横向经济联合的发展，冲破了地区封闭的大门，推动了要素流动和区际间的优势互补，促进了区际分工与资源的优化配置。

3. 在取得上述成就的同时，由于新旧体制的胶着并存，既使经济布局与区域经济中老的矛盾充分显露，又出现了一系列新的矛盾和问题。

（1）宏观分层调控权责的划分中，中央财政比例下降过多，地方在国家财政所占比例增加的同时，事权未作明确规定，削弱了国家对宏观布局的调控能力。

（2）行政性分权和各种包干制，妨碍资源优化配置，导致低水平重复建设；特别是在价高、利丰、税多、易建的加工工业方面的严重趋同；既丧失了对规模效益、地区分工利益的利用，又加剧了全局性的结构失衡。

（3）地区间严重的结构趋同，加上市场运作规制的不健全，导致区际贸易失序，争夺稀缺资源或市场封锁的种种"大战"频仍，使统一大市场遭致人为分割。

（4）改革开放的分区推进，对部分地区政策优惠过多，形成"人为梯度"的不平等竞争，既加剧区际摩擦，又使区际间发展差距加速扩大，不利于社会稳定。

二

1. 1991年将进入"八五"计划时期，根据现有经济布局和要素分布的态势，针对上述矛盾与问题，围绕第二步战略目标的实现，是选择确定"八五"时期以至整个20世纪90年代经济布局指导方针与政策的依据。

2. 从指导方针看，宜取：适度倾斜、协调发展，合理分工、各展所长，横向联合、优势互补，结构递进、动态耦合，以点带面、联点成带，产业走廊、纵横交错。

3. 适度倾斜、协调发展。20世纪80年代地区倾斜方针的实施，使一部分地区先富起来（东部沿海地带居多），同时也扩大了区际发展水平和收入水平的差距，引起了社会的广泛关注，对此褒贬不一。90年代应否继续执行地区倾斜，看来还会倾斜，只是倾斜要适度、要有正确的基准。中国疆域辽阔，各地区经济发展水平、开发程度以至社会发育水平差距大，投资环境与经济环境优劣不一，从长远奋斗目标看，应逐步缩小这一差距，但这决不是靠几个五年计划时期就可办到的；即使若干年后，由自然条件、区位条件造成的地区差异，也是难以完全熨平的。

为了提高国民经济效益，应使资源的投向、要素的流向倾斜于投资环境与经营环境好、投资与经营效益高的地区；对于外资的吸引强度，也因投资环境的不同，而具有明显的地区差异。这种客观条件决定的地区倾斜，不以人的意志为转移，只能因势利导，不宜相悖而行。问题是从政策调控上，要保证倾斜适度而不过"度"。在实施地区倾斜方针时，有两个关键问题要把握好。

（1）倾斜的基准是客观上存在的投资与经营环境的地区差异，而不是通过政策优惠人为制造出来的地区差异。前者能促进国民经济整体效益提高，而后者则由于破坏了公平竞争原则。打乱商品经济正常运行秩序，诱发区际摩擦，导致种种连锁弊端，势必降低国民经济的整体效益。

（2）倾斜必须适度。在利益主体和投资主体多元化的情况下，如果完全听凭市场机制的作用，多种资源和可流动的要素将会顺向流至资本和劳动边际收益率高的地区，出现"马太效应"，加剧区域经济两极化，甚至引起社会震荡。中国是多民族的社会主义大国，国内不发达地区多半是少数民族聚居区，在国际风云变幻的当今，对此尤应重视。只有把倾斜控制在社会认同和可承受的范围内，才能实现稳定中求发展。

4. 合理分工、各展所长。中国各地区不仅经济社会发展水平不等，而且资源禀赋（自然的、经济的、社会人文的）的种类、数量和结构有很大差异。粗线条地说，就现有固定资产、基础设施和人才、技术、经营管理与信息等软资源看，大体是东高西低，由东而西依次递减；就多数矿藏和水力、土地等自然资源看，大体是西丰东贫。从南北方向看，北部地区的能源特别是煤炭资源丰富，水资源紧缺；长江以南地区则相反，水资源丰富，而煤炭资源短缺。同一资源和生产要素在各地区的不同丰度和同一地区诸种资源与要素的不同丰度，导致不同地区各种资源和要素供给比例和供应价格的绝对或相对差异，进而导致同种产品不同地区生产费用的区间差异和同一地区不同产品（行业、部门）经济效益的差异。各个地区分别重点发展能更多、更好地利用本区供应充裕、价格低廉资源与要素的产品（行业、部门），根据各自不同的优势各展所长，建立不同的地区主导产业，以此作为整个区域经济发展的核心与重点，围绕主导产业的产前服务、协作配套和产品深度加工、资源综合利用等发展关联产业，组成各具特色的高效率的地区经济综合体。通过区际商品交换与经济技术协作，以己之长补人之短，以人之长补己之短，破除地区自成封闭体系的传统观念，杜绝不必要的重复布点、重复建设，就可使每个地区以至全国经济建设的效益大大提高。

5. 横向联合、优势互补。经济布局的合理化，除了通过国家计划，再一条重要的途径就是广泛开展地区之间、企业之间的经济技术的横向联合。如前所述，从经济发展的条件与要素看，三大地带之间、点（城市）面（腹地）之间都存在优劣互异的两个反向梯度，通过横向联合，正可长短互补，形成现实优势。20世纪80年代广泛开展横向经济技术协作所取得的成果，充分证明了它对冲破条块分割，实现要素优化配置有重要作用。今后对下述促进产业布局合理化有明显作用的横向联合，应从信贷、税收等方面予以优惠鼓励。抓紧制定保护跨地区投资和经济技术协作各方合法权益的法律。

（1）鼓励东部地区的轻纺企业，首先是生产名优产品的企业，采用参股或组建企业集团等方式带动内地和农村的轻纺企业生产技术和产品质量的提高，使之更好地承担起满足国内市场需求，推动东部地区轻纺工业更多地朝外向型经济发展。

（2）鼓励一、三线企业的横向联合，利用经济特区、开放城市等"窗口"的技术与市场信息，促使三线企业的设备、人才等潜在优势转化为现实优势。

（3）鼓励东部能源紧缺地区的高耗能工业向西部能源富余地区转移。

（4）鼓励发达地区和大中城市向贫困地区、不发达地区输出资金、技术和人才，独资或联合兴办开发性产业；鼓励贫困地区和不发达地区向发达地区输出劳务。

为了从更深层次推进横向联合,相关或相邻省(市、自治区)应发展多种类型的区域一体化,就相互的地区产业政策协调,进行对话;制定区域市场的运作规制,协调各方权益,促进区域市场的发育。

6. 结构递进、动态耦合。长期历史发展的累积,使中国经济布局与区际产业结构,至今仍具有明显的垂直分工特征。即资源丰富的中部、西部和广大农村,向沿海地区和大中城市提供能源、原材料等初级产品,经后者加工再将制成品返销前者。在内地工业实力逐步增强后,这种陈陈相因的旧格局受到一次又一次的冲击;特别是改革开放以来,随着地区利益强化和自组织能力增强,内地工业和乡镇工业正愈来愈多的对地产原料实施"就地加工增值"。对此,论者褒贬不一;贬者,指摘此乃原料产区囿于地方利益,不顾大局;褒者认为,这是地区比较利益变迁导致的合规律的变化。笔者认为,上述矛盾是"发展"、"进步"的表现。无论一个国家或地区的经济发展,不仅表现在经济规模的扩大,同时也表现在产业结构逐步向高度化方向嬗变(内中包含技术结构的进步),从某种意义上讲,后者更为重要。所以我们无权要求过去和现在以初级产品生产与调出为主的地区,今后也始终保持以资源密集型产业和上游产业为主的产业结构,而应指导和帮助这些地区顺应产业结构递进的规律,向前迈进。但是就每一个时点看,区际的产业关联与耦合又必须保持,这就要求上述地区在产业结构递进的同时,仍需保持一定数量的初级产品调出,以保证加工工业为主的地区的需要。反过来说,国家在保证加工工业为主的老工业区的原料需要的同时,亦应控制其一般技术的传统产业的数量扩张,诱导这类产业向低梯度地区扩散,使老工业区的产业结构朝高新技术和出口创汇的方向发展。总之,既保证从一个时点看,区际产业结构的关联与耦合得以保持，使社会再生产能顺畅运行；又能从动态发展上，使各类地区的产业结构，在各自原有的基础上都向前迈进一步，这是在经济布局与区域经济领域内宏观调控的关键与难点所在。

7. 以点带面、联点成带。大机器工业出现后，经济布局的第一个特征就是由分散转向集聚。集聚既适应了大生产广泛协作的要求，又便于共同建设、使用统一的基础设施，因而带来很大的经济集聚效益；在一定限度内，这种集聚效益是随城市规模等比例增加的。所以城市是现代经济发展的火车头，对每个区域而言，城市尽管只是一个"点"，但它是带动整个区域发展的核心。

今后十几年甚至更长时间，中国经济发展就其主要方面的实质而言，仍是从广度、深度两方面继续进行工业化，顺应经济集聚的客观规律，同步推进城市化，根据城市辐射圈的不同经济实力，相应发展大、中、小各级城市，形成有机结合、比例适当的城镇体系，这是提高宏观经济效益的重要保证。

中国现有工业固定资产 2/3 以上集中在四百几十个城市，这些城市提供了 3/4 以上的工业总产值和 4/5 的财政收入，是今后全国各地区产业布局展开的"增长极"。以每一城市为圆心，周围地区的经济发展水平大体与交通运输距离的远近成比例地递减；城市的规模与分布密度，与三大经济地带相对应，由东而西渐次递减，东部沿海地带，已形成若干城市群体，远西部的城市则大体停留在区域性中心的阶段。根据产业布局集聚与扩散规律，今后在完善和展开产业布局中应注意：

（1）促进城市由单一工业中心向综合中心转化。过去由于否定商品经济，不仅使新中国成立后新建的城市成为单一的工业生产中心，也使许多原来具有多功能的综合性城市退化为单一的工业生产中心。工业的发展是城市作为"增长极"的实力基础，但城市作为"增长极"对周围腹地通过生产要素的聚集、扩散和转化,带动区域经济发展的功能则主要依靠贸易、金融、信息、咨询、科技、文教等第三产业。加强城市第三产业的发展,催化生产要素市场体系的发育、是使现有城市充分发挥增长极作用的关键。对于远西部、数省(自治区)的接壤地区和三线建设时布局过散的地区,培植功能健全的"增长极"应作为推进地区开发的关键一环。

(2) 构建城镇体系,以点带面,推进城乡经济一体化、网络化。"增长极"按其规模、功能和吸引辐射范围的不同,客观上形成多层次结构。从乡镇企业和各种农业服务体系集聚而成的最基层"增长极"——集镇,到小城市、中等城市和大城市组成的城镇体系,在要素市场发育、各种人为地分割壁垒被铲除的情况下,各产业、各行业,将按其规模经济的要求、传输费用的水平(其倒数即为经济传输距离)和对不同要素的需求比例,有规律地配置在不同层次的增长极。这样就可以扭转目前城市国有工业和农村乡镇工业"双轨式"发展,布局上"两盘棋局"的状况,使大多数乡镇工业走出"村村点火、处处冒烟"的社区经济阶段,逐步形成贯通城乡的统一"产业链"。这样既有利于带动农村经济的发展,也有利于城市产业结构的升级和市区产业布局的调整,防止城乡工业发展中的内耗。

(3) 如果说大机器工业的布局,由空间上集聚成"点"起步,其进一步发展,经过"墨渍扩散",由"点"到"面";经过"辐射扩散",联"点"成"带"结"网",这是伴随生产力发展,经济布局展开的有效方式。产业带、城镇带一方面进一步扩大了城市的集聚效益,又可以在一定范围内兼取集聚和分散的优点,避免特大城市过分膨胀的弊端。

中国疆域辽阔,现有运网密度很低(每万平方公里铁路通车里程仅55公里），近期内又难以挤出更多资金使运网密度迅速提高，工业和城市的发展要想取得好的效益，除了依托现有和拟建的运输网络，别无他途。从更长远看，要想在我们这样的大国使经济布局充分展开，也需要从建立纵横交错的"三沿（沿海、沿江、沿铁路公路干线）"产业带、城镇带，形成经济布局的骨骼系统入手。

8. 产业走廊、纵横交错。产业走廊或产业带的建设步骤，首先是，结合沿海对外开放前沿地带的建立，发展沿海产业带，及时把握20世纪最后一次国际资本、技术与产业转移浪潮的机遇，使之成为国家经济实力最雄厚、技术水平最先进，对外、对内辐射相结合的产业密集带；沿海产业带由于可以依靠近海运输，生产中可以部分利用海水，这对避开陆上运输紧张和水资源紧缺两个"瓶颈"也大有好处。

中国大陆海岸线总长1.8万多公里，不同区段情况各异，根据各区段及其腹地的差异和对外进出口国别的不同，大致可分为三大区段。一是大连至连云港的北部海岸带；二是南通到宁波的东部海岸带；三是温州到北海市的东南海岸带。北部海岸带的近腹地即环渤海湾地区，这里有丰富的煤炭、石油和铁矿资源，石油与铁矿储量分别占全国的45%和40%；全国5大油田中的4个，全国3个大型铁矿中的2个都在环渤海湾地区，无论当前和今后产业结构均以重制造业与原材料工业为主；其远腹地包括黄河中、上游广大地区，是中国能源与高耗能工业的主要基地；总之，它内联东北、华北、西北广大腹地，面对东北亚各国。

东部海岸带的近腹地为东南沿海地区，以高新技术产业和轻制造业为主，其远腹地包括长江中、上游广大地区。东南海岸带的近腹地为华南地区，以轻制造业为主，同时也是云、贵、湘、赣等省对外开放的"窗口"，主要面向港澳地区和东南亚各国。

其次是，充实加强哈大、津浦、京广沿线产业带。再次是，北同蒲—太（原）、焦（作）—焦、枝（城）沿线产业带。

以上是就纵向产业带而言。横向产业带的发展，首先是，长江沿岸产业带、珠江—西江沿岸产业带，这两条产业带分别在长江三角洲、珠江三角洲与沿海产业带交汇，既是支持沿海产业带面对太平洋通向全世界的坚强后盾，也是沿海现有和引进的先进技术与管理经验向内地转移的主要通道，同时也是支援西南和广西开发的桥头堡。其次是，陇海—兰新沿线和京包、包兰沿线产业带，它们分别在连云港和天津与沿海产业带交汇，是沟通北部沿海地区与大西北和内蒙古的主要通路，也是支持大西北开发桥头堡。陇海、京包和包兰产业带绝大部分和黄河产业带相重叠，黄河虽无水运之利，但其干流和沿岸地区蕴藏有丰富的能源和有色金属等矿藏。黄河上游为水电富矿带，水能资源超过 2000 万千瓦；黄河中游晋、陕、宁、蒙为中国煤炭资源蕴藏最集中的地区，20 世纪 80 年代山西能源基地建设取得了很大成绩，90 年代将继续西进，开发陕北和蒙东的神府、东胜、准噶尔等大煤田；黄河下游是中国重要的石油基地，可以说黄河产业带是一条以能源为基础和主干，以高耗能工业和石油化工等为主导的产业带。

上述诸产业带，不仅从东、南两面通达沿海，而且在西、北两面与苏联、蒙古国等周边国家相连，为"两沿"（沿海、沿陆地边境）对外全方位开发奠定了基础。

(本文原载《技术经济》1990 年第 5 期)

九十年代区域经济发展的任务及其实现

国民经济和社会发展十年规划和第八个五年计划纲要,规定了20世纪90年代中国区域经济发展的中心任务与目标:一是地区合理分工,发挥优势,齐心协力保证全国第二步战略目标的实现;二是通过跨地区的横向联合,特别是较发达地区对少数民族地区和贫困地区的支援与协作,实现地区间的协调发展。完成上述双重任务,关键在于正确运用市场机制和政策干预,并使两者相辅相成,有机结合。具体地说,有以下三方面:

1. 生产力布局和要素配置,坚持效益领先原则

中国疆域广袤,基于自然条件、历史和社会人文诸多因素的作用,地区经济发展不平衡,各地区投资环境与经营环境优劣不一,为了提高国民经济整体效益,在资源的投向、要素的流向上,要扩大市场机制的作用,使效益领先原则能更充分地实现。这种基于经济效益地区差异形成的地区倾斜,只宜因势利导,不宜主观抑制。对于某些地方政府和行业主管部门,运用行政权力,构筑"进出壁垒",妨碍商品与要素的流动,不合理地干预跨地区横向联合的发展,须从法律和行政法规上严加制止。

2. 按照"补偿原则",完善区域政策体系

市场机制的引入,生产要素按照利益导向流向报酬率高的地区,在一定时期内势必拉大地区间经济发展与收入水平的差距,出现"马太效应",为了防止区际差距扩大到引起社会震荡,需要通过充实完善区域政策体系,实现利益兼顾、协调发展,达到各类地区共同繁荣的目标。

区域政策的作用既然旨在弥补市场机制的缺陷,是为了缓解追求效率与效益过程中伴生的公平失衡,就必须首先明确区域政策构建的原则——补偿原则,即通过国家财政援助、信贷优惠等措施,使自然条件和历史基础差、区位偏僻等一类地区,得到一定程度的补偿,以减少或消除客观条件造成的这类地区在市场竞争中的不利地位,使这类地区的经营主体能与其他地区企业竞争中处于相近或同一的起跑线上。这也决定了区域政策对"目标区"的投入重点在社会公共部门,以改善"目标区"的投资环境与经营环境为中心。

从中国当前情况看,实施地区政策的"目标区"主要有两类。一是老少边穷地区。新中国建立以来,党和政府一贯重视扶持这类地区经济与文教事业的发展,投入了大量资金,今后应总结经验,改进投入方式,提高投入效益,把重点放在培植这类地区自身造血功能上。二是发展后劲明显衰退的老工业区。这方面迄今无论从理论与实践上,尚未引起足够的重视。老工业区40多年来为国家作出了巨大贡献,在统收统支的旧体制下,财政上缴比例高,一段时期甚至把折旧费也看做收入上缴了,多年矛盾累积,造成这类地区产业结构更替升级缓慢,不少老企业技术老化、设备破旧、产品竞争力下降。国家有必要设立"老工业区振兴基金"和"工业地区布局调整基金",支持老工业区产业、技术和配置结构的全面调整,促进比较优势已经丧失的产业向原

料产区或低梯度区转移，扶持这类地区高新技术产业、出口创汇产业的发展和重点企业的技术改造。

20世纪80年代，为了在对外开放上赢得时机，对部分地区实施了"锦上添花"的政策优惠，正效应是较快打开了对外开放的局面，负效应是形成不平等竞争的"人为梯度"，随着时间推移，其负效应将愈趋突出，故宜逐步收缩调整。与此相应，多层次逐步推进的对外开放格局，应尽快向全方位开放转换，并加速向内地的传递与辐射。90年代在以浦东开发与开放为重点，继续抓好东部沿海地区对外开放的同时，要使陆地边境地区的对外开放向前推进一大步，重视通过长江、陇海—兰新线、大秦、京包、包兰线、珠江—西江等大通道，加速国际资金、技术向内陆腹地的传递，扩大腹地省（区）工农业产品进入国际市场的规模。

3. 综合运用计划与市场两种调节手段，实现资源优化配置

如何克服不合理的重复建设与地区产业结构趋同，以充分利用规模效益与区际分工效益，这是各有关方面理论上有所共识，而决策行为却往往相悖的棘手问题。为此，首先需要对病因作出准确判断。笔者认为，这是比价扭曲、价格信号失真，建设性财政采取行政性分权和产权虚置、投资决策缺乏责任制，以及产值攀比等多种病因叠加引起的复合症，其彻底根治有待全面配套的改革。当前，似可考虑采用"分层规划、竞争优选"办法，缓解上述矛盾。具体地说，即根据建设项目的不同性质，区分为全国、大经济区和省（直辖市、自治区）三级，分层规划、利益兼顾、协调平衡。第一层次是全国，主要抓跨大经济区的基础设施，资金密集度高、投资规模大的基础产业和高新技术产业，其建设内容和生产大纲，从全国一盘棋出发，统一规划。具体建设

区位，依靠竞争优选。第二层次是大经济区一级，包括资金密集度比较高、规模效益明显的基础产业和生产规模比较大的制造业，按大经济区统筹规划，由省（市、区）联合投资，建设区位也依靠竞争优选。其他中、小型建设项目，由省（市、区）统筹规划、投资主体自行决策，充分发挥市场存优汰劣机制的作用。采用分层规划，竞争优选，使计划与市场两种调节手段有机结合，可避免板块结合的弊端；同时针对建设项目的不同性质与规模，在不同层次上，采取不尽相同的结合方式，以避免"一刀切"。上述方法要想真正取得实效，关键在深化投资体制改革，重塑全民所有资金投入的微观基础，明确国有资产投资经营主体的权、责、利，承担竞争性项目的保值与增值。各级政府的资金投入方向，应转到社会公用事业和建立各种调控基金，政府主管部门的精力应转向规划、协调、服务和监督，履行管理调控职能，改变调控与被调控"一身二任"的悖理状况。这样才能引导各地区充分认识与发挥自身的比较优势，建立起资源优化配置的运作机制。

（本文原载《中国计划管理》1991年第7期）

论区域协调发展[*]

21世纪头20年对中国既是一个重要的战略机遇期,亦是国家经济社会结构发生深刻变化的重要阶段。贫富悬殊、城乡差距和地区差距拉大,生态环境恶化等大量问题涌现,按照科学发展观妥善解决上述矛盾,就能使我们顺利实现工业化、现代化;反之,听任矛盾加剧蔓延,就有可能导致社会动荡,造成经济社会发展徘徊不前。所以科学发展观对全面建设小康社会进而实现现代化的宏伟目标,具有重大而深远的意义。

一 区域协调发展是科学发展观和"五个统筹"的重要内容与要求

党的十六届三中全会提出:"坚持以人为本、树立全面、协调、可持续的发展观,促进经济社会和人的全面发展";强调

---

[*] 本文初稿为作者寄给国家发展和改革委员会发展规划司的建议书,曾以《区域协调发展及其政策选择》为题,发表在国家发改委规划司编印的内刊《发展规划研究》2005年第8期。

"按照统筹城乡发展、统筹区域发展、统筹经济社会发展、统筹人与自然和谐发展、统筹国内发展和对外开放的要求",推进改革和发展。

全面、协调、可持续的发展和"五个统筹"密不可分。如果说,可持续的发展侧重从时间维角度,维护"代际公平"(《布伦特兰报告》对可持续发展下的经典定义是,可持续的发展是指既满足当代人的需要,又不对后代人的生存和发展构成威胁)。那么,区域协调发展和城乡协调发展,则侧重从空间维角度,重视"区际公平"。区域协调发展,直面的虽是地区之间的关系,但就每一个地区而言,其健康发展,都必须充分体现统筹城乡发展、经济社会发展、人与自然和谐发展以及区内发展与对外开放的要求。

区域协调发展是国民经济平稳、健康、高效运行的前提。作为多民族的大国,区域协调发展不仅是重大的经济问题,亦是重大的政治问题、社会问题和国家安全问题,事关国家的长治久安。

二 区域经济协调发展的内涵

首先要弄清什么是区域经济。区域经济是从空间侧面看的国民经济子系统。国民经济这个大系统,可从多侧面剖析,譬如,从产业构成上,可把它分为第一产业、第二产业、第三产业,在产业之下还可以分许多行业;这些属于产业经济学研究的内容。区域经济学研究的是国民经济空间侧面的子系统。整个国民经济正是由众多区域经济系统耦合而成,各子系统间的协调性,是国民经济大系统稳定高效运行的前提。

区域发展的协调性,通常从下述几方面进行检测。

第一，地区发展水平、收入水平和公共产品享用水平。由于各地区人口、面积不同，地区生产总值等地区经济和社会总量指标不具备直接可比性。通常采用人均地区生产总值、人均收入和公共产品享用水平等指标；这三类指标密切相关，但其内涵、制约因素和实现途径与实现的难易程度终究有别。

根据 2003 年的统计数据，全国各省（市、区）平均地区生产总值为 10505 元。东部 11 个省（市）[京、津、沪、辽、冀、鲁、苏、浙、闽、粤、琼] 为 16206 元，高于全国平均值 54.3%；中部 8 省（黑、吉、晋、豫、鄂、湘、皖、赣）为 7757 元，比全国平均值低 21.6%；西部 12 个省（市、自治区）[陕、甘、宁、青、新、川、渝、滇、黔、藏、桂和内蒙古] 为 6187 元，较全国平均值低 41.1%，只相当于东部人均地区生产总值的 38.2%。

从共同发展的愿望出发，希望以人均地区生产总值等指标标志的地区发展水平尽可能接近为好；但受各地区要素禀赋差异等的影响，地区发展水平的差距是难以完全消除的。特别是在受自然条件影响，生存成本和发展成本很高的地区，或在维护国家生态环境安全上负有重要使命的地区（如大江大河源头区等），如难以通过扩大经济总量缩小发展差距，就要考虑向区外移民的路径，使实际人口密度与地区人口承载力趋近。

地区居民收入水平，这是城乡居民感受更直接的指标，它除受本地区经济发展水平、就业机会等影响外，还受地区劳动力异地就业务工的影响。以贵州省为例，每年约有 178 万人在外务工，每年务工总收入在 130 亿元—170 亿元之间，大体相当于同期贵州省农业增加值的 44%—57%。对于土地承载力处于超负荷状态、发展条件难以尽快改观、当地就业岗位近期难以大幅度增加的地区，组织异地就业，提高外地务工的劳动力的素质，不失为重要的举措。

地区公共产品享用水平。居民生活水平除取决于收入水平外,还与所在地区各种公共产品,特别是最基本的公共产品——如能履行卫生保健职能的医疗卫生服务体系、疾病预防控制和医疗救治体系,能提供洁净饮用水的供水系统,能对居住区生产生活废弃物进行无害化处理的设施,能承担九年义务教育与成人教育的文教组织与设施等——提供能力有关。上述各种公共产品的服务能力与水平,既反映了公民生存权与发展权的实现程度,又从源头上决定了地区可持续发展的能力,是不发达地区缩小与发达地区多方面差距中需优先着力缩小的根源性差距。在坚持自力更生的前提下,缩小不发达地区在公共产品供给水平上的差距,需要上级政府的财政转移支付和发达地区的援助。

第二,区际分工协作的发育水平。各个地区要素禀赋的差异和发展所处阶段的不同,决定了不同地区各自的比较优势。结构和特色各异的区域经济耦合而成的国民经济,由于充分利用了区际分工协作利益,就可以兼收协调、高效之利。反之,如果盲目重复建设,地区结构趋同,则既丧失了地区分工协作之利,又导致过度竞争的内耗,造成双重损失。

区际分工协作稳定发展的前提是互惠互利,按照等价交换原则,维护区际利益的协调,使各地区共享发展机会,共享发展成果。

三 中国区域经济的演变与现状

地区发展严重不平衡是旧中国留下的一份沉重遗产。在20世纪上半叶,70%以上的工业和近代交通设施都偏集于东部沿海几个城市,国土面积占全国56%、人口占全国近1/4的广大西部的工业产值只占全国的 9.6%。新中国成立后，党和政府高度重视经济的合理布局和区域经济的发展。毛泽东 1956 年在《论十大关系》中有专门的一节论述沿海与内地建设布局的关系。第一个五年计划时期全国动工的 694 个大型工业建设项目，有 472 个摆在内地，在中西部集中建设了武汉、包头、兰州、西安、太原、郑州、洛阳、哈尔滨、齐齐哈尔、长春、吉林和成都等主要工业基地；从 20 世纪 60 年代中期开始，延续近十年的"三线建设"，通过新建、迁建，除使重庆、成都、昆明、贵阳、西安、兰州、银川和西宁等西部城市经济实力增强外，还在攀枝花、绵阳、德阳、遵义、都匀、凯里、酒泉、金昌等地形成了数十个新兴工业城市和科研基地。1978 年以后，随着宏观政策取向转变导致的国家投资重点大幅度转移，东部沿海地区改革开放先行，入境的外资绝大部分选择了区位条件和投资经营环境较好的珠江三角洲、长江三角洲和环渤海湾等东部地区；改革开放激活了东部沿海地区市场经济意识深厚的历史积淀，使城乡多种类型的民营经济迅速崛起，成为推动东部区域经济发展的内生动力。与此同时，中西部和东北三省受传统体制的羁绊，迟迟迈不开大步，本土的市场主体发育缓慢，外部资金进入的规模有限；加之改革初期，上下游产品价格改革的不同步，使矿产、能源和原材料工业占大头的西部和东北三省，在"双重利益"流失中，承担了较重的改革成本。上述众多原因及其累积因果效应，导致近 20 多年来，东—西差距、南—北差距均呈扩大之势。从表 1 可对近半个世纪中国地区发展差距动态演变扼要地把握住，即 1978 年前，中西部 18 个省（自治区）工业在全国所占份额呈上升之势，而 1978 年以后中西部和东北三省工业在全国的份额均趋下降，下降幅度又以东北三省最大；西部地区工业在全国总量中的份额大体又回归到新中国成立初期的水平；与此同时，东部沿海10个省（市）工业在全国的份额近20多年提高了12个百分点，特别是广东、浙江、江苏、山东和福建5个省提高幅度最大。

根据2002年数据，对中国区域经济现状可作如下概括：按地区生产总值考察，东部10个省（市）在全国总量中所占份额过半，按近年（1998—2002）的份额变动分析，所占份额正以年均0.5个百分点的幅度，继续提高；中部6个省的份额占1/5左右，且以年均0.3个百分点的幅度，继续下降；西部12个省（市、自治区）所占份额不足1/5，以前下降幅度较大，西部大开发战略实施以来，年均下降幅度已缩小到0.17个百分点；东北3省地区生产总值所占份额已不足1/10。按工业总产值分析，东部10个省（市）在全国所占份额达2/3，且以年均0.86个百分点的幅度持续提升；中部6个省占全国总量的份额近1/7，且以年均0.67个百分点的幅度继续下降；西部12个省（市、自治区）占总量的份额1/10强，且以年均0.29个百分点的幅度继续下降；东北三省所占份额已不足1/10。

表1　　1998—2002年各地地区生产总值/工业总产值在全国所占份额及其演变　　单位：%

	地区生产总值		工业总产值			
	1998	2002	1952	1978	1998	2002
一、东部沿海10个省（市）	51.13	53.24	59.52	54.85	63.35	66.81
1. 京、津、冀、鲁	17.83	18.59	19.32	19.85	19.19	20.12
2. 苏、浙、沪	19.18	20.20	29.63	23.14	26.49	28.34
3. 粤	9.57	9.97	4.64	4.71	14.38	14.79
4. 闽、琼	4.55	4.48	5.93	7.15	3.29	3.56

续表

	地区生产总值		工业总产值			
	1998	2002	1952	1978	1998	2002
二、东北三省	9.99	9.81	21.42	16.50	9.03	8.62
三、中部6个省*	21.17	19.94	12.46	18.06	16.24	13.56
四、西部12个省(市、自治区)**	17.71	17.04	11.28	16.11	12.19	11.03

注：* 中部6个省为晋、豫、鄂、湘、皖、赣；

** 西部12个省（市、自治区）为陕、甘、宁、青、新、蒙、川、渝、滇、黔、藏、桂。

资料来源：相关年份的《中国统计年鉴》（中国统计出版社）和《中国工业发展报告》（经济管理出版社）。

对中国区域经济总态势可概括为：三大阶梯、三大高地、三驾马车、三大病灶。和中国地形西高东低相反，从经济发展水平，发展阶段看是东高、西低、中部居中这三大阶梯；在东部沿海地区，长江三角洲、珠江三角洲和环渤海湾地区是鹤立鸡群的三大经济高地，是拉动国民经济增长前行的"三驾马车"，据2003年工业增加贡献率分析，粤、苏、浙、鲁、沪5个省（市）占64%。

中国区域经济发展在取得前述重大成就的同时，亦存在一些病灶。西部地区重点表现在"欠发达"上；东北三省突出表现在体制和结构的双重矛盾；东部沿海地区在经济总量快速扩张的同时，经济增长方式转变相对不足，资源和环境难负其重，双重约束已显端倪；中部地区则兼有上述杂症。需要说明的是，三类病灶在不同地区重点有所不同，但不排除其他病灶，如广东、福建属发达省份，但粤北、闽西、闽北一些地区至今还处于相当欠发达的状态。

四 统筹区域协调发展的方针

从区域经济现状与问题出发，经过怎样的路径，才能实现惠及十几亿人口的全面小康和现代化，实现各地区间的共同繁荣？国内外经验表明，这既需要充分发挥市场配置资源的基础作用，又需要宏观调控与政策扶持。为有效运用两种手段，需要有一个科学的空间组织架构。

首先是大范围的"区域政策覆盖区"。即4大板块：西部12个省（市、自治区）、东北三省、中部6个省和东部沿海10个省（市）。

其次是"政策点击区"。上述政策覆盖区，广义地说，亦是按发展阶段和存在问题相同或类似的原则划分，但面积大，小则近百万平方公里，大则数百万平方公里。为了提高区域政策的针对性和力度，有必要将一些问题突出的地区单独划出。例如，资源型城市，特别是矿竭城衰的城市；产业严重衰退、就业问题非常突出的某些老工业基地。再如，人口严重超载的生态保护区和生态脆弱区等。以上两类区域，都有相应配套的区域政策，是直接为区域政策服务的。例如，针对四大板块的宏观区域政策是：坚持推进西部大开发，振兴东北地区等老工业基地，促进中部地区崛起，鼓励东部地区加快发展。

再次是为市场机制更好发挥作用，为区域（城市）合作服务的区域体系按照自愿参与原则，通过政府推动、市场运作、要素整合、集成优势，实现合作各方互利共赢。根据合作的地域范围和性质，大体有如下类型。

第一类中心腹地型和大都市圈。改革开放后初期，为了贯通城乡经济，发挥城市"中心地"功能，许多省会城市和区域经济中心城市,都与周边中小城市以及县域联合组成中心腹地型经济区。进入21世纪,随着城市化的高潮,特别是应对经济全球化的挑战,以大城市的联合为核心,包括周边中小城市和县域的大都市圈,作用更为彰显,如长江三角洲大都市圈、珠江三角洲大都市圈、京津冀大都市圈,等等。

第二类跨地带的大区域合作。和前者相同的是,这也属于"异质区",但涉及区域范围辽阔,往往地跨处于不同发展阶段的东中西地带,经济互补性强,是贯彻中央关于"形成东中西互动、优势互补、相互促进、共同发展新格局"方针的有效组织形式,对推进横跨东西、纵贯南北的全国性经济带的形成与完善有重要作用。如9+2的"泛珠三角"区域合作、长江沿线城市(区域)合作、陇海—兰新沿线城市(区域)合作、黄河沿线和京津呼包银(川)城市(区域)合作、哈尔滨—大(连)沿线城市(区域)合作等。

第三类数省接壤地(市)合作。和前两类区域合作的差别是,这类合作属于"同质区"。计划经济时期,在行政性资源配置下,离省会较远的地区,往往被有意或无意地边缘化。改革开放初期,相互接壤的数省边远地区,力图通过联合,摆脱困境,闯出发展新路。如徐州市周边苏、鲁、豫、皖20多个市(地)组成的淮海经济区,晋、冀、豫接壤一些地(市)联合组成的中原经济区,等等。

以下就中央促进地区协调发展的战略加以论述。

1. 坚持推进西部大开发

西部大开发是党中央作出的重大战略决策。其地区范围包括重庆市、四川省、贵州省、云南省、西藏自治区、陕西省、甘肃省、宁夏回族自治区、青海省、新疆维吾尔自治区、内蒙古自治区和广西壮族自治区。上述12个省（市、自治区）国土面积占全国71.4%，人口占全国28%，而地区生产总值仅占17%左右，人均地区生产总值约为全国平均值的2/3，不足东部地区平均值的一半。西部地区尽管不乏经济科技较发达的大城市，但从广域上考察，尚属欠发达地区。全国有30个自治州，其中27个分布在上述地区，其余3个自治州（吉林省延边朝鲜族自治州、湖北省恩施土家族苗族自治州、湖南省湘西土家族苗族自治州）亦享受西部开发政策。

从地势上看，西部地区处于中国地势"三大台阶"的第一、第二台阶，包括青藏高原、云贵高原、内蒙古高原、黄土高原和西北干旱沙漠戈壁等自然区，相当大一部分的地区自然条件严峻、生态系统脆弱。大开发前交通通信等基础设施薄弱，又地处国内运输网络的末梢。根据西部实际情况，党中央在启动大开发战略之初就明确指出：西部开发既要有紧迫感，又要做好长期艰苦奋斗的准备，进行持续不懈的努力，并据此确定了"从实际出发、积极进取、量力而行，统筹规划、科学论证，突出重点、分步实施"的指导方针。

在开发领域上，突出4个重点，首先是从生态环境建设和基础设施建设切入，力争用五年到十年的时间使以上两方面取得突破性进展。生态环境方面，重在搞好退耕还林、退牧还草、天然林保护、风沙源和石漠化治理等生态工程；探索生态改善、农民增收和地区经济发展统一共赢的制度设计与长效机制。大开发战略实施以来，"西气东输"、"西电东送"、青藏铁路、多条光缆通信和铁路、机场、高等级公路等一大批项目开工，有的已经竣工投入运转，使西部的基础设施有了清晰可见的变化。今后在重点抓好关系全局的重大项目的同时，有必要把改善农牧民生产生活条件的小型公共工程建设提上议事日程。在"两突破"的同时要大力培养特色优势产业,要重视经济与社会的协调发展。要以义务教育、公共卫生和基层文化建设为重点,加强西部地区特别是西部农村和少数民族聚居区的科技教育卫生文化等社会事业的发展,力争2007年西部地区普及九年义务教育人口覆盖率达到85%以上,青壮年文盲率降到5%以下。建立健全西部地区县、乡、村三级卫生服务网络,完善城乡疾病预防控制体系和医疗救治体系,以减少因病致贫、返贫。根据西部地区的资源禀赋和产业基础,以市场为导向,发展能源、矿业、机械制造、农果业、中药材及加工、特色旅游等,从比较优势出发,培育、构建有竞争力的西部特色产业群,是增强西部经济实力、扩大社会就业、提高民众福祉的根本大计。

在空间布局上,按照点—轴原理,依托交通干线,重点发展一批中心城市,形成"增长极",带动周边县城经济,形成产业带和城镇带。在西北和内蒙古,重点在培育西陇海、兰新沿线和呼(和浩特)—包(头)—银(川)—兰(州)经济带;在西南和广西重点培育长江上游经济带和成渝经济区、南贵昆经济区和环北部湾经济带。上述经济带的构建与发展,都应充分发挥重庆市和11个省会城市(自治区首府)的核心作用;充分参与"泛珠三角"、长江沿线省(市)合作和环渤海与陇海兰新沿线的区域合作;充分利用中国—东盟博览会及商务与投资峰会、中国与中亚各国合作机制,在对内、对外双向开放中,拓展发展空间,争取到21世中叶使现在欠发达的西部,成为经济繁荣、社会进步、生活安定、民族团结、生态良好、人民富裕的新西部。

2. 振兴东北老工业基地

支持东北地区等老工业基地加快调整改造,是党的十六大提出的一项重要任务,是党中央从全面建设小康社会全局着眼,在区域发展领域作出的又一重大战略决策。

东北三省（辽宁、吉林、黑龙江）是 20 世纪五六十年代中国工业建设的重点，是新中国工业的摇篮，为国家的发展及安全作出过历史性重大贡献，亦是计划经济历史积淀最深的地区。路径依赖的消极影响和体制与结构双重矛盾的困扰，使东北地区在改革开放不断深入、市场经济蓬勃发展的大势下相形见绌。东北地区国有经济比重偏高、经济市场化程度低、企业设备和技术老化，结构调整缓慢、经济活力不足，企业办社会等历史包袱沉重，社会保障和就业压力大，矿竭城衰问题突出。

发掘东北地区自然资源丰富、存量资产巨大、科技优势明显、基础设施条件较完备等有利条件，通过针对性的政策投入，从体制和机制创新切入，经过 10 年或再长一些时间的努力，就有可能将正处衰退中的东北工业基地，调整改造成为技术先进、结构合理、功能完善、特色明显、机制灵活、竞争力强的新型产业基地，成为我国发展的又一增长极。为此，要坚持以下原则：

（1）坚持以改革开放促调整改造。切实贯彻党的十六届三中全会的决定，深化国有资产管理体制和国有企业改革，营造非公有制经济发展的良好环境，鼓励外资以并购、参股等形式参与国有企业改制和不良资产处置，大力发展混合所有制经济，推动钢铁、汽车、石化和重型装备制造等行业的战略性重组。此乃振兴东北的活力之源。

（2）坚持市场导向推进产业结构优化升级，既要重点突出，又要统筹兼顾。工业方面，要加大老油田的勘探力度，延缓老油田产量下降的速度，建设大型煤炭基地，促进煤电联营；引导炼油、乙烯向集约化发展，建设大型石化基地；通过钢铁企业联合重组，构建北方精品钢材基地。在装备制造方面，重点发展数控机床、输变电设备、轨道车辆、发电设备、燃气轮机、重型机械、船舶、汽车及零部件、飞机；在电子通信设备、软件开发、生物技术和医药、航空航天等高新技术领域，择优发展，加快产业化。

在全面推进东北工业结构优化升级的同时，要促进工业与农业、服务业协调发展、城市与农村协调发展、经济与社会协调发展、人与自然协调发展。巩固提升东北作为国家重要商品粮基地的地位，建设绿色、无公害农产品优势产业带，向专业化、标准化、特色化、规格化方向发展，大力发展畜牧业、养殖业和农畜禽产品深加工产业，延长产业链。以剥离企业办社会职能为契机，推进服务业的社会化、市场化、产业化，一方面发展、提升传统服务业，推进连锁经营、物流配送、电子商务等现代流通方式和业态；同时加快金融、信息和各种中介和旅游业等现代服务业的发展。此乃振兴东北的主要任务。

（3）坚持发挥市场在资源配置中的基础性作用，转变政府经济管理职能，以规划引导、政策导向等为市场主体服务，创造良好的地区发展环境，维护公平竞争的市场秩序。坚持自力更生为主，国家予以必要扶持，对矿竭城衰的城市以更大的力度支持其发展接续产业。重点在完善社会保障，将已在辽宁的试点扩大到吉林、黑龙江；对处理企业的债务、历史欠税，予以适当照顾，对在东北的中央企业剥离社会职能予以适当财政补助。增值税由生产型转为消费型的改革（即将设备投资纳入增值税抵扣范围），于2004年优先在东北地区的部分行业试点。这些都是振兴东北的重要保证和必要条件。

3. 促进中部地区崛起

中部地区包括山西、河南、湖北、湖南、江西、安徽6个省，面积占全国10.7%，人口占全国28%，地区生产总值占全国 21%，人均地区生产总值相当于全国平均值的 80%，不足东部发达地区的一半（2002 年数据）。山西是国家的重要能源基地，煤炭产量和调出量居各省之冠。其余 5 个省农业较发达，都属农业大省，粮食产量占全国的份额近 30%，油料、棉花产量近 40%，是国家重要的粮油基地；矿产资源丰富，是国家原材料、水能的重要生产与输出基地；地处全国水陆运输的中枢，具有承东启西、连南接北、吸引四面、辐射八方的区位优势，人口多、人口密度高、经济总量达到相当规模，但人均水平低，特别是人均社会发展指标（如每千人的医生数量、医院床位数量等）有的比西部省区还低。中部 6 个省地处腹心地带、国脉汇聚的战略地位，决定了 6 个省经济社会发展对国家全面建设小康社会，进而基本实现现代化的重要意义。

今后应按可持续发展的要求，巩固、提升中部能源和原材料基地，提高煤炭和各种矿藏的回采率、煤炭洗选率，发展煤炭液化、气化，推广煤电联营，建设新型矿区。适应重化工化阶段的社会需求，推进中部地区钢铁、有色金属、化工、建材等原材料工业更上一层楼，利用江海联运有效利用海外铁矿等资源，按照循环经济原理，建设新型工业区，既提高资源利用效率，又有利于维护环境。

作为国家农业基地和粮食主产区的中部，要按照 2004 年中央 1 号文件的要求，建设高标准基本农田，实施"沃土工程"，加强良种繁育推广，建设区域化、专业化的优质农产品基地，提高粮食和其他农产品的综合生产能力，发展农区畜牧业和农畜产品的精深加工，延长产业链，提高农业的市场化、产业化程度和比较收益，逐步向现代农业迈进。使以农产品为原料和以工矿产品为原料的轻工业同时得到蓬勃发展，涌现出更多像双汇、美尔雅这样全国知名的大型轻工企业集团。

充分利用现有基础，引进先进技术和设备，培养自主开发能力，提升中部的汽车及零部件、机车、拖拉机和其他农业机械、重型机械等装备工业。

充分利用武汉、长沙、合肥等市科技人才荟萃的有利条件，有选择各有侧重地发展高新技术产业，如武汉的光电子信息产业、长株潭的电子信息和生物制药等。

为了推进中部地区更快融入全球化、适应国际分工的新形态（产业链、供应链等），以中部6个省省会城市为中心，有必要亦有可能发展城市群或大都市圈，为企业进入国际产业链、供应链提供相应的平台。

4. 鼓励东部地区加快发展，有条件的地方率先基本实现现代化

东部地区要继续发挥引领国家经济发展的引擎作用，优先发展高技术产业、出口导向产业和现代服务业，发挥参与国际竞争与合作主力军的作用。在继续发挥有利区位和改革开放先行优势的同时，重在推进制度、技术双创新，特别是原始性科技创新，在转换经济增长方式、推进产业结构优化升级、走新型工业之路方面走在全国前列。既可缓解克服区内资源、环境的双重压力，实现可持续发展，又为全国作出示范，创造经验。

重视区域（城市）整合，通过省（市、自治区）政府间的自愿联合，联手打破封锁，促进商品与要素按经济规律流动、组合，加快长江三角洲、珠江三角洲、京津冀、山东半岛和海峡西岸（闽东南）城市群和大都市圈的构建与发展，按照CEPA的安排，推进粤港澳区域经济的整合。

国内外大型企业集团，跨国公司的总部、地区总部、研发中心与营销中心将不断向上述大都市圈的中心汇集。加快沿海城市

国际化步伐，使它们成为各种资源、要素在国内外两个市场对接交融的枢纽。都市圈域的空间布局将突破既有的行政区划，朝蛛网结构演进，在都市圈的外环和边缘，将涌现一批新的中、小城市，它们有的是产业特色鲜明的制造业集群；有的是某类高新技术产业园区；有的是物流中心；环境优美的则可能成为主要供都市圈域内度假的休憩游乐中心。这些中小城市的崛起，既可支持特大城市中心城区"退二进三"的结构调整和布局优化，又可成为吸纳农村转移劳动力的载体。

近年来，"长三角"、"珠三角"等东部地区，先后出现"电荒"、"土地荒"、"水荒"、"民工荒"……和一系列要素价格上扬。作为多年只重数量扩张、粗放经营的苦果，应转化为推动东部地区加快经济增长方式转变、结构优化升级的动力。与东部结构优化相伴，某些传统产业将顺势向中西部和东部内的欠发达地区（如粤北、闽西、浙南等）转移。这不仅有利于中西部开发和地区协调发展，而且首先会成为东部地区在要素成本上升后，抑制投资回报率趋降的必由之路。

（本文原载《北京社会科学》2005 年第 2 期）

落实区域发展总体战略
促进区域协调发展*

"把促进区域协调发展摆在更加重要的位置，切实把区域发展总体战略贯彻好、落实好"这是胡锦涛总书记日前主持中央政治局第 39 次集体学习讲话中提出的重要要求。国民经济是各地区区域经济有机耦合而成的整体，区域协调发展是国民经济平稳、健康、高效运行的前提，是科学发展的重要内容与任务，是实现可持续发展的前提；作为地区经济发展很不平衡的多民族大国，区域协调发展不仅是重大的经济问题，亦是重大的政治问题、社会问题和国家安全问题；所以促进区域协调发展是全面建设小康社会、构建社会主义和谐社会实现共同富裕的必然要求，是社会主义现代化建设战略任务的重要组成部分。

区域协调发展的目标与标志是：各地区居民能享受到均等化的基本公共服务（义务教育、公共卫生和基本医疗保健服务、城乡全覆盖的社会保障体系等），人民生活水平差距趋向收敛；各地区的经济发展与本地区的资源承载力相适应，保证经济发展

---

* 2007 年 4 月 1 日在成都"西部大开发与区域经济协调发展研讨会"上的发言要点。

与人口、资源、环境相协调,充分发挥各地区的比较优势,通过"和而不同"的分工协作,良性互动,提高国家经济总体的竞争力,实现国民经济总体效益最大化。

党的十六届五中全会《关于制定国民经济和社会发展第十一个五年规划的建议》既准确界定了区域协调发展的内涵,明确了区域协调发展的目标,同时在总结新中国成立以来国家经济布局与区域发展经验的基础上,提出了国家区域发展的总体战略,勾勒了走向区域协调发展的路径。

区域发展总体战略,包含四大要件:一是国民经济和区域发展总体战略布局;二是不同区域各自的功能定位;三是相应的区域政策导向;四是健全区际间协调互动发展的机制。

中国疆域广袤,各地区自然条件、资源禀赋、社会人文和文化积淀、经济社会发展的现有基础与发展潜力差异很大;根据一定时期国民经济发展的目标与任务,从区域空间侧面,对经济社会发展合理布局,是经济发展战略和国民经济与社会发展规划的重要内容,亦是区域发展总体战略的"纲"。

对于幅员辽阔的大国,为拟定总体战略布局,通常需要借助显示区域差异的"区域划分"(简称"区划")。随着国家经济的发展变化,在国家层面的"区划"上,经历了"2 3 3 4"的变化;在 20 世纪五六十年代采用的是沿海、内地的"两分法",毛主席"论十大关系"的报告中有关当时国民经济的空间布局,就是以沿海与内地的关系为纲;到 20 世纪 60 年代中后期至 70 年代中期,鉴于当时的国际形势,经济布局是按三线、二线、一线的"三分法"部署("三线"指战略大后方,"一线"是国防前沿,两者之间的地区为"二线")。改革开放以后,"六五"计划(1981—1985)中的"地区经济发展计划",除继续按沿海、内陆地区部署外,补充了对"少数民族地区"安排的专门章节,并启动了以上海为中心的长江三角洲经济区和以山西为中心的煤炭重化工基地经济区的规划，规划内容既包括经济发展，亦包含国土开发整治。从"七五"计划开始，改按东、中、西三大经济地带的"三分法"，东部地带包括辽宁、河北、北京、天津、山东、上海、江苏、浙江、福建、广东和广西11个省（市、自治区），西部包括四川、云南、贵州、西藏、陕西、甘肃、宁夏、青海和新疆9个省（区），其余9个省（区）属中部地带（黑龙江、吉林、内蒙古、山西、河南、湖北、湖南、安徽与江西）；上述"三分法"一直延续到"十五"计划。时至世纪之交，党中央提出了实施西部大开发战略，党的十六大提出了"支持东北地区等老工业基地加快调整和改造"，随后又作出了促进中部地区崛起的决策，这样到编制"十一五"规划时，业已形成了"四大板块"的区划格局，即西部地区12个省、市、自治区（重庆、四川、云南、贵州、广西、西藏、陕西、甘肃、宁夏、青海、新疆和内蒙古），东北三省（辽宁、吉林、黑龙江），中部地区6个省（山西、河南、湖北、湖南、安徽、江西）和东部地区10个省、市（北京、天津、河北、山东、江苏、浙江、上海、福建、广东、海南）。依托"四大板块"的空间架构，党的十六届五中全会提出了："坚持实施推进西部大开发，振兴东北地区等老工业基地，促进中部地区崛起，鼓励东部地区率先发展，健全区域协调互动机制的区域发展总体战略。"

高屋建瓴的总体战略布局，从全局出发为各"板块"和多层次的各类区域，明确功能定位，确定发展的重点与要点。如：西部地区，"十一五"时期将继续突出基础设施建设、生态环境建设和教育科技的发展，突出重点地区优先开发、特色优势产业加快发展，使夯实长远发展基础、培育自我发展能力与加快近期发展有效结合；东北地区依托丰富的自然资源和基础设施条件比较完备,从体制、机制创新切入,激活庞大的存量资产和科技人才,推进产业结构优化升级,在改革开放中实现老工业基地的振兴;而中部地区的崛起,重在围绕"五基地"(粮食、能源、原材料、现代装备制造和高技术产业)、"一枢纽"(综合交通运输与物流枢纽);东部地区率先发展则须坚持以率先提高自主创新能力、率先实现经济结构优化升级和增长方式的转变,率先完善社会主义市场经济体制为前提与动力。

为使各地区经济发展与人口、资源、环境相协调,国家"十一五"规划纲要提出了"根据资源环境承载能力、现有开发密度和发展潜力,将国土空间划分为优化开发、重点开发、限制开发和禁止开发四类主体功能区",这是从人与自然和谐相处,尊重自然规律,在国土开发利用保护与建设上,因地制宜,保证可持续利用的一项带根本性制度建设,是优化空间开发结构、规范空间秩序的根本性举措。

中国的老工业区、特大城市、大城市以至部分中等城市的老城区,经过半个多世纪特别是改革开放近三十年高强度的开发,经济密度和人口密度较高,有的已超过本地的环境容量,有的工厂甚至重污染企业与民居和其他设施犬牙交错,杂乱配置……只有通过"腾笼换鸟"、"退二进三"等途径进行根本性的结构调整和"优化开发",才有可能继续保持、提升经济竞争的活力和市民的宜居环境;继续发挥引领国家经济发展"龙头"地区和中国参与全球市场竞争、合作主体地区的作用,这些地区多划入优化开发区。

在上述"优化开发区"外缘或与其毗邻又有方便交通通信设施相连,既有开发强度低,又有充裕的可供新建项目摆布的土地和环境容量,适于承载新产业、新项目或从优化开发区迁出企业的地区,属"重点开发区",上海浦东新区、天津滨海新区、河北曹妃甸、西南的成渝地区、西北的关中—天水地区等都属于这一类型；另一类重点开发区源于重要资源的开发，或大型电站、综合交通枢纽、港口群兴起等契机，吸引来众多产业的空间集聚，陕北、内蒙古鄂（尔多斯）—乌（海）和宁夏中北部，大型煤田、石油、天然气的开发，带来了发电、冶金、石化等衍生产业的发展；新疆天山北坡和南疆库（尔勒）、阿（克苏）地区，亦大体类似；再如环北部湾地区，由于拥有众多深水良港，为进口原油、矿石，发展炼油、石化、冶金和精品钢材提供了得天独厚的条件，都将成为西部大开发的重点开发区。

在国土疆域中，有些地区环境生态本底较差，承载力弱，过度和其他不合理开发，已造成生态功能严重退行性演变，且在更大范围的地理空间内承担生态屏障功能，关系较大区域范围的生态安全者（如大江大河上游和河流水源涵养补给区、生物多样性丰富地区、生态脆弱区、环境敏感区等），属于限制开发区；必须坚持保护优先，限制有碍生态修复和环境保护的各种经济活动，适当发展资源环境可承载的产业，人口超载的实施有序转移。根据国家"十一五"规划纲要和西部大开发"十一五"规划，全国22个限制开发区，17.5个在西部（大小兴安岭森林生态功能区跨西部和东北两个地区），大体有如下类型：一是森林生态功能区，如大兴安岭、川滇接壤地区、秦巴山区、藏东南高原边缘地区、新疆阿尔泰地区；二是河流源头与水源补给生态功能区，如青海三江源、甘南地区；三是荒漠生态功能区，如塔里木河流域、阿尔金草原、西藏羌塘高原、若尔盖高原湿地；四是沙漠化和石漠化防治地区，如呼伦贝尔、科尔沁、浑善达克、毛乌素和桂黔滇石漠化防治区，以及黄土高原水土流失防治地区和川滇干热河谷生态功能区。

禁止开发区是指各级政府依法设立的自然保护区、世界文化自然遗产、重点风景名胜区、森林公园、地质公园等，均需依法实行强制性保护，严禁与其主体功能相悖的开发活动。国家级自然保护区，全国243个，127个在西部；世界文化自然遗产，全国31处，11处在西部；重点风景名胜区，全国565个，223个在西部；国家森林公园，全国187个，65个在西部；国家地质公园，全国138个，52个在西部。

对发展定位、主体功能各异的地区，国家实施分类管理的区域政策。如对西部地区，建立长期稳定的开发资金渠道，进一步扩大财政转移支付和金融服务支持的力度，支持西部继续加强基础设施和环境生态建设、培育壮大特色优势产业；特别是提高财力性转移的比重和规模，以提升西部地区基层政府公共服务的能力，加快西部、特别是西部农村科教文卫各项社会事业的发展，国际金融组织和外国政府提供的优惠贷款和技术援助资金，继续向西部地区倾斜。针对东北地区体制与结构的双重老化，中央财政提供补助做实基本养老保险个人账户，支持国有企业剥离社会职能与主辅分离，增值税由生产型转消费型率先在东北地区试点，设立专项基金支持企业技改、推进东北装备工业的振兴。而对中部地区，特别是区内的粮食主产区，则加大财政对农业基础设施建设的投入和种粮农户的补贴，以巩固、提升中部作为国家粮食基地的重要地位。在整个区域政策体系中限制开发区、禁止开发区和革命老区、民族地区、边疆地区、贫困地区、三峡库区和资源枯竭型城市受到特殊的关注，列入重点支持区域，通过加大财政转移支付与财政性投资的力度，支持其改善基础设施条件、保护好环境生态，改善义务教育、卫生防疫、文化体育等各种公共服务，使这些地区的居民能逐步享受到均等化的基本公共服务。国家级限制开发区、禁止开发区，相当一部分在西部，中央财政应为此设立专项资金转移支付，以维护生态修复、环境保护的经常性开支，为使其规范化、制度化，全国人大有必要为此立法；除财政政策、投资政策外，在产业政策、土地政策、人口管理政策和政绩考评上，亦都将体现因地制宜、分类管理原则。

区域协调发展，除依靠科学布局、制度建设、政策支持，还有赖于区际良性互动机制的健全，最主要的是市场机制、合作机制、互助机制和扶持机制。

不同地区要素供需平衡差异导致地区要素价格和投资回报率的差异，以及预期市场潜力的空间差别，导致要素的区际流动和产业转移，清除行政壁垒，打破地区封锁与行政性垄断，突破行政区域的囿限，充分发挥市场机制引导要素流动的作用，有利于经济发达、开发密度高地区的资本、技术和产业向欠发达、低密度地区顺势转移，推动产业布局优化和区域协调发展。

合作机制是指基于互惠互利原则的区际经济技术协作和人才、技术交流等。其中既包括像 9+2 "泛珠三角" 协作（9 指广东和广西、四川、云南、贵州、湖南、江西、福建、海南；2 指香港、澳门两个特别行政区）这样横跨东、中、西三大地带和港澳的广域性区域联盟；亦有数省毗邻地、市自愿组成的经济区，如淮海经济区、中原经济区等；更多的是在同一城市群（带）内，各市、地、县自愿结合而成的城市联盟。区域（城市）联盟，凭借地方政府联手搭建的合作平台，企业等各类市场主体广泛参与，按照政府引导、企业对接、市场运作的方式，通过协议分工、长短互补、要素聚合、集成优势，实现联动发展，互利共赢。

互助机制是在上级政府指导协调下，东部经济发达地区、中央单位和国有大型企业集团公司与中西部欠发达地区结成对口帮扶组合，本质上属道义性援助，特别适合于人才培训、社会事业与公共服务领域的各类公益性项目。

扶持机制是上级政府对经济欠发达和承担重要生态功能地区的下级政府，通过财政转移支付等方式，使其人均财政支出，足以支撑当地居民逐步享有均等化的基本公共服务；2006年中央财政用于对地方主要是中西部地区的一般性转移支付资金为1527亿元，对民族地区转移支付资金为155.63亿元；2007年预算中，上述两项将分别提高到1924亿元和210亿元，两项转移支付共增加451.37亿元。

对各类矿产资源开发、水电站建设造成的环境生态影响如何补偿，对江河上中下游地区之间的生态补偿（横向转移支付）如何构建并逐步制度化，都是进一步健全区际良性互动机制亟待研究的课题。

中国区域经济发展的失衡，是历史进程中长期积淀的结果，扭转失衡，实现协调发展，也将经历一个较长的过程；不断加深对区域发展规律的认知与把握，贯彻落实好区域发展总体战略，并以实践中积累的新经验、理论研究的新成果不断充实完善区域发展总体战略，地区普遍繁荣共同富裕的新格局终将实现。

（本文原载中国社会科学院《院报》2007年5月17日）

关于贫困地区经济发展的几个问题

由于自然条件、历史基础和社会文化等多种原因，截至"六五"期末，还有大约1亿农村人口的人均年纯收入不到200元，其中有3000多万人口的人均年纯收入在150元以下，温饱问题尚未完全解决，仍处于贫困境地。

帮助贫困地区，尽快改变面貌，第一步解决这些地区人民的温饱问题，进而使他们脱贫致富，是一个不容忽视的重大经济问题和社会问题，既具有重要的经济意义，又具有广泛的政治意义和社会意义。

新中国成立以来，为了扶持贫困地区，党和政府做出了艰苦的努力，制定了许多优惠政策，30多年来拿出了不少资金、物资，发挥了一定作用。但总的看，效果不够理想。这就要求我们认真总结过去扶贫工作的经验教训，把握贫困地区的区情特点和症结所在，并据此提出新的思路，从改革入手，探索贫困地区新的经济开发方式。

各类贫困地区的具体情况尽管千差万别，但一般都具有生产力水平低下、交通通信极不方便、长期封闭的自然经济、人口的自然素质和社会素质不适应经济开发要求的特点。

贫困地区之所以"贫困",是由于在原有历史基础上,经济—社会文化—自然条件、生态环境,多种因素交织作用的结果;单以经济而言,也是生产、流通、分配、消费和教育、人口素质等一系列因素综合作用的结果。所以,从长远看,要根本改变贫困地区的面貌,是一个与整个国家的经济、政治、文化、历史等重要社会因素密切相关的经济开发过程,是一项需要经历长期持续努力才能完成的历史任务。从近期看,要解决温饱问题初步脱贫致富,亦需要从内、外同步变化,两个"立体调整"着眼,形成对策体系,才易奏效。"内部变化"是指改变贫困地区内部的社会经济运行机制,"外部变化"是指改变国家和兄弟地区对贫困地区扶持与援助的方式。第一个立体调整是指贫困地区经济、人口与社会文化价值观念、自然生态三方面的调整;第二个立体调整是指生产、流通、分配、消费和教育文化三方面的调整。

从贫困地区社会经济现状出发,针对致贫原因,今后宜采取下述对策体系,实施相应措施。

一 因地制宜确定产业结构,选准突破口

多数贫困地区为解决温饱问题,需从加强、改造传统的种养业起步,以逐步提高粮食自给率,支持多种经营的发展。为此要抓好农田基本建设,使每个农户有一定数量的旱涝保收田,同时注意良种和科学耕作法的推广,增加肥料、地膜等物资的投入。

但是只停留在扶持自给性的种养业,不突破单一畸形的产业结构和自给自足的传统生产方式,大力发展商品经济,就难以稳定地解决温饱问题,更难以脱贫致富。

为此,要根据各贫困地区的自然条件、资源条件和现有基

础，背靠资源，面向市场，按照市场需要什么，本地有条件生产什么，就发展什么的原则，建立既适合市场需要，又能扬长避短，发挥贫困地区优势的产业结构。例如：有草山、草坡的地方可以发展畜牧业；矿产资源丰富的地方，可以发展采矿业和建材业；有水利资源的地方，可以发展小水电和水产、水运业，各种瓜果药材、山货土特产之乡，都可以发展有自己特色的土特产。

贫困地区多数是生态系统脆弱、生态平衡遭到不同程度破坏的地区，产业结构的调整要有利于生态平衡的恢复。位于黄土高原的宁夏固源县，过去水土流失严重，地薄人穷，近几年腾出一部分耕地改种牧草，建立"商品畜牧业"；大田面积尽管缩小，由于投入量增加，单产提高，粮食已能自给。同时发展保护性的林业，农—林—牧之间生物链的建立，既增加了近期的经济收益，又使长期生态失衡的状况开始扭转。

"万事开头难"，在资金、技术、人才等缺乏的情况下，适合贫困地区产业结构建立的第一步是正确选择突破口。一般地说，在起步阶段，要选择投资少、见效快，多数农民干得了的"短、平、快"生产经营门路，从小的、不显眼的项目做起（可简称为拣芝麻战略）以短养长，以近求远，随着资金的积累和技术与经营管理才能的提高，再扩大经营范围与规模。

中国贫困地区，从人口与资源的对比关系划分，大体有两种类型。一类是人少地多、自然资源较丰富的地区，西部地带和少数民族贫困地区这种类型居多；另一类是人多地少、自然资源相对不足的地区，兰州—成都—昆明一线以东的贫困地区后一类型居多。前一类型地区，通过利用地上、地下丰富的自然资源，进行开发性生产建设，启动地区内部经济活力，在"六五"期间不乏成功的先例，如山西省的左云、右玉、平鲁等县，1980年以前的农村人口平均年纯收入不足100元。近几年来，从开煤窑、兴办砖瓦厂着手,逐步发展多种经营和乡镇企业,较快地摘掉了贫困的帽子。后一类型地区,人口密度较高、土地贫瘠,资源相对不足,但和发达地区及城市的距离相对较近,故往往可以通过劳务输出起步(包括农民个人到附近较富裕地区做短工、长工,进城做木工、当保姆等劳务,或集体组成建筑队到城市承包建筑施工任务,等等),既可解决剩余劳动力的出路,又通过劳务收入,积累了初始的资金,学习了生产技术和经营管理经验,为发展本地区经济准备各项条件。

二 改善交通条件、疏通流通渠道,活跃商品经济

交通条件差,流通渠道不畅,资源就不能转化为商品和财富。所以改善交通条件,疏通流通渠道,就成为使贫困地区由封闭型的自给性生产向商品生产转化的两个重要前提。

为了疏通流通渠道,国营商业、外贸部门和农村供销社,要积极主动提供市场信息、组织收购,千方百计地打开产品销路,同时支持农民购销员或购销专业户,建立农贸市场,鼓励农商、工商、商商之间的联合,广开流通渠道,以做到货畅其流。

国家用于以工代赈,修筑公路的粮棉布,应与贫困地区的经济开发规划相结合,主要用于创立发展商品生产的经济环境。交通道路的建设要从贫困地区现有物资的流向、流量出发,由低而高(指公路或水运通航等级)、由简而繁(指交通运输系统)。货运量很少的地区要重视恢复、发展传统的民间运输(人力、畜力运输);有些地区,如分布过散、人口过少的村庄,在群众自愿的前提下,也可以适当归并,以利于交通困难的解决。人畜饮水困难的地方,是"引水就人",还是"移民就水",需要论证比较;人口少、零星分散的村庄,与其"引水就人",不如

"移民就水"。

三　积极发展农副产品加工业，逐步发展各种乡镇企业

贫困地区在发展的突破口逐步打开，积累了一定的资金，交通和流通条件有所改善后，进一步就要重视加工企业的发展，朝农林牧渔业全面发展，农工建（筑）运（输）商综合经营的方向发展，使农产品、矿产品、各种山货特产就地加工增值，以提高经济效益，增加农民收入。开始可以从粗加工做起，由粗到精，循序渐进。起步时以发展投资少、好管理、见效快的家庭企业、联户企业和小型集体企业为宜。

在连片的贫困地区，要有计划地帮助贫困县办点工业，形成一个小的"生长点"，既可以从生产技术、经营管理各方面带动周围贫困乡、贫困村乡镇企业的发展；又可以把县级经济搞活，改变县财政入不敷出的紧缺状况，增强支持农民脱贫致富的能力。

四　加强智力开发，提高劳动力的素质

知识和技术是使资源转换为财富的契机，人才缺乏、劳动者素质低是许多贫困地区守着丰富资源而致富无门的症结。在目前贫困地区文盲比例很高的情况下，重视普通基础教育固不待而言；而为解燃眉之急，重点应放在启用农村能人等乡土人才和成人的职业技术教育上，首先培训在乡的中小学毕业生、复员军人和有一技之长的工匠，培训内容应与经济开发紧密配合，采取干什么、学什么，有了第一批技术骨干后，再采取"滚雪球"的办法，通过办短训班或边干边学的办法，使所有青壮年都能掌握

致富的一技之长。引进外地人才和稳定与培养本地人才需相辅而行。初期，采用招聘受支付能力和吸引能力限制，恐难奏效，而宜采用大开山门，欢迎外地的能工巧匠（包括已退休的技术工人）涌入，对他们不采用招聘方式，更不要求"扎根山区"、"扎根边疆"，而是创造必要条件（如廉价的租赁住房和场所），以"创业致富"吸引他们投入贫困地区的开发。欢迎城市和外地有专业知识或专门技能的人到贫困地区承包开发项目、领办乡镇企业，按其贡献，双方商定报酬。随着企业家和能工巧匠的流入，不仅带来了适用技术与资金，更重要的是带来商品生产和交换的"生意经"。贫困地区相对于丰富的自然资源而言，这方面的软资源显得严重贫乏，通过"引进"，补后者之短，才能扬前者之长。

五 广泛发展贫困地区与经济发达地区的横向经济联系

开发贫困地区，必须彻底打破封闭型的低水平内循环状态，实行外引内联，努力发展和扩大同经济发达地区及城市多层次、多种形式的横向经济联系与联合。贫困、愚昧、封闭是形影相伴的孪生兄弟，三者互为因果，结成难解的连环扣。通过贫困地区向外劳务输出和外地人才的流入，以及与人流相伴的信息流、技术流和新思想、新观念的输入，打开封闭的山门，看来是摆脱贫困、愚昧的契机。从1979年起，国家组织沿海和内地（市）对口支援少数民族地区，如，北京支援内蒙古，河北支援贵州，江苏支援广西、新疆，山东支援青海，天津支援甘肃，上海支援云南、宁夏，全国支援西藏。四川省也组织重庆、成都等市对口支援甘孜、阿坝、凉山3个自治州。"六五"期间贫困地区与发达地区在自愿互利基础上的经济联系与联合，已从物资协作、技术支援发展到人才培训、补偿贸易、合资经营、合作经营等多种形式。1985年以后，国家科委和农牧渔业部先后提出了"星火计划"、"丰收计划"，国家机关和许多社会团体陆续派出工作团（组），分片联系支援贫困地区。有的省试行将扶贫资金以优惠条件贷给发达地区的企业或单位，到贫困地区办厂、开发资源，这些不仅有利于贫困地区引进科学技术、信息、人才和资金，开发利用本地资源，加快建设步伐，而且有利于发达地区的经济发展，使贫困地区的开发与发达地区的发展有机结合起来，推动了整个社会经济的进步。

六 以家庭经营为主，扶持个体经济发展

从全国来说，社会主义国家的国营经济应占主导地位，而就贫困地区的现实生产力水平看，除了发展各种形式的联产承包责任制、坚持家庭经营为主，把草坡、荒山等长期承包给专业户外，更需要重视个体经济的发展，手工业和工业领域可以放手发展个体作坊和家庭工场；商业中发展农民购销员和专业运销户。待生产力提高到一定水平后，再因势利导提出联户企业，发展合作经济问题。

七 加强领导，改革扶贫方式

1. 统一规划、分级负责、分类指导

为了加强对贫困地区经济开发工作的指导，今后将实行"统一规划、分级负责、分类指导"的办法。国家一级，设立国务院贫困地区开发领导小组，负责组织调查研究，拟定贫困地区经济发展的方针、政策和规划，协调解决开发建设中的重要问

题；督促、检查和总结交流经验。人均年纯收入不足150元的连片贫困区，由省（自治区、直辖市）负责，集中适当的人力、财力、物力，采取有针对性的特殊政策和措施，一片一片、一批一批地改变面貌。对于零星的贫困乡、贫困村、贫困户，由所在县负责，采取重点扶持、互助互济等相应措施。

2. 改进扶贫方式

新中国成立以来，国家设立了下述多种专项资金，扶助贫困地区。

少数民族补助费：每年约5000万元。

民族机动金：国家对5个自治区和少数民族聚居地区较多的云南、贵州、青海三省（以下简称5区3省），按各该省（区）上年各项事业费支出决算数，另加5%的民族机动金。

对民族自治地方财政预算安排的预备费比一般地区高2%。

边境建设事业费。

边疆基本建设补助专款。

民族贸易利润留成。

1980年实行"划分收支，分级包干"的财政体制后，五区三省财政收入全部留用，支大于收的差额由中央财政补贴，补贴数额，1979年为基数，每年递增10%。

1980年起国家财政中设置"支援经济不发达地区发展资金"，截至1985年已累计拨付32亿元。

1983年起，国家设立"三西"建设专项基金，十年内每年拨款2亿元，用来支援甘肃河西走廊商品粮基地的建设和扶持自然条件很差的甘肃定西地区和宁夏西海固地区。

从1985年起财政部、人民银行、农业银行等向老、少、边、穷和经济不发达地区发放专项拨款或低息贷款，每年20亿元。

从1985年到1987年国家拿出价值27亿元的粮棉布在贫困地区实行"以工代赈",1988年以后改以中低档工业品"以工代赈"。

"七五"期间,每年对贫困地区发放10.5亿元的专项贴息贷款,其中5000万元专门用于牧区的贫困地区。

总之,国家支援贫困地区和经济不发达地区的资金,一年已达百亿元左右,随着国家经济实力的增长,金额今后还会有所增加,重要的问题是如何提高这些资金使用的效率和效益,其关键在以下三方面:

(1)处理好国家扶持和贫困地区自力更生的关系。国家对贫困地区,特别是在它经济发展起步之时予以资金等方面的支持很有必要,但终究"外因是变化的条件,内因是变化的根据",贫困地区只有充分调动本地区干部和群众的积极性,发扬自力更生的精神,确立了走依靠自己脱贫致富之路,才能较好地消化、吸收外部的各种输入将其转化为自身的造血功能,逐步形成旺盛的自我增殖能力;才不至于衰退为单纯依赖外部输入的受体。"扶贫"先"扶志",这不仅是中国扶贫工作实践中总结的宝贵经验,也是国外不发达地区走上发展道路的重要经验。

(2)改革国家用于贫困地区资金的使用方向和方式,变"济贫"为"治穷",从单纯救济转向经济开发。过去扶贫资金使用效益差的重要原因:一是"撒胡椒面"平均分散使用资金;二是资金用于单纯救济,形成"年年贫困,年年救济;年年救济,年年贫困……"的恶性循环。今后这两方面都应有所改革,国家和地方政府从不同渠道、以何种名义投放到贫困地区的资金,应有选择地捆起来,适当集中,合理使用。当前重点用于解决群众温饱问题的生产经营项目,开辟就业门路;可先将单纯用于救济的资金改为以工代赈，按项目使用；然后，逐步过渡到"适当集中，评估效益，择优发放，有偿使用，到期收回，不断周转"，资金投放的主要方向，应放在改善贫困地区的经济社会环境，培植地区内在的经济活力，而不是填补亏损企业的亏空或维持庞大上层管理机构的花销。

(3) 发展扶贫经济实体，扶贫项目招标承包开发。一些贫困地区沿用发放救济金按户分钱分物的老办法，把用于经济开发的扶贫资金直接分配到户，效果不好：一是造成资金分散，丧失开发的规模效益；二是缺乏经营能力的贫困户，拿到资金仍找不到生产经营门路。可行的办法是，成立贫困地区经济开发公司等独立经营、自负盈亏的经济实体。国家的各项扶贫贴息贷款由这些经济实体统借统还。开发公司根据当地条件和市场调查，拟定开发项目，保证为贫困户提供若干就业岗位，项目实行公开招标、承包开发；招标对象不局限于贫困地区，而是面向全社会，以便于吸引发达地区和大中城市的企业和企业家来贫困地区直接经营管理扶贫项目，跳出长期囿于贫困地区内部解决"脱贫"的狭小圈子，更充分地利用区外的先进技术、经营管理经验和产品销售网络，加快贫困地区进入国家大市场的步伐。

(本文原载《江西社会科学》1988年第5期)

欠发达地区经济发展的几个问题[*]

中国地区经济发展不平衡，不仅表现在东部与中、西部之间发展水平的差距，就是东部省（区）内也有不少经济欠发达地区，如冀东南、鲁西、粤北等地区。纵贯南北的京九铁路建成，为这些地区的发展，提供了千载难逢的机遇，如何抓住机遇、用好机遇，笔者拟以鲁西聊城地区为例，就欠发达地区经济发展需注意的一些问题，谈谈个人浅见。

一 把握总趋势

以聊城地区为例，540多万人口中，农村人口占88%，从事第一产业的劳动力占全社会劳动力的76.5%，从事第二、三产业的劳动力分别占11%多，地区生产总值中，第一产业的比重超过40%，第二产业的比重不足40%，第三产业仅占22%，尽管乡及乡以上的工业企业已有1300多家，总的讲还属于在工业化门槛多年徘徊的农业社会。交通、通信不畅，与国家经济重心

---

[*] 1996年初在"山东聊城地区经济发展战略研讨会"上的发言要点。

区、发达地区缺乏运输通道，是制约地区发展，使其长期陷入欠发达状况的重要原因。京九线建成，济（南）—邯（郸）铁路和济—聊—馆（陶）高速公路的修建，将使聊城一举成为四通八达的交通枢纽，北可上京津、东北，远连东北亚，南可下粤港，东可达沿海诸港，西连华北、西北及至中亚、欧美，为聊城地方市场与国内外大市场相融，扬长补短，实现要素互补，资源优化配置，提供了广阔空间。把握并用好这一机遇，就可以把被历史多次耽误的地区工业化任务，循序渐进，逐步展开，最终完成农业社会向工业社会的过渡。

地区工业化、现代化绝不仅仅是上几个大项目，修几座大工厂、大商厦，而是体现在如下一系列深刻变化：

1. 产业结构的演变

第一产业的比重逐步下降，第二、三产业的比重逐步上升。按变化历程大体是"一、二、三"→"二、一、三"→"二、三、一"→"三、二、一"。最后进入后工业化社会（或称信息社会）

2. 就业结构和城乡人口结构的演变

伴随工业化的推进，大批农业劳动力将逐步转到第二、三产业，大批农村人口将转为城市人口，主要途径有二：一是进入现有城市，使现有城市规模逐步扩大，功能逐步完善；二是在农村的有利区位形成新的小城镇和中小城市，并在一个地区内构成规模等级有序、功能互补互接的城镇体系。据美国斯坦福大学莫克尔斯教授提出的现代化标准是，非农产业的就业人口占总就业人口的比例超过70%，城市人口占总人口的比例超过50%。进入高度工业化社会以后，还有无农村，回答是肯定的，只要农产品还需从土地上产出,就不能没有农村,不同的仅在新农村是城乡一体化中的有机单元,而不是城乡隔绝下的封闭体。

3. 农业的市场化、产业化、现代化

农业劳动力所占比重虽伴随工业化而逐步下降,但农产品的数量、品种和农业收益却大幅度提高。这主要依靠:(1) 充分有效利用耕地和非耕地资源,实现农、林、牧、副、渔全面发展;(2) 乡镇企业和地方工业有效发展,实施"工业反哺农业",以及农业自积累能力增强,使农业投入大幅度增加;(3) 科学技术进入农业,促使要素利用效率提高;(4) 种植业、养殖业和加工业相结合,种养加贸一体化,使农产品附加价值倍增;(5) 发展多种中介组织,联结农户与市场,发展多种服务组织,形成完善的社会服务体系,推进农业的规模经营与产业化。

4. 劳动生产率和人民收入提高

农业劳动生产率的提高和大量劳动力转至比较劳动生产率更高的第二、三产业,促使地区社会劳动生产率全面提高,人民收入也可望相应提高。

从苏南农村[即苏州、无锡、常州三市所辖的12个县(市)]20世纪80年代发生的变化,可以帮助我们更具体把握欠发达地区未来的走势。80年代以前,苏南农村劳动力中从事非农产业的不足40%,1990年已上升到72%;1980年苏南农村社会总产值82亿元,1990年增加到925亿元,其中非农产业产值为868亿元,占农村社会总产值的94%;1990年农村社会总产值比1980年净增843亿元;其中,来自非农产业的贡献率占96%,来自农业的占4%,绝大多数农户提前进入小康。目前,

欠发达地区与苏南还有很大的差距,但有的"明星村",如聊城市刘庄村,已走上了与苏南类似的富裕之路。

二 选准突破口

交通、通信条件的改善,为农、工、商、贸、旅各业发展都提供了机遇;可支配财力的有限,又决定了不可能"全线出击",主攻力量如何配置,突破口选在何方?往往见仁见智。有的从国家级历史文化名城地位出发,主张从旅游业突破;有的认为"流通先导",先抓商贸市场建设;这些均不无道理。笔者以为总的讲,重点宜放在工业和农业,因为第三产业发展的规模、结构,最终取决于工农业的规模与需求,以及人口聚集规模与收入水平,经济腹地的拓展有一个过程;除拥有国际知名和国家级甲类旅游资源(如江西庐山)的地方,旅游业有望建成地方支柱产业以外,其他地区宜根据区内、外客源逐步增加的实际情况,修葺历史文物,发掘历史文化景点,美化自然景点,保持古朴风貌,以独有特色的魅力,全面满足游客行、住、吃、游、购、娱各方面的要求,而非豪华设施吸引游客。商贸业的发展,要以培育商品市场和要素市场为中心,为本地和腹地工农业产品走进国内外大市场服务,先"市"后"场",既重视创建仓储设施、交易中心、购物中心等硬件建设,也重视信息、咨询、购销与运输代理、司法仲裁等软件建设。

三 发挥优势、规避劣势、重点突破

欠发达地区既具有后发优势,也具有后发劣势,善于发挥优势,规避或克服劣势,是欠发达地区经济能否顺利启动的关键。

资金短缺，技术与人才匮乏和市场进入困难，是欠发达地区普遍存在的后发劣势。如何克服或规避这些劣势，在不同时空条件下不尽相同。20世纪70年代末珠江三角洲启动时，是靠抓住了香港产业结构调整的机遇，依靠地缘、亲缘优势和对外开放的优惠政策，由发展加工贸易入手，以利用港资为主的外资，一举克服了资金、技术短缺和进入国际市场三个制约因素，实现了经济起飞。80年代初苏南地区启动时，发展乡镇企业的原始资本是依靠原有集体经济的积累，技术与人才是依靠上海的辐射。现在包括聊城在内的经济欠发达地区经济起飞面临的市场环境较之80年代已发生重大变化，概括地说，主要有三：（1）目前国内市场，除能源、某些原材料和先进技术装备外，许多工业制品均由卖方市场转为买方市场，有些产品的生产能力现在就有相当部分闲置。（2）随着人民收入提高，收入档次拉开，城市和发达地区的农村市场，已从数量满足型向质量、品牌选择型转变。（3）市场竞争已从20世纪80年代千家万户的"完全竞争"向"半垄断竞争"转化，今后随着产业组织结构的调整，企业集团化，这一趋势将更趋明显。

上述三点，都会给欠发达地区产品的"市场进入"形成困难，甚至障碍。为了规避上述障碍，宜采取下述相应对策：

1. 发挥特有资源优势

聊城地区盛产花生、大豆、高蛋白小麦、蔬菜、大枣、鸭梨、肉鸡等，还有著名的阿胶和鲁西黄牛，并且已有"嘉阳"（实业公司）、"刘庄"等依靠种养加贸一体化致富的经验积累，今后利用京九等几条运输大通道，加快农业市场化、产业化的进程，根据市场导向，调整土地利用结构和农业结构，扩大高效作物种植面积，提高林果、畜牧和水产业的比重，引进优良品种和加工保鲜保质以及包装技术等，可形成具有竞争优势的强大食品工业、医药工业、革制品工业、饲料工业等。起步时，城市和农村乡镇企业可齐头并进；经过一段市场竞争的摸索，在自愿结合基础上，组成城乡一体化的大型企业集团。

面对新的市场态势，今后乡镇企业的发展要注意三点：其一，企业规模要大一些，技术起点要高一点；其二，企业要尽可能布局在交通沿线，形成工业集聚区，跳过"村村点火，处处冒烟"的社区经济发展阶段；其三，要做到以上两点，乡镇企业制度上要走股份合作制或公司制之路，跳出"村"、"乡（镇）"行政区划之囿。

2. 发挥资源和区位的叠加优势

山东省"九五"计划已确定将一期工程装机120万千瓦（最终规模240万千瓦）的大火电厂，以及年产18万吨合成氨的化肥厂等建在聊城，目的旨在利用最邻近晋煤入鲁的有利区位，这表明在发展大耗能工业上聊城地区较之山东省其他地方具有比较优势，可资利用。

3. 发挥要素成本低的优势

中国制造业布局受历史惯性的影响，存在严重的空间错位。传统体制下，大城市中的资源密集型企业，一直靠按计划价格调拨的廉价能源与原材料"赢利"，随着价格市场化，这些企业以及大城市中的劳动密集型、大耗能型、占地广和污染严重、噪音扰民的企业，其比较劣势日显，在行政庇护日趋弱化的情况下，"外迁"成为明智的选择。欠发达地区应像20世纪70年代末珠江三角洲利用香港结构调整那样，抓住这一机遇。地方政府应采取"低门槛"政策，加强"制度建设"，降低外地企业进入的

"制度成本";上级政府可参照国外"工业再配置补贴"的办法,对从大城市迁往欠发达地区的企业实施财政支持,可收一举两得之效。

4. 自主发展和巧借外力相结合

对于在市场竞争中具有优势的名牌产品(如阿胶)、明星企业(如东阿阿胶股份有限公司),应扩大产品规模、拓展产品系列,提高市场占有率,开拓新市场,并以本地明星企业为核心,联合、兼并区内外相关企业发展为大型企业集团以至跨国公司。反之,不具备明显竞争优势,甚至潜伏某种危机的行业,如聊城地区的一些棉纺厂,要在市场竞争中站稳脚跟,适应市场需求,"开发高支高密织物、轻薄织物等中高档服装面料",似应加盟于国内大型服装企业集团,借助外力,加快技术改造和产品升级换代的步伐。总之,在确具竞争实力的行业,要毫不谦虚,争当"老大";而在不具备竞争优势的行业,就要甘当配角,勇于"攀高结贵"。

对实力有限的行业,欲于竞争中立于不败之地,在产品方向上要采取"差别化战略",寻求"市场空档"。如三轮运输车,在大城市已是淘汰产品,但在还不富裕的农村,只要售价控制在万元以内的价位,又兼有送肥、运货、载人多种功能,颇受农民青睐,仍有发展前景。

欠发达地区除根据各自不同的资源禀赋和区位特点,各有其特有的优势外,还有两项共有的后发优势:

(1)移植、借鉴发达地区(国家)的先进经验。发达地区(国家)在无先例可循情况下,花费大量人力、财力,长期摸索获得的技术成果、管理方法等,后发展地区可以用少得多的时间、低得多的花费移植过来。在工、农、商、贸、旅各领域系统引进、移植发达地区的成熟技术，普遍推广实用技术，以及科学管理的制度，是快速提高欠发达地区技术经济与管理水平，实现增长方式转变的重要一着。地方科研机构应发挥"中转站"的作用，向外：学习、引进、消化、吸收并结合地区特点有所创新。对内：宣传、示范、推广普及。

（2）包袱轻。现有企业数量有限，欠发达地区往往为此引以为憾。但较之工厂很多、亏损面很大的地区，应该说是个长处。关键是要保持住这个优势。为此，一要贯彻国家关于"各地政府可以在各自的权限范围内，制订放开、放活国有小企业的政策措施"。欠发达地区绝大多数国有企业都属小企业，用好用足这一政策，就可依靠体制与机制创新，激发社会力量，弥补资金等的不足，加快地方市场主体与市场竞争氛围的形成。二要新上项目必须按现代企业制度的要求办事，先有法人再立项，法人对项目的策划、筹资、建设、投产、还贷和国有资产的保值增值实行全过程负责，承担投资风险。只有构建社会主义市场经济的投融资体制，才能从制度上保证每上一个新项目，就为地方财政和大众栽下一棵"摇钱树"，而不是背上新包袱。

（本文原载《技术经济与管理研究》1996年第4期）

壮大县域经济:全面建设小康社会的重要一环*

感谢城市发展与环境中心和湘潭市委、市府的邀请,能出席纪念毛主席诞辰114周年的这次盛会,首先我代表中国区域经济学会对"全国经济强县(市、区)科学发展论坛暨共建韶山座谈会"的召开表示热烈的祝贺。

区域经济是经济发展中的空间单元,一国的国民经济正是由多种类型的区域经济耦合而成。区域经济按其形成的直接缘由可粗分为两类:一类是跨行政区域的经济区域,如长江三角洲、珠江三角洲和环渤海地区等;另一类是"行政区域经济",如省域、市域、县域,省、市、县既是行政管理层次,而其行政辖区内的经济活动即构成省域经济、市域经济、县域经济。

郡县制在中国历史悠久,萌芽于周,发轫于春秋,发展于战国,定制于秦。县作为行政管理和行政区划的基层层次,处于安民、富民的第一线,"郡县治,天下安"这一古训至今仍然适用。如果说城市特别是大中城市经济是国家经济的支柱,那么,

---

* 2007年12月25日在"全国经济强县(市、区)科学发展论坛暨共建韶山座谈会"上的发言。

县域经济则是国民经济的基石。

中国现有县和县级市 2000 多个，县域国土占全国国土总面积的 94%，县域人口占全国总人口的 73%，县和县级市人均 GDP 只相当于全国平均值的 70% 左右，其中有 2/3 的县和县级市的人均 GDP 只相当于全国平均值的 1/3 或不足 1/3，以致县域人口占全国总人口七成多，而县域消费品零售总额仅占全国消费品零售总额的四成。在 21 世纪头 20 年要实现全面建设小康社会的战略目标，壮大县域经济，自然成为重要的一环。建设惠及十几亿人口的更高水平的小康社会，重点和难点都在农村，可以说是举国上下的共识；而除了正在快速城镇化的城市郊区农村以外，绝大部分的农村都在县域经济范围之内，要扭转城乡二元经济结构，无论从就近有力地支持社会主义新农村建设，还是发挥培育新城镇摇篮的作用，把县域经济作为重要环节，都是理所当然、势所必然。受自然地理、历史基础和社会人文诸多条件的影响，中国县域经济的发展很不平衡，既有大尺度的地带性差异，亦有中、小尺度的中心—边缘差异。按中郡县域经济所根据 2004 年统计数据编制的《第五届全国县域经济基本竞争力评价报告》，评出的第五届全国县域经济百强县（县级市）中，东部占 88 个（其中浙、鲁、苏三省占 72 个）、中部 4 个、东北 5 个、西部 3 个，正是中国地带性差异的具体反映。中小尺度的中心—边缘差异，是指与大、中城市，交通枢纽，交通干线等的距离，与中心距离近或有便捷联系的县域经济一般较发达，反之则欠发达。按人均 GDP 等人均指标比较，发达的和不发达的县域之间，差距在十几倍甚至几十倍，这表明县域之间不仅经济指标上有量的差异，亦表明它们的经济社会发展处于不同的发展阶段。各县域今后发展的目标是共同的（全面建设小康社会），而由于足下的始点不一，今后"千里之行"的谋划，自然有别。

中郡县域经济所和全国县域经济基本竞争力评价中心按竞争力曾将全国2000多个县（含县级市）分为10档；从结构特征和发展阶段的差异我将县域经济分为以下四种类型：

第一类是第二、三产业已占主导地位的县域。主导地位不仅指第二、三产业增加值在该类县域 GDP 中占大头，亦指第二、三产业的就业者，在县域就业岗位中占大头。这类县还有一个共同特点：不仅本县劳动力就业相当充分，往往还吸纳了大量县外的流动劳动力。它们中有的已是国内、省内某类制造业或某类工业制品的生产基地；有的是国内、省内某类商品流通的大市场。在世纪之交，特别是中国加入 WTO 以后，加快了融入全球经济的步伐，这不仅表现在进出口贸易规模的快速扩张，更重要的是县域内越来越多的企业进入了大型跨国公司的价值链之中，这对今后县域内高新技术产业的发展和以高新技术改造传统产业具有深远的影响。

第二类是农业强县。这里讲的强县，不是按传统眼光以粮食总产量多、单产高来衡量，而是指市场化农业的发育程度，主要表现在以下三方面：一是面向市场，农业结构有重大调整：粮食向优质、专用、高产方向发展，畜牧、水产、养殖、瓜果、蔬菜等在农业结构中已占大头，有的培育出具有地方特色的名优特新农产品；二是农副产品等进入市场前已在县域内初步加工或深加工，提高了农产品的附加值；三是县域农产品已突破地方市场进入到大中城市市场和国际市场。农业产业化和农产品产、加、销产业链的发展，推进了传统农业向现代农业的转化和农业生产的科技含量提高，农工贸紧密衔接、产加销融为一体，采用标准化生产、市场化营销，实施品牌战略，使农业正由弱势低效转变为强势高效产业。

第三类即通常所说的农业大县、工业小县、财政穷县。这类县不仅第二、三产业发展缓慢，比重低，而且农业内部的结构调整不理想，粮食生产仍占大头，经济作物、多种养殖业等发展缓慢；属于粮食主产区内的县，优质专用的粮食品种结构调整步伐不快，以致农民收入增长慢，地方财政拮据。中、西部地区相当一部分县都处于这种状态。

第四类为农业弱县。这类县不仅第二、三产业发展薄弱，农业生产水平亦很低，有的自然条件恶劣，生态系统脆弱、灾害频繁；有的地处偏僻山区，与外部联系困难，增加了对外交流的交易成本，农民增收困难，有的年份收入不升反降，县内至今还有数以万计的贫困人口，地方财政常年靠补贴，恶性循环使其长期走不出贫困的泥潭。

上述四类县域中的前两类，特别是第一类县域，在过去20多年，基本完成了群众性原始积累，并在多年的商海实战中涌现出一批优秀企业家；在政一企互动中，地方政府基本完成了向服务型高效率的转变，这些构成了推进县域经济持续快速发展的内源推动力。今后只要坚持制度、技术双创新，坚持走新型工业化道路，就不仅可以提前实现全面小康而且可以率先基本实现现代化。

困难的是后两类县域，在今后日趋激烈的市场竞争大背景下，如何跨出走向全面小康的步子。从大思路上需注意以下四方面：

第一，统筹城乡经济社会发展，规划县域经济，构建城乡联动网络。

规划县域经济时，对党的十六大和十七大反复提出的"统筹城乡经济社会发展"，需从两方面加以贯彻：一是必须把县（市）域放在所处大区域中，特别是与区域中心城市和城市群与经济带的关联中，对本县（市）的发展走向予以定位，以韶山市而言，即必须放在长株潭城市群和京广经济带中，考虑自己的定位。"九五"时期以来，中国大中城市经济快速发展，在经济总量快速扩张的同时，都伴随着产业结构的优化升级和城区扩大、主城区"腾笼换鸟"、"退二进三"，这些为邻近县的发展提供了众多机遇；更全面地看，城市每年千百亿元的投资规模，人口集聚，收入提高，都为邻近县提供了众多的市场，而县域发展中短缺的资本、人才等要素，亦不难从城市中寻得。二是在县域经济发展中，要把县城（城关）、建制镇这些"点"和广大农村"面"上的发展统筹考虑规划。如果说大中城市是增长源、创新源，作为城乡交会点的县城（城关）和建制镇等则是中继站。城市带动农村、城乡联动发展正是通过各项基础设施之上的多种网络（信息网、流通网络等）功能实现的。

第二，工业发展最好从农产品加工，尤其是本县有特色农畜瓜果和土特产品的加工起步。如果群众掌握某种传统工艺，亦可以发展制造业，但不能"小而全"，要尽可能与大中城市的优强企业联手，从为它们提供零部件、元器件或初步加工，当配角起步。在布局上，从一开始就要绕过"村村点火，处处冒烟"的阶段，采取工业园区集群布局。有矿产资源的，可发展采掘业，但要坚持"宁可少些，但要好些"，坚持有一定的技术起点，决不能再走小煤窑浪费资源、污染环境、工伤事故不断的血迹斑斑之路。

第三，发展工业缺乏条件，或者工业发展会带来环境生态重大损害、得不偿失的县（市），狠抓旅游与文化产业的发展亦是有前途的。韶山人文资源深厚在国内外都享有盛名，在推进红色旅游中，和文化产业（湘楚文化的发掘等）紧密结合，多采用"农家文化大园"等，少修豪华宾馆，亦可开辟一条富民之路。

第四，把劳务输出作为战略产业。加上"战略"两字，意在突出劳务输出不仅仅能增加当年农民的现金收入，还有更深远的意义。欠发达和贫困县要走上工业化、现代化之路，有两项"基础工程"。一是各项"硬基础设施"，如铁路、公路、广播电视通信网络等，这几年西部大开发、加快中西部发展，在中央政府支持下，已取得明显进展。二是"软基础设施"，这包括县域文化、市场经济意识、工业文明、信用文明、企业家队伍的培育等，这些主要靠自力更生，而劳务输出正是推进县域软基础设施建设的有效途径。强调战略产业还有第二层的含义，即地方政府要为劳务输出进行多方面的服务，包括劳务需求信息的收集、发布，劳务供求的对接，有针对性的技能培训，维护农民工的合法权益等，以降低外出务工的成本与风险。

湖南省6768万人口中，农村人口占六成，富余劳动力近2000万人，目前外出务工的约1096万人，政府近年建立劳务输出培训基地，以技能培训为突破口，创建叫得响的劳务输出品牌（如深圳出租车司机多系攸县"的哥"、上海港口的装卸工多系平江湘军……），显著提高了劳务输出的质量与收益；经过几年的技能与财富积累，有近30万名农民工回乡创业，成为带领一方致富的带头人，为家乡劳动力就近转移就业提供了岗位。

第五，服务型的县、乡（镇）政府。在壮大县域经济中，地方政府有重要作用，而其实效又在于政府是否完成了职能转换，在多大程度上告别了"衙门"习气，实现了向廉洁、务实、高效的服务型政府转变。例如为了适应城市和出口对优质安全农产品的市场需求，亟须建立健全农产品质量保证体系、监督检测检验体系、认证体系、执法体系、技术支撑和市场信息体系，这些都是一家一户农民无能为力的，只能靠政府组织实现。再如中央政府已经出台并将继续出台财政支农的相关政策，加大国家财政对农业基本建设、农村基础设施以及义务教育、卫生防疫保健等社会发展项目的投入和对农民的直接补贴，其贯彻落实，无不通过基层政府，政府是否廉洁、务实、高效，决定了上述政策的效应和农民从中得到多少实惠。

近年来，黑龙江省县域经济取得了长足进展，提供了不少值得借鉴的经验：首先是提高对壮大县域经济重要性、紧迫性的认识，把壮大县域经济作为振兴全省经济、统筹城乡区域协调发展、改善民生、推进"和谐龙江"建设的重要切入点。同时制定切合省情的战略路径，把发展现代农业和"工业立县"作为两大抓手。在推进现代农业方面，充分利用省内国有农（牧）场广布的基础，倡导"场县共建"推进水利化、农机化、标准化、发展绿色农业，2007年不仅粮食总产量达到396.5亿斤，绿色粮食已超过1/4；在农户粮食充裕的基础上，顺势调整粮牧结构，实现"过腹增值"，2007年每个农民从牧业获得的纯收入达785元；在夯实农业基础的同时，有效推进"工业立县"，坚持根据各县域不同的条件，各自探寻阳光道；紧邻特大城市和工业重镇的，辟建开发区，为城市大工业配套和承接产业转移，宾县、呼兰和肇源沿着这条路子已取得不菲的业绩；边境口岸市、县，利用区位优势，从边贸、边境旅游入手，逐步向进出口加工延伸，绥芬河、东宁正是在进口木材的基础上，兴起了木材加工与家私业；矿业和生物资源丰富的县域，以优势资源为依托，从简单的开采、栽培向深加工延伸，兰西县的亚麻及其制品产业，勃利、依兰、集贤和宝清等县的煤炭与煤炭加工已成为黑龙江东部煤电化基地的组成部分；位于大、小兴安岭山麓的伊春等林业市、县，则坚持保护第一，在优先保护森林生态中，发展休闲度假避暑旅游和"北药"、绿色食品等产业。无论哪一类型，都采取集群、园区和集约式发展，避免了早期乡镇企业"村村点火、处处冒烟"的弊端。通过农业机械化，大批劳动力从耕作中解脱出来，政府鼓励、帮助他们到城市或境外务工，一年达480万人，实现劳务收入200亿元；外出务工使留村劳动力的经营面积扩大，达到了"走一富二"的效益。政府在规划引导的同时，还先后出台支持、扶持县域经济发展的政策，省政府首先将许多原属地级市的权限下放给县，省对县一般性转移支付一定三年不变，提高税收对县的返还比例等。

最后要强调的是，无论县域、市域经济的发展，都要体现贯彻2007年12月上旬中央经济工作会议强调的"四个必须坚持"，坚持稳中求进、坚持好字优先、坚持改革开放、坚持以人为本，更加重视改善民生。

让我们以共建繁荣富裕、和谐美好的韶山，表达对伟大领袖的无限缅怀。

第三编
西部地区经济社会发展

大战略 新思路*
——论西部大开发

一 面向 21 世纪的大战略

针对中国疆域辽阔、地区经济很不平衡的国情，20 世纪 80 年代中期，国家制定第七个五年计划时，按照经济技术发展水平和地理位置相结合的原则，将全国划分为东、中、西部三大地带，东部地带包括沿海地区的 12 个省、市、自治区；西部地带包括四川、重庆、云南、贵州、西藏、陕西、甘肃、青海、宁夏和新疆 10 个省、市、自治区；其余 9 个省、自治区为中部地带。

改革开放以来，中国东部特别是东南沿海地区，利用较好的经济基础、有利的区位地缘，在国家政策支持下率先较快地发展起来，为全国第一步和第二步战略目标的实现发挥了带动作用。与此同时，地区发展差距，特别是东西部地区之间的差距难以避免地相应扩大。目前，西部地区人均国内生产总值仅相当于全国

---

* 1999 年 10 月 25 日在"加快西部大开发暨西安经济发展战略研讨会"上的发言。

平均水平的60%，不到东部人均国内生产总值的一半。尚未实现温饱的贫困人口大部分在西部地区。区域经济发展失衡引发的诸多负面效应开始显现，引起了社会各方面的广泛关注。

在世纪之交，第二步战略目标基本实现，国力显著增强之时，启动西部大开发是按照邓小平同志"两个大局"的深谋远略，统揽全局、审时度势，对国家经济布局指向和区域政策作出的适时调整，是面向21世纪的重大战略决策。1999年江泽民总书记在几个重要会议上多次指出，加快中西部地区发展的条件已经基本具备，时机已经成熟。必须不失时机地加快中西部地区的发展，特别是抓紧研究西部地区大开发。同年11月召开的中央经济工作会议，把调整地区经济结构，实施西部大开发，促进区域经济、城乡经济协调发展，作为今后国民经济进行战略性调整的重要内容，摆在突出的位置。

加快西部发展，逐步缩小地区间的发展差距，最终实现各地区经济普遍繁荣和人民共同富裕，既是社会主义本质特征的要求，也是国家经济持续快速健康发展的内在需要。西部地区幅员广袤，占全国陆地面积的56%（540万平方公里），是中国水能、天然气、煤炭、有色金属资源的主要蕴藏地和众多农畜土特产品的主产地，更是石油战略后备资源的所在，同时拥有庞大的资产存量和可观的科技人才资源，要实现更为宏伟的第三步战略目标，需要把西部上述资源更充分有效地纳入到国民经济运转中来。中国地貌西高东低，由西而东形成三大阶梯，长江、黄河、珠江、澜沧江等大江大河均发源于西部地区，而西北沙漠戈壁广布，只有加快西部发展，使居于高山深谷与沙漠的人们尽快放下斧头，从"越穷越垦、越垦越穷"的怪圈中走出，江河的长久安澜、中下游地区的安全、华北与东北平原的防止荒漠化才有保证。科学地开发西部，偿还多年累积的环境生态欠账，是维护生存之舟、建设山川秀美的华夏家园、实现国民经济可持续发展的需要。

依托国内需求是国民经济持续增长的基本立足点。西部地区人口2.85亿人，占全国总人口的22.8%，而社会商品零售额仅占全国的13%。目前，西部城镇居民人均可支配收入比全国平均水平约低20%；农民人均纯收入比全国平均水平约低40%。许多最起码的需求受支付能力的限制，无法转化为现实购买力。因此，扩大内需很重要的一个方面，就是通过发展经济，提高西部地区城乡居民的就业率和收入水平，加快西部市场的发育。西部大开发，通过区际间的投入产出关联，必然为东部、中部地区的企业提供新的商机；为率先发展起来的地区的20年来积累的资金、技术和人才提供新的用武之地。如果说积极的财政政策在扩大内需上主要是近期效应，那么开发西部则具有中长期效应。通过近、中、长期的政策组合，必将有力地拉动国民经济持续快速增长。

中国有55个少数民族，大部分聚居在西部和陆地边境地区，加快西部经济发展，使各民族聚居地区和边境地区更加繁荣，是巩固加强民族大团结，增强民族凝聚力，保证边防巩固、边境安宁与社会政治稳定的需要。

因此，西部大开发是一项突破区域局限、事关国家战略全局，既具有经济、政治、社会和国防多方面现实意义，又具有深远历史意义的重大决策。

二 两个手段、三股合力

加快西部地区发展目标的实现须采用两个手段，形成三股合力。

1. 两个手段

两个手段是指市场机制和政府调控特别是中央政府的区域政策。要素价格变化和地区要素价格差异是推动产业空间转移的诱因。改革开放20年来东部沿海地区，特别是沿海大城市的土地、环保、劳动力等要素成本攀升，不少传统产业、产品的优势正在或已经丧失，西部地区理应依托上述要素价格相对低廉，从而在这些产业和产品上形成优势，夺取市场，站稳脚跟。传统理论在讲到产业空间转移时，往往解释为发达地区和大城市的工厂和设备向欠发达地区搬迁。须知，在市场经济下，这种转移实际上更多的是通过优胜劣汰，即一地区某产业既有优势丧失，在另一地区相应产业有可能兴起，取而代之。因此，西部地区不能坐等"转移"，而应打争夺战。方式不同，转移中，西部地区的付出与收益将大相径庭，因此要充分利用市场机制对推进西部发展的积极效应。但除此而外，要解决东西部发展差距问题还须有政府调控特别是中央政府区域政策的支持。这是因为西部地区的自然条件及区位（处于国内运输网的末梢、国内大市场的边缘等）、历史基础及历史包袱（如三线建设时，工厂靠山进沟、社会负担沉重等）等外部环境因素，使西部的市场主体与东部市场主体并非处于同等起跑线。因而通过中央政府的政策倾斜和资金投入使西部和东部的市场主体处于大体相同的起跑线，是对市场（机制）局限与缺陷的弥补，非常重要。中央政府可在以下几方面提供支持：一是中央财政支持加快西部各项基础设施建设，这是揭开西部大开发序幕的前提；二是环境生态的保护与建设，西部地区的环境生态既是为了实现本地区的可持续发展，也是为了长江、黄河等大江大河中下游地区的安宁，上游地区退耕还林（草），国家和中下游地区通过以粮代赈等方式予以补偿本在情理之中；三是保证民众特别是西部农村居民在义务教育、初级卫生保健等社会公共产品的享用上与东部地区大体持平；四是为某些国有企业还清历史旧账。如20世纪60年代从备战出发在西部山沟里兴建了一些军工厂，现在产品要军转民，厂址有的要出沟进城，这些"旧账"让企业靠加强经营管理或建立现代企业制度都是消化不了的。党的十五届四中全会的决定中有关"改善国有企业资产负债结构和减轻企业社会负担"的各项政策措施，有必要更多地向西部国有企业倾斜。

2. 三股合力

三股合力。一是进一步调整、完善区域经济政策，加大中央政府对西部地区政策投入、资金投入的力度，加大财政转移支付的力度。二是广泛推进东、中、西部间的多层次、多形式的经济技术协作，加大发达地区对欠发达地区和贫困地区的帮扶力度。充分发挥市场机制优化资源配置的作用，推动要素的跨区域流动和跨区域的资产重组。对国内各民间组织与热心人士，对华侨、华裔、海外学子和国外公益性组织的真诚援助，亦应积极争取，热诚欢迎。三是加快西部改革开放的步伐，进一步探寻适应国内外大市场新态势、适合西部区情的发展战略与对策。如果说，前两者是加快西部地区发展的启动与推动力，后者则是关键与根本。因为只有通过后者，来自外部的种种支援和帮扶，才能转化为自身的"造血"功能，形成自组织、自发展的机制，成为推动西部发展永不衰竭的内动力。

三 新时空、新思路

"一五"时期和"三线建设"时期，国家在西部曾安排过许多建设项目（以156项为例，仅在陕西、甘肃两省的就有40

项），当时是计划经济体制，采取中央投资、项目嵌入的方式。现在讲西部大开发，首先是体制背景发生了根本性变化，尽管中央财政会加大投入，但更主要的是依靠社会投资，包括区外、境外的投资，这些投资是按市场经济原则流动和配置的，目的是追求较高的投资回报。这决定了西部地区各级地方政府工作的着力点，要从过去主要抓项目、抓企业，转向着力构建良好的投资环境与经营环境。其次是国内市场和市场竞争态势发生了重大变化，卖方市场向买方市场转化，不少传统产业、传统产品，供大于求，生产能力过剩闲置。这决定了西部大开发中既要借鉴东部地区的成功经验，又不能照搬。再次是经济全球化进程不断加快。在全新的对外开放环境下，西部区域市场不仅融入了国内统一大市场，且逐渐融入了国际大市场。其中既提供了新的机遇，也带来更严峻的挑战。因此西部开发，从总体规划到项目选择，既要充分利用各种机遇，又要能经受国内外市场竞争的无情考验。

新的体制背景、市场态势和新的对外开放环境都要求西部开发要有新思路。要充分认识市场经济体制下区域经济发展不同于旧体制的新内涵：（1）区域经济发展的实际绩效，很大程度上取决于地区经济的竞争力和通过竞争在统一大市场中占取的份额；（2）市场竞争的胜负，很大程度上取决于创新，包括技术创新、组织创新、管理创新，而上述诸多创新的前提是制度创新，先导是观念更新、思路创新。

1. 树立新的发展观

迄今世界范围内，几百年来的工业化进程，既创造了历史上从未有过的辉煌，亦伴生了多方面的负面效应。百年回首、世纪反思，愈来愈多的有识之士认识到，以人为本，走经济—社会—

自然（环境生态、自然资源）三维交合系统协调发展之路是正确的。党的十四届五中全会提出，"把社会全面发展放在重要战略地位，实现经济与社会相互协调和可持续发展"作为经济发展的重要指导方针。西部地区是国家生态屏障之所在，而大部分地域环境生态基础脆弱。因而在大开发中坚持协调和可持续发展方针，具有特别重要的意义。无论宏观、微观的重大举措，都要既计算其直接经济收益，更要看到其可能引发的环境生态长期效应，必须以科学评估作为决策依据。目前，黄土高原的水土流失、西北的荒漠化、沙尘暴、西南山地的泥石流与山体坍塌等，只有通过科学治理有所遏制、好转而不再恶化，西部大开发的宏伟规划才可能顺利实施。

单就经济发展而言，在短缺经济下，习惯把发展等同于增长，刻意追求经济总量及其扩张速度；在市场经济下则应强调地区经济的竞争力和对市场份额的占有预期。买方市场下谈发展，关键有二：一是通过多种途径提高产品的竞争力，提高自身产品在既有市场的占有份额；二是针对潜在需求开发新产品，开拓新市场。没有市场、没有市场竞争力，伴随经济总量扩张的同时，很可能是成品与资金积压等比例地上升，严重时甚至会使地区经济运转发生阻滞。

就近期发展而言，西部地区的当务之急是提高"一力"、"二率"。"一力"即提高市场竞争力；"二率"是指增加新的就业岗位，减少失业人口，提高就业率，加快农业劳动力向非农产业转移的步伐，提高转出率。目前西部10省（自治区、市）农业劳动力在社会劳动力中的份额，比全国平均值高5—20个百分点。前者关系到西部地区在市场竞争中能否保有或扩大一席之地，遏制停产、半停产企业的继续增加；后者关系到西部民众收入能否提高、内需能否扩大与社会的稳定。

2. 树立新的资源观

土地、能源、矿产等天赋资源是经济发展的重要物质基础，西部地区有丰富的蕴藏，理当有效利用。但要看到现代市场经济中，作为推动经济增长与发展的要素资源，其内涵深化、外延扩大，各种资源要素的相对地位随其对发展贡献度的高低，已有明显变化。在科技进步突飞猛进、知识经济已现端倪的时代，总的说，天赋资源和未经专门培训的一般劳动力资源的作用相对下降，而品牌、商标、专利、市场网络、信息、创新环境等后天获得性资源与创新人才的作用与日俱增。在某种意义上说，后者对前者有点石成金之效。海尔、小天鹅等优强企业，在中西部兼并活动中有的并未注入多少资金，而只是带出了品牌，带出了新的管理模式，注入了新的经营理念，就使一些企业起死回生，颇发人深省。资金短缺确是制约西部发展的重要因素，但相比之下，西部地区软资源和企业家资源的短缺更显突出。因此西部大开发在推进物质资源开发的同时，要把人力资源开发与软资源的培育摆在更重要的位置。

讲到人才，有关方面已表示"通过制定优惠政策，从国外和东、中部地区吸引人才'落户'西部"。笔者以为对西部当前而言，更紧迫的是通过"人才环境"的改善，发挥现有人才作用，使人才外流的势头有所遏制。因为西安、成都、重庆、兰州、绵阳等西部大中城市科研院所、大专院校和大企业集结的科技人才数量，在全国排序多在前十位。而前四个大城市工业竞争力的排序却远在前十位之后。造成如此不对称的症结恐在于体制束缚，出路在于通过官产学研金（融）结合，通过大力发展民办科技企业等制度创新，释放现有科技人才的潜能。对于必须从区外引进的人才，采用"候鸟"等灵活方式比"落户式"成本低。只要工作做得细、针对性强，收效会更明显。

3. 树立新的优势观

优（劣）势，是地区经济发展战略或规划中使用频率最高的词汇，但在经济学和日常用语上，这一词汇的内涵并不相同。在经济学中它亦有绝对优势（亚当·斯密）、相对优势（李嘉图）、要素禀赋优势（俄林）、竞争优势（迈克尔·波特）和核心竞争力优势之别，上述理论范畴的发展与嬗变，既是学理认知上的不断深化，亦反映了市场竞争中区域分工格局形成动因与机理的发展演变。众所周知，新疆盛产棉花，石油蕴藏也较丰富，有一"白"一"黑"优势资源之说。1998年笔者到那里调查，看到众多纺织企业陷入困境，而几个生产经营非常红火的企业——新疆特变电工股份有限公司、新疆轮胎厂等与"一白一黑"并无紧密关联，靠的是竞争优势的建立。实践是检验真理的唯一标准，上述事实，既是对区域经济学中已陈旧理论的挑战，也是对今后西部地区产业结构调整与选择的启迪。

20世纪五六十年代根据"全国一盘棋"方针对西部工业布局的安排，八九十年代在发挥资源优势战略指导下的发展，使采掘工业、原材料工业在西部工业结构中占有很大份额，这些工业的发展，对推进西部地区工业化、对支援全国经济建设都曾作出过历史性的贡献，问题是这样的结构特征今后不宜继续保持下去。首先，采掘工业有个越采越深、成本递增以至资源枯竭的问题；其次，中国相当一部分矿藏的赋存条件复杂，有效含量不高或选冶难度大，在对外开放的新环境下，极易受到国际市场的冲击，所有这些影响亦会转移到原材料工业中；再次，上游产业的比较劳动生产率和收益也远低于下游产业。如果保持既有结构格局，最好的结局只能是保持和发达地区等距离的差距。为此在西部地区结构调整与选择上宜采取"异中求同、同中寻异"的方针。即在产业选择上西部地区不能拘泥于主要搞上游产业，而应与发达地区同样要走产业升级之路,要发展下游产业、发展高新技术产业;在实施产业升级的过程中,西部又要从竞争力相对较弱的现实出发,在策略上尽可能采取"差别化战略"、"错位经营"、"分层竞争战略"等"同中寻异"的策略,围绕核心竞争力的发掘与培植,构建有竞争优势的地区特色经济,以减少风险,提高成功率。

4. 树立新的发展模式

区域经济学曾把地区经济发展概括为自上而下和自下而上两种模式。20世纪五六十年代嵌入式的发展,是自上向下。80年代以来,地方政府权限扩大,以至"书记抓项目、市(县)长跑贷款",这仍然是自上而下的发展。真正的市场经济是各类市场主体唱主角,自下而上地发展,这在浙江温州、台州等地看得较清楚,无论经济高涨期,还是市场低迷期,什么样的坎他们都能迈过。这不是说那里的企业没有亏损和破产的,而是说倒闭了一批,另一批更有竞争力的企业又重新崛起,地区经济的活力、应变力、自我发展能力尽在这优胜劣汰生生不已之中。在实施积极财政政策的大背景下,依靠财政资金驱动已拉开西部大开发的帷幕,而其"正剧"则须靠多元的市场主体。市场主体如何形成?首先,在实现富民兴区的目标中,坚持富民为先、富民为本。只有轻徭薄赋,使民众不仅有生活资源之产,亦有生财资本之产,才能加速千万个市场主体的形成,相当规模群众性原始积累的铺垫是一个地区市场经济发育的温床。舍此,外部各种要素的注入都难以奏效。其次,真正"四自"(自主经营、自负盈亏、自我发展、自我约束)的市场主体是市场交易的成果。譬如,拥有技术特别是专利技术的工程技术专家,凭靠其"知本",与拥有土地、厂房、资金的持有者通过交易,就可以形成市场主体。而大批市场主体形成之时，许多看似棘手的问题都会较容易地解决，譬如，失业下岗问题，1个市场主体提供20个就业岗位，1万个市场主体就可解决20万下岗者的再就业。"再就业工程"说到底是培育创业者、投资者等市场主体。

5. 树立新的规划观

西部大开发是一个既宏大又复杂的系统工程，亟须统筹规划、分步骤、有重点地推进。体制背景的根本变化，要求发展规划在内容、目标、依据和编制方式方法上都有相应的转变。首先，在发展目标上，过去主要是GDP等价值指标和主要工农业产品的实物指标。为了体现"以人为本"，新增就业岗位、社会保障体系的发展与民众福利水平的增进以及反映人力资本开发的指标、环境生态的指标都应将其作为重要内容纳入。其次，过去的规划在产业发展上很具体，一直延伸到具体项目。在新的发展规划中，上述这些内容都属于市场主体自主决策的范围。政府主要是提出地区经济未来发展的目标，明确鼓励、支持的产业发展方向，为这些产业的发展进行制度安排（如建立创业风险基金、中小企业担保基金等）、组织构建（如建立民办科技企业孵化器等）和制定竞争规则。

发展规划制定的依据，过去往往先订出年均递增率，计算出远景GDP总量，再物色产业和项目，凑足总量。市场经济下发展规划必须坚持市场导向，以市场调研和预测作为规划制定的出发点，以产品能否有市场作为检验规划是否符合实际的依据。远景需求预测在渐进平滑发展期，比较好办，在突变和转折期则难度很大。譬如，"九五"计划确定2000年全国煤产量为14亿吨，现在看来2000年的需求量也就在10亿吨左右，误差率甚大。由于生产能力大于产量，产量大于销量，煤价下滑，以致西部有的省区每生产1吨煤要赔30多元。然而，就是这样的省区仍旧在建新矿井、新矿区，这种做法值得斟酌。近年来，产业结构的变化、节能降耗的成就以及为了控制城市的大气污染，使能源消费及其结构已经并将继续发生重大变化，西部地区能源生产结构如何与之相适应，很值得深入研究。

竞争与风险是市场经济的特点。西部地区制定规划要知己知彼，渗入博弈思想，对自身和诸多竞争伙伴竞争力的强弱消长有所分析，以使市场份额预期更接近实际；对各种不确定因素有足够的估计，做好相应的预案。

企业、农户是市场经济的主体，是发展规划的具体实施者，为了使规划更符合实际，特别是涉及不同群体利益关系调整的内容，西部地区政府应与各类市场主体进行对话，把对话、沟通、协调贯穿于规划编制的全过程；使规划编制的过程，同时亦是民众参与"公共选择"形成共识的过程。这样才能把好事办好、办实。

(本文原载《宏观经济研究》2000年第2期)

漫话西部大开发[*]

一

目前,从国家整个宏观形势来看,中国经济增长进入了新阶段;从外部环境看,是经济全球化的加速推进,是中国即将加入WTO。从内部看,1999年,中国国民经济的总量已达8.2万亿元人民币,折合1万亿美元,人均GDP超过了850美元。这表明中国经济的增长已进入了一个新阶段。与此同时,也出现了许多新的矛盾,为了解决这些矛盾,迎接各方面的挑战,把中国的经济发展推上一个新的平台,在今后,首先是在"十五"期间,从生产力和国民经济发展看,主要要在五个方面下力气:

第一,经济结构的战略性调整。

第二,西部大开发。

第三,城镇化或城市化战略。

第四,科教兴国。

第五,可持续发展战略。

---

[*] 2000年4月25日在决策科学研究中心主办的《中国经济论坛》上的演讲。

这里重点讲西部大开发。

关于西部大开发。简单说,三句话、三种可能性。三句话是意义重大,难度很大,有风险。三种可能性:第一种可能性是,经过大家若干年努力奋斗,使整个西部变成经济繁荣、山川秀美、民族团结、社会进步、人民安康的一个新西部;第二种可能性是,西部跟目前(即改革开放后这20年)差不多,自己跟自己纵向比较有所前进,但跟东部和发达地区相比,差距还是继续拉大;第三种可能性是我们大家都不愿看到的,与我们开发西部的初衷完全相悖的。现在多方面的努力,目的只有一个:就是争取实现第一种可能性,避免后两种,尤其是第三种。

1. 西部大开发意义重大

为什么说这是意义重大的事情呢?中央在新中国成立50周年大庆的时候作出这个重大决策,固然有拉动近期内需的考虑。这如同美国20世纪30代初,在内需严重不足时,依靠扩张性财政政策,启动田纳西河流域的治理开发。而从深层次考察,在世纪之交提出西部大开发,还有经济、政治、社会稳定、国家安全、可持续发展等方面更深远的战略考虑。

(1)从经济上看,我们要实现第三步战略目标。我们现在GDP总值是1万亿美元,那么,要实现小平同志所提的第三步战略目标,至少要8万多亿美元,大体相当于美国1998年GDP的总量。大家知道,经济发展取决于什么?简单讲就像一架马车,后面要有推力,即资金的推动、技术的推动,即各种要素的投入,等等。前面还要有三匹马拉动,第一个是最终需求、最终消费;第二个是投资需求;第三个是净出口。从需求的拉动来看,现在的西部10个省、市、自治区将近28500万人,占全国人口23%,但西部的社会商品零售总额只占全国的13%,购买力只相当于全国平均水平的47%。据中国经济景气监测中心的调查，近80%的农村居民人均年生活费支出不足2000元，西部农民每年用来购置日用消费品的钱一年仅几百元。农村是一个很大的消费市场，西部农村拥有家电的农户，在有的地方还不到总农户的5%，但为什么始终没有启动呢？因为没有支付能力。这就是为什么我们有3000万台彩电的装配能力，但每年却有近2000万台的彩电能力在闲置（冰箱、洗衣机、家用空调等大同小异）。西部近3亿农民这个潜在市场能否变成现实的需求，关系到国内市场的培育与发育。再从后面的推力看，我们要从1万亿美元，达到8万亿美元，需要大量资源，包括：能源、矿产、人才等。中国的水能资源、天然气、铅、锌、镍等相当多的有色金属，还有磷矿钾盐等化学矿藏，绝大部分在西部。中国陆地上的四大天然气和战略后备油田都在西部。中央批准从新疆塔北油气田为起点，经过陕甘宁等9个省市，最后到上海这条长达4200公里的天然气输气干线将改变广大地区的能源消费结构，这样煤炭用量可大幅度下降，减少大气污染。全球10个空气污染最重的城市中，中国占7个，包括北京在内，能源结构到了非调整不可的时候了。为了实现第三步战略目标，必须实现西部的工业化、现代化。西部地区不实现工业化，亦难以说中国实现了工业化。

（2）从政治、社会稳定、国家安全来看。中国55个少数民族中，有40多个主要在西部，特别是陆地边境地区。中国的陆地边境线有2万多公里长，有一些民族，在中国一方是少数民族，而在邻国则是主体民族。去年科索沃危机和北约悍然轰炸中国驻南使馆，告诉我们在21世纪世界风云变幻中要能"我自岿然不动"，关键看国家的经济实力、国防实力和民族凝聚力这三者，台独、藏独等分裂主义猖獗都与20世纪90年代以来国际上的重大变化有关。苏联解体后民族分裂主义浪潮席卷全球,一改原来两个超级大国争霸时的局面,美国等从中渔利。巴尔干这只火药桶20世纪一直是战争导火线,今后还将继续存在。美国总统安全事务助理说:里海、高加索、中亚是美国跨世纪全球战略的重要一环。而俄罗斯总统与国防部长则针锋相对地指出:里海、高加索、中亚是俄罗斯的战略屏障。从地缘政治看,这片地域将会成为又一只火药桶。这片地方离中国的西部就不太远了,所以西部边疆的稳定是决不可掉以轻心的问题。

(3) 西部开发关系到中国的可持续发展。中国地形简单讲是三级阶梯,最高的是青藏高原,第二级是湖南、湖北、山西等丘陵地带,第三级是华北大平原、长江三角洲等。西部处于整个国家的上游、上风。西部有大量贫困人口,生活逼得他们越穷越垦、越垦越穷。有的坡地倾斜度达 25°—35°,牛不小心都会掉下来。这在贵州、三峡库区、云南昭通等地区,比比皆是。1998年的南北大洪水、近年黄河下游断流,都与上游环境生态恶化、严重的水土流失有关。西部的环境不仅仅关系西部的发展,而是关系到整个中下游;长江、黄河、澜沧江、珠江等大江大河的源头都在西部,水土流失问题不解决,中下游就难以过上安宁的日子。中国西部、北部有大量的沙漠戈壁,为什么会有那么多的沙尘暴,风是从俄罗斯"进口"的,但沙子不少是"国产"的。畜牧业单纯追求"头数",草原超载,变成荒漠。畜牧业的这种粗放经营方式既不能创造很大的经济效益,又破坏生态平衡。河北丰宁县,两三年前的耕地,现在不少已被沙掩埋,此地离北京北边行政区划界线只有18公里,离天安门只有70多公里。所以说,西部大开发是突破区域局限、事关国家全局的大战略,是贯穿21世纪新百年的世纪工程;美国也有一个西部大开发,从开发伊始到见较大的眉目,也用了一百好几十年的时间,中国西部的自然条件比美国西部复杂，用一个世纪时间，绝不为过。所以说，西部大开发是党中央领导集体在世纪之交提出的兴国安邦大计。

2. 对西部开发的难度要有足够的估计

（1）来自自然条件方面的。西部地区尽管有"八百里秦川"、"塞外江南——宁夏黄河灌区"、"天府之国——成都平原"等自然条件相当好的地区，但范围不大，大范围讲是四大自然地理单元：一是青藏高原，海拔高、气温低、缺氧；二是云贵高原，其中一部分岩溶（喀斯特）发育地区，大面积裸石山区，天上有雨，地面缺水、缺土；三是干旱半干旱的黄土高原，水土流失严重；四是新疆、内蒙古沙漠、戈壁及其周边荒漠化严重的地区。在上述自然条件下，不仅从事基础设施和项目建设时的"开发成本"高，项目投入运转后的运营成本亦高。

（2）市场态势和环境的变化。20世纪80年代初，东部地区经济起飞时，国家供需的总态势是"供不应求"的卖方市场，所以当时东部乡镇企业尽管技术与管理水平低，产品质量亦说不上好，但都卖得出去。现在市场态势大变，一般工农业产品供大于求，不少生产能力还大量闲置，再上这些项目，就完全成了"浪费"；要生产高档产品和开发高新技术产品对于工业化起点低的西部，难度是较大的。

从市场空间看，东部地区20世纪80年代初起飞时，当时还停留在"区域市场"阶段，而现在是国内统一大市场；加入WTO后，还将融入国际大市场。外部环境的变化对西部地区的企业，类似让在家乡小河沟游泳还尚欠娴熟的人，去迎接大江大河甚至海洋风浪的考验。

（3）社会人文条件和隐性成本。严峻的自然条件和历次革命斗争,培养了西部人民勤劳勇敢的优秀品质,这是有目共睹的。但也不能否认,由于长期生产力水平低下与小农经济的封闭性,由于文化教育事业的滞后……在西部某些地区亦形成了一些不利于现代市场经济和科学技术发展的"区域文化积淀"。例如"小富即安"、"宁可苦熬不苦干"、"等靠要"等。地方政府的公务员多数来自本地,使西部的地方政府特别是基层政府的工作作风、工作方式与工作效率深受影响。与发达地区相比,"政府直接办经济",习惯行政命令甚至强迫命令。

对隐性障碍克服的难度要有充分的估计,它要求从经济基础、上层建筑到文化、价值理念上一系列深刻的变革。西部大开发,绝不仅仅是物质资本的开发与积累,同时亦是人力资本开发和新型精神文明形成、发展的过程。

二

怎样使西部大开发这项世纪工程办好,需要从多方面努力:

1. 认识新时空、新背景、新特点

西部开发并非从现在才开始,第一个五年计划时期经济布局就开始向西挺进,"一五"期间,苏联援助我们156个项目中摆在陕西和甘肃的有41项,摆在重庆、成都等地区的有11项,合计有近1/3的项目摆在西部地区。1965年开始的三线建设,主要项目集中在西部的川、贵、陕,甘肃、云南等省也有一部分。在"三五"、"四五"、"五五"期间中期,在三线总投资了1300多亿元;当时是计划经济的体制,采取中央投资、项目嵌入的方式。在一些很贫困的农业地区,"镶嵌"进一些工业项目,院墙一围,墙内"卫星升天",墙外"刀耕火种",天壤之别,完全

是两张皮；这些项目对地方经济的带动作用有限。过去用这种方式，今后市场经济下就不能再采用这个方式了。今后的西部开发有许多特点，下面着重讲两点：

第一点，这次西部开发是政府搭台、市场主体唱戏。这次中央财政带头从财力上支持，它的含义是什么呢？市场经济，讲平等竞争，而由于自然条件、历史基础、区位等条件不同，造成了东西部的市场主体并非处在同一起跑线。如江苏省一亩地打一千斤粮食不太难，而甘肃少雨要达到同样的亩产，就要花大力气。新疆的棉花不错，但运到上海、天津得 2000 多公里，价格就高了。这就需要有区域政策，中央政府通过各种手段尽量使不在一条起跑线上的东西部地区的市场主体的起跑线尽可能接近。今年中央政府向西部投资 300 多亿元，来源有三：第一是中央政府财政拨款；第二是国债；第三是国际经济组织和外国政府的软贷款。这些投资主要用在一些重大的基础设施项目的启动、环境生态的整治，特别是"一退三还"，即退耕、还林、还草、还湖。但中央政府的投入和西部大开发所需的资金投入总量之比是个怎样的比例关系呢？形象地说，是四两和千斤之比。中央的投资是要起一个四两拨千斤的作用。举例来说，西部现在每 1 万平方公里铁路和公路的密度仅相当于东部的 1/5，所以计划今后 10 年要建 35 万公里的公路，其中包括 15000 公里二级以上公路，光这项投资就要 7000 亿元，每年平均 700 亿元，铁路、城乡电网、通信等还都没算入。这次西部大开发"中央军"率先出动，接下来就是"地方军"和多方面社会投资的及时跟上，地方政府要把工作的着力点转到改善构建优良的投资环境和经营环境上，形成"众人拾柴火焰高"的跳群舞的格局，否则，等于让财政部长一个人在台上跳独脚舞，那就麻烦了。

第二点，在东西部联动中实施西部大开发。以前国家在

"一五"计划和三线建设中,西部的开发往往对东部带来不利的影响,为什么?这不是东西部本身的问题,而是经济体制问题,因为在计划经济社会中,社会资源的绝大部分为中央政府所掌握。就像切蛋糕,东边切得多,西边就少,反过来也一样。总之不会超出100%。现在是市场经济,主要靠市场来配置资源,包括资金、技术、人才等。所以有可能,也一定要在东、中、西部地区互动当中来实施西部大开发。西部开发给东、中部的企业家带来了大量商机。对西部地方政府很重要的一点就是要加快观念转换。西部与东部在改革进程中的差距,一个很重要的表现就是东部特别是东南沿海地区——江浙一带,市场主体已经真正形成了。什么叫市场主体真正形成了,就是人人都想当老板,而且完全有这个可能。而西部很多地方现在还是政府在唱戏,"书记抓项目,县长跑贷款"。温州一个县在北约轰炸科索沃的时候抓了个商机,在别人还关心"炸不炸"的时候,他们从停战后人们要穿要吃出发,及时做好了货源准备,轰炸一停,一个多月就做成了3亿多元的生意。如果要政府干,得开多少个会?下多少红头文件?今年4月上旬,在西安举办的投资贸易洽谈大会的布展情况就很有意思,东部是一个企业一个展台,而西部是按地区、市、县搭展台,大不一样。所以西部的政府一定要看到市场经济下特别是加入WTO以后,政府该干什么?政府不能扮演直接的投资者,不能扮演市场主体,你关键是要搞好投资环境,硬环境、软环境,尤其是后者。这包括四方面:其一是制度环境,或叫体制环境;其二是法制环境;其三是执法环境;其四是政府工作效率,政府应当把主要精力放在提供有效的社会公共产品和服务上,这是你的正经事。

  以上是对西部来讲的,要实现东、中、西联手开发,那么,东部有无这个可能?有。我们一直在讲优势互补。这个概念不准确，笔者认为，应该叫"要素聚合，集成优势"。如果一方只有一两个要素，但要办成某件事需要六七个要素时，就必须与拥有其他要素优势的地区和单位合作。中国东、中、西部的资源禀赋不一样，发展的阶段不一样，产业结构的特征亦不同，这几个不一样决定了它们之间可以联合，也需要联合。首先，东部到西部，要找低成本要素，如劳动力、土地、能源、矿产等。其次，东部20年来，积累的资本、技术、管理，也要寻找新的用武之地。资本用到一处，就完结了，可技术和管理模式就像知识可以大家共享。再次，产权交易，东部很多优强企业可以用自己资本优势，或自己品牌的优势，低成本扩张。一方面推动西部的经济发展；另一方面自己可以开拓新市场，加快企业规模的扩张。深圳康佳就是很好的一个例子。它兼并了陕西的如意电视机厂，重组了重庆的一个电视机厂。1997年、1998年时，重庆无线电三厂濒临破产，康佳兼并后，到1999年就有了600多万元的利润，向重庆市政府交了300万元的税金，安置了1000多名工人就业。兼并重庆无线电三厂前康佳在西南电器市场的占有率仅8%，目前已大幅提高，在重庆所属的一些县，有的达到90%。再一个例子是常州柴油机厂，搞企业的人都知道，有时市场是很微妙的，它的柴油机质量一流，但一直打不进西南市场，于是做了三峡文章，与重庆联合，搞迁厂重建，西南市场就打开了。最后，搞好区域合作。以前打开国际市场都是通过香港"借船出海"，通过20年的改革开放，现在东部许多企业在全球都有了营销网络。通过合作，西部可以利用东部这些优势，可以说是广义上的"前店后厂"；沿海和中西部，各自发挥自己的长处。

2. 观念更新、思路创新

（1）树立以人为本、富民为先、富民为本的发展观。要把解决当地群众最关注的问题与大开发紧密结合起来，在推进大开发中解决存在问题，通过解决历史遗留问题推进大开发。坚持经济建设与人口、资源、环境，物质资本开发与人力资本开发和两个文明一起抓。真正做到通过大开发，实现西部社会的全面进步。

（2）树立新资源观和新的资源利用观。既重视保护与合理利用土地、能源、矿藏等天赋资源，更重视知识、智力、信息等后天获得性资源，充分发挥后者对前者的点石成金之效。尽管大开发从本质上说是在西部地区补上工业化这一课，但终究是在知识经济、新经济时代已经来临的大背景下的"补课"，要特别重视科技新成就、新成果的利用；在推进工业化的同时，不失时机地推进信息化。对可再生资源，要坚持走可持续利用的开发之路；对不可再生资源的开发，要瞻前顾后，环视国际市场价格的起伏波动，科学选择开发时机、开发规模和开发方式，保持必要的战略储备。

（3）从地区比较优势出发，着力于竞争优势的培育，特别是核心竞争力的发扬与培育。

（4）坚持自下向上的发展模式。国内外区域经济的经验表明：相当规模群众性原始积累的铺垫和市场主体的萌生，是一个地区市场经济发育的温床，有此温床，外部各种要素的注入才能奏效，地区经济自我发展能力与自我调节机制才能逐步形成。在过去 20 年，未完成这一任务的西部地区，大开发中的第一件事就是要补上这一课。

3. 充分吸取历史经验教训

半个世纪以来，我们的经济建设取得了巨大成就，同时亦走过不少弯路，付出了高额"学费"，变教训为教益，可使西部大开发少交或不交学费。

譬如，1958年"大跃进"，群众的社会主义建设热情空前高涨，但由于滥用群众积极性，造成严重后果。故此这次大开发要高度重视引导好、保护好、发挥好群众的积极性，紧密结合群众的切身利益，使之持久保持下去。

科学技术每取得一步重大进展，就破译一部分自然奥秘，破译的自然奥秘越多，越认识到人类的经济社会活动要尊重、顺应自然规律，要"天人合一"、与自然和谐相处共进，而不是像1958年"大跃进"盲目地搞"人定胜天、战天斗地"，和自然对着干。譬如：西北与内蒙古的大片沙漠，是按照沙漠的生态特征，发现、培育对人类具有经济价值的生物资源，还是从主观意志出发"变沙漠为良田"，就颇值得思考，需要认真听取自然科学家的意见。

再如，1992年和随后的几年，各级大办"开发区"，不少"开而不发"；与此相伴是房地产升虚火，至今还有9000万平方米的空置房和不少"楼花"，这样的大浪费在西部大开发中不能再重犯。国外学者把固定资产投资分为两大块：一块叫"积极投资"，指设备、仪器仪表购置费等；另一块叫"消极投资"，即土建投资这部分。因为开发新产品、提升产品质量主要靠前者；而我们不少地方一讲开发就是"开发区"，开辟新厂区，大兴土木。现在各个城市，直到县城与不少镇，都有前几年建的"开而未发"的开发区，还有不少停产企业的厂房可以利用，总之，尽量少在土建方面花钱，把稀缺的资金，尽量用在关系地区产业（产品）提升的关键设备、仪表和人才引进与培养上。

(本文原载《首都经济》2000年第9期)

中国西部地区工业化历程的回眸与前瞻[*]

1999年中共中央作出了实施西部大开发的重大战略决策,揭开了西部地区工业化的新篇章。过去50年西部工业的发展,既为今后大开发奠定了物质技术基础,更以其曲折的历程,从多方面积累了丰富的经验教训,成为今后大开发中探寻以新思路、新模式、新机制加快推进西部工业化、现代化的起点。在政府区域政策的支持和东中部的帮扶下,通过市场竞争,西部工业终将找到自身在国内外大市场中的定位,形成若干具有竞争优势的产业群体,带动西部特色经济的崛起,在国家实现第三步战略目标中作出应有贡献,以经济繁荣、山川秀美、社会全面进步的新姿屹立于世。

一 西部工业化的历程

1. 旧中国的遗产

1949年以前,中国工业不仅规模小,工业门类残缺不全、

---

[*] 为《中国工业发展报告(2000)》撰写的文稿。

技术水平低，在工业地区分布上亦深深打上了半封建、半殖民地的烙印，70％以上的工业和近代交通设施集中于东部沿海地带的几个城市；面积占全国56％，人口占全国近1/4的广大西部地区的工业产值不到全国的10％。抗战初期，东南沿海和长江中下游地区部分工厂西迁，西部工业曾一度短暂"繁荣"，即使在这个时期，西部地区大部分工业产品的生产能力和产量在全国总量中所占份额都不到5％，如钢仅占1％左右，水泥仅占1.5％左右，纯碱不到4％，棉纺锭和织机占5％左右，纸产量占5％左右[①]。而且这些工业主要集中在重庆、昆明、贵阳、西安、兰州等少数城市和若干依托采矿兴起的矿业镇，除此以外的广大西部基本上是近代工业的空白地区，甚至连家庭手工业和手工作坊的发展都很微弱。以当时人口和工业规模居大西北之首的陕西省为例，1949年全省主要工业产品产量原煤为43.6万吨、原油1000吨、棉布0.3亿米、印染布0.1亿米。在这个盛产棉花的省份，按人均分摊，每人才有1.1米印染布、40多公斤煤[②]。这就是旧中国在西部留下的工业遗产，新中国建立后西部工业发展的起点。

2. 1978年以前的发展

新中国成立后，经过3年国民经济恢复时期，逐步医治战争留下的创伤，并参照前苏联工业化的模式，1953年开始了以苏联援建的156项工程为重点的大规模建设。"一五"时期，国家将全国基建投资总额的18.52％投入西部，在156项重点工程

[①] 刘再兴：《中国工业布局学》，中国人民大学出版社1981年版，第43页。
[②] 李平安等：《陕西社会主义经济简史》，陕西人民出版社1986年版，第490—492页。

中，有近1/3放在西部（陕西省24项，甘肃省16项，西南地区11项），在西安——咸阳及其邻近地区新建了航空、兵器、电子、电力设备制造、棉纺织与印染等5个系列的数十个企业；在兰州新建了炼油、化工和石油化工机械等企业；在成都新建了航空、无缝钢管、量具刃具等企业，在新疆克拉玛依和阿尔泰地区分别新建了石油和有色金属采选企业，为西部地区第一批新兴工业基地奠定了基础。与此同时，为创立西部工业发展的条件，国家投巨资修建了成渝、宝成、天兰、兰新等铁路，青藏与川藏等公路，重点加强了西部地区的地质普查与勘探。

"二五"计划对西部工业建设原定的部署是"开展西南、西北和陕豫交界的三门峡地区分别以钢铁、有色金属和大型水电站为中心的新基地建设；继续建设新疆的石油和有色金属工业。"① 而1958年开始的"大跃进"打乱了原定计划。在当时国内外复杂的大背景下，不顾客观条件，片面追求建立地区完整工业体系，掀起了首先保"钢铁元帅"升帐的无数"全民大办"，大中小型项目成千上万，然而，遍地开花不结果；随后贯彻"调整、巩固、充实、提高"的方针，绝大部分被"关、停"。事实证明，三年"大跃进"，不仅未加快反而延误了西部地区工业化的进程。

20世纪60年代中期，国际风云变幻，中苏关系进一步恶化，苏联在中国北部陈兵百万。最高决策层作出了立足于战争早打、大打的判断。从备战出发，将全国划分为一线、二线和三线地区，集中力量"在三线地区建设一个打不烂、打不乱的战略大后方"②。西部的四川、贵州、陕西、甘肃、云南和青海6个

---

① 陈栋生等著：《西部经济崛起之路》，上海远东出版社1996年版，第7页。
② 林凌等：《中国三线生产布局问题研究》，四川科学技术出版社1992年版，第20—74页。

省都划入三线地区之列,特别是川、黔、陕三省成为"三线"中投资强度最高的地区。当时采取准军事动员的方式,从东部沿海和东北、华北内迁 380 个项目,投资 1300 亿元(1965—1980 年累计数),围绕兵器、航空、航天、船舶和核武器等国防科技工业,新建或续扩建了包括冶金、化工、机械制造、电子、能源等主要行业的近 2000 个大中型骨干企业和科研单位。"三线"建设除使重庆、成都、昆明、贵阳、西安、咸阳、兰州、银川、西宁等城市的工业门类增多,实力显著增强外,还在攀枝花、绵阳、德阳、江油、内江、自贡、乐山、眉山、宜宾、泸州、南充、遵义、都匀、凯里、安顺、六盘水、东川、易门、会泽、宝鸡、汉中、略阳、渭南、金堆城、天水、酒泉、金昌、白银、陇西、庆阳、连城等形成了数十个新兴城市和生产科研基地。延续近三个五年计划期("三五"、"四五"和"五五"前中期)的"三线"建设,使西部地区的发电装机容量新增 1000 万千瓦、新增年生产能力的有煤炭 8000 万吨、天然气 60 亿立方米、钢铁年 700 万吨—1000 万吨、硫酸 180 万吨、烧碱 30 万吨、化肥近 900 万吨……[①]与此同时,新建了成昆、湘黔、贵昆、襄渝、焦枝、阳安等 10 条总长 8000 多公里的铁路干线,使川、滇、黔 3 省之间和西部对外交通联系初步改善。可以说,"三线"建设是新中国成立后,国家生产力布局向内陆腹地的一次规模与范围空前的大拓展,把西部工业经济推上了新的平台。当然,这一基于备战、匆忙上马就赶上"文化大革命"动乱,采取准军事动员甚至有违常规的大规模建设(如:边勘探、边设计、边施工;设计无概算、施工无预算、竣工无决算;工厂布点"山、散、

---

① 陈锦华:《要对实施西部大开发充满信心》,载《经济日报》2000 年 2 月 28 日第 3 版。

洞"等),其付出代价之大、遗留问题之多,亦和它的业绩同样明显并影响深远。

20世纪70年代初中期,伴随国家外交政策的调整,主要从西方国家引进了一批以石油化工、冶金为主的重大成套项目,在全部47个项目中,有23个建在西部,对提高西部工业结构层次和工业技术档次,影响深远①。

3. 快速发展的20年

1978年党的十一届三中全会,拨正了中国这艘巨轮的航向,使西部地区经济和全国一样步入了快车道。在百废待兴的20世纪七八十年代之交,农副食品、日用消费品和能源匮乏,如果说在东部大城市是多和寡的问题,而在西部,不要说农村,即使是工矿重镇和重点工程工地都是有和无的问题。按照中央"调整、改革、整顿、提高"的方针,西部各省(区)首先着力运用当地资源,大力发展农业、消费品工业和支农工业,缓解城乡市场供应的紧缺。国家为了支持西部省(区)"提高日用工业品的自给水平",在纺织品供需缺口大,长期仰赖省外调入的四川、贵州、云南、新疆安排了近百万锭的棉纺能力;在新疆、内蒙古扩建了毛纺能力。适应南方糖蔗、北方甜菜布局的西移,从"七五"时期起,云南、广西、宁夏、新疆的制糖业发展迅速,分别成为南北方新兴的制糖基地。为给国内合成洗涤剂发展建立坚实的原料基础,利用云南磷矿量丰质优新建了"云南五钠"②。中国第一个彩管厂——咸阳彩色显像管总厂,20世纪80年代中

---

① 《中华人民共和国国民经济和社会发展第六个五年计划》,人民出版社1983年版,第49、111页。

② 《中华人民共和国国民经济和社会发展第六个五年计划》,人民出版社1983年版,第49、111页。

期亦在陕西建成。为了支援农业，西部各省（区）普遍对六七十年代兴办的小化肥厂进行整顿提高，扩大规模。"六五"时期全国新建三个大化肥厂（年产合成氨30万吨、尿素52万吨），其中的两个就配置在乌鲁木齐和银川。为了解决化肥供应结构中氮、磷、钾比例的失调，着力开发了云南、贵州和四川的磷矿，经过20年的发展，这些矿山已发展成从矿石采选到磷肥、磷酸盐类产品制备和出口的大型磷化工集团，在基础磷酸盐的国内市场中，3省已占1/3。在大西北，青海盐湖资源的开发利用从"六五"时期起，连续扩建，现已发展成占全国钾肥产量90%的大型基地。

西部是中国煤炭、石油、天然气和水能资源的主要蕴藏地，"六五"期间，西北重点扩建了陕西渭北煤田，宁夏的石嘴山、石炭井；西南进一步扩大对六盘水煤田的开发，并都相应配置了矿区电站。20世纪80年代中期，能源和原材料的瓶颈制约愈益显露，"七五"、"八五"时期着手开发了陕、蒙接壤的神（木）府（谷）与东胜煤田（三期工程，总规模达到年调出商品煤6000万吨）以及与之配套的电站；同时加大了西部水能开发力度，黄河上游的龙羊峡（128万千瓦）、李家峡（200万千瓦），长江干支流、红水河和澜沧江上的铜街子（60万千瓦）、鲁布革（91万千瓦）、天生桥一级（120万千瓦）、天生桥二级（132万千瓦）、漫湾（150万千瓦）和二滩（330万千瓦）等水利枢纽先后动工，到90年代中后期，上述工程先后竣工并网发电，不仅有力地支撑了西部地区经济的增长，还向广东等地输送了电能。利用地热和水能，西藏羊八井地热发电站和羊卓雍湖抽水蓄能电站亦先后建成，为西藏近代工业的发展提供了能源保证。与水、火电站建设相伴，西部富藏的有色与稀有和稀土金属矿得到了进一步开发，20年来，贵州、青海、甘肃、陕西的铝工业，重庆的铝材加工业,甘肃金川的镍和铂族元素,云南的锡业与铜业,甘肃的有色金属冶炼与材料加工,青海、甘肃、川滇接壤地区和滇西的铅锌矿开采与冶炼都有长足发展,西部4个铅锌产区的崛起,将逐步接替辽、湘、粤等衰减中的老基地,成为中国铅锌金属的主产区。西部钢铁工业,以攀枝花钢铁公司、重庆钢铁公司、重庆特钢和酒泉钢铁公司几个大型企业为主和一批中型企业,通过技改,既扩大了规模,又增加了适应市场需求的新品种。特别可喜的是,20世纪80年代以来,新疆和陕甘宁地区石油、天然气勘探喜报频传,西北在扩建准噶尔、延长、柴达木和长庆等老油田的同时,新开发了远景储量可观的塔里木、吐(鲁番)哈(密)和陕甘宁盆地的油气田,兴建了从陕甘宁至京、津和西安等城市的输气管道。西北地区的原油加工与石化工业相应发展,除通过技改扩建了兰州炼油厂、兰州化学工业公司,还先后新建了乌鲁木齐石化总厂、独山子乙烯工程、宁夏炼油厂、宁夏化工厂等,对新疆、宁夏两个自治区产业结构的升级与关联带动,发挥了重要作用。四川气田的探明储量和产量亦大幅度提高,90年代中期天然气外供商品量已占全国的将近一半。

近20年,西部地区机械电子等投资品制造业的发展,在很大程度上是和原三线建设项目的调整、改造相结合的。进入改革开放新时期,意味着原三线建设项目,从总体发展目标与定位(从战备转向和平时期的经济发展),到产业结构、产品结构、布局结构以至管理体制、企业形态等一系列根本性的调整。按照中央"调整、改造、发挥作用"的总方针[①],对121个三线单位采取搬迁或迁并方式,迁至邻近的大中城市;这些单位在迁建

---

① 林凌等:《中国三线生产布局问题研究》,四川科学技术出版社1992年版,第194、202页。

时，凡根据市场导向与自身技术特长开发新产品的，随后都取得了长足的发展①。有的调整建制，围绕市场急需的成套设备组建大型企业集团，如原分建在德阳、自贡、乐山几地的电机厂、汽轮机厂和锅炉厂等联合组建成"中国东方电气集团公司"，成为中国大型水、火电站设备的重要研制基地。西安的有关企业，联合组建成"西安电力机械制造公司"，在"七五"期间投资3亿元，引进先进设备，形成匹配400万千瓦发电能力的输变电设备（生产能力约占全国生产能力的1/3），成为中国高压输变电设备的重要基地。大批军工企业按照中央关于"军民结合、平战结合、军品优先、以民养军"的方针②，利用国防科技优势，开发民用工业品，在研制生产重大技术装备、重点工程配套设备、替代进口关键零部件和耐用消费品上都取得了不菲的业绩，有的发展成名牌产品，进而形成国人皆知的大型企业集团，如长虹（彩电）、嘉陵、建设（摩托车）、长安（微型车）、大唐（通信设备）、彩虹（彩管）等。为克服三线企业区位偏僻、信息不灵的不利条件，这些企业广泛采取了到经济特区和沿海城市开设"窗口"，获取信息和订单，依托母厂生产的方式，为新时期保存与发挥原三线企业的潜能蹚出了路子，贵州振华电子集团是这方面突出的例证。

中国陆地边境线长达2.2万多公里，绝大部分在西部少数民族聚居区，远离经济重心，边境地区经济发展长期滞后。随着对

---

① 如原七机部在西南的几个企业，1987年迁到昆明市经济技术开发区，在承担便携式地空导弹发射设备的研制生产的同时，还开发出神州牌旅行车、15种特种车等一系列民品，迅速成长为颇具市场活力的"云南航天工业总公司"，具体可参见《厂长经理日报》2000年1月12日A4版。

② 林凌等：《中国三线生产布局问题研究》，四川科学技术出版社1992年版，第194、202页。

外开放的梯次推进，1992年中央决定进一步开放伊宁、瑞丽等13个陆地边境口岸城市，批准辟建边境经济合作区，同时对所有内陆省（区）的省会城市开放。这使长期地处国内运输和市场网络末梢的沿边地区和省（区），一跃而成为对外开放的前沿，边境贸易、边境旅游、边境运输、多种类型的对外经济技术合作掀起的高潮，吸引国内各地特别是东南沿海地区的商贾涌入，一批直接服务于上述领域的中小型工业企业，在浓浓的商贸氛围中应运而生。

近20年来，西部工业化进程取得较大进展还得益于，在中央政府的大力支持下，多方筹资兴建了南昆、南疆（库尔勒—喀什）、西（安）—（西）康、宝（鸡）—中（卫）、神（木）—朔（州）和兰新复线等铁路和众多的公路，以及西（安）—兰（州）—乌（鲁木齐）与兰（州）—西（宁）—拉（萨）光缆干线等，使西部交通通信的瓶颈制约明显缓解。

二 西部工业发展的成就与差别

20世纪下半叶，西部地区在社会主义祖国大家庭中，以半个世纪的时间，迈入了工业化社会。到1998年，西部已有各类工业企业130万多个，当年实现工业总产值和工业增加值分别达到10736亿元和2354亿元，在工业化进程的有力推动下，地区经济取得长足发展，1998年西部地区国内生产总值达到11552亿元，人均GDP为4052元，第二产业增加值已占西部地区GDP的42%。在近年地区经济增长中，第二产业的贡献率超过55%，成为地区经济的主导部门；第三产业在GDP中的份额亦超过了第一产业（第三产业和第一产业所占份额分别为33.7%、24.3%），地区经济呈现"二、三、一"型结构，表明西部地区工业化水平有了很大提高。

纵向比较,西部地区无论工业还是地区经济的多种产出指标,较之新中国成立前,都增长了数百倍,而横向比较,则差距明显。就1998年的横截面考察,西部地区人均工业总产值和人均GDP,分别相当于全国平均值的39.5%和63.4%。比全国平均水平分别低60.5和36.6个百分点。更深层次,从地区工业结构和经济结构的质态,从宏观与微观的运行效率与效益,特别是竞争力看,西部在全国三大经济地带都居末位。1998年西部第二产业在GDP中的份额为42%,比全国平均值低6.7个百分点;从社会劳动力在三次产业中的配置比看,西部第一产业占有的劳动力高达64%,比全国平均值高14.2个百分点,比江苏、浙江等经济发达省高21.6个百分点。从工业结构看,西部采掘和原材料等上游产业和初级产品在全部工业额中占36.5%,比全国平均值高7.6个百分点。20世纪90年代中期,国家统计局有关部门采用多要素综合评分法对各省(市、自治区)的经济竞争力排序,除四川居中(第14位)外,西部其他省(区)均在第20位以后。[①] 对地区间发展差距作动态考察,大体可以1978年为界,分为前后两个时期。前期(1949—1978年),西部工业增长速度高于全国平均值,西部工业在全国所占份额由初期的9.6%升到1978年的13.24%(见图1)。这主要是依靠国家投资,大型工程项目嵌入,以至通过行政指令从沿海地区迁入(见表1)。后期(1978—1999年),西部工业增长速度低于全国平均值,舍去个别年份的微小波动,近20年来西部工业在全国工业中的份额,几乎是逐步下滑,按1999年初步预计数,西部工业在全

---

① 《中国信息报》1998年1月9日。

国所占的份额已降到 8.82%[①]，比 1952 年时还低 0.79 个百分点。造成 1978 年以后抛物线一直下滑（见图 1）。而且斜角越来越大的原因是多方面的——从自然条件、区位地缘、历史基础（包括发展起点、基础设施、既有的产业结构与所有制结构以及社会人文背景），特别是资源配置方式的转变和宏观政策的取向等。具体到不同时段，主导性因素有所变化。

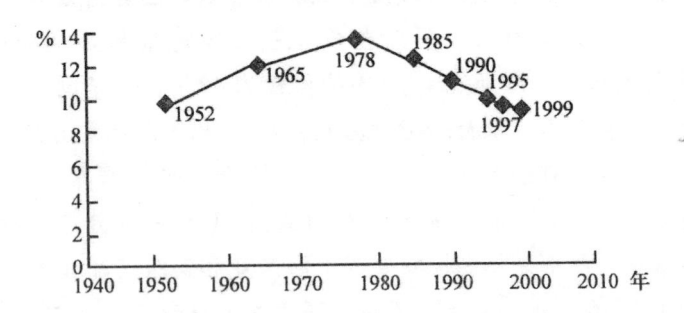

图 1　西部地区工业总产值占全国份额的变化

资料来源：《中国统计年鉴（1999）》，中国统计出版社 1999 年版。

表 1　　西部地区基本建设投资额占全国份额的变化　　　　单位：%

时期或年	"一五"	"二五"	1963 至 1965	"三五"	"四五"	"五五"	"六五"	"七五"	"八五"	1996	1997	1998
全国	100.0	100.0	100.0	100.0	100.0	100.0	100.0	100.0	100.0	100.0	100.0	100.0
西部	18.52	20.91	24.00	33.14	24.42	19.55	17.01	15.99	12.73	13.30	14.70	16.30
其中：西北	11.53	10.45	9.50	12.21	10.96	9.83	8.65	8.07				
西南	6.99	10.46	14.50	20.93	13.46	9.72	8.36	7.92				

注："八五"时期及其以后各年为全社会固定资产投资。

资料来源：陈栋生等：《西部经济崛起之路》，上海远东出版社 1996 年版。《中国统计提要（1999）》。

---

① 根据国家经贸委综合司：《1999 年地区经济运行点评》，载《中国经济技术协作动态》2000 年第 2 期的数据计算。

第一时段（1978—1991年），主要是：（1）宏观政策取向转变导致的投资重点大幅度转移。"三五"时期，西部投资占全国投资总额的33.14%（见表1），达到近50年来的最高点，"四五"、"五五"时期，分别降至24.42%、19.55%，以后每5年大约下降两个多百分点，直到"九五"时期才由降转为小幅顺升。（2）受区位和投资环境以及对外商优惠政策梯度差异的影响，"六五"、"七五"时期，西部利用外资数量，仅分别占全国总额的3.97%和6.69%，同期外商直接投资占西部地区全社会固定资产投资的份额都不超过1%[①]。（3）包括乡镇企业在内的各种非国有、非公有经济发展滞后。20世纪80年代末，当非国有工业在全国工业总产值中的份额上升到43.94%（见表2）、东部地区已达56.26%时，西部才接近32%（见表2）；90年代初，非国有、非公有制工业企业在东部农村社会总产值中所占比重已超过一半（53.65%）时，西部农村还不到1/4（23.71%）。（4）耐用消费品生产是80年代对许多地区工业增长贡献度最高的领域，而西部大多数省（区）在这个领域的发展严重受挫。（5）上、下游产品的价格改革不同步，在"双重利益"流失中，西部地区承担了较多的改革成本，支持了东部地区的率先发展。

第二时段（1992—1995年），这是改革开放20年中工业增长最快的时期，全国工业连续4年增长率超过20%。20世纪80年代，东部地区初步完成原始积累的市场主体，及时抓住商机，高速扩张。而西部市场主体发育不足，一些地方，政府越俎代庖，反应迟缓，以致在1992—1993年期间，东、西部工业增长率的差幅超过10个百分点。随后，等西部醒悟跟进提速时，经

---

① 陈栋生：《制度创新是加快中西部工业发展的根本动力》，载《中国工业经济》1999年第6期。

济增长周期已转为下滑,以致这 4 年成为东西部发展差距拉大最快的时期。

表2　　1981—1998 年"三大地带"非国有工业总产值在
工业总产值中所占的份额　　　　　　单位:%

年份 地带	1981	1989	1992	1995	1997	1998	非国有企业上升幅度	
							1982—1992 年	1993—1998 年
全国	25.24	43.94	48.50	66.00	74.48	71.70	+23.26	+23.20
东部	29.79	56.26	59.64	72.67	79.76	75.91	+29.85	+16.27
中部	22.50	41.83	38.90	54.69	68.64	68.01	+16.40	+29.11
西部	15.09	31.84	33.29	45.29	52.66	52.06	+18.20	+18.77

资料来源:《中国统计年鉴(1999)》,中国统计出版社 1999 年版。

第三时段(1996—1999 年),进入"九五"时期,一般工业品的买方市场态势愈益明显,结构性过剩逐渐向上游产品传递,市场竞争愈趋激烈,市场份额加快向强势企业集中,当竞争力成为决定地区工业发展关键之时,西部企业竞争力弱、结构老化等弱点充分暴露,以致东西部工业发展差距在"九五"初期略有收敛后又较大幅度地拉开,1998 年西部工业年增长率7.81%,比全国平均增长率低 2.89 个百分点,在 10 个省(市、自治区)中,有 9 个增长率低于全国平均值,其中 4 个省(市、自治区)的增长率不足 5%;1999 年西部工业总产值的增长率7.43%比全国平均值与东部地区分别低 3 和 6.57 个百分点。

回顾 50 年特别是近 20 年西部工业化的历程,理性审视其成败得失,结合外部环境变迁,着力剖析主体原因,对探寻西部大开发的新思路是不可或缺的。

1. 在富农强工中推进工业化

农业是国民经济的基础,夯实农业基础才能顺利推进工业化,20世纪80年代以前,通过"挤压"少得可怜的农业"剩余产品"搞大工业,到头来由于吃饭问题解决不了,工业建设项目时上时下,工业化步伐时走时停。现在全国粮食等农产品出现阶段性供大于求,西部工业化进程不会再为"吃饭"问题而困扰,进而转到如何支持西部农业和农村经济战略性调整,推进各种"原"字号农产品的加工转化,提高农业增产和农产品的科技含量,既吸纳农村富余劳动力,加快农转非的步伐,又使农业增效、农民增收。西部地区一系列农产品产量占全国产量的1/3左右,许多山货土特产与中药材所占比重远远超过1/3,而其加工还不到全国总量的1/10。"围绕农业上工业,上了工业促农业",把西部工业结构调整优化和农业、农村经济战略调整两篇文章合在一起做,实现工农业联动互促,是西部工业化的取胜之道。四川是中国的中药材大省,直到1990年还大部分卖药材,中成药工业的年产值不足1亿元,位居全国倒数第9位,以后着力发展中药材加工,到1998年中成药工业产值超过38亿元,利税8.9亿元,双双跃上全国第1位[①];新疆利用特殊气候条件下种植高红色素番茄等系列产品,培育出进军国际市场的"红色产业"等,都表明西部地区已开始成功地趟出这方面的路子。

2. 坚持走结构优化升级之路

20世纪五六十年代在"全国一盘棋"方针下对西部工业布局的安排,八九十年代在发挥资源优势战略指导下的发展,使采

---

① 李江天:《"川药"跃起"产业龙"》,载《经济时报》2000年2月1日第3版。

掘工业、原材料工业在西部工业中占很高的份额（36.5%，比全国平均值和东部地区分别高7.6和11.9个百分点）。

这些工业的发展，对推进西部地区工业化，对支援全国经济建设都曾作出过历史性的贡献，但是这样的结构特征今后需要改变。首先，这是因为采掘工业有个越采越深、成本递增以至资源枯竭的问题；其次，中国相当一部分矿藏的贮存条件复杂，有效含量不高或选冶难度大，在对外开放的新环境下，极易受到国际市场的冲击，所有这些因素亦会影响原材料工业；再次，上游产业的比较劳动生产率和收益，亦远低于下游产业。如果保持既有结构格局，最好的结局只能是保持和发达地区等距离的差距。为此，在西部地区结构调整与选择上，宜采取"异中求同、同中寻异"的方针。"异中求同"是说西部地区不能拘泥于主要搞上游产业，与发达地区同样要走产业升级之路，要发展下游产业、发展高新技术产业。在实施产业升级的过程，西部又要从竞争力相对较弱的现实出发，在策略上尽可能采取"差别化战略"、"错位经营"、"分层竞争战略"等"同中寻异"的策略，从比较优势出发，着力构建有竞争优势的地区特色经济，以降低风险，提高成功率。

西部地区大范围的环境生态建设、以水利为重点的农业基础设施建设，农村（供）水、电（网）、（公）路、（通）信等生活设施建设的展开，国家重振国防工业、重点项目重大装备国产化等，对多种装备、工具、零部件等提出了庞大需求，抓住商机、调整重组、及时跟进，是西部地区制造业特别是装备工业走出困境和重塑自我之路。

3. 核心竞争力的发掘与培育

在市场经济条件下，区域经济发展与传统体制下不同的特点是，地区经济发展的实际绩效，在很大程度上取决于地区经济的竞争力和通过竞争在统一大市场中占取的份额。20世纪80年代中期，西部除西藏以外的各省（区）都先后新建了收音机、录音机、洗衣机、冰箱、彩电等家电和消费品工业，除四川"长虹"有长足发展外，其他产品的生产到90年代初中期先后萎缩，有的在市场竞争中已被淘汰出局。就个案而论，陕西的"海燕（收音机、录音机）折翅"、"黄河（彩电）断流"、"骆驼（搪瓷）低头"，云南家电"五朵金花"凋谢的具体原因各不相同，而从制度安排、运行机制、经营理念、管理水平直至各种"非正式制度短缺"等方方面面，反复咀嚼上述苦果，是不难体味出西部工业发展亟须观念更新、思路创新[①]、制度创新、技术创新、管理创新直到区域"商业文明"、"工业文明"、"信息文明"等区域氛围的培育。如果说铁路、公路等是"硬基础设施"，上述方面则是"软基础设施"，西部工业化的列车只有在"软"、"硬"双轨俱备的前提下，才有可能驶入快车道。

宁夏回族自治区的工业总量不大，在西部和全国位居后列，但他们充分利用区内集结有一批高素质的稀有金属冶炼研究开发的科技队伍，在钽、铌、铍的冶炼加工上，形成核心竞争力，培育出全球钽、铌冶炼加工行业的四大企业之一，在世界钽粉市场上占有一席之地。新疆特种变压器制造股份有限公司在20世纪80年代末还是一个濒临破产的街道企业，10年来坚持不断创新，产品领先，在变压器和高压电线电缆市场上始终占据制高点，产品远销十余个国家，这些成功事例表明，在市场经济的"教鞭"下，西部终将有越来越多的企业凭借竞争优势，驰骋在国内外大市场。

---

① 陈栋生：《观念更新与思路创新——再论西部大开发》，载《厂长经理日报》2000年1月12日。

4. 所有制结构调整是西部工业制度创新和产业结构调整的突破口

中国特色社会主义的基本经济制度，在坚持和完善社会主义公有制为主体的同时，实行多种所有制经济共同发展的根源在于中国将长期处于社会主义初级阶段，而西部地区则处于更不发达的社会主义初级阶段，多数西部省（区）的工业在全国工业总量中所占份额不足 1%，不涉及国民经济命脉与控制力，在所有制结构上，理应更加放开，以便通过更加宽松的制度环境，一方面加快西部民营经济的发展和本地千万市场主体的形成壮大；另一方面可弥补其他方面的不足，为来自国内各地区和国外境外的多种所有制的投资者，提供有吸引力的回报预期，吸引更多区外市场主体参与西部大开发。推进西部地区多种所有制的发展和国有经济战略布局的调整，加快西部工业化的步伐。

5. 精干、廉洁、高效的基层政府

改革开放 20 年来，中国区域发展和国外区域发展的经验表明：相当规模的群众性原始积累的铺垫，是一个地区市场经济发育的温床；舍此，外部各种要素的注入都难以明显奏效。在西部地区多数企业效益水平不高，广大农村劳动生产率低下，"剩余产品"很有限的情况下，减轻税负，特别是税外种种不合理负担，就成为地区各市场主体顺利发育与壮大的前提。精干、廉洁、高效、低成本的政府才能推动区域经的发展，而臃肿、低效、腐败则严重阻碍发展。为了更多地引进区外、国（境）外的资金、技术、人才，在改善"硬投资环境"的同时，必须完善软环境，而政府的廉洁高效，地方法制的完备，执法、司法的公正等则是构成软环境的核心内容。在西部

大开发中，上级政府各种财政资助，发达地区的对口帮扶，能否得到有效利用，能否如数到达应享受的民众和企业手中，而不"跑、冒、滴、漏"，都与基层政府的素质相关。为了有效地推进西部大开发和西部的工业化，建立区域经济高效运行的机制，应明确界定政府和市场主体的行为边界，结合地方政府的机构改革，解除政府与所属企业的行政隶属关系，包括基层政府和乡镇、街道集体企业的行政隶属关系。通过政企分开，使西部地区的国有企业、集体企业真正成为无行政主管，能够自主经营、自负盈亏的合格市场主体。

地方政府由过去按隶属原则直接管理所属企业，转向按属地原则，面向多种所有制、多种经济成分的所有市场主体，履行社会经济管理职能，着力于构建良好的区域经济发展环境，具体包括规划、实施基础设施的建设，培育、发展商品与要素市场体系，维护市场秩序和社会信用，创造平等竞争的市场环境，逐步形成全覆盖的社会保障体系，维护安全稳定的社会环境，保护地区自然资源和环境生态，对区域经济实施中观调控，真正做到政府搭台、市场主体唱戏。

在履行社会经济管理职能时，严格依法行政，寓管理于服务之中，长虹集团的发展壮大，除内因外，与绵阳政府的"不干预，服务好"紧密相关[1]。偏僻、贫穷的广元，依靠政府对外来投资者的真诚服务，引来了国内18个省、市的合作项目[2]，这些充分表明了地方政府职能归位、作风转变对推进西部工业化的显著作用。

---

[1] 詹国枢等：《绵阳为何出长虹》，载《经济日报》1999年12月9日，第1版。

[2] 任芳：《广元的优势从哪里来》，载《经济日报》1999年9月11日，A2版。

三 西部工业发展前景展望

龙年钟声敲响，西部大开发启动的号角同时吹响，按照党中央国务院的部署，大开发近期围绕5个方面展开，首先是加大对基础设施建设的投入，全面推进综合运输网络、输变电网络、通信网络、广播电视网络和水利建设。铁道部门提出了"十五"期间修建"三纵四横"总长3200多公里铁路的近期规划和修建进藏铁路与出境铁路的远景规划；交通部门提出了21世纪第一个10年，在西部新建35万公里不同等级公路的规划；石油天然气部门提出了建设长达4200公里的管道，将新疆塔里木、吐哈和准噶尔盆地的天然气，经甘肃、宁夏、陕西、山西、河南、安徽、江苏，最后到达上海的"西气东输"工程[1]；等等。仅上述三项，年均投资规模就超千亿元，连同环境整治、生态建设、农业基础设施和农村生活设施建设，投资力度更大，有力的需求拉动，有利于西部工业企业走出困境，使西部地区在"十五"期间工业增长率有望飙升，接近全国平均水平。从较长时期看，随着上述各项重大基础设施建设的先后竣工，西部地区与东部、中部之间，西南和西北之间、西部各大城市之间、城市与乡村之间多层次的陆路通道和城市间的干、支线空运网络将基本形成。由喀什出发经吉尔吉斯斯坦、乌兹别克与既有铁路相连，直达伊斯坦布尔和地中海地区的国际通道；昆（明）—玉（溪）铁路南延经缅甸到泰国清迈与既有铁路相连，被冠之泛亚铁路的国际大通道，亦有望打通。长期地处一隅的西部区位劣势，将一转而为

---

[1] 《国务院听取"西气东输"工程论证汇报》，载《人民日报》2000年2月29日，第1版。

亚欧大陆腹心的区位优势，大幅度降低交易费用，有力地推进西部地区全方位、多层次、宽领域的对外开放，增强区外、境外投资者的投资信心和回报预期，更使西部"长年尘封深闺人未识"的种种稀有、特殊资源，经过现代技术加工，凭借现代的营销网络进入国内外大市场。

通过市场机制与市场竞争的教鞭，西部有望利用既有的相对优势，就下述系列产业群培植竞争优势，抢占市场制高点，在国内外大市场中争得一席之地。

1. 农畜产品特别是西部特有农、畜产品和瓜、果、山货、土特产、中药材的加工与深加工工业。

2. 依托煤炭、石油、天然气、水能多种能源，形成强大的能源工业和石油化工、天然气化工、精细化工业等。

3. 依托矿藏资源和丰裕能源，在一系列有色金属（镍、铜、铝、铅、锌、钒、钛、钼，和锂、锶、镁、钠轻金属）、稀土金属、稀有金属材料工业，新型合金与功能材料工业，超微细碳化硅、氮化硼、氮化硅等非金属新材料工业上，构建竞争优势。

4. 磷肥、钾肥、磷酸盐类和钾盐工业。

5. 依托西安、兰州、成都、重庆等特大城市的科技人才资源，在电子信息、光机电一体化、生物工程与新型医药工业的某些领域上抢占制高点。

通过对机电设备制造业庞大存量的重组与技术改造，力争在西部地区具有广泛市场需求的支线飞机，节水灌溉设备，太阳能、风能和沼气制备设施，污水处理、工业用水与循环使用设备在行业上创建部分优势。

6. 为高技术下局部战争服务的国防装备工业。

西部工业化，在大开发中加快推进的同时，西部地区也将加快农业市场化、现代化、生态化和农村城市化的前进步伐。具有特殊魅力的西部旅游业，其他第三产业，特别是信息产业和金融业的发展都将大大加快。在 21 世纪中叶，中国西部地区将以经济繁荣、山川秀美、民族团结、社会进步、人民安康的新姿，和东中部一起喜迎伟大祖国的百年华诞。

（本文原载《经济研究参考》2000 年第 102 期；以《西部地区的工业发展》为题，载《中国工业发展报告（2000）》，经济管理出版社 2000 年版）

西部大开发启动年回眸
——兼论经济全球化与西部大开发*

2000 年是西部工业化进程中的重要界碑,由此上溯 50 年,西部迈出了由农业社会向工业社会转变的最初几步;由此下延 50 年,在大开发中西部地区将完成工业化,向现代化迈进。千里之行,始于足下,盘点工业化已取得的成就,以全球化眼光审视其差距和不足;构思大开发和大开放良性互动的新蓝图,在大开发这一世纪工程起步时,就将经受全球化和国际商云变幻考验的基因注入。

一 现状与存在问题

新中国成立 50 多年来,西部地区从前工业化社会步入了工业化社会。1999 年按当年价格计算,国内生产总值(GDP)达到 1.2 万亿元①,按不变价格计算,已超过 1985 年全国 GDP 的

---

* 2001 年初为《中国工业发展报告(2001)》撰写的文稿。
① 为西北、西南 10 个省(市、自治区)的合计数,广西和内蒙古的数字未计入。

总额。在近 20 年的四个五年计划时期("六五"、"七五"、"八五"、"九五"计划),西部所有省(市、自治区)GDP 的年均增长率都超过 6%;但和发展速度更快的东部沿海地区相较,则相形见绌。具体表现在下述方面:

1. 产出规模小,城乡居民收入低

西部 10 省(市、自治区)人口占全国 23%,而 GDP 仅占全国总量的近 13.84%。1999 年西部 10 省(市、自治区)人均 GDP 为 4250 元,只相当于全国平均值的 65%,仅相当于东部地带的 41%。

与人均 GDP 同样,中国城乡居民收入水平亦呈现由东至西逐步递减。1999 年西部 10 省(市、自治区)城镇居民人均可支配收入和农民人均纯收入分别为 5058 元和 1583 元,仅分别相当于同类指标全国平均值的 86% 和 72%。

2. 产业结构层次低,近 2/3 的劳动力仍滞留于第一产业

按增加值计算,1999 年西部地区第一产业占地区 GDP 的份额为 22.71%,比全国平均值高 5.77 个百分点,而第二、三产业则分别比全国平均值低 4.42 个百分点和 1.35 个百分点。1999 年西部工业增加值占地区 GDP 的 33.3%,比全国和东部地区的平均值分别低 9.8 和 8.7 个百分点。

对社会劳动力资源在三次产业间配置状况分析,问题更显突出。1999 年西部地区 63.61% 的劳动力滞留于第一产业,比全国平均值高 10.02 个百分点,比东部地区高 18.21 个百分点。

产业结构层次低、农业人口比重高,使西部地区城市化率迄今仅 24.5% 左右,比全国平均值低 6.5 个百分点,比东部沿海地区低 10 个多百分点,根据相关指标,参照 H. 钱纳里关于经

济发展阶段划分的标准和世界银行有关低收入、中等收入和高收入国家的划分标准，将汇率法低估、购买力平价高估因素综合考虑在内，大体可以认为，西部地区从总体上讲，尚未走出工业化的初级阶段①。

3. 工业结构演化呈逆转趋势，西部地区工业占全国的份额日趋下降

进入 20 世纪 90 年代中后期，在激烈的市场竞争冲击下，西部地区工业结构在剧烈振荡下发生了不小的变化；遗憾的是，由于西部大多数制造业处于竞争劣势，工业行业结构的演化很大程度上呈现逆转之势。对 1993 年和 1999 年西部地区 40 个行业工业增加值在全国的比重变化进行分析（见表1）。

表 1　1993—1999 年西部各工业行业增加值占全国比重的变化

	行业	1933 年（%）	1999 年（%）	上升（下降）幅度（百分点）	1999 年增加值比 1993 年增（减）幅度（%）
增加值比重上升的行业	石油和天然气	13.55	19.56	+6.01	267.36
	非金属矿采选业	13.37	16.96	+3.59	11.09
	饮料制造业	17.59	18.62	+1.03	123.27
	烟草加工业	42.74	44.72	+1.98	121.24
	印刷业	14.12	15.64	+1.52	76.96
	石油加工及炼焦业	6.58	6.75	+0.17	75.15
	医药制造业	11.85	15.74	+3.89	199.03
	武器弹药制造业	69.53	69.58	+0.05	27.69

---

①　黄速建、魏同凯主编：《西部大开发与东中部地区发展》，经济管理出版社 2000 年版。延军来等著《中国西部大开发的战略与对策》，科学出版社 2001 年版。

续表

	行业	1933年(%)	1999年(%)	上升(下降)幅度(百分点)	1999年增加值比1993年增(减)幅度(%)
增加值比重下降的行业	煤炭采选业	14.10	12.54	-1.56	30.13
	黑色金属矿采选业	11.89	7.44	-4.45	-9.95
	有色金属矿采选业	26.88	21.28	-5.6	26.04
	其他矿采业	5.36	5.29	-0.07	37.90
	木材及竹材采运业	17.42	6.58	-10.84	-70.80
	食品加工业	15.00	7.18	-8.42	-29.22
	食品制造业	10.52	7.03	-3.49	22.87
	纺织业	8.64	4.72	-3.92	-35.75
	服装及其他纤维品制造业	3.71	1.18	-2.53	-50.49
	皮革、毛皮羽绒及其制品业	6.44	2.21	-4.23	-35.86
	木材加工及竹藤、棕、革制品业	9.93	5.44	-4.49	-23.68
	家具制造业	12.01	6.47	-5.54	-13.10
	造纸及纸制品业	13.24	7.61	-5.63	35.32
	文教及体育用品制造业	2.08	0.37	-1.71	-62.18
	化学原料及化工制品制造业	12.50	11.10	-1.4	58.04
	化学纤维制造业	4.68	3.86	-0.82	42.81
	橡胶制品业	9.68	7.65	-2.03	27.49
	塑料制品业	8.49	4.38	-4.11	-4.23
	非金属矿物制品业	13.37	11.76	-1.61	-1.52
	黑色金属冶炼及压延加工业	14.00	12.61	-1.39	-24.19
	有色金属冶炼及压延加工业	29.27	23.78	-5.49	26.14
	金属制品业	10.29	4.69	-5.6	-38.12
	普通机制造业	11.38	7.45	-3.93	-20.61
	专用设备制造业	10.32	6.83	-3.49	-21.66
	交通运输设备制造业	13.26	9.66	-3.60	24.47
	电气机械及器材制造业	8.20	4.89	-3.31	12.71
	电子及通信设备制造业	12.19	6.64	-5.55	106.7

续表

	行业	1933年(%)	1999年(%)	上升(下降)幅度(百分点)	1999年增加值比1993年增(减)幅度(%)
增加值比重下降的行业	仪器仪表及文化、办公用机械制造业	12.86	7.55	-5.31	-13.28
	其他制造业	5.14	3.08	-2.06	-29.99
	电力、蒸汽、热水的生产和供应业	19.46	13.53	-5.39	139.4
	煤气生产和供应业	27.40	16.54	-10.86	149.41
	自来水的生产和供应业	10.25	10.20	-0.05	167.97

资料来源：1994年、2000年的《中国统计年鉴》（中国统计出版社）。

由表1可见：在此期间，西部占全国比重提高的只有8个行业，其中属于制造业的6个，提高幅度超过1个百分点的仅4个（医药制造业、烟草加工业、印刷业和饮料制造业）；与此同时，工业增加值占全国比重下降的却有32个行业，而属于制造业的就达27个；其中有15个行业，不仅占全国的份额下降，而且1999年的工业增加值比1993年亦是下降的，下降幅度最大的达62.18%（文教体育用品制造业）；其他如食品加工业、纺织、服装、皮革羽绒制品、黑色金属冶炼与压延加工、金属制品、普通机械和专用设备制造业等行业的下降幅度都在20%—50%之间。

20世纪90年代西部众多制造行业的萎缩，使西部原有的资源型工业结构进一步恶化：提供初级产品的采掘业在西部工业增加值总额所占比重1999年达到16.2%，比1993年提高了5.3个百分点；而制造业的比重反而下降了10.2个百分点（1993年

81.6%，1999年71.4%)①。正是由于市场主体发育不足、企业竞争力低下、西部工业的结构性缺陷和因果循环的叠加效应，导致20世纪90年代西部工业增长速度与发达地区拉开了距离，使西部工业按增加值计算占全国的份额由1993年的13.55%下降到1999年的11.68%（见图1）。

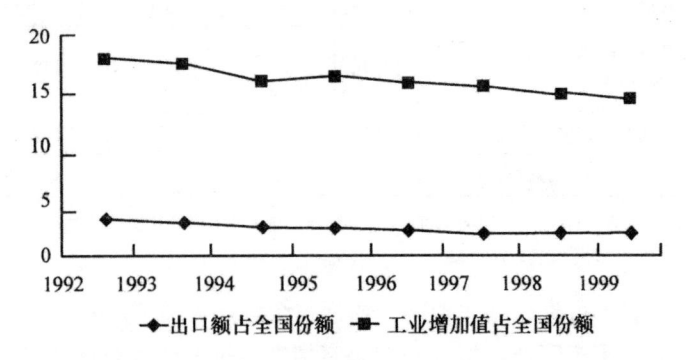

图1 1992—1999年西部工业增加值和出口额占全国份额变化

4. 对外开放度低、吸引外资规模有限，进入国际市场尚处于起步阶段

西部地区与沿海港口相距较远，投资环境相对较差，加之，改革开放初期采取由沿海到内陆逐步推进的开放政策，形成优惠政策的梯度差异，使西部地区与东部沿海地区的对外开放水平形成极大的落差，在中国出口贸易快速增长的20世纪90年代，西部地区出口额占全国出口总额的比重却呈逐年下降之势（见图1)，到1999年西部地区的进出口额和出口额占全国的比重仅3%左右，外贸依存度和出口依存度仅分别为8.05%和4%，比

---

① 江源：《工业行业和地区结构变化对1993—1999年我国工业增长率的影响》，《中国工业经济》2000年第12期。

全国平均值分别低28.85和15.7个百分点。截至1999年累计实际利用外资不足百亿美元，仅占同期全国利用外资总量的3.19%（见表1）。外商直接投资对经济增长的贡献率，全国平均值在15%左右；广东、福建则超过40%，而西部地区仅3%左右；出口对经济增长的贡献率，全国平均值在24.5%左右，而西部地区仅10%左右。为了综合评估西部地区迄今参与国际经济合作与竞争的程度，以全国平均值作基准，测算西部地区1999年外贸依存度和出口依存度的区位商，分别为0.236和0.217（见表2），形象地说，全国在对外开放方面已迈出四五步，西部地区则刚迈出一步。中国社会科学院西北开发战略研究课题组2000年发表的《西北开发报告》指出："就整体而言，目前西北五省区与东部在外向型经济发展指标及对外开放水平上相比，至少要落后10年。"[①] 前后这两个判断是一致的。

表2　　　　　1999年西部地区外贸与出口依存度区位商

	进出口总额(亿美元)	占全国比重(%)	外贸依存度(%)	外贸依存度区位商(指数)	出口总额(亿美元)	占全国比重(%)	出口依存度(%)	出口依存度区位商(指数)	截至1999年累计利用外资 累计额(亿美元)	占全国比重(%)
全国	3606	100.00	36.9		1949	100.00	19.7		3105.15	100.00
西部	118.2	3.26	8.05	0.236	58.6	3.00	4.00	0.217	99.03	3.19
重庆	13.2	0.36	7.40	0.213	5.3	0.27	2.96	0.160		
四川	27.3	0.76	6.10	0.180	11.6	0.59	2.59	0.139		
贵州	6.6	0.18	6.00	0.173	4.0	0.21	3.62	0.201		

① 陈佳贵主编：《西北开发报告》，中国社会科学出版社2000年版。

续表

	进出口总额（亿美元）	占全国比重（%）	外贸依存度（%）	外贸依存度区位商（指数）	出口总额（亿美元）	占全国比重（%）	出口依存度（%）	出口依存度区位商（指数）	截至1999年累计利用外资 累计额（亿美元）	截至1999年累计利用外资 占全国比重（%）
云南	17.2	0.48	7.65	0.226	9.2	0.47	4.09	0.222		
西藏	1.7	0.05	13.20	0.420	0.8	0.04	6.23	0.222		
陕西	20.8	0.57	11.60	0.335	10.2	0.52	5.65	0.306		
甘肃	5.6	0.15	5.00	0.142	3.8	0.19	3.33	0.179		
青海	1.9	0.05	6.59	0.185	1.2	0.06	4.16	0.222		
宁夏	4.0	0.11	13.60	0.407	2.8	0.14	9.54	0.519		
新疆	19.9	0.55	14.00	0.414	10.0	0.51	7.09	0.383		

资料来源：相应年份的《中国统计年鉴》（中国统计出版社）。

在经济全球化日趋增强的背景下，一个国家、一个地区经济发展的实际绩效，在很大程度上取决于在国际市场上的竞争力，通常采用贸易竞争指数（$= E_i - I_i / E_i + I_{i0}$、$E_i$、$I_i$分别代表某类商品的进口、出口总额），反映一国（地区）某类商品的国际竞争力，由于原始数据取得比较困难，改取相对出口优势指数（A_i）的分析方法，即以某类商品在全国出口总额中所占比重作为基准值，测算一个地区该类商品出口的相对优劣势，此指数虽不是一个省（区）某类商品在国际市场竞争力的直接反映，却对各省（区）重点培育那些类商品作为出口拳头产品有指示作用，故根据谢晓霞教授测算的数据，分省、自治区重新整理成表3。

表3　　　　　　西部地区相对出口优势的行业分布

	具有颇强竞争力的行业	具有较强竞争力的行业	具有一般竞争力的行业
四川	H22(4.95), H27(5.43), H30(2.85)	H09(2.13), H11(1.43), H21(1.83), H22(2.21), H32(1.93)	H08, H10, H12, H14, H17, H31, H34
贵州	H10(4.46), H11(2.74), H24(5.15), H26(3.6), H27(4.9), H28(2.56), H32(3.65)	H21(1.74), H22(1.62)	
云南	H11(44.32), H21(3.17), H28(6.48), H36(3)	H10(1.81)	H10, H31, H32
西藏			
陕西	H31(2.93), H32(4.27),	H12(2.37), H11(1.52), H34(1.76), H35(1.39),	H36
甘肃	H20(2.93), H23(2.84), H27(3.78), H28(12.54)	H21(1.85), H22(1.37), H30(1.33), H31(1.89)	H26
青海	H27(8.26), H28(10.74)	H30(1.43), H36(1.53)	
宁夏	H09(3.1), H21(3.6), H27(6.44), H28(3.09), H30(2.92)		H26
新疆	H09(3.94), H210(8.79), H16(5.49), H22(2.97)	H08(1.31), H12(1.59)	

注：（1）括号的数字为相对出口优势指数（A_i）。

（2）行业编号：H08 食品加工业；H09 食品制造业；H10 饮料制造业；H11 烟草加工业；H13 服装及其他纤维品制造业；H14 皮革、毛皮、羽绒及其制品业；H16 家具制造业；H17 造纸及纸制品业；H19 文教体育用品业；H20 石油加工及炼焦业；H21 化学原料及化学制品制造业；H2 医药制造业；H23 化学纤维制造业；H24 橡胶制品业；H26 非金属矿物制品业；H27 黑色金属冶炼及压延加工业；H28 有色金属冶炼及压延加工业；H30 普通机械制造业；H31 专用设备制造业；H32 交通运输设备制造业；H34 电气机械及器材制造业；H35 电子及通信设备制造业；H35 仪器仪表及文化、办公用机械制造业。

资料来源：魏后凯主编：《21 世纪中西部工业发展战略》，河南人民出版社 2000 年版。

尽管至今西部地区除了某些农畜产品、煤炭、某些矿产品和化工原料以外，在工业制成品的出口上，尚未出现有显著竞争力的行业和大类商品，亦即西部地区在参与国际经济竞争上基本上还停留于 M. E. 波特教授所说的依靠天赋资源的要素驱动阶段。值得欣慰的是，通过改革开放 20 多年市场激烈竞争的摔打，一批敢于和善于在国际商场中拼搏的优强企业和拳头产品，已在西部大地上涌现。例如宁夏东方钽业股份有限公司这个由军工配套小厂发展起来的现代大企业，始终坚持技术创新，在 20 世纪 80 年代，10 年卧薪尝胆，终于在制造技术与产品质量上达到国际先进水平，成为全球钽铌行业三强之一，公司与全球几乎所有大型电容器生产企业建立了稳定的供需关系；公司主导产品钽粉、钽丝 90% 以上进入国际市场。1999 年钽粉、钽丝在全球市场占有率分别达到 12% 和 40%[①]。再如新疆天彩科技股份有限公司利用转基因技术培育的彩色棉花生产的天然彩色棉纺织品、新疆德隆集团生产的高红色素番茄酱和新疆特种变压器制造股份公司生产的特种变压器等，都能在国际市场占据一席之地[②]。这些企业共同的特点是，在参与国际经济竞争中，从一开始就不囿于仅依靠天赋资源和廉价劳动力等"要素驱动"，而始终把竞争力的培育与提高置于科技进步特别是创新人才作用的发挥上。尽管现在西部地区像"东方钽业"等在国际商场上驰骋自如的"黑马"还寥若晨星，但只要持之以恒地坚持制度和技术双创新，星空灿烂的一天就终会到来。

---

① 《证券时报》1999 年 11 月 18 日、19 日。
② 刘惠：《红的绿的都是好的》，载《经济日报》2000 年 1 月 30 日。

二 大开发启动的第一年

1999年11月中旬，在中共中央、国务院召开的中央经济工作会议上明确提出实施西部大开发战略。2000年1月中旬，国务院西部地区开发领导小组召开西部地区开发会议，标志着西部大开发这一世纪工程的部署和启动。围绕启动阶段的5个重点（加快基础设施建设、加强生态建设和环境保护、积极调整产业结构、发展科技教育加快人才培养、加大改革开放力度），中央政府从资金、项目与政策两方面加大对西部地区（除前述10省、市、自治区，还包括内蒙古与广西两个自治区）的投入。首先着力加快西部现有78个在建大中型项目的建设力度，使其中42项在2000年内全部或部分竣工投产；同时在年内新开工10个大工程〔西—宁铁路西安—合肥段、重庆—怀化铁路、西部公路建设、西部机场建设、重庆市高架轻轨交通、涩北—西宁—兰州输气管线、青海钾肥工程、四川紫坪铺和宁夏沙坡头水利枢纽、西部高等院校基础设施建设和500多万亩的陡坡地退耕还林（草）〕。

2000年内，《国务院关于实施西部大开发若干政策措施的通知》[1]正式颁发。该通知提出了下述一系列支持西部经济社会发展的重大举措：

第一，提高中央财政性建设资金和其他专项建设资金、国家政策性银行、国际金融组织和外国政府优惠贷款用于西部地区的比例；加大财政转移支付力度，提高各种专项补助资金、扶贫资金用于西部的比例；加大对西部金融信贷支持力度等增加资金投

---

[1] 《经济日报》2000年12月28日。

入的政策。

第二，扩大外商、国内包括非公有制经济在内的各种所有制企业在西部地区的准入领域，扩大税收、土地及矿产资源使用优惠等加快西部投资环境改善，扩大对外对内开放的政策。

第三，吸引人才投身西部开发，加快西部科技教育发展的政策。

政府投资的先导和优惠政策的诱导，使投入西部地区的社会资金相应跟进。据初步统计，2000年西部全社会固定资产投资完成2580亿元，同比增长率比全国平均值高6个多百分点[①]。在投资大幅度增长、出口大幅回升的拉动下，西部地区中有7个工业总产值的年增幅达到两位数，2000年是西部多数省（市、自治区）"九五"时期工业总产值增长最快的一年（见表4）。以人口和经济总量在西部都居首位的四川省为例，2000年全社会固定资产投资年增长率比上年提高12个百分点，出口额由1999年负增长2.6%转为2000年增长22.5%；工业总产值和GDP 2000年的增长率分别比上年提高13.17和3.4个百分点。工业实现利润66.8亿元，同比增长68.81%。西部唯一的直辖市重庆，2000年扭转了自1993年以来连续7年减速增长的态势，全市固定资产投资与GDP年增长率分别比上年提高了8.8和0.9个百分点。

位于大西北的宁夏回族自治区2000年一系列经济指标都好于往年，全社会固定资产投资和GDP增长率较"九五"计划前4年平均增长率分别提高了4.2个百分点和1个百分点，工业总产值增长率比上年提高了9.8个百分点[②]。

---

① 中央电视台"新闻联播"（播送）2001年1月25日、2月8日。
② 相关年份的《中国统计摘要》；《经济日报》2001年3月3日。

表4   2000年西部各省（市、自治区）投资、
出口和工业总产值增长率   单位：%

	同比增长（上年=100）		工业总产值年增长率（上年=100）				
	2000年全社会固定资产投产	2000年出口额	2000*	1999	1998	1997	1996
重庆	117.30		112.52	118.0	103.98	111.4	
四川	115.00	122.5	115.77	102.6	113.51	116.1	114.94
贵州			114.22	108.6	107.91	113.1	113.3
云南			106.98	104.4	103.59	103.7	106.26
西藏			111.25	107.6			
陕西			110.16	109.2	107.43	110.0	111.09
甘肃			111.98	109.0	108.18	108.2	107.06
青海			108.54	109.4	110.02	111.0	110.03
宁夏	121.00		115.9	106.7	104.49	105.1	111.94
新疆		122.7	107.9	106.1	102.93	110.7	111.48

* 宁夏为全年数，其他省（市、自治区）为2000年1—11月累计数。

资料来源：相应年份的《中国统计摘要》；《新经济时报》2001年1月18日；《经济日报》2000年12月18日，2001年1月7日、31日等。

在经济增长转入快车道的同时，西部各省（市、自治区）坚持在发展中调整，以结构调整优化求发展，从经济全球化视角对自身的优劣势重新审视，按照"进"而做强、做大，"退而有序"的原则，调整工业结构，对资源进行再配置。如宁夏对处于劣势的制糖、棉纺行业果断地实行整体退出，先后关闭了一批小煤窑、小水泥、小火电，淘汰大量落后的生产能力，消除了亏损源。使2000年（1—10月累计）宁夏工业企业实现利税同比增长35.8%。

以信息化为代表的高新技术带动、提升工业化，在西部地区

已初见端倪。以科技部等在陕西省实施的 CIMS（计算机集成制造系统）应用示范工程的西安飞机工业公司等 12 家企业为例，CIMS 运用于新产品的研究开发、加工制造与企业管理，使企业的竞争力显著提高，效益大幅攀升，在近二三年内企业销售收入增加了 2.13 倍，年利税增长了 2.8 倍。在巨大社会需求拉动下，西部工业与科技基础较雄厚的省（市、自治区）信息产品制造等高新技术产业发展迅速；如陕西省 2000 年信息产业总产值达 261 亿元，比"八五"期末增长 150%，已占全省工业总产值的 1/4[①]。

西部区域经济运行态势的好转，为国有企业改革提供了较好的外部环境，使 2000 年内西部国有大中型企业初步实现改革、脱困两大目标。中国生产规模最大、技术装备最先进的综合型铝加工企业——西南铝加工厂，从 1991 年起连续 9 年亏损，2000 年一举扭亏，年产销量比 1997 年翻了一番多，产品已进入日、美等 20 多个国家的市场。地处西北腹地的兰新集团，前身是 20 世纪 60 年代兴办的军工电子企业，曾连续 10 年亏损，近几年坚持制度、机制双创新"进行脱胎换骨的改革"，一举成为甘肃省的赢利大户，主打产品：铁路移动通信系列产品国内市场占有率超过 70%，并进入美国、荷兰等市场[②]。由西南、西北这两个国有大型企业之巨变，对西部地区国有大中型企业改革的进展不难见斑知豹。

西部地区国有中小企业改革和发展非公有制经济亦取得了明显进展。四川省宜宾市是这方面的突出典型。该市工业在连续 5 年快速高效发展的基础上，2000 年再创新高，规模以上工业企

[①]《经济日报》2001 年 2 月 6 日第 16 版、2 月 8 日第 8 版。
[②]《经济日报》2000 年 12 月 13 日、18 日。

业总产值同比增长25.71%，实现利税同比增长52.9%。改革的动力作用在宜宾如此显著，察其要义有二：一是改革要改到企业产权制度这个根上；二是地方政府的角色和职能要转换；用当地同志的语言表述，即变"婆婆"为"保姆"，变"管理"为"服务"，变"指令"为"导向"①。以上两方面的改革真到了位，"四自"的市场主体自然会茁壮成长。

三 全球化视角下西部大开发的蓝图

当你面对中国地图，看到的是偏处一隅的西部，要千里迢迢到达沿海港口再进入国际市场；今后纵横交错的运输大通道建成，西部对外开放区位的不利面会缩小但也难完全消除。当你站在21世纪的起点再转动地球仪，看到的是一个地处亚欧大陆腹心"得中独厚"的中国西部。有路行万里、无路寸步难，连接中国与西域各国的丝绸之路曾推动中国历史上第一次大开放中的大开发，铸就了汉唐的鼎盛和西部历史上的辉煌。20世纪90年代初随着兰新铁路和原为苏联的土（库曼）西（伯利亚）铁路在阿拉山口站对接，一条长达万余公里，穿越亚欧两大洲数十个国家，连接两大洋的新亚欧大陆桥形成；在全球化的21世纪，从南疆铁路西端的喀什向前延伸经吉尔吉斯斯坦至乌兹别克斯坦的安集延就可与境外现有铁路相接，直抵土耳其伊斯坦布尔和地中海沿岸；加上兰新线精河站至伊犁、霍尔果斯铁路的兴建，新亚欧大陆桥中国段西端将形成三大门户（阿拉山口、霍尔果斯、喀什），分别通向中亚、欧洲、西亚和北非各国。使大西北由国内运输与物流网络的末梢一转为向西、向北对外开放的前沿。大

---

① 《经济日报》2000年12月18日。

陆桥中西段不少国家对轻纺产品、家用电器的需求还停留在中低档层次上，正是中国的长项；而这些国家又富藏中国短缺的资源；依托陇海—兰新大通道，以"东联"促"西出"，充分发挥民营经济强渗透的优势，从狠抓边贸入手，在积极推进商品贸易的基础上，既"引进来"，更"走出去"，将中国具有比较优势的轻纺、家电等行业富余生产能力向外转移；针对中国短缺的资源，在相应国家建立战略性资源开发基地。依托国内东—西联手攥成拳，在亚欧大陆腹地广袤的国际市场上，打好"中华牌"；使陆桥（中国段）由通道成长为产业带、经济带和城镇带，带动、支撑大西北经济的崛起。

大西南陆地边境线长达7800多公里，21世纪为西南地区在全方位、多层次、宽领域对外开放中进行大开发提供了极好的机遇；特别是中国与东盟领导人会晤机制（10+1）的建立和《中国—东盟联合声明》的签订，为西南地区建成面向中南半岛、南亚各国、印度洋地区，和中东、北非的开放前沿，提供了良好的政治外交环境。从有效利用国内国外两种资源、两大市场切入，对重构大西南开发战略、重塑大西南经济布局都将产生深远影响。除现有的滇越（南）铁路、桂越铁路和澜沧江—湄公河航道，与昆明、南宁、景洪南飞的国际航线等国际通道外，昆明—玉溪高速公路南延至曼谷的工程2000年已经启动，泛亚铁路的设想亦将逐步实现。在近30亿人口的东南亚和南亚、印度洋地区中，既有人均GDP高于中国、制造业发达的国度；亦有人均GDP低于中国，目前市场处于低档次需求、但资源极其丰富的国家。选准目标市场和经济技术合作方向，通过境外市场拉动，为西南地区远未充分利用的富余生产能力和丰富的劳动力资源拓展新的用武之地；同时针对国内需求，在资源丰富的国家建立战略性资源开发基地，以"走出去"主动迎战经济全球化，在东南亚和南亚广袤地区，抢占若干制高点，将有力推进西南地区的大开发，更使大西南新经济的构建从一开始就注入了经受国际商云变幻考验的基因。

（本文原载《新疆财经》2001年第2期；以《开局良好的西部大开发》为题，载《中国工业发展报告（2001）》，经济管理出版社2001年版）

从经济布局看新疆经济的发展*

一 从经济布局和地缘看新疆的战略地位

1. 特殊重要的战略地位

江泽民视察新疆讲话指出："新疆是我国西北一个具有重要战略地位的省区"，"在中西部地区，新疆具有特殊重要的战略地位。"这是总书记从国家的长治久安、长远发展和边防巩固的战略高度，对新疆高屋建瓴的定位。

新疆地处中国西部边疆，是中国面积最大、陆地边境线最长、交界邻国最多的省区，在5600多公里的边境线上，分别与蒙古、俄罗斯、哈萨克斯坦、吉尔吉斯斯坦、塔吉克斯坦、阿富汗、巴基斯坦和印度八国相邻，是祖国西北部的大屏障。

新疆地处亚欧大陆的中心①，历史上曾是沟通东西方"丝绸之路"的要冲，当今又据新亚欧大陆桥的要津，是中国向西开

---

* 1998年7月，和国务院发展研究中心程秀生教授等到新疆调研，这是分工笔者撰写的部分。

① 亚欧大陆几何中心，位于乌鲁木齐县永丰乡包家槽子村。

放的前沿,是中西部陕、甘、宁、青、豫、晋等内陆省区西行进入国际市场的大通道。

新疆地大物博、自然资源丰富,按总丰度、综合优势度和人均拥有量三项指标衡量,在全国各省区中均居前四位[①];特别是水土光热资源和石油、天然气、煤炭、有色金属和黄金等矿藏资源尤为突出,无论从远景储量、探明储量,还是矿体赋存条件,都具备大规模开发的条件。新疆的石油和天然气,居国家石油工业战略接替区的重要地位;棉花,现在总产量、单产量、商品量和省际调出量均已居全国之冠,是全国最大的商品棉生产基地;同时也是国家重要的粮食和甜菜糖基地。开发上述资源是新疆也是全国实现第二步、第三步战略目标的需要。

大屏障的地缘、向西开放前沿与大通道的区位、资源大区的禀赋,47个民族聚居、少数民族人口将近占2/3的人文特征,决定了新疆经济发展的意义远超越了一个省区,而关系国家全局。

2. 加快新疆经济发展的必要性

在世纪之交以至21世纪头几十年需要多方设法加快新疆经济发展,其必要性源于:

(1) 新疆特殊重要的战略地位。

(2) 新疆拥有国家中长期发展急需的石油、天然气、棉花、粮食等战略资源,从国民经济平衡和经济布局的拓展看,新疆应该也有条件成为21世纪推进中国经济增长的新支点之一。

(3) 加快新疆经济发展,亦是坚持区域经济协调发展,逐

---

① 刘再兴主编:《中国区域经济:数量分析与对比研究》,中国物价出版社1993年版,第111页。

步缩小东、西部发展差距，实现社会稳定、维护祖国统一的需要。1997年新疆人均GDP达到5856元，比全国平均水平低4%，而农牧民人均年纯收入仅1504元，比全国同类指标低28%，特别是南疆四地州（阿克苏、喀什、和田、克孜勒苏柯尔克孜）与全国平均水平的差距更大。这些受制于自然条件、需要较长过程才能逐步解决的历史积淀，正被极少数民族分裂分子和宗教极端势力，用作蛊惑群众、策动骚乱、制造分裂的口实。加快新疆经济发展，逐步缩小与东部发达地区的差距，始终保持比周边国家发展更快一些的态势，使新疆各族人民生活质量得到较快的提高，将为最大限度地团结各民族广大群众，最大限度地孤立少数敌对分子，高举各民族大团结和维护祖国统一两面大旗，提供更坚实的物质基础。

3. 加快新疆经济发展具备多方面的有利条件

加快新疆经济发展，不仅必要，而且可能。除了拥有国家急需又具备大规模开发条件的矿藏资源、水土资源外，经过近半个世纪的建设，新疆的经济实力显著增强，1997年国内生产总值已突破千亿元大关，达到1050亿元。工业化已有相当基础，第二次产业在GDP中已占39.3%，高于第一产业比重12.6个百分点，工业主导地位已经确立；第三产业也有长足发展，已占GDP的34%。工业总产值突破700亿元，1997年达到709亿元，人均工业产值4526元，位居各省区市中的第12位。

形成了石油、石油化工、纺织、轻工、化工和建材六大支柱行业，钢铁、有色冶炼、煤炭、电力、机械和医药工业也达到相当规模。原油生产能力达到1600万吨，原油加工能力1500万吨，棉纺能力203万锭，毛纺能力12万锭，制糖能力40万吨，水泥生产能力600万吨，钢铁生产能力近百万吨，煤炭生产能力

3000万吨，全区电力装机总容量达336.5万千瓦。经过改革开放以来近20年来坚持不懈地抓紧基础设施建设，新疆的交通运输、邮电通信、城市供电、供水状况已明显改观。交通运输方面已初步建成铁路、公路、航空和管道四种运输方式有机结合的立体运输网络。

电讯通信已形成以西安—兰州—乌鲁木齐—霍尔果斯干线光缆为主体，包括3000多公里数字微波干线电路、卫星通信网在内的电视传送和通信传输网络。

在构筑上述物质基础中，新疆锤炼出包括300多万名职工、200多万名生产建设兵团战士和各族群众在内的特别能吃苦、特别能战斗的队伍。改革开放以来，自治区党委、政府，将邓小平理论和新疆实际相结合，提出了发挥新疆资源优势，实施以发展棉花产业和石油化工产业为支柱的"一白一黑"资源优势转换发展战略，在20世纪90年代头七年取得了全区国内生产总值年均递增10.7%的快速发展。从物质基础、干部与职工队伍、政策措施等多方面为今后加快新疆经济发展打下了较好的基础。

1990年8月、1998年7月江泽民两次视察新疆的重要讲话，强调了新疆的重要战略地位；明确了新疆工作的两大主题（稳定和发展），指出了加快新疆经济发展和社会进步，使之成为21世纪中国经济增长的重要支点，是关系全局的大事；指明了加快新疆经济发展的关键是加快资源优势变为产业优势，进而变为经济优势。江泽民的讲话是加快新疆经济发展的指路标，更是鼓舞新疆各族人民实现宏伟目标的巨大动力。

交通运输地理学有"1/2效应说"，即交通运输线路的两端若为经济能量的高梯度区，通过能量与增长传递，其中段迟早会成长为经济发达区。新疆在21世纪的崛起，将为"1/2效应说"提供新的有力佐证。

二 加快新疆经济发展目标的实现需要三股合力

加快新疆经济发展,既有许多有利条件,也有不少制约因素;把加快发展的可能性变为现实是一项大的系统工程,需要坚持不懈地努力。首先主要依靠新疆各族干部与群众的齐心协力、艰苦奋斗。同时也需要中央政府加大对新疆政策投入和资金投入的力度;进一步推进新疆和兄弟省市特别是东部沿海发达地区多层次、多形式的经济技术协作,加大发达地区对新疆支援的力度。

社会主义市场经济中地区经济发展,最终是通过市场竞争实现的。市场经济提供了公平竞争的机会、同一的竞争准则,但没有也不可能提供同等的起跑线。新疆经济发展时空上的"(建设起步)晚"、"(国土面积)大"、"(距离国内中心市场)远"、"边(疆少数民族聚居区)"等状况,使新疆企业和内地处于不同的起跑线,在竞争中处于不利地位。一是发展起步晚。新疆地方国有工业企业,相当一部分兴建于20世纪80年代中期"拨改贷"以后,依靠全额信贷建设,一些产品有市场、销售有效益的企业也被沉重的还本付息压得喘不过气来。二是国土面积大。新疆国土面积166万多平方公里,东西长2000余公里,南北宽1600多公里,疆内一条运输线、引水线的长度与造价相当于内地跨越数省市的线路。而现有中央地方事权的划分对于省区之间面积长宽的悬殊并未考虑。三是距离国内主要市场远。进疆物资平均运距3500公里,东调出疆物资平均运距2500公里,前者使新疆企业的采购成本大增,后者削弱了出疆产品的市场竞争力。四是边疆少数民族聚居的社会人文特点,以及与民族分裂分子、宗教极端势力斗争的繁重任务,不仅增加了新疆各级地方政府的管理工作量和行政管理费用，亦使新疆企业为维护民族团结、社会稳定不得不支付较大的管理成本。中央政府通过系统的区域政策和个案处理，部分消除历史地理与社会因素导致的竞争起点不一的问题，是使新疆企业在市场竞争中逐步壮大，实现加快新疆经济发展目标的重要保证。为此建议：

1. 中央政府加大对新疆重大基础设施建设的支持力度

尽快批准额尔齐斯河北水南调二期工程、伊犁河流域农业综合开发工程、北疆铁路精河—伊宁支线工程，提高中央投资在上述工程中的份额。投资100多亿元，每年截留白白流出国境的径流50亿立方米水，可开发灌溉优质宜农荒地66.7万公顷，每年提供50亿公斤商品粮，弥补平衡甘肃、宁夏、青海干旱或高寒地区的粮食供给，具有战略意义，是值得一做的一篇大文章。

2. 增加新疆优化资本结构试点城市

鉴于新疆全额信贷兴建的地方企业多，地方国有工业企业资产负债率高（平均为73%，比全国平均水平高6.5个百分点）。建议在乌鲁木齐、石河子两市的基础上，再增加奎屯、伊宁、库尔勒、阿克苏和喀什五个地（州）辖市。

3. 分步实施铁路运价优惠

新疆距内地主要市场远，现在不仅运价上未享受到优惠，反因兰新复线实行"新路新价"，每吨公里运价比全国平均水平高2.5分；仅此一项，新疆企业一年增加的运费支出就达7.2亿元。南疆铁路吐鲁番—库尔勒段1984年投入运营后，一直按每吨公里0.12元的"临营运价"执行至今，新疆企业为此每年需多支付运费1亿元，同时严重影响南疆铁路运能的正常发挥。为此建议：第一步，兰新复线和南疆铁路运价执行全国统一运价标准（7.45分/吨公里），由此造成的铁路运营亏损，比照青藏铁路处理办法，在全路网均摊。第二步，对新疆根据国家需要调出的商品棉、商品粮等大宗物资，实行出疆运价优惠制度。

4. 给予新疆地边贸更大的自主权

1997年，新疆地边贸进出口额约7.5亿美元，占全区进出口贸易总额的一半以上。为贯彻落实江泽民关于"要充分利用亚欧大陆桥和向西开放的优势，努力开拓中亚、西亚等国际市场，使新疆成为我国向西开放的前沿"的指示，中央有关主管部门，宜根据地边贸特点和中亚各国市场的现实情况，在地边贸方面给予新疆更多的自主权，纯属进入中亚地方市场的农副土特产品、日用工业品不宜纳入国家配额管理范围。

5. 选择新疆作为棉花流通体制改革的试点区

近年来，棉花供求关系的变化，为按照社会主义市场体系的要求，继续推进棉花流通体制改革，提供了有利条件，亦对改革提出了更紧迫的要求。新疆棉花产量占全国总产量的1/4，省际调出量占全疆棉花产量3/4，随着新疆棉花总产量的增加，这两个比例数今后还会提高。选择新疆作为全国棉花流通体制改革试点区是适宜的。

对新疆纺织业自用的30万吨棉花，采取有序放开市场，允许新疆纺织企业自行到棉产区收购（但不允许纺织企业转手倒卖棉花），纺织厂可以自行收购、也可委托棉麻公司代理，还可采取工农双方订立长期供销合同，以至农工贸三方采取股份制形成棉花供应的独立实体等多种形式。总之，通过打破棉花购销的行政垄断，通过市场竞争，寻求建立兼顾农工贸各方利益、减少流通环节，降低流通费用和交易成本，有效促进新疆棉花品种改良、质量提高的棉花购销格局。

对于占新疆棉花大头的调出商品棉，较稳妥的办法是在乌鲁木齐市（或疆内其他城市）建立全国性的棉花批发和期货市场，内地大中型棉花企业和棉麻公司等棉花专营流通企业，经过资格认定，作为会员进入交易。改变棉花价格形成机制，使价格重新回到市场，灵敏反映供求变化而浮动，发挥市场与价格对棉花生产、流通的基础调节作用，同时，中央与地方建立棉花储备制度，进行宏观、中观调控。

新疆"一白"战略的实施，除了注意扩大棉田面积、增加总产量外，还要更加重视根据全国和新疆棉纺织行业产品结构调整升级的需要，定向的改良品种、提高质量、提高劳动生产率、降低生产成本和流通费用，要使新疆既是全国最大的棉花生产基地、商品棉调出地，同时也是全国最大的棉花交易中心与流通市场；要使新疆的棉纺企业能就地就近"吃"进价更廉、质更优的原棉。这样"一白"战略的现实经济优势和对全疆经济的带动作用就可充分发挥。

三 新疆经济的合理布局

1. 三个重点

围绕加快经济发展的目标实现，新疆经济工作看来有三个重点：

（1）抓好结构调整升级。包括产业结构、行业结构、企业组织结构、技术结构和产品结构。新疆是资源大区，以推进资源转换战略为重点，与区情相符；天赋资源是产品构成和经济发展不可或缺的要素，但终究要看到随着知识经济时代的到来，天赋资源在经济发展中的权数相对下降，而知识、技术、现代经营管理与营销等软要素的权数相对提高。在实施资源转换战略中，要注意经济增长方式的转变，重视提高产品的技术含量，提高增值率，重视技术创新、管理创新。遵循市场经济规律，引导全区产业结构、产品结构的调整升级，形成具有竞争优势的地区特色经济。

（2）培育多种所有制和公有制多种实现形式的市场主体，为各类市场主体平等竞争创造良好的经济发展环境。

（3）搞好全疆经济的合理布局。新疆面积大、人口密度和城乡聚落密度低（平均每10万平方公里1个城市，每1.4万平方公里1个建制镇），城市之间、乡村之间、城乡之间空间距离长（乌鲁木齐与各地州首府城市的平均距离达741公里，巴州首府库尔勒市至州内且末县城，距离860公里，若羌县最远的乡——祁曼塔克乡与县城相距546公里），块块绿洲为茫茫沙漠、戈壁、石漠、盐碱地环抱。特殊的自然地理与人文地理环境决定了新疆经济布局的重要性与复杂性。

2. 两个兼顾

新疆经济布局从目标取向上看，要做到两个兼顾。

（1）在坚持效率优先，通过合理布局，促进新疆经济高速、高效发展的同时，兼顾疆内区域经济的协调发展。重视、遏制目前已较明显的疆内地区发展差距继续扩大（以最富裕的玛纳斯县和最困难的塔什库尔干县比较，两县人均工农业产值相差9.7倍，农民人均纯收入相差7.4倍）。

（2）近期与长远兼顾。既要首先争取近期高速、高效发展。又要不给今后发展留下负面影响，真正实现可持续发展；这在生态环境十分脆弱的新疆，对其重要性、复杂性应有充分的估计。

20世纪80年代以来，自治区党委、政府和有关职能部门，围绕不同阶段的发展任务，先后提出了如下经济布局战略。①"七五"期间提出："依托中部，南下西进，突出重点，有序展开"，构建六条开发带。②"八五"期间，新疆计委编制的《新疆维吾尔自治区国土开发整治总体规划》（1994年1月）提出："依托天北，促北扶南，强化重点，有序展开"，形成一"带"（从哈密至阿拉山口铁路沿线综合经济带），四"点"（分别以伊宁、库尔勒、喀什、阿勒泰—北屯为中心的四片开发区）。

《新疆国民经济和社会发展"九五"计划和2010年远景目标纲要》中提出，"依托天北，扶南促北，强化重点，有序发展"，形成疆内各具特色的五个经济区（天山北坡区、北疆西北地区、东疆区、南疆东北地区和南疆西南地区）。

3. 几点补充

通过这次调研，我们认为上述经济布局战略，切合新疆区情与发展阶段，并且发挥了积极效应，宜继续坚持贯彻，仅就以下几点加以强调和补充。

（1）坚持点—轴式发展，坚持以天山北坡沿兰新、北疆铁路和312国道综合经济带为发展的主轴线。作为新亚欧大陆桥重要区段的这一经济带，穿越新疆4市5地州，沿线人口占全疆1/3，国内生产总值占全疆一半以上，可以说是新疆经济的脊梁，是实现加快经济发展目标的主要依托。

（2）根据资源开发和交通线路的延伸，形成若干二级开发轴线，构建新的产业带、城镇带。如南疆铁路沿线产业带、沿边开放经济带等。

（3）重视中心城市经济能量的提高和功能完善。中心城市是经济带、产业带的主要节点，也是周围经济腹地的核心。除乌鲁木齐市具备为自治区首府、天山北坡综合经济带最大的中心外，还应促使奎屯、伊宁、库尔勒、喀什和哈密五市，分别成为北疆西北地区、南疆东北地区、南疆西南地区和东疆地区的区域经济中心；强化其他地、州首府城市的综合功能。发挥中心城市功能关键有二：其一，每个中心城市在资源禀赋比较优势的基础上，通过"软要素"的投入、催化，形成确具竞争优势，能进入区内外、国内外大市场的若干支柱产业和拳头产品；其二，在提高城市公用设施等内部功能的基础上，强化城市对区域经济带动的综合功能，发挥城市生产中心、交通运输和通信中心、商品与要素市场中心、科技文化教育中心和信息中心的作用。

（4）完善、提高网络系统。包括综合交通运输网、电网、邮政通信网和计算机联网。正是通过上述网络，使各城市和城乡之间，连接成经济带、产业带和经济区，通过能量与信息交换，发挥出集合互补效应。在地广、人口与城镇密度低的新疆，利用现代通信信息技术，发挥网络作用，对提高经济运行效率，降低管理成本和交易费用，具有显著效益。

（本文原载《边疆经济研究》1999年第1期）

西部大开发:企业新机遇[*]

中国的东部和西部是中国经济发展的统一体,如同我们划船一样,为了划得快,船要有一定的仰角,但不能过分,否则会翻船。改革开放的前二十年区域政策东倾,为国家起飞赢得了时间。中国东部发展快,相对来说,西部落后了,现在应该是加快西部发展的时候了,否则,中国经济发展的这条大船就可能倾斜过度。

现在人类已进入了 21 世纪,中国经济的发展也进入了一个新的阶段,中国的西部开发在今年将会有实质性的启动;而启动的方式与以前大不一样,现在西部的开发将是包括外资企业在内的多元化市场主体施展功夫的时候了,谁先抢占时机,谁将获得大好发展新机遇。

在西部开发中,企业怎么找商机?特别是珠江三角洲、港澳的老板,可以向他们推荐两点:根据我在西部四十多年的无数次的调查得出的结论。我认为,有重大投资价值的,第一是绿色食品、绿色保健品的开发。以西北为例,几乎每个省都有甘草、麻

---

[*] 2000 年初对《香港商报》等媒体记者的谈话要点。

黄、黄芪、当归、党参、天麻等，还有一些特殊的，比如：天山、阿尔泰山的雪莲；安康有绞股蓝；宁夏、新疆地区有很好的枸杞；青海有冬虫夏草；甘肃有大黄。但是现在开发的很少，或者开发的同时就带来破坏，缺乏市场意识、环境生态与可持续发展意识。

从我自身的体验说，我常喝花旗参茶，讲课的时候，我就带几包。这使我联想到如果投资者把上述的东西开发一下，收益是相当可观的。而且也不需什么很难的高科技。现在国际上中成药市场额大约是460亿美元，中国只占6亿美元，第一位是日本，还有韩国和德国。

韩国的高丽参的生产很成功，老人们都非常欢迎，包装又很小，很方便，很值得借鉴。

还有西北地区，有许多特殊的瓜果，很容易搞成绿色食品。我去年到锡林浩特去，那个地方有无污染的羊肉，但加工水平太低，生产不出拳头产品，因为它整个厂房没有起码的规范标准。西部现在很多山货、土特产，如蕨菜、花椒，这些都是香港人、海外华人很喜欢的，这些东西用香港的经营头脑去开发，成功的概率是大的。

香港水果销售量全世界人均第一，什么水果都有，比如美国的白兰瓜，这个瓜种最早是从甘肃引进的，现在，都是美国的。就是因为内地产的大小不齐样式不好，人家是一个个大小都一样。还有宁夏的猕猴桃，猕猴桃个子非常大，远远超过新西兰的猕猴桃，但味道差点，这些东西完全可以占领香港市场，不必要到南非、美国、澳大利亚去进口。

值得注意的是，从这两年的情况看，粮食进口、食品出口，而且食品出口大于粮食进口。今后的发展可能粮食进口还要增多。而要使食品出口进一步提高，遇到一个很重要的问题就是环保标准。这是很重要的问题,我想有一个新的思路,咱们现在从环保产品的种类来讲,世界上是1万多种,中国是1000多种;德国有关环保的规章大概是1800种,中国只有100种,中国差距太大,如果在这些方面,西部开发能有新的动作和想法,也许会有新的出路。

以上说的是战略设想,关键是要从很具体的事情去做。绿色食品农民怎么知道,现在内地特别是西部的农民就知道喷农药。现在农业基层推广站的人连五六百元的工资都拿不到,只有干别的事情,所以需要加强对基层的农业技术指导。

应该说,西部有较好的条件,比如农学院,如果以此为依托,就能把绿色农业真正发展起来,经营管理和营销网络又能及时跟上来,成功的把握就大了。

还有打旅游牌。现在西部旅游真正产业化第一是云南,第二是陕西,具体讲是西安。只要把香港的旅游,不要顶级的专家,二流的专家请去都行,带一带马上就是钱,因为客观条件太好了。西安是周、秦、汉、唐十三代的皇城,还有河西走廊旅游区是艺术长廊。北面有大漠的景观,青海有江河的源头,等等。只要在经营思想上调整一下,就能有更广阔的市场。

关于西部的人才问题,不少西部官员认为,西部要大量引进人才。我不同意这个观点,与其引进女婿不如首先发挥儿子的力量,"引进女婿气死儿子"从20世纪五六十年代到"三线建设"时期我们多少精兵强将到西部,献了青春,献子孙,现在再从东部或北京引进人才到西部,对已有的人才就是浪费。因此,着眼点应首先是充分发挥好西部现有人才的作用,其次才是引进关键经营人才的问题。

我觉得西部地区不能笼统讲缺人才,缺的是经营人才。自然科学的研究并不处于劣势,有的还是优势。国庆五十周年天安门游行，有40%的先进装备是陕西工厂提供的，但缺乏经营人才，市场经济就要有经营思想，包括广告、包装、现代营销技术，等等。

（本文原载《香港商报》2000年1月17日A版）

投资西部,就是投资未来[*]

以国务院西部地区开发领导小组召开"西部地区开发会议"为标志,西部大开发正式启动的号角吹响了,紧接着,铁道、交通、民航、石化、电力各主管部门,和西部各省、市、自治区初步规划的轮廓通过各种媒体见诸于世。铁路,未来5年,除技改提速外,将新建近4000公里新线。届时,从包头出发南行,穿越榆林(这里东边是大煤田,西边是大气田)、延安、西安与秦巴山脉可直达贵阳,成为继京沪、京九、京广、焦枝与枝柳线之后,第五条纵贯南北的大动脉,连同西安—合肥、株洲—六盘水等新线,"十五"期间铁路总投资将达1000亿元。在未来十几年,几代藏族同胞企盼的进藏铁路将圆梦,新建由喀什西延的中吉(吉尔吉斯)乌(乌兹别克)铁路,可与境外现有铁路相接,直抵伊斯坦布尔和地中海沿岸,加上精河—伊犁—霍尔果斯铁路的新建,陇海兰新大陆桥,在西端将形成通向中亚、欧洲、中东与北非的三大门户(阿拉山口、霍尔果斯、喀什)。

大西南昆明—玉溪铁路南延经缅甸到泰国清迈与境外现有铁

---

[*] 2000年初对《香港商报》等媒体记者的谈话要点。

路相接，拥有迷人风光的西双版纳将成为通向中南半岛和东南亚的门户；后 10 年的铁路投资，将超过前 5 年的 5 倍。

公路，是这次西部大开发交通运输网络建设的中心，未来 10 年按照地带间、城际间和城乡间三个层次将新建不同等级公路 35 万公里，形成四纵四横的大通道。届时，从兰州出发，驱车可直达西双版纳的磨憨口岸；从包头启程，可直达北部湾的北海市；从成都西行，可直达西藏彰木口岸出境抵加德满都。如此广大的公路网络，初步匡算也得 7000 亿元投资。

大陆已知的几个大陆上气田都在西部地区，除川渝气田外，塔里木、吐（鲁番）哈（密）、准噶尔、陕甘宁和柴达木都在大西北，仅塔里木已探明的储量就超过 4000 亿立方米，一条途经九省市直抵上海和长江三角洲地区长达 4167 公里的输气管线方案已拟就，仅第一期工程的投资就达 1200 亿元。

西部是祖国江河的源头，亦是"水能富矿"之所在。那躁动不羁的激流，终于盼到了被开发利用的一天。黄河上游公伯峡、大柳树等几座超百万千瓦装机电站将陆续建成；长江上游干支流溪落渡、向家坝、瀑布沟和构皮滩几个超百万千瓦级的梯级亦将逐步开发，仅前两个电站的装机容量之和就超过正在建设的三峡水利枢纽。

至于在几百万平方公里广袤土地上展开的、以粮换林（草）为手段，以披绿保水土为目标的环境生态治理与建设的规模更是空前。

阅过这一个又一个的大手笔，世人对为什么说西部大开发是面向 21 世纪的大战略，特别是其中的"大"字，有了更清晰、更深层的理解。确实，这个决策有拉动近期内需、有缩小区域发展差距的考虑，而更根本的是为了实现第三步战略目标，在 21 世纪中叶全面实现工业化、现代化，实现地区经济普遍繁荣、人民共同富裕的宏伟目标。

为了启动这宏大的工程，中央政府今年以财政拨款、国债资金等方式的投入就达 300 亿元，与西部大开发的资金需求相比较，这个数字其实是"四两"和"千斤"之比，西部大开发的资金 90% 以上将来自西部、东部与中部、境外与国外的各种市场主体，来自国内外资本市场。

要问其中商机有多少？答曰"多多"的 n 次方。首先是交通、通信、城乡电网、灌溉水系、节水工程等基础设施，天然气与水能开发，以及由此带动的石油化工、有色金属冶炼和新材料工业等，它们需要庞大的资金和无数的设备器材；其次是利用西部种种特色农畜产品、山货和药材的绿色食品、绿色保健品和药品的开发；再次是围绕重大装备国产化、重振国防装备业的产业政策导向目标，通过和众多三线建设时形成的企业合作，采取联合、兼并等多种资产重组方式，形成新企业创制新产品；最后是投入西部旅游资源开发，使深藏闺中人未识的神奇自然景观、深邃的人文景观展现在世人面前。

目前，有外商向我咨询到西部投资的投向，答之曰：如为近利，可从第二类切入；如为急着见回报，可先到西安、重庆、成都抢滩头；如以战略眼光投资未来，产业方向还可考虑其他几方面；"公司选址"则不是西安是榆林，不是成都是绵阳、德阳，不是乌鲁木齐而是库尔勒、喀什……

20 世纪 60 年代初期，当我首次到新疆看到全部水泥砌衬的大型灌渠时，我惊诧地向一长者求教，答之曰：图蝇头小利，你莫来；新疆、大西北属于鸿鹄之志在胸者。对关注西部大开发的企业家、投资者，我愿把三十多年前长者这句回答转赠之。

（本文原载《香港商报》2000 年 3 月 27 日 A 版）

论西部地区投资软环境的建设

一 软环境的内涵

环境是与主体相对应的范畴，广义地说，但凡影响主体生存、运作的一切外部条件与要素均属环境之列。故此，可将投资环境定义为：一国（地区、城市）影响、决定投资者进入并取得预期收益的诸多因素的总和。

投资环境影响、制约投资行为的全过程，是众多因素构成的有机复合体，具有综合性，从不同的视角出发，可以有多种分类。如：从因素的不同性质出发，有自然地理环境、政治与法制环境、经济环境和社会人文环境等。从因素的形态差异出发，可划分为两大类：一类是影响、制约投资行为的物质条件，如地区的自然地理与生态环境、经济发展水平和地区各种基础设施的通达、通畅与通效性等；另一类则是影响投资行为的政治、经济、社会与文化等因素。通常将前者简称为硬环境、后者简称为软环境。软、硬环境概略的内容，可参见表1。

国内有关投资环境特别是软环境的研究，从20世纪80年代初起步，当时的研究主要是服务于引进国际直接投资，在研究者的视野中投资主体主要是国外、境外的投资者,研究的内容把优惠政策、政策环境等置于突出的地位。进入 21 世纪,中国经济增长和区域经济发展已进入新阶段,在经济全球化趋势增强、新经济潮涌之际,和中国已经"入世"的全新对外开放环境下,投资环境和软环境建设研究的视角与内容,亦应与时俱进,不断丰富与发展。

表1　地区(城市)投资经营环境示意

	软环境	硬环境
1. 自然地理环境		1.1　地理区位 1.2　气候、地形、水文、生态环境和自然景观等
2. 政治与法制环境	2.1　地方法制的完备性、透明度 2.2　依法行政状况 2.3　地方政府运行效率 2.4　地方性优惠政策	
3. 经济环境	3.3　生产要素市场发育和市场秩序(包括生产资料市场、资本市场、房地产市场、人才市场、技术市场、信息市场等) 3.4　投资服务中心等中介服务组织的发育水平	3.1　经济发展水平及潜力 3.2　基础设施等基础条件(包括供电、供水、供热、交通运输、信息网络等)
4. 社会人文环境	4.1　人口素质与教育水平 4.2　精神风貌与社会信用 4.3　城市景观、人居环境与休闲环境 4.4　社会治安 4.5　创新氛围与创新环境	

1. 投资主体涵盖的范围

改革开放初期,在突破长期封闭的环境下,突出国外、境外投资者,符合当时的历史背景;今后国外、境外的投资者仍然是地区投资环境的主要服务对象。但是,对外开放和对内开放始终是相互结合、互动互促的;在西部一些经济发展水平很低、一时难以形成引进外资环境的地区,从引进内资起步、逐步完善投资环境,毋宁说是为日后引进外资的"热身赛";而培育能引入外地投资的软环境,又要由营造有利于本地社会资金投入开发和本地投资者形成、壮大入手;这本是地区软环境建设的内在逻辑顺序,而目前无论在理解与实施上,顺序恰好相反。

故此,投资软环境建设的服务对象既包括国外、境外投资者,也包括国内、境内的投资者;不仅包括外地投资者,亦包括土生土长的本地投资者;而且不问其是国有、集体所有还是个体、私营等民营经济。《国务院关于实施西部大开发若干政策措施的通知》和《实施西部大开发若干政策措施的实施意见》都明确指出:"凡对外商开放的投资领域,国内各种所有制企业均可进入。"

资金短缺是制约西部开发的重要因素,在投资环境建设中将服务对象首先锁定在有意来本地经商办厂的企业家,理所当然。与此同时,在国内外经济与科技快速发展的今天,西部地区,在技术与经营管理人才方面的短缺,并不亚于资金;在投资软、硬环境的服务对象上,将引进技术人才和职业经理人等纳入视野,亦是不可忽视的。

2. 软环境建设的内容和重点

改革开放初期,市场取向的改革刚刚起步,较多的采用区域性优惠政策,形成"洼地效应",以求得对外开放与招商引资在局部地区率先突破。现在社会主义市场经济框架已经建立并将逐步完善，在实施西部大开发战略中，国家从西部的实际情况出发，出台了相关优惠政策，西部各级地方在本地区软环境建设中，在用好、用足这些政策的同时，不宜再节外生枝，在"优惠"上相互攀比竞赛，特别是不能违背国民待遇原则，对某类投资者实行超国民待遇，而应把软环境建设的重点放在制度创新、管理创新和机制创新等方面。

经济发展在空间上总是不平衡的，无论国内、国外都可以看到一些地区经济很有活力与特色的区域，成为一个国家版图上特别引人注目的闪烁之星，如：美国的硅谷、波士顿—沃赛斯特高技术走廊，德国的巴登—符腾堡，意大利的艾米利亚—罗马格纳，瑞典的斯迈兰，印度的班加罗尔；我国的中关村（北京）、深圳、东莞、温州、台州；等等。区域科学家把这些颇具"个性"的相关企业集群的区域誉之为"创新的空间"，它们具有浓郁而又宽松的创新氛围和环境，有利于创新人才的涌现与才能发挥，有利于各种创新理念与实践的孕育、形成、传播与实施[①]。西部大开发战略起步时，西部各地区在软环境建设中，及时引进区域发展的前沿理念与成功经验，结合本地区实际，以创新的精神策划、推行地区软环境建设，是跳出完全尾随发达地区工业化的老路亦步亦趋，实现跨越发展的必由之路。

二 软环境与区域经济发展

1. 投资环境是决定要素聚散的基础

21世纪是经济全球化继续快速推进的世纪。所谓经济全球

---

① 王缉慈等：《创新的空间——企业集群与区域发展》，北京大学出版社2001年版。

化，从一个视角看，就是商品、服务，和决定、支撑经济发展的诸多要素——资金、技术、人才等，突破地区与国家的界限在全球范围内流动，以更快的频率在不同领域、不同产业和不同地域，进行集聚、转化与重组。在上述大背景下，作为国内外大市场子系统的地区经济的发展，再也不仅仅取决于本地区（城市）既有资源禀赋和既有的要素存量，而是愈来愈在更大的程度上决定于能否吸引、集聚，和有效组合、转化外来的资源与要素。决定要素流向和最终"落户"何地的具体因素，尽管复杂多样，但概而言之，如飞鸟择良枝而栖，总是朝投资环境良好、能满足投资者投资回报预期、利于资本生存和增值的地区集聚。一个具有良好投资环境的地区，如同一强引力的磁场，源源不断地吸引外部资源与要素的进入，加快地区经济的发展；反之，一个地区投资环境欠佳或者发生逆转的地区，不仅难以吸引外部要素的进入，甚至原有集聚的要素也会外溢，导致地区经济发展低迷或衰退。正是在这个意义上说，投资环境是决定地区经济发展绩效的基础，投资环境也是生产力。

2. 完善投资环境是提高地区基础性竞争力的需要

随着国家统一大市场的形成，并逐步融入国际大市场，地区经济发展的实际绩效，很大程度上取决于地区经济的竞争力和通过竞争在统一大市场中占取的份额。地区经济的直接竞争力源于集聚于该地区企业的竞争力，而这些企业是以所在地区的投资环境作为企业发展的平台，投资环境的优劣，既通过"环境成本"直接影响企业竞争力，并对企业的投入产出和运行效率施以多方面的间接影响。故此，地区投资环境，成为企业竞争力形成的基础性因素。如果说，在培育、提高地区经济竞争力，提高直接竞争力是企业家的职责；那么，完善投资环境，特别是投资软环境，提高地区基础性竞争力的责任，则责无旁贷地落在各级地方政府的肩上。提高地区经济竞争力，从地方政府角度看，实质上是完善投资环境，特别是软环境质量的竞争。

3. 地区软环境建设实质就是推进地区现代文明建设的进程

社会主义现代化建设包括物质文明、精神文明、制度文明和生态文明，软环境建设直接涉及后三个方面，是现代物质文明建设的支撑与保证。所以不能把软环境建设仅仅看成是为了多招几个商、多引点资，而应看到它是为本地区顺利推进现代化建设奠定坚实的制度基础、思想基础和社会人文氛围。从这个高度认识和把握地区软环境建设，才不至于出现"筑巢引凤、凤来拔毛"；才不至于出现脱离本地发展水平，简单模仿外地环境建设的一招一式（如有的地方以改善投资环境为名，花巨资建造形形色色的"形象工程"）；才不至于越权减免税收、相互搞"优惠"攀比，对外商盲目搞"超国民待遇"；才不至于忘却本质、流于形式。

三 软环境建设的主要内容与途径

软环境建设主要包括三方面：一是政治与法制环境；二是经济与市场环境；三是社会人文环境。从西部地区的实际情况出发，进一步完善投资软环境，需重视以下几点：

1. 要加强制度建设，优化法制与法治环境

市场经济本质上讲即法治经济，市场经济的"游戏规则"，特别是事关保护投资者合法权益的规则，要法制化，成为政府和

市场主体行为共同的依据,才能使投资者从法律层面上具有安全感,吃下"定心丸"。

当前最紧迫的是按照国家法律和中国的"入世"承诺与世贸组织规则,遵循法制统一、非歧视性和公开透明三原则,对既有的地方性法规、规章、政策进行清理,有的修订、有的废止。在法制完备的基础上,要强调依法行政和行政执法的公正、公平和公开性。行政机关,既不能不作为,亦不能乱作为,杜绝随意执法,严惩以执法为名行"寻租"之实,防止、纠正执法中的地方保护主义和部门保护主义。充分发挥人大监督、司法监督、舆论监督、群众监督和行政监察的作用,以确保执法的"三性"。

2. 要加快政府职能转换,优化服务环境

社会主义市场经济体制的完善和经济全球化,要求变革传统的行政管理体制,政府工作的着力点不再是直接管理干预企业事务,而是培育市场主体、完善市场体系、健全市场规则和维护市场秩序;其主要职能将转到搞好宏观调控、做好社会管理、规划与组织好公共产品的提供。按此标准,越位的要归位,缺位的要到位。在工作方式上,要逐步由行政控制型向规制服务型转变。当前在校正政府职能错位中,最引人注目的是过多过滥的行政性审批,不属宏观管理所必需的审批,都应取消。确有必要保留的行政审批,要简化程序和手续、审批条件公开透明,提高工作效率,融管理于服务之中。一些省、市、自治区实行的设立政务大厅,实行"一厅式"服务、"一口式"收费、行政公示制、服务承诺制、首问负责制和限时办结制等具体制度与办法,受到了海内外投资者的好评,宜进一步完善和推广。

3. 要大力整顿市场经济秩序，营造统一、开放和有序竞争的市场环境

统一、开放、有序竞争的市场环境，是市场机制正常发挥功能、保证诚信投资者合法权益的前提。为此当前：一要以查处违法、违章经营为重点，整顿、规范市场主体准入行为；二要以打击制售假冒伪劣商品、欺诈等违法行为为重点，整顿、规范市场交易行为；三要以打破地区经济封锁、行业垄断和形形色色不正当竞争为重点，整顿规范市场竞争行为。需要特别强调的是，各级工商行政管理机关作为政府主管市场监管执法的职能部门，在执法中首先要"规范"自己，"办、管"彻底脱钩，严格依法行政，否则不仅难以整顿规范市场秩序，反而会破坏市场秩序。

4. 以观念更新为先导，创建良好的社会人文环境

市场经济是契约（合同）经济，契约要成为联系各交易方有效的纽带就必须以信用为保证。如果说信用是制度，则诚信是其思想基础。所以良好的社会人文环境和社会文化氛围，也是软环境的重要组成部分。投资者和人才只愿意把自己的资金、才智，投放于友好、热情、诚信、敬业的人际环境中。西部地区市场经济发育水平相对较低，有的地区长期处于封闭半封闭状态，对现代市场经济运行规则陌生，"肥水不流外人田"等小农意识时有流露。西部大开发以来，西部各省（市、自治区）先后提出了："人人都是投资环境、事事都是投资环境"等醒目口号，效果已初步显现，今后结合《公民道德建设实施纲要》的贯彻和精神文明建设的推进，持之以恒地抓下去，定能取得坚实的成果。

（本文原载《技术经济与管理研究》2005年第1期）

东中西协力联动　推进西部大开发[*]

2004年3月5日,温家宝总理在《政府工作报告》中指出:加强东、中、西部地区多种形式的合作,形成东中西互动、优势互补、相互促进、共同发展的新格局,是促进区域协调发展的战略举措。

一　东中西合作大有可为

1. 东中西合作,按性质划分,大体有两类

一类是"对口支援"。这是依照行政指令,东部经济发达的省、市和西部欠发达省、自治区结成帮扶对子,按计划展开,尽管对口支援从起步时以"输血"为主,正逐步转向以培植西部地区"造血"功能为主,但从本质上看,仍属于道义性援助,它既是中华民族扶贫济困传统美德的承传和发扬,更是社会主义区际关系的应有之义。如:广东省1997—2002年7年间无偿拨

---

[*] 2001年11月24日"第三届上海国际工业博览会东西部地区联动发展论坛"上的报告。

款和捐赠帮扶西藏、新疆、广西、贵州和重庆等西部地区资金达23亿元；上海、福建仅"九五"期间无偿援助对口帮扶地区资金分别达7.3亿元和3.2亿元。帮助云南、西藏、新疆和宁夏等西部地区兴建了一批希望小学、妇幼保健中心、少年宫，体育场馆和蓄水井窖、移民并庄，发挥了雪中送炭的效应，亦表明对口帮扶、无偿援助主要适合于非营利和不营利的社会发展与公益领域。

另一类更大量的是互惠互利的区际贸易和经济技术协作，本质上属于市场行为，受市场逐利性等原则的支配。

两类合作相辅相成，前者对推进后一类东西合作的开展，往往可发挥铺垫与先锋作用。

2. 互利性东中西经济技术协作包括三部分

一是区际商品与服务贸易；二是跨区域要素流动，它又含区际人才和劳动力流动、区际资金流动、区际技术贸易与技术扩散；三是产业区际转移。

东中西部经济技术协作，绝大多数属于发展水平处于不同梯度、资源禀赋迥异的区际协作，互补性强。一般地说，处于高梯度的东中部地区，拿出协作的要素主要是资金、技术、品牌、经营管理等；处于低梯度的西部地区拿出协作的要素主要是天赋资源，相对低廉的劳动力，较广阔的潜在市场。在当前，还有一个要素，即大量闲置存量资产。

东部发达地区附着于既有产业上的资金、技术等资源，由于当地要素成本上升，或市场渐趋饱和，要素报酬率呈下降趋势，追求要素高报酬率，或开拓市场成为驱使要素外溢，寻求投资新空间的动力。事实表明：发达地区产业结构调整升级的步伐越大，市场主体愈发育，要素外溢的愿望就愈强烈，外溢规模就越大。《浙江区域经济》2001年第4期指出：迄今浙江在省外投资经商的人员达300万人，总资金达7000亿元，仅温州市就有超过1000亿元的资本流向外省市，其中相当部分在西部地区。

东中西部经济发展阶段的差别和资源禀赋的差异，为东中西部合作提供了客观基础。早在20世纪70年代末，东中西部在"横向经济联合与协作"的名义下，就已蓬勃开展。西部大开发战略实施以来，各级党委、政府高度重视，东中西合作规模进一步扩大，合作领域进一步拓宽，合作方式更加多样，合作效果更加明显。仅2000年到2002年9月底两年多，西部地区与东中部地区企业签订合同的投资项目就多达20463个，合同总金额3409亿元，实际到位资金1028亿元。

东中部地区的资金、技术等进入西部地区，不仅带动了西部地区投资的增长，加快了西部优势资源的开发步伐，盘活了部分闲置存量资产，推动了西部国有经济布局的调整，促进了西部非公有制经济的发展，而且在思想观念的更新，经营管理理念的与时俱进上，发挥了潜移默化的作用。

今后，随着国债发行规模的收缩和使用方向的调整，西部大开发将在更大程度上依靠社会资本，除了西部本土民间资本的培育、外资的引进以外，在相当大的程度上有赖于东（中）资西进，特别是东中部民营资本西进的强度。

二 互利双赢是东中西合作常青不衰的关键

跨地区经济技术协作的实质是，交易各方通过要素聚合、构建集成优势，以实现各方双（多）赢的目标。

在市场经济中，一个项目（企业）现实优势的获得有赖于多种要素和条件，从土地、供水、供电等日常运营条件，到原材料、资金、技术等投入品和劳动力的取得，特别是经营管理、品牌与营销网络等诸多要素（以下简化为金、木、水、火、土）。如若某地区或某市场主体在金、木、水、火、土诸方面都很优越充裕，是难以出现对外协作动机的。反之，如甲地区甲市场主体在金、木方面拥有优越条件，而缺乏水、火、土或水、火、土条件欠佳，乙地区乙市场主体在水、火、土方面条件优异，而金、木方面短缺，甲、乙两地双方就会表现出寻求协作伙伴的愿望，以图通过各自有利要素的互补集成，在某产品（产业）上形成竞争优势。

双方出现协作意愿，是经济技术协作的起点，它与协作的实现，还有不短的距离，能否快速平稳地走完这段路程，关键在"互利双赢"。互利双赢是指协作利益的分享，而分享"蛋糕"的前提是，通过跨区协作确能提供新的"蛋糕"——即"协作净利益"。跨区协作，通过要素组合空间的拓展，在扩大获利空间与机遇的同时，亦增加了"进入阻力"和风险，"协作利益"扣除上述交易费用增加额后的余额即"协作净利益"。东中西合作的流程可简要概括为：第一步是沟通信息，选准合作项目，把"蛋糕"做大；第二步是分享"蛋糕"（按市场价格形成机制，确定协作净利益的分割比例与分享方式）；最后是协作契约的法律保护与纠纷调解。

东（中）资西进能否成功的关键，应是投资回报预期能否实现。这又取决于进入领域、进入地区与地点、进入方式和进入要素的选择与匹配。按引入因素分析：

首先，是市场引力，但凡西部市场有需求，成品运输系数高的产品，走"销地产"之路，既可提高在当地市场的占有份额，又可节省运费，提高产出收益。娃哈哈集团、白猫集团、春兰集团、恒安集团、荣事达集团成功的事例就是证明。在占领市场上，需特别指出的是东部企业到西部地区建厂，不仅仅是进军西部市场，还可以西北、西南为据点，进军中亚、西亚、北非和欧洲市场，进军东南亚、南亚和印度洋地区市场，上述地区既有对中国长线产品的需求，又富藏中国短缺的战略资源，对于实现出口市场多元化，应对国际风云与国际商海的变幻，保证国家安全，具有深远的战略意义。

其次，是原料资源引力。西部地区蕴藏众多东中部所短缺的资源，东（中）资西进开发上述资源，就地加工或者初加工，是支持东（中）部制造业进一步发展壮大的重要方面："雅安三九药业"充分利用川西天然药材西制就是成功的范例之一。浙江一些企业在西部建立黄磷基地、水晶基地、皮革基地等都取得了双赢的成效。

东（中）资西进除了独资外，还有合资（包括中中，中外）、合作、租赁、承包、托管、经营权转让、兼并、参股等多种形式。投入要素除资金、设备外，还可以技术、商标品牌、营销网络、管理模式等无形资产；后者有时比前者更重要。前面提到的"雅安三九药业"，在三九集团开始兼并雅安药厂时并未注入很多资金，而是提供了"三九"商标使用许可，利用"三九"的销售网络，派出经营者输入"三九"管理模式，重新制定企业发展战略等。康佳兼并陕西如意电器公司和重庆无线电三厂，分别重组为"陕西康佳"与"重庆康佳"方式亦大体如此。

三 完善政策把东中西合作推上新台阶

从政策上促进东中西合作，需要中央和地方各级政府共同努力，东中西部地方政府相互衔接，目的在规范跨区合作规则，降低合作风险与交易费用，提高合作各方的投资回报预期和合作项目的成功率。

中央政府重在维护国内大市场的统一性，有效制止形形色色分割市场的地区封锁。从政策上促使东中部地区，特别是东部特大城市产业结构转型升级，防止局部过度开发，人口与产业过度密集，加大对西部地区财政转移支付力度，加快西部地区投资环境改善的步伐。同时，从完善全国经济总体布局、充分发挥三大增长极（"长三角"、"珠三角"、"环渤海"）的辐射带动作用，促进长江沿线、珠江西江沿线、陇海兰新沿线、京包（头）兰（州）沿线经济带的构建，对现有东西对口帮扶的地区组合适当调整，形成"泛长三角"（上海、江浙和长江上中游各省市）、"泛珠三角"和"泛环渤海"（京津冀鲁辽和山西、内蒙古以及西北等省区）新的区域组合。上述3个区域组合，分别为长江、珠江和黄河、海河等水系，可考虑在现有道义性对口帮扶的基础上，发展为规范的江河水系上、中、下游地区横向的生态补偿与社会补偿。

由中央有关部委和地方政府举办的"中国东西部合作投资贸易洽谈会"等各种会展，对推进东西合作发挥了重要作用，已成为东中西牵手合作的重要平台。今后，宜淡化行政色彩，强化市场化操作，在政府有关部门的指导和监管下，由市场化的投资中介机构承办，常年运转、以降低招商成本、提高实效。

西部疆域广袤，自然条件严峻，东中西合作推进西部大开发作为一项长期的历史任务，需动员社会各方面力量参加。1994年几位民营企业家倡议发起的"光彩事业"，10年来组织非公有制经济人士在西部和其他老少边穷地区投资532亿元兴办项目9765个，帮助459万余人脱贫，很有说服力。除各级工商联外，党委、政府还宜组织各种协会、学会及其他民间社团，发挥各自优势与特长，以不同方式投入东中西合作大业。

西部地区实现全面小康的目标，最大的难点在县域、在基层。小康大业，人才为本，而在县级（含县级市）和县以下基层，不仅人才匮乏，而且优秀者持续不断地流失，除目前已采取的引导人才流向西部基层的诸项措施外，建议对但凡到西部县和县以下基层连续工作半年以上的专业人士，一律免征个人所得税；现有在岗专业人士，亦可比照实行。

东中部地方政府应该重视支持、鼓励所在地企业和投资者前往西部投资兴业和以其他形式投入西部大开发。从2000年起，上海、浙江等省市就设立了"服务参与西部大开发专项资金"，采取补助、贴息、奖励等方式，支持到西部投资的企业。2000年至2002年3年间，上海市从专项资金中抽出2408万元用于贴息，而由贴息带动了总额达21.4亿元的社会资金和信贷资金投向西部地区。东部其他发达省、市可以参照设立；经过一段时间摸索后，国家也可按东部发达地区的财政支出，规定一定的提取比例，建立专项基金。

西部地方政府重在完善辖区的投资经营环境，特别是投资软环境，加快政府职能转化、强化服务意识，寓管理于服务之中，提高为包括区外投资者在内的市场主体的服务水平与效率，严格保障区外投资者的合法权益，有效利用外部要素的进入，激活自身活力，培育本土社会资本，增强地区自我发展能力。

四 推动东中西合作的政策建议

2006年中国将进入"十一五"时期，西部大开发将进入第七个年头。除继续推进生态建设、环境保护和基础设施建设外，壮大具有竞争优势的特色产业，培育一批竞争力较强、品牌效应显著的产业集群，完善区域经济增长极的功能，提高辐射带动能力，壮大县域经济，加快城镇化和农村富余劳动力转移就业步伐等都将提上重要议事日程。东中西合作宜围绕西部大开发新阶段的重点任务，以下述方面为优先领域，全面展开。

1. 鼓励东中部投资主体参与西部生态建设、环境保护和基础设施建设。承包荒山、荒坡从事生态建设，土地承包期可以比东中部延长一倍，以60年为期。

2. 鼓励东中部投资主体到西部农村兴办龙头企业，发展农产品加工和农产品流通体系建设。东部地方政府采用贴息等方式予以支持，西部地方政府从减免税费上予以优惠。

3. 鼓励东中部投资主体特别是民营资本以参股、收购、兼并等多种方式，参与西部地区国有企业改制改组。西部地方政府在被兼并重组企业界的历史债务、富余员工的处置等方面依法予以优惠。

4. 鼓励东中部投资主体，特别是民营资本参与西部资源开发，发展能源、原材料基地；欢迎东中部优势企业借助品牌优势，发掘西部潜在市场，到西部建厂或收购兼并西部现有企业，变"产地销"为"销地产"。欢迎东中部制造业转型升级，并将有关生产环节向西部延伸。

5. 鼓励东中部流通企业、金融企业营销网络向西部地区延伸，促进西部地区现代流通方式和新型业态的发展，加快流通经营与管理技术在西部地区的普及推广；畅通西部特色产品进入东中部市场的渠道；以低廉的交易费用向西部城乡消费者提供品种齐全的商品。

6. 将东中西合作与对外开放相结合，鼓励东中部外资企业、中外合资企业参与西部国有企业的改组改造，将产业链向西部地区延伸；鼓励东中部投资者以多种方式参与西部陆路边境口岸经济的发展，利用边境口岸地缘优势到周边国家和地区投资，带动商品和劳务出口。

（本文原载《深圳大学学报》2004年第4期）

第四编
中部地区经济社会发展

从经济总体布局看中部经济社会的发展[*]

这次有机会参加华中地区发展战略讨论会,向三省一市的同志,向到会的代表们学习很高兴。党的十二大闭幕后,各省、市、自治区先后开展了本省(市、区)发展战略的研究、讨论,在此基础上,跨省(市、区)的大的地区性发展战略的讨论会,如上海经济区、东北经济区和西地区的发展战略讨论会也相继召开,现在召开华中地区的会议,使人们听到了中部的声音,在东、中、西部各省深入研究的基础上,一部和谐悦耳的交响乐就能更好地谱成,下面围绕全国经济总体布局和地区经济研究的问题,谈点粗浅看法,就教于同志们。

一 总体布局的战略决策

党的十二大文件,规定了到 20 世纪末中国经济建设的战略目标、战略重点和战略步骤。为了完成这一宏伟任务,进行产业

---

[*] 1986 年 1 月 10 日在武汉"华中地区经济社会发展战略讨论会"上的学术报告稿。

政策和布局对策两方面的研究很重要，1985年，我向有关部门提交了一份有关布局对策的"万言书"，简要地说就是八句话，六十四字：

三级梯度，三大地带。东靠西移，有序展开。
因地制宜，扬长避短。东西对话，横向运动。
中心开花，极核先抓。墨渍扩散，辐射联系。
产业走廊，纵横交错。点线面网，运转灵活。

这纯粹是一家之言，可能很不全面。有的同志持异议，提出了"西部地区跳跃发展论"、"中部突破，两翼展开论"等。

"三级梯度，三大地带"是中国现有经济分布的总态势，是客观存在，它既有自然条件的深刻影响，也是南宋以来特别是19世纪中叶以来长期历史发展的结果。既然是"总"态势，就不否认在每一地带内也存在经济发展不平衡的总题，也不否认中部、西部某些地区经济发展水平超过东部地带某些地区的事实。布阵对弈，首先要有棋盘；同样的道理，要搞好全国生产力的总体布局，很需要有科学的经济地带和经济区域的划分。

进三级梯度，揭示三大地带存在经济技术发展水平的地带性"梯度差"，目的不是为了保持、强化梯度差，而是为了提醒人们要善于利用梯度差的经济势能，逐步改变、缩小梯度差。

经济布局的目标，服从于国民经济发展的总目标。一是要完成翻两番的任务；二是要使人民生活达到小康水平；三是在世界新技术革命的形势下，要使中国经济技术水平与发达国家的差距有所缩小。再者，经济布局又要受到国家和地区一系列条件（经济的、技术的、自然的）的制约。布局战略的抉择是在各种约束条件下为完成布局的目标，为达到目标函数的一种现实选择；而不是在既无目标要求，又置约束条件于不顾的"最理想"方案的勾勒。它不是"最优的"，也不是"有百利无一弊"的，相反可能是有某种副作用的，但总的来说，利远远大于弊。我建议的六十四字布局对策，某种意义上讲可以说是倾斜性区域对策，有某种副作用，预先说清楚，就可以采取相应的政策措施，减少或消除副作用。如同医生下药治病的同时，还开点保肝药一样。

"东靠西移，逐步展开"，是就今后布局演变推移的大趋势而言，既然是"大"趋势，它就不排斥空间上的某些跨越，更不是机械地等一片完全建好，再动手建另一片，和作物间作一样，时间上必然有所交叉，但决不能齐头并进、万箭齐发。1985年以后这方面的教训太多了，今后不能再重复了。

顺带说一下，不发达地区跳跃发展论的主张者，有一个重要论据，就是《第三次浪潮》的作者托夫勒所谓的"在跃向未来第三次浪潮的赛跑中，穷国和富国站在同一条起跑线"。有的同志把这句话中的"国"改为地区，即在新技术革命中经济发达地区和不发达地区处于同一条起跑线。确实，不发达国家（地区）由于有发达国家（地区）的经验可资借鉴，前者走过的弯路后者不必重走；有发达国家（地区）的先进技术可以引进，不必一切从头做起，因而有可能用短得多的时间走完发达国家（地区）过去用很长时间所经历的历程，在善于利用内外条件的情形下，还有可能跳跃，即后来居上。产业革命后，德、法、美先后超过英国，美国、日本，先后超过英、德、法，均是佐证，但从中得不出像托夫勒及其移植者那样的结论。相反，从过去中国三十多年的建设史，特别是60年代中期在经济不发达地区（农业未过关，人民温饱问题未解决，内外交通运输条件困难，传统工业薄弱，协作配套条件差等）进行大规模建设，而且是以高技术产业为中心的实践教训看，结论恰好相反。过去花掉的学费已够多了，完全无必要再花一笔学费来验证托夫勒的断言。

二　中部地带的四大战略展开

中部地带在实现 2000 年的战略目标中，具有举足轻重的地位，它包括黑、吉、蒙、晋、皖、赣、陕、湘、鄂、豫，和川东、川中，面积占全国的 34.3%，人口占全国的 47.9%，1983 年工农业总产值占全国的 38.5%。在今后的十几年或更长时间，将围绕四个中心进行重大战略展开。一是能源的开发建设（北煤南水）；二是大力开发本区富有的金属和非金属矿藏，进一步发展相应的原材料工业；三是改造传统产业，发展新兴产业；四是开发农牧渔业资源，建立具有全国意义的农牧渔业基地。

中部地带内部又可分为三片。一是黑、吉和内蒙古东部；二是陕、晋、蒙中和豫西，三是湘、鄂、豫和皖、赣，华中地区除了煤炭逊于北部两片外，其他条件都不亚于或者超过北部两片，所以，华中地区是中部地带的重要地区。四大战略展开同样适用于华中地区。

三　地区经济研究的几个问题

1. 地区经济发展的三重任务

地区经济的发展有三重任务：一是完成国家总体布局的要求和任务，发挥本地区在全国劳动地域分工中应该发挥的作用；二是保证地区经济繁荣，人民生活改善，地区财力逐步增长，经营环境和投资环境日趋改善；三是保持环境生态的动态平衡与良性循环。三者归根结蒂说是一致的，但在一时一事上又确有矛盾。第一、二项任务主要反映全局与局部的关系，在价格不合理的情况下，两者有时矛盾还相当尖锐；第三项与前两项主要反映长远和近期利益的关系。

2. 地区经济的三个同心圆结构

一是地区的支柱产业（苏联称之为专业化部门），它是地区经济发展的核心与重点，是综合利用区内各种有利条件形成的具有经济优势的部门，主要承担全国总体布局和劳动地域分工中该地区应承担的任务，因而区际商品率最高（包括出口）。二是围绕支柱产业的产前服务、协作配套和产后深度加工、资源综合利用等发展的各种关联产业。三是为前两类部门以及人民生活服务的基础结构设施。

以上三类部门的有机结合、合理匹配就可以组成高效率的地区经济综合体，全面完成地区经济发展的三重任务。

根据财政税收体制进一步改革的趋势看，税收将划分为中央税、地方税、中央地方共享税，并相应划分各级财政的支出范围。地区面向全国的支柱产业，如"七五"期间的建议中指出的中部地带的能源、原材料基地的建设和跨省、区的重大基础结构设施建设（如交通运输干线、高压输变电、大型通信工程），将由国家预算内投资安排；而关联产业中的一般项目和地方性基础结构设施（包括城市公用设施），将由地方财政支出安排；多数老企业的更新改造或扩建，则主要依靠企业自身积累的发展基金来解决。

围绕国家投资的重点项目，根据三个同心圆的地区经济结构的一般模式，因地制宜绘制出一幅具有特色又切实可行的地区经济综合发展的蓝图，按照时序经济原理，因时制宜分步骤地合理安排地方财政的投资方向，诱导企业发展资金的投向，吸收区外、国外资金，逐步实现地区经济的综合发展与全面繁荣，以"用财之道"为基础，加快"生财"的效率（一是提高资金产出率,二是加快资金周转速度)和"聚财"的磁力强度(主要靠改善经营环境和投资环境,广辟集资渠道),从而全面完成地区经济发展的三重任务,我以为这是地区经济研究最现实、最急迫的任务。

拉杂说这些,错误不当之处请同志们批评指正。谢谢大家!

(本文曾以题为《经济布局与地区经济研究的几个问题》,载《武汉经济研究》1986年第2期)

中部五省跨世纪发展的定位与目标[*]

一 中部五省的重要战略地位

《中华人民共和国国民经济和社会发展"九五"计划和2010年远景目标纲要》提出在未来的十余年，在既有经济布局的基础上，以中心城市和交通要道为依托，逐步形成七个跨省区市的大经济区。豫、鄂、湘、赣、皖组成的"中部五省地区"即其中之一。从区位地缘、资源禀赋、产业结构特征、现有经济发展水平，特别是在全国劳动地域分工中承担与发展的职能看，中部五省具有很大的相似性，大体属于同质性经济区。

1. 农业较发达，都是农业大省

中部五省耕地面积2000万公顷，约占全国的1/5（21.07%），却提供了全国农林牧渔业总产值的1/4（24.34%），提供了全国棉花产量的41.9%、油料产量的39.8%、肉类产量的28.7%、粮食产量的27.7%、烟叶产量的21%，拥有江汉平

---

[*] 1997年11月20日在武汉"面向21世纪的中部发展战略研讨会"上的发言。

原、洞庭湖平原、鄱阳湖平原、黄淮平原和南阳盆地等著名农业基地，国家在中部重点投资建设的商品粮基地县和棉花基地县，分别占全国总数的近 1/3 和近 1/2。豫、湘、皖、鄂、赣的粮食产量，在全国各省区市中分别居第 3、第 5、第 7、第 9、第 12 位，每年净调出商品粮数百万吨，中部五省和东北黑、吉两省，可以说分别是我国关内外最大的商品粮调出基地。豫、鄂、皖、湘、赣棉花产量，在各省区中分居第 2、第 4、第 8、第 9、第 10 位，是除新疆外，是内地最大的棉花调出基地，每年还有大量油料、肉类等农林牧渔产品调出区外和出口。

2. 资源丰富，是中国原材料、水能的重要生产与输出基地

中部五省不仅光热和水资源丰富，为大农业的发展提供了较好的条件，而且矿产和水能资源丰富，已探明储量的有 80 多种，就中铜的保有储量占全国的 1/2，铝土矿占全国近 2/3，磷矿约占 2/5，此外，如湖南的锑、钨、铋，湖北的岩盐、石膏，江西的金、银、铀等矿藏都在全国占有重要地位；在此基础上，已形成颇具规模的黑色冶金与有色冶金、化工和建筑材料生产基地，每年净调出数百万吨钢材、数千万吨水泥和数以千万箱计的平板玻璃和化工原料、有色金属产品等重要原料。

长江中游水力发电超过全国的 1/4，同时邻近晋陕煤炭基地，是"调煤就水"发展火电站的理想区位，电力大量输往长江下游地区，今后随着长江三峡、黄河小浪底等大型水利枢纽和与之匹配的火电站群的投入运转，中部五省在全国能源供应和国家电网中的地位将进一步提高。

3. 处于全国水陆运输网的中枢，吸引四面、辐射八方

京广、京九、焦柳等南北大通道，和长江干流航道、新亚欧大陆桥东段的陇海铁路、浙赣铁路等东西大通道交汇于区内，使中部五省居全国水陆交通网的中枢，武汉是内陆最大的国际水陆空综合交通枢纽，郑州拥有亚洲最大的铁路编组站，它和株洲同是中国铁路主要的路网编组站和客运中转站，沿江自下而上有芜湖、九江、岳阳、宜都等一批铁水联运港口，成为中国客流、物流的主要集散地和中转换装中心，每年完成的客运量、货运量分别占全国的1/4和1/5，中部五省虽不沿海，但沿江各地通过江海联运，北部通过大陆桥可便捷地进入国际市场。

从区际地缘关系看，中部五省南邻珠江三角洲和闽南金三角，东接长江三角洲，北近环渤海经济区，都是国内经济发达地区；西侧经过长江和陇海—兰新铁路分别与大西南、大西北相通。既便于南东北三面承接高梯度地区的增长传递，又便于向广大西部地区辐射、发挥承东启西、连接南北、吸引四面、辐射八方的特有作用。

4. 人口多，经济总量达到相当规模，人均水平低

中部五省国土面积87万平方公里，以占全国9%的国土，承载着全国1/4以上的人口，从GDP反映的经济总规模看，河南、湖北都在各省区市的前10位（分居第6、10位），湘、皖、赣三省分居第11、14、18位。由于都是人口大省，人口密度较高（每平方公里平均360人），人均资源相对不足，加之58%的劳动力仍滞留在第一产业，农业剩余劳动力达27%—30%，比全国平均水平高6个百分点。上述因素导致中部五省反映经济社会发展水平的一系列人均指标处于各省区市的中下游，甚至下游，以人均GDP而言，鄂、湘、皖、豫、赣，分别为第15、18、19、21、23位，大体比全国平均水平低30%；中部五省都是农业大省，但按每一农业劳动力提供的农林牧渔业产值计算，比全

国平均水平约低15%左右，除湖北居各省区市的第12位，赣、皖、湘、豫四省，分别居第16、17、18、20位；农民人均纯收入和职工平均工资，中部五省均低于全国平均水平；河南、江西的职工平均工资居各省区市的第27位和第28位，社会发展指标，以每千人的医生数量和医院床位数为例，除湖北省居第15位，其他四省都在第20位以后，中部五省经济总量与人均水平的强烈反差，和形成这一反差的深层原因，可以说，正是长期制约整个国家发展的诸多矛盾和不利因素的缩影。以邓小平理论为指导，直面上述矛盾，抓住机遇，充分发挥有利条件，化解不利条件，克服制约因素，走出一条快速高效发展、人均经济社会发展指标稳步提升的路子，不仅将加快中部五省的崛起，对全国现代化民富国强目标的实现，亦具有重要意义。

5. 腹心地带，国脉所系

中部五省河网湖泊密布，长江、黄河、淮河横贯东西，主要支流汉江、赣江、湘江、资水、沅江、澧水等纵贯南北，洞庭、鄱阳、巢湖、江汉湖群镶嵌大江南北，襟江带湖、江湖交汇，既带来了水源、航运、灌溉、养殖之利，也不时发生洪涝灾害。中部五省居长江、黄河中游，淮河、珠江上中游，一旦出现险情，不仅直接祸及中部3亿人口，也殃及下游江、浙、沪、鲁、闽、粤六省市，影响全国近半数的人口；加之处于全国水陆运输网的中枢，北煤南运、西电东送、西油南输、南水北调（中线）的必经之地，真乃国脉汇集，八方安危系于一身。

中部五省重要的战略地位，决定了其经济社会发展，对整个国家持续、快速、健康发展目标的实现，对防治重大自然灾害，保证大江大河大湖的长久安然，保持政治和社会稳定、国泰民安，对直面重点、难点问题，深化改革都具有重大作用。在21

世纪即将来临之际,新的机遇和挑战,不是弱化而是进一步凸显了中部五省在国家未来发展中举足轻重的地位,加快中部五省发展步伐,尽快改变中部五省目前经济社会发展水平与其战略地位颇不相称的现状,是支撑、保证国家第二步、第三步战略目标实现的需要;是沿海地区对外开放向内陆延伸、拓展,全方位参与国际经济合作与竞争的需要;亦是振兴中西部经济,拓展生产力布局,实现区域经济协调发展的需要;是深化改革、保持稳定、实现可持续发展的需要。

二 面临的机遇与挑战

1. 国家未来发展总体目标对中部五省的要求

在全面分析国内外环境和条件的基础上,国家《中华人民共和国国民经济和社会发展"九五"计划和2010年远景目标纲要》明确指出,今后继续重点加强包括农业、水利、能源、原材料、交通和邮电通信等基础设施和产业;择优扶持振兴机械、电子、石油化工、汽车、建筑和建材工业。以中部五省资源禀赋、结构现状,与上述国家重点加强与扶持的产业对照,可以看到除电子行业外,其他产业、行业,中部五省都具有程度不等的比较优势,或拥有规模庞大的资产存量,具有可供挖掘的潜在优势。特别是在农业、原材料工业(包括黑色冶金、有色冶金、某些化工原料、建筑材料和非金属矿产等)和机械工业中的若干行业,中部五省产业构成中的长项、强项和国家重点加强与扶持的对象,和今后快速增长部门的高吻合度,意味着:

(1)中部五省今后继续承担着以粮棉油等大宗农产品、一系列原材料和能源供应全国,支撑整个国民经济快速发展的重任。以粮食为例,2000年全国总产量计划为5亿吨,比1995年增产 3500 万吨；2010 年全国总产量预测为 5.8 亿吨，比 1995 年增产 1.2 亿吨，上述粮食增产任务中，约需中部五省承担 40%左右。

（2）重点工程集中，投资强度大，投资拉动显著。事实上，从三峡、小浪底等巨型工程动工以来，巨额投资对中部五省经济发展的拉动作用，已初显端倪，今后随着新疆原油经由洛阳入川的输送管道工程，与三峡匹配的火电站群，为提高南北向、东西向大通道通过能力而启动的一系列交通工程，包括现有铁路改造、铁路客运专线、高速铁路、高速公路的建设，以及宁西（南京—西安）铁路、沿江铁路、包（头）—襄（樊）、洛（阳）—湛（江）铁路等新线的建设，南水北调（中线）工程的启动，投资拉动作用必将更为显著。

（3）资源性产品价格的理顺，将提高中部五省产业的经济效益，增强自我积累与发展能力。随着上游产品价格形成机制的进一步市场化，和国家理顺资源性产品价格的决心，中部五省在发挥国家农业和原材料基地作用的同时，不仅发展业绩在各种价值计量指标上能得到如实的反映，更重要的是能改善中部五省在国内外市场交换中的地位，使合理的经济利益有所保证，显著提高自我积累与发展的能力。

（4）在需求弹性大，未来快速增长的行业中，中部五省有一定的优势。伴随中国经济增长进入新阶段，一系列与新兴需求关联度强、需求弹性大，和适应经济市场化、社会化发展的产业与行业，将以远高于国民经济平均增长率的高速增长。据有关方面预测，机械工业的年增长率将达到 13%—14%，汽车工业增长率将达到 15%，建筑业、建材工业、交通运输和仓储业等将超过 10%，而这些部门正是中部五省具有相当实力或发展潜力的长项。

2. 区域经济格局变化的走势与中部五省未来的发展

20世纪70年代末以来，经过近20年的高速发展，沿海地区：一方面物质技术基础更加雄厚，继续保持强劲发展势头；另一方面，随着资本的逐年叠加投入，也导致要素成本上升，资源与环境约束加剧，资本投入产出率下降趋势已率先从一些劳动密集型、资源加工型行业显现出来。这正是近年外资进入中西部比重逐年提高的重要原因。就东南沿海等高梯度地区而言，经过近20年的资本积聚与积累、技术的引进、消化与创新，极化效应开始由强转弱，辐射扩散效应相对趋强，为了利用内陆丰富的资源和低廉的要素，开拓内陆市场，沿海地区向西部资金、技术转移，逐年增加；"销区产"成为近年经济布局调整中引人注目的一道风景线。而中部五省，特别是武汉、郑州、九江、黄石、岳阳、宜昌等港口城市，以及京九沿线某些热点地区，首得其惠。一是因为中部五省紧邻珠江三角洲、长江三角洲、环渤海等高梯度地区；二是中部五省与上述地区已拥有方便近捷的交通通信联系和久远的商务交往；三是中部五省特别是前述大中城市近十几年来软硬投资环境的改善，对外来资金、技术的吸纳能力增强，使其能获得满意的回报。中部五省的劳动力、土地等投入要素的价格远低于东部，和西部地区相比较，区域开发前期追加投资，中部五省远低于西部；"双低"优势，使中部五省在世纪之交，有望成为中、外投资汇集的热点地区。

从资金、技术转移的走势看，经京广、京九线由南向北；经长江航道、陇海、浙赣铁路等由东向西，日趋明朗；国家把沿江产业带，京广、陇海铁路产业带，作为全国经济布局的主轴线；把京九沿线老革命根据地作为扶贫重点，更为上述要素转移、增长传递提供了有利的政策环境。顾后瞻前，综观中国区域经济格局之演变，如说，20世纪八九十年代以沿海地区率先崛起为标志；那么，在世纪之交至21世纪头十几年，正是中部崛起之时，这样到21世纪20年代前后，西部开始崛起也就有望，历时半个多世纪，中国经济布局经过赓续相连的三次大拓展，待到21世纪中叶达到第三步战略目标，现代化宏图大业实现之时，广袤中国的区域经济协调发展目标，就可同时实现。

三 发展的定位

1. 总体目标

力争在2000年或稍长一点时间，在人均GDP等人均产出和收入指标上，达到全国平均水平；在2010年超过全国平均水平；到2020年大体接近当时沿海地区的平均水平，进入国内发达地区的行列。从"九五"计划算起，再经过四五个"五年计划"时期的努力，中部五省要实现由农业大省向农业强省、资源大省，向工业强省、人口大省向经济强省的跨越，使中部五省地区成为：内陆经济实力最雄厚、具有相当国际竞争力的大经济区；成为以农业及农产品加工业、原材料、机械工业和汽车工业为支柱，在高新技术的若干领域居国内领先地位的综合经济基地；成为承接沿海地区增长传递、接续沿海地区高速增长，推进国家第三步战略实现的主动力之一；成为顶托内地发展，振兴中西部经济战略支点和突破口的重任。

2. 功能定位

在国家产业结构中承担的功能方面，围绕面向全国的农业、原材料、机械工业和汽车工业四大基地建设，根据市场导向，发挥比较优势、构建竞争优势，培植优势产业和名品、精品，形成具有高竞争力和地区特色的区域经济，跟踪世界科技最新发展。

在有基础的一些高新领域，抢占制高点、实现产业化、形成带动区域产业结构不断升级的先导，使五个人口大省先后进入经济强省的行列。

强化科教兴农，推进农业综合开发，改造中低产田，发展高产、优质、高效农业，面向国内外大市场，推进农业市场化、产业化、现代化，提高农业劳动生产率和比较收益，在以数量、品种更多、质量更优的农、林、牧、副、渔产品满足国民经济和人民生活需求的同时，使中部五省农民的实际收入有较快的提高，实现由农业大省向农业强省的跨越。

原材料工业，转变增长方式，在优化结构增加品种、提高质量、降低消耗、实现资源综合利用的前提下，根据市场需求，扩张规模、延伸加工、强化配套，提高综合生产能力，使中部五省原材料工业在技术水平、企业组织结构与规模、经济效益、市场竞争力上都跃上新台阶。

机械工业，通过"三改一加强"，资产重组，盘活存量，抓住多项巨型工程带来的投资需求旺盛的机遇，围绕发电与输变电设备、矿山设备、冶炼设备、石油钻采设备、化工设备、农用机械，和机车、车辆、船舶等中部五省现有实力较雄厚的产品系列。组建企业集团，依靠引进技术和自主开发，扩大国内市场占有率，积极开拓国际市场，使中部五省出口商品结构有显著的改善和提高。

汽车工业，以东风、江铃等集团为核心，以产权为纽带，形成具有自主开发整车产品、规模达到40万辆以上的大型集团，以提高市场竞争力。区内几十家汽车零部件企业，通过协作分工，改组成技术高起点、专业化、大批量的"小巨人"，提高国内市场占有率，积极开拓海外市场。

中部五省要充分利用沿江（路）近海，地处国家水陆运输网枢纽的地缘优势，发挥承东启西，连接南北，沟通内陆与海外市场的作用，使中部五省，首先是武汉、郑州、长沙、合肥、南昌等中心城市，成为广大内陆市场与沿海市场、与海外市场交汇对接的中枢，成为振兴中西部地区经济的战略支点；使中部五省的崛起，成为加快中西部发展，缩小地区发展差距，实现区域协调发展目标的突破口。

四 对策刍议

1. 把握市场的新态势，及时调整发展思路

在社会主义市场经济条件下，区域的发展是在市场竞争中实现的，换句话说，市场竞争的结局决定了区域发展的成败和绩效。为此，要随时把握市场和市场竞争的新态势，以此作为调整地区发展方略、方案的出发点。近年来，国内市场态势发生重大变化，简要地说有以下四方面：一是国内市场总需求平衡，由过去短缺经济下的卖方市场向买方市场转化，不仅绝大多数工业品如此，许多农产品亦是这样；二是供求结构严重错位，生产结构调整滞后于需求结构的升级与调整，错位空隙多被进口商品进占；三是国内市场竞争国际化；四是市场形态由20世纪80年代的完全竞争向半垄断竞争转化。

过去讲发展，往往是上基建或技改项目，增加生产能力。在世纪之交谈发展，离不开两点：一是通过多种途径提高自己产品的竞争力、市场占有率；二是针对潜在的市场需求，开发新产品，开拓新市场。离开这两点，盲目上项目，不仅谈不上发展，还很可能导致积压浪费资金。发展是硬道理，但发展的思路却千万不能"硬化"。这次经济结构调整，和以往几次调整不同，是一种提高升级型的调整，政府的引导作用固然重要，但关键在企

业，企业是调整的主体。

2. 市场主体的形成、壮大，是地区经济活力的根本

（1）东、中、西三大地带的根本差距在市场主体。在多年的调查中，我有这样一种感觉，在东部舞台上，企业、企业家在利益的驱动下忙忙碌碌；而在中、西部经济舞台上，更多的看到的是党政官员在辛劳。在东部，一个市场机遇、赚钱的机会刚露面，官员还未发现，企业和企业家已把钱赚到口袋里了；而在中、西部却往往相反。为了缩小东、中、西部的差距，加大投资力度，采取适当的政策倾斜都是需要的，但是最根本的是加快市场主体的培育和壮大。

（2）市场主体应是交易的结果。市场主体如何形成？一种办法是依据"红头文件"，依靠"有形之手"控制、塑造而成；另一种办法是通过市场交易而形成。"四自"（自主经营、自负盈亏、自我发展、自我约束）是市场主体的本性。孕育、分娩过程完全依靠"它动"的市场主体，内在的与其本性相悖。依靠资本市场、产权市场交易自动形成的市场主体，容易真正做到"四自"。湖北省、武汉市资本重组和营运经验，受到全国的瞩目，必然推动中部地区更多"四自"主体的形成、壮大。

（3）为市场主体形成、壮大创造更宽松的环境。中部五省农业人口超过80％。农产及其联合体也是市场主体，其发育、壮大对中部经济振兴具有重要作用。据经济日报刊发的资料，1996年，东部农民每年人均收入2500元，负担是100元；中部农民每年人均收入1700元，而负担为140多元。从绝对量看，中部地区农民每年比收入高的东部地区农民还多交40多元，负担占收入的比例为8％，比东部（4％）高1倍，据在基层工作的同志讲，有的地方比上述统计数还高。在目前生产力水平下，

农民的高负担和城市企业的"三乱"负担，严重阻碍着生产者的资本积累和亿万市场主体的形成。无产者投身社会主义革命，革命成功后并不愿意永远"无产"下去，而是希望、要求变为资产者，不仅有"生活资料"之"产"，而且要有生财的"资本"之产。马克思有重建"个人所有制"之说，中国自己的大圣人孟轲更早就有"无恒产者无恒心"之语。亿万大众（而不是十几万、几十万的少部分人）有资产，产权人格化，资本社会化，是中国市场经济，也是地区经济全面持久繁荣的基石。为此，宜按轻徭薄赋、民富为先的原则，为亿万大众财富的积累提供宽松的环境。

（4）今天与明天。过了今天，才能迎来明天。当我们研讨面向21世纪的中部发展前景时，不能不看到眼下中部五省的一些地区，正处于增长阶段转折和经济体制转轨的双重阵痛之中，"双停"企业是阵痛集中点，且有继续增加之势。中部五省农业剩余劳动力的数量，在全国仅次于四川，这股洪流加上城镇下岗职工洪流双汇，如无统筹的"泄洪渠道"安排，对社会经济的稳定将产生难料的影响。除了现有的"再就业工程"，政府采取以工代赈方式，组织一些国土整治、环境整治与美化等基础设施性工程，恐不失为一策。再者就是把劳务输出放在更重要的地位。劳务输出对于欠发达地区来说，既是缓解就业压力的出路，更关系到未来的发展，21世纪这些地区的企业家中一定会有今天在外打工的同志。

3. 要注重中部五省的联合协作

区域合作是克服增长障碍，实现生产力合理布局的有效途径。中国空间跨度最大、层次高、合作时间长的区域合作组织是西南和广西"六省区市七方经济协调会"。中部五省和"六省七方"同为中国的大经济区,但各有其自身特点。一是中部五省经济区大体属同质性经济区,区域合作虽然也有"要素互补型",而更多的是属"优势聚合型"。二是全方位开放性。西南云贵川最近的出海大通道,就是广西北部湾,其他别无选择。而中部五省中任何一个省,都处于吸引四面、辐射八方的地位。例如:豫北以郑州为中心的城市群的发展,和陇海、兰新亚欧第二大陆桥密不可分;湘南、赣南积极接受粤闽发达地区的辐射,开展"互补型"的协作;等等。针对上述特点,中部五省区域合作宜"不求全、只求到位",即合作的领域、地域不追求"全覆盖"(可以是五省的有关地区、有关部门),"到位"是指协作的内容要找准共振点,抓住各省共同关心的问题,通过合作,产生"协同利益",使各方都能"利益共沾"。

(本文原载《学习与实践》1997年第11期和1998年第5期)

努力走出中部地区崛起的新路子[*]

一 发挥中部地区比较优势促进中部地区崛起

中部地区包括山西、河南、湖北、湖南、江西、安徽六省，面积占全国10.7%，人口占全国28%，地区生产总值占全国21%，人均地区生产总值相当于全国平均值的80%，不足东部发达地区的一半。山西是国家的重要能源基地，煤炭产量和调出量居各省之冠。其余5省农业较发达，都属农业大省，粮食产量在全国的份额近30%，油料、棉花产量近40%，是国家重要的粮棉油基地；矿产资源丰富，是国家原材料、水能的重要生产与输出基地；地处全国水陆运输的中枢，具有承东启西、连南接北、吸引四面、辐射八方的区位优势，人口多、人口密度高、经济总量达到相当规模，但人均水平偏低，特别是人均社会发展指标（如每千人的医生数量、医院床位数量等）有的比西部省区还低。中部六省地处腹心地带，国脉汇集的战略地位决定了中部

---

[*] 在"区域经济协调发展和中部地区崛起研讨会暨2005年中国区域经济学学术年会"上的发言要点。

六省经济社会发展对国家全面建设小康社会，进而基本实现现代化的重要意义。

今后应按可持续发展的要求，巩固、提升中部地区的能源和原材料基地，提高煤炭和各种矿藏的回采率，提高煤炭洗选率，发展煤炭液化、气化，推广煤电联营，建设新型矿区。适应重化工业阶段的社会需求，推进中部地区钢铁、有色金属、化工、建材等原材料工业更上一层楼，利用江海联运、有效利用海外铁矿等资源，按照循环经济原理，实行集群发展，建设新型工业区，既提高资源利用率，又有利于维护环境。

作为国家农业基地和粮食主产区的中部，要按照2004年、2005年中共中央两个"1号文件"的要求，建设高标准基本农田、实施"沃土工程"，加强良种繁育推广，建设区域化、专业化的优质农产品基地，提高粮食和其他农产品的综合生产能力，发展农区畜牧业和农畜产品的精深加工，延长产业链，提高农业的市场化、产业化程度和比较收益，逐步向现代农业迈进。使以农产品为原料和以工矿产品为原料的轻工业同时得到蓬勃发展，涌现出更多像双汇、美尔雅这样全国知名的大型轻工企业集团。

充分利用现有基础，引进先进技术和设备，培养自主开发能力，提升中部的汽车及零部件、机车、拖拉机和其他农业机械、重型机械等装备工业。

充分利用武汉、长沙、合肥等城市科技人才荟萃的有利条件，有选择有侧重的发展高新技术产业，如武汉的光电子信息产业，长株潭的电子信息和生物制药等。

为了推进中部地区更快融入全球化、适应国际分工的新形态（产业链、供应链等），以中部六省省会城市为中心，有必要亦有可能发展为城市群或大都市圈，为企业进入国际产业链、供应链提供相应的平台。

温家宝总理在 2004 年《政府工作报告》中提出"促进中部地区崛起",在 2005 年《政府工作报告》中进一步提出要"抓紧研究制定促进中部地区崛起的规划和措施"。为使促进中部崛起的规划与政策能及时纳入国家"十一五"规划,并从"十一五"规划开局起逐步落实,有必要采取"移植法",即将振兴东北老工业基地的各项行之有效的扶持政策,如增值税转型、国有企业剥离社会职能的财政补助、国有企业改制中有条件的核销呆坏账等,移植到中部六省各老工业基地和资源型城市;为推动中部产业结构优化升级,"十一五"期间支持每个省上几项重大技改项目;"三农"方面,将两个"1号文件"对粮食主产区的各项支持政策,更加系统集中地落实。

二 区域协调发展和中部地区的崛起

区域协调发展是国民经济平稳运行、较快发展的前提。作为自然条件复杂的多民族大国,区域协调发展不仅是重大的经济问题,也是重大的政治问题和社会问题。故此,统筹区域协调发展,成为"五个统筹"的重要内容,是落实科学发展观,构建社会主义和谐社会的必然要求。

"三大阶梯、四大板块、三驾马车、三类病灶"是我对国家区域经济总态势的认识与概括。"三大阶梯"是指区域经济发展水平由东到中至西梯次递减,改革开放初期如此,27 年来各省、市、区经济都有很大发展,但东高、中中、西低的总态势未变,而且相互间的差距继续扩大。

"四大板块"是指和"东部率先、西部开发、东北振兴、中部崛起、东中西互动共进"的区域发展总体战略方针相匹配的 4 类区域政策覆盖区。"中部崛起"在湖北省和中部其他省市讨论过多次，特别是在1992年和1997年前后曾有过两次相当集中的研讨高潮。现在谈"中部崛起"和前几次固然有传承接续关系，但亦有很大的不同。

首先是"中部地区"的范围和性质与以前不尽相同。这次很明确是湖北、湖南、江西、安徽、河南和山西六省，从性质上看，属于聚类组合的区域政策覆盖区。区域政策覆盖区按理应有相应法律的依据，有关区域立法短期不易出台，但相匹配的区域政策应该是明确的。例如，振兴东北有中发〔2003〕11号文件，即《中共中央国务院关于实施东北地区等老工业基地振兴战略的若干意见》；实施西部大开发，国务院先后有两个文件，2001年有《关于西部大开发若干政策措施的实施意见》，2004年3月又下发了《国务院进一步推进西部大开发的若干意见》。至于东部沿海地区，从20世纪70年代末对广东、福建两省，到90年代初浦东开放、开发都有系统的政策措施。可以说，迄今在国家区域政策体系中唯独中部地区尚缺乏明确系统的政策举措。好在2005年《政府工作报告》中，温家宝总理已指示"抓紧研究制订促进中部地区崛起的规划和措施"。有关中部崛起的研讨，紧密围绕上述规划和政策措施的制订，充分反映六省长期研究的成果与各种诉求，促其尽早出台，争取和"十一五"规划同步实施，其作用会更直接，效果会更显著。

其次是"崛起"的内涵，亦有所不同。以往，中部省、市以崛起为目标，还属地方性战略。现在中央政府"促进中部地区崛起"，明显的将它提升到国家战略的层面。作为国家战略的中部崛起，其内涵与目标会更丰富。崛起的目标与标准，既包含六省如期实现全面建设小康社会，亦应包括使中部六省逐步成为拉动国家经济增长的又一重要引擎，即通常所说的第四增长极。众所周知，中部地处全国水陆运输的中枢，具有承东启西、连南接北、国脉汇集、吸引四面、辐射八方的区位地缘优势,是国家重要的农业基地、能源和原材料生产与输出基地。近年来,当我们重新审视国家粮食安全问题,当煤电油运全面紧张,成为解决国民经济进一步增长的瓶颈,当资源约束在东部几个快速发展地区首现端倪之时,中部六省的战略价值和地位愈益凸显,越来越多的有识之士,带着现实的体验,重新咀嚼着"中原定、天下安"这一古训的深远含义。从崛起的内容和路径选择看,应充分体现、贯彻落实科学发展观,坚持走新型工业化道路,经济增长方式逐步完成向资源节约型、环境友好型的转换,提高经济增长的质量与效益,使广大民众既能投身参与崛起,亦能分享崛起的利益,物质文化生活水平有实实在在的提高。简言之,中部崛起要走出一条新路子。为此,要正确对待和处理一系列关系,下面择要说三点。

1. 政策扶持和内生自增长力的培育

国内外经验表明,一个地区经济的发展,说到底是靠内生自增长能力,但这不排斥政策扶持的作用,特别是最初启动和某些障碍与困难的克服。西部地区和东北三省近几年的初步转变,也证明了有针对性的政策扶持的重要作用。中部地区许多城市与矿区,和东北三省的问题很近似,国有老企业多、设备与技术老化、历史包袱沉重,矿业城市资源枯竭、地面沉降、亟待发展接续产业,等等。建议比照东北三省的政策,对中部六省,提前实施增值税转型;国有企业剥离社会职能时,中央财政予以适当补助;国有企业改制时,有条件的核销呆账坏账;利用国债或专项资金支持老工业基地上一批技改项目;对重大装备科研、攻关设计给予必要扶持;对资源型城市经济转型给予系统支持;等等。中部地区的西侧(如晋西、豫西、鄂西、湘西)和皖、赣山区,在交通等基础设施条件方面，和西部有类似处，除鄂西、湘西两个自治州已比照享受西部地区有关政策外，争取其他山区亦享受同样的政策待遇。中部农村人口比例高，大部分又集中在粮食主产区，近年两个"1号文件"的各种支农、惠民的政策，有必要更加系统集中地投入到中部农村。

2. 统筹城乡发展和经济与社会协调发展

中部地区国土面积102.73万平方公里，要崛起，只能是重点突破。第一个层次是完善与发挥六个省会城市和以它们为核心的武汉都市圈（1+8）、中原城市群（1+8）、长株潭、昌九、皖中和晋中城市群的城市功能，为企业进入国内外大市场、进入国际产业链、供应链，提供便捷、交易费用低廉的大平台，成为企业技术创新与管理创新的源头。第二个层次是培育壮大一批区域性中心城市和以它们为核心的城镇群（圈、带）。第三个层次是发展县域经济。县作为行政区划和行政管理的基层层次，处于安民、富民的第一线。"郡县治，天下安"的古训，我看至今仍然适用，如果说大中城市是国家经济的支柱，那么，县域经济则是国家经济的基石。除了紧邻大中城市周边的农村，可以直接接收大城市的辐射、带动，城市对其余农村的带动往往是通过县，而且是县的城关镇和其他中心镇。中部六省和江苏、浙江经济发展比较，大中城市相比有差距，但远不如县（含县级市）域经济差距之大。按第四届县域经济基本竞争力评价，进入全国百强县的，江、浙两省共48个，几占一半，而中部地区合计才5个（河南两个，湘、鄂、晋各1个）。

发展县域经济是一篇大文章，非三言两语说得清。过去，我写过一篇《壮大县域经济：全面建设小康社会的重要一环》，已收入《中国县域经济（2002）》。最近江西省工业经济联合会有一份《提升县域经济竞争力》的报告（要刊于《经济日报》2005年4月14日第7版），点到了许多实质问题。在此，我想补充一点的是，注意县域经济发展的同时，还需要狠抓县域社会事业的发展，最紧迫的是，学龄儿童的上学，初级卫生保健与就医，预防因病致贫、返贫，以及成年人的技能培训，这对提高劳务输出的档次和农业劳动力的转移，影响重大。

3. 对内对外开放和本土创业者的培育

经过20多年快速发展，东部"长三角"、"珠三角"、闽东南等地区，伴随工业密度的提高，一系列要素价格上扬，有的已出现"地荒"、"电荒"、"水荒"和"民工荒"，新一轮结构调整和产业转移已经开始，这对中部地区发展，是需要及时抓住的机遇。至于境外资金和技术的引入，中部差距较大。按2003年的数据，中部六省当年实际利用外资仅占全国同类指标的11%，进出口总额仅占全国同类指标的4.2%。中部经济外向度偏低，和中部产业技术进步不快，结构优化升级缓慢，有着明显的相关性。在重视引进境外、区外资金与技术的同时，对本土投资者、创业者要同等的重视。对一些发展水平较低的市、县，一时难以形成引进外资环境的地方，从引进内资起步，逐步完善投资环境，毋宁说是为日后引进外资的"热身赛"。而培育引入外地投资的软环境，又要由营造有利于本地社会资金投入开发和本土投资者，创业者的形成、壮大人手。

总之，中部地区的崛起，必须以科学发展观统领经济社会发展的全局，狠抓转变经济增长方式、调整优化结构、推进城乡与区域协调发展三大着力点，坚持改革开放，通过体制机制创新，启动科技创新，推动中部产业结构升级和地区综合竞争力的提升。

三 中部地区崛起应培养自身内生动力

如何实现中部地区在神州的崛起，我以为有以下几个问题必须研究。

第一，当前中部要解决的主要问题是创新，创新是地区经济活力和竞争力的源泉，当前对于中部来讲，创新尤为重要。中国目前区域政策的覆盖群有四个，即沿海地区、西部诸省、东北三省、中部六省。中部地区的人们盼望中央对中部地区也会有一个像振兴东北老工业基地那样的配套政策，在"十一五"规划中，估计会有这方面的考虑。区域政策在地区崛起当中确实起着重要作用，但在市场经济中不能对此估计过高，它只能是起到"扶上马，送一程"的作用。如果给的政策越多、时效性越长，就有可能向其对立面转化，区域发展最终还是要靠自己的创新，培养地区的内生的动力。

当前，国家的形势对中部地区来说是一个有利的时机，因为新一轮经济发展正处在重化工业阶段，说白了就是钢铁、石化等行业再次升帐。虽然国家宏观控制盲目上马，但中部地区各省在这方面原来就有相当基础，而且原材料充足。现在如何打好这张牌，值得很好地思考。

第二，竞争的关键是劳动生产率。中部地区的劳动生产率尤其是江西比较低，还是处于锅底状态，中部地区没有一个省达到了全国平均水平，武汉虽然有五六十所大学，还有很多科研院所，但还是低于全国平均水平，河南则最缺。为什么会这样？主要是资本与知本的结合比较差。两者之间如何结合，可以看看深圳，深圳原来只是一个渔村，却有那么多院士跑过去，除了"孔方兄"的作用，还有那里的软环境、技术条件、设备等方面的原因。

第三，江西过去打的是农业牌，改革开放初期提出的第一个口号是"画好山水画，写好田园诗"，后来又提出"把江西的经济大厦建立在现代农业的基础上"，这种指导思想一直持续了15年。对于一个落后的农业大省来讲，要转向工业化和城市化，以此为指导显然是不够的，当然，我们对农业也应足够重视。首先，对于粮食问题的估计，本届政府与以往有很大的变化，从国家粮食战略安全考虑，当今谁也不敢放松农业；其次，如果很多先进的项目真的能够搞成，农业人口的就业岗位还很有潜力，农产品的流通是农产品的生产和调整产业结构的先导，不把产品的市场化问题解决，农业结构的调整就会如同盲人骑瞎马。从美国的情况来看，真正直接种地的人口是300多万人，而从事农产品流通的有1000多万人。

第四，城市化的本质是创造非农就业岗位。创造更多的社会保障岗位，不是简单地指扩大城区面积或者再建新城市。以前，由于简单地认识城市化问题，单纯为了发展工业园区，大量占有农民的土地，却不能提供新的就业岗位，造成中国现在还有3000万—4000万名的"三无"农民，即：无土地、无就业岗位、无社会保障，这与实践"三个代表"重要思想、全面建设小康社会的目标完全背道而驰。所以，我认为对"加快"推进城市化的这一口号，有重新加以审视的必要。

（本文曾载于周绍森、陈栋生主编：《中部崛起论》，经济科学出版社2006年版）

大力发展非公有制经济：中西部经济崛起的重要支点[*]

一 中西部地区大力发展非公有制经济的突出意义

党的十五大在把邓小平理论确立为党的指导思想的同时，又根据改革开放新的经验、新的要求，在许多方面发展了邓小平理论。其中最重要的一点是明确了"非公有制经济是社会主义市场经济的重要组成部分"，是社会主义初级阶段基本经济制度的构成内容。从20世纪50年代中期到70年代，非公有制经济在中国经历了被限制、被改造直至被取缔的厄运；从70年代末，再由"社会主义公有制的附属和补充"上升到"必要的有益的补充"，最后在党的十五大回归到它本应具有的地位。这既是社会主义初级阶段基本国情决定的；也是产权明晰、预期明确乃经济发展根本动力所决定的。马克思有重建"个人所有制"之说，中国自己的大圣人孟轲早就有"无恒产者无恒心"之语。中国非公有制经济近半个世纪的沉浮起伏及其对国家经济发展带来的

---

[*]（1998年8月15日在西安"促进非公有制经济发展研讨会"上的发言要点。

相应影响，从正反两方面充分证明了先哲们所言。

真理，在特定的时空中更加清晰易见。

1998年中国经济增长的目标是8%，而在上半年，国有工业按增加值计算仅比1997年同期增长2.4%，正是靠了集体工业同比增长7%，非公有制工业增长11.3%，整个工业增加值上半年才实现了7.9%的增长。从流通领域看，更为明显，1998年上半年国有经济的消费品零售额比1997年同期下降了5.3%，集体经济也只增长1.4%，主要靠个体经济消费品零售额增长15%，才得以实现上半年社会商品零售总额比1997年同期增长6.8%的绩效。非公有制经济在1998年中西部经济发展中的贡献更为突出。以陕西省为例，1998年上半年全部工业同比增长将近4%，而非公有制工业增长11%，占全部工业增长贡献率的六成。非公有制经济发展的意义，在中西部地区更加突出。改革开放以来，东中西部地区发展差距扩大是社会关注的大问题，根据近20年来东西部GDP增长率的数据分析，东西部增长差距主要发生在"八五"时期后三年以及20世纪80年代中期两次经济高涨期（1981—1984年和1985—1988年）（见表1）。

表1　　　　1979—1994年东西部GDP增长率比较　　　单位:%

年份	1979—1980	1981—1984	1985—1988	1989—1991	1992—1994
东部	12.99	12.49	19.93	12.83	31.72
西部	12.59	12.25	19.13	12.86	23.93
西部相当于东部的数值	103.28	98.08	95.98	100.23	75.44

资料来源：根据相关年份的《中国统计年鉴》按当年价格计算整理。

单就东西部地区国有工业的增长率比较，这三次经济高涨期中,有两次东西部地区国有工业增长速度基本持平;而在1983—1985年期间,西部国有工业的增长率甚至明显超过东部国有工业;而对东西部地区非国有工业(含非公有制工业)的增长率加以比较,西部则明显低于东部(参见表2)。故此可以说,近20年东西部发展差距扩大主要源于西部地区非国有经济发展明显不足。

表2　　　各经济高涨期东西部增长率的比较　　　单位:%

年份 类型	1983—1985		1985—1988		1991—1993	
	东部	西部	东部	西部	东部	西部
全部工业	25.35	21.88	29.24	25.18	35.38	25.73
国有工业	14.12	17.61	22.06	23.68	20.63	20.49
非国有工业	42.40	39.75	37.79	29.32	46.48	35.59

资料来源:根据相关年份的《中国统计年鉴》按当年价格计算整理。

发展非公有制经济,在动员社会资金、人才,增加供给,繁荣城乡市场、方便人民生活,增加税源,创造更多就业机会,促进社会稳定诸多方面的意义是不言而喻的。而它更深远的影响在于促进一个地区的千万个市场主体的形成与发育;在于促进一个地区市场意识、市场氛围、市场规制的形成与健全。多年来,我在东中西部调查中有一个强烈的感觉,即东部经济舞台上,各类市场主体,在利益驱动下忙忙碌碌,捕捉商机;而在中西部经济舞台上,更多看到的是党政官员在为争取国家项目和政策优惠而辛劳。在东部沿海地区,一个市场机遇刚起于青萍之末,官员们还未发觉,企业家们早已把钱赚到了手;而在中西部,当商机如潮涌溪谷之时,企业家还安坐礼堂,静听官员的动员报告。东西部的差距,说到底是市场主体发育的差距。中西部地区千万个市场主体壮大之日，亦即中西部经济崛起之时。而非公有制经济在这方面具有不可替代的作用。不仅它本身是自主经营、自负盈亏、自我发展、自我约束的市场主体，而且在推动中西部国有经济、国有企业向"四自"市场主体转化，具有重大作用。1998年4月我到浙江讲课调查，那里国有企业有的也经营困难，以至亏损，但总的讲，对市场应变能力强，对市场约束应对有策的企业较多，原因何在？向当地同志求教，答之曰：得益于浙江这些年非公有制经济的大发展，通过竞争压力和要素的传递、流动，促进了浙江国有经济和国有企业市场竞争力的提高。国有与非国有、公有与非公有经济这种相辅相成、相反相成的促进作用，对于西部实现所有制结构和经济结构的调整，实现国有经济布局的战略调整，推进国有企业的改革，都有重大作用。从这个层面上看，可以说，大力发展非公有制经济是实现中西部经济振兴与崛起的突破口。

二 障碍克服和发展重点

中西部非公有制经济发展，一方面具有更突出的意义；另一方面受到的环境制约也甚于东部。从民间资本的积累规模、人才素质等要素供给看，中西部逊于东部，特别是在制度环境方面，差距较大。党的十五大以后，中西部各省省委、省政府及时作出了《关于大力发展非公有制经济的决定》，半年多来，该决定发挥了政策威力，成效初显。为了巩固、扩大战果，为包括非公有制经济在内的各类市场主体营造宽松的发展环境，各项经实践检验的政策措施，宜依照法定程序逐步法律化、法规化，使宽松环境的营造纳入依法治国的进程，使对非公有制经济的产权保护，对非公有制经济诸多歧视性做法的排除，特别是刹住"三乱"

等公害对非公有制经济的摧残,能充分依靠法律武器。

对不同类型地区非公有制经济发展的方向与重点,该决定作出了很全面的部署。仅就以下几点加以强调和补充：

1. 重视民办科技企业的发展

在买方市场的新态势下,提高产品的科技含量,开发新产品,是市场制胜之道。中西部各省、市、自治区,特别是重庆、成都、西安、兰州等大城市,科技人才荟萃,精英汇集,在"稳住一片"的同时,鼓励、支持更多的科技人员,以多种形式发展民办科技企业,可以说是非公有制经济最有生命力的亮点所在。

2. 多方支持回乡民工兴办民营企业

改革开放以来,中西部地区大量民工拥入东部,特别是东部的大城市和特区,十几年的风风雨雨,他们中间的一部分,不仅积累了一定的资财,也不同程度地掌握了"生意经",成为经营人才。制定切实措施,吸引他们回乡兴办企业,对于中西部农村市场经济的发展,加快中西部农村剩余劳动力向非农产业转移,意义深远。

3. 大力吸引外地民间资本进入西部

民间资本的积累水平,对非公有制经济发展规模有重要影响,克服中西部地区这一制约因素的重要途径是,大力引进外地民间资本,特别是沿海地区的民间资本。伴随资本进入的,还有经营管理,市场营销等现代市场经济运作经验,而这些对中西部地区非公有制以至整个经济的发展,都是稀缺的宝贵资源。

(本文原载《云南社会科学》1999年第1期)

充分发挥武汉在加快中西部
发展中的战略制高点作用[*]

党的十四届五中全会通过的《制定"九五"计划和2010年远景目标的建议》，提出了"坚持区域经济协调发展，逐步缩小地区发展差距"的重大方针不久，召开这次武汉与中西部发展战略研讨会，非常及时。现在，东部和中、西部地区差距扩大问题已引起社会各个方面的广泛关注。中国中西部国土面积800多万平方公里，人口7亿多人，分别占全国总量的86.5%和58.7%，而中西部地区的GDP仅占全国总量的42%，地区差距不仅显著，且呈继续拉大之势。大家希望尽快地改变广大中西部地区欠发达的状况，但实际上不可能一蹴而就。要想改变不发达、欠发达的状况，从产业的布局和建设的展开来看，不能不按照点轴推进战略，按照点—线—面空间布局展拓的客观规律。首先要抓住能够在广袤的中西部地区起骨骼作用的产业带、经济带，特别是发展潜力最大的、有全局意义的一级产业带，这样的

---

[*]（1996年1月29日在北京）"武汉市与中西部发展战略研讨会"上的发言要点。

轴线主要有两条。从北边看就是陇海、兰新沿线的产业带，即新亚欧大陆桥；在南边就是沿江产业带。要振兴中西部经济，首先要把这两个一级的产业带，当然还有若干个二、三级的产业带发展起来。而要使这些产业带振兴，就必须抓住这些产业带上的最重要的支撑点、制高点。

武汉是长江产业带最重要的支撑点，地位很明显、很突出，不需要很费劲地去论证。首先，从区位上看，它处于龙身的地位，也可以说，从浦东龙头向整个中西部传递的一个最重要的中继站。其次，从经济实力来看，武汉有实力来扮演这个角色，发挥这个龙身的作用。主要经济数据表明，武汉的综合经济实力在全国大城市当中占第七位。特别是武汉的四个大的支柱产业——钢铁、汽车、机械、光纤光缆为主的高新技术产业都是产业关联度比较大，带动力比较强的产业。再次，它的辐射面相当广。长江和京广、京九这两条铁路干线在这里交汇和四通八达的公路，使武汉的辐射面绝不仅仅是在江汉平原，在湖北省，而是远达湖南、河南、江西、安徽以及邻近的其他省。武汉在20世纪80年代，"六五"、"七五"计划时期由于一些具体原因，它在国内大城市中的相对实力有所下降，但是，从"八五"时期起就有了重大转变，尤其在加强城市基础设施，在完善中心城市的功能上，取得了重大的突破，为承担、扮演这个角色增添了实力，增强了辐射能量。据我所知：第一个是天河机场的建成；第二个是长江二桥的建成以及内环线的建成；第三个是武昌到黄石（往下水走的）、汉阳到宜昌（往上水走的）高速公路通车，还有汉口新火车站、武汉客运港、阳逻电厂一期工程等在"八五"时期完成。使武汉的中心城市功能大大完善，在华中和长江中游地区发挥了经济、金融、贸易、交通运输、信息和科技教育中心的作用。在这基础上，国家进一步对武汉加大支持力度，能够使武汉在推动中西部经济振兴当中发挥更大的作用。具体地讲，我认为，要在以下几方面给它一些支持。

搞社会主义市场经济，最大的牵引力就是资本市场。武汉多次申报要设立证券交易所，要引进外资银行。我前不久分析了一些材料，东西差距，一个很重要的原因就是在引进外资规模上的差距太大。从武汉看，引进外资银行，设立证券交易所是具备条件的；早在20世纪上半叶，武汉是国内仅次于上海的金融中心，这样不仅把武汉本身的融资搞活了，也把整个内地的融资搞活了。武汉自己在地方财政很吃紧的情况下，把天河机场建好了，具备了国际机场的条件，但是到现在还没有国际航班，硬件有了，要让天河机场升级为国际机场，开通国际航线，使武汉成为内外循环的交汇点，这样对内陆地区经济外向度的提升是有力的推动。武汉敢于挑重担，要求在改革开放方面放开手脚干，中央再给予一定的支持，武汉的经济地位提升、功能完善，就能成为带动湖北经济发展的"兴鄂龙头"、成为中西部与国内外大市场对接交流的中枢，成为推进中西部地区加快发展的战略制高点。

深化改革优化结构:中西部地区工业振兴之路[*]

  1996年是"九五"计划开局的第一年,中西部地区的工业尽管受到更激烈市场竞争的挑战,绝大多数省(区)工业增长指数都达到了两位数;但工业增长质量和竞争力未见明显提高,工业经济效益除个别省呈现恢复性回升,多数未见好转,相当一部分省(区)继续处于净亏损的窘境。宏观、微观双层面改革的推进,支持中西部工业克服困难、迎接挑战、抢抓机遇。地方政府职能逐步归位,集中精力研究、提出和推行切合实际的地区经济发展战略,构建具有竞争优势的地区特色经济,效果初有显现。股份制与国家控股的合资企业等公有制多种实现形式,民营经济等多种经济成分发展加快,年增长率已超过全国平均水平。一批亏损企业,通过"三改一加强",按照市场导向,调整产品结构、开展多种经营、减员提效、增资减债,甩掉了亏损帽子,这批先进典型,让人们看到用三年左右时间使大多数国有大中型亏损企业脱困目标的实现,在中西部地区同样充满希望。在兼并

---

[*] 1998年初,为《中国工业发展报告(1998)》撰写的文稿。

联合、资产重组大潮中,东部地区一批明星企业进入中、西部,既盘活了大批存量资产,更传递了现代市场经济意识与经营理念。与此同时,中西部一大批优秀企业,亦挟资金、技术和品牌优势,驰骋国内外大市场,朝着"四跨"大型企业集团发展,成为支撑中西部广袤地区工业化、现代化的擎天柱。

一 工业增长分析

1. 工业增长速度

1996年,中部7个省(自治区)工业的年增长率已接近全国平均水平,其中湖北、安徽、江西已超过全国平均水平3—5个百分点。西部8个省(自治区)(不含西藏),增长速度均低于全国平均水平,特别是甘肃、云南两省年增长率都在8%以下。

1997年,据工业总产值初步统计(缺西藏资料),比1996年增长率,大体呈三种类型:

(1)进入高速增长,增幅超过全国平均值(13.01%)的有5个省,即安徽(18.01%)、湖北(16.27%)、四川(16.06%)、江西(13.15%)和贵州(13.12%);

(2)略低于全国平均增幅,处于中速增长区间的有6个省(自治区),即湖南(12.09%)、青海(11.03%)、陕西(11.01%)、河南(10.87%)、新疆(10.74%)和内蒙古(10.14%);

(3)增幅明显低于全国平均水平,处于低速增长的有4个省,即山西(8.20%)、甘肃(8.16%)、青海(5.08%)和云南(3.72%)。

中部地区工业由于皖、赣、鄂、湘、豫几省近年快速增长,在全国工业总产值中所占的份额,已由前几年的18%上升到

1996年的20%多，提高了两个多百分点；西部地区工业在全国所占份额近年来一直徘徊在11%左右，且有继续下降的危险。

由于农业产业化中"龙头"企业的发展，和乡镇企业东西合作工程的实施，中西部乡镇工业发展速度加快，1996年乡镇工业增加值比上年的增长幅度，中部为14.6%、西部为33.81%，远高于东部的3.25%，中西部乡镇工业的发展对所在地区工业增长的贡献增大。

2. 工业增长质量

工业增长质量，狭义可从产品质量上反映出来，广义上则综合表现为市场竞争力。根据国家技术监督局1997年产品质量国家监督抽查通报，全年抽查产品数100—400种之间的14个省（市、自治区）中，中西部地区有8个省，就中部河南、山西两省的抽样合格率高于全国平均抽样合格率，6个省（陕西、安徽、湖南、江西、四川和湖北）的合格率低于全国平均数。全年抽查产品数在100种以下的有11个省（市、自治区），中西部地区有8个，其中云南、贵州、新疆、内蒙古、甘肃和宁夏的产品抽样合格率高于全国平均合格率，重庆、青海两省（市）低于全国平均合格率[①]。

从国家统计局有关部门采用多要素综合评分对地区竞争力排序的资料，中西部无一省（市、自治区）进入前10名，位居中位数之前的也只有湖北、四川两省，其余均在中位数之后。和20世纪80年代初相较，竞争力排序位次前移的只有新疆和宁夏两区，而位次后移的则多达10个省（自治区）（见表1）。

---

① 《1997年全国第四季度产品质量国家监督抽查通报》，载《经济日报》1998年1月17日。

表1　　　　　中西部各省、自治区经济竞争力排序

1980年位次	省（自治区）	1995年位次
10	湖北	12
11	四川	14
13	河南	16
14	湖南	17
18	安徽	18
16	山西	19
25	新疆	21
20	陕西	22
19	江西	23
23	云南	24
24	内蒙古	25
27	宁夏	26
22	甘肃	27
26	贵州	28
28	青海	29

资料来源：《中国信息报》1998年1月9日。

3. 工业经济效益

中西部地区大多数省（自治区），工业经济效益处于相当严峻的窘境。一是效益水平横向比较低下；二是从动态走势看，效益继续下滑。

按1996年全部独立核算工业企业计算的资金利税率看，中西部高于全国水平（7.11%）的只有5个省（自治区），除云南因卷烟等特殊行业，高达25.95%外，还有安徽、内蒙古、河南和湖南；其余11个省（自治区）均低于全国水平，青海省甚至是负数。和1995年相比较，除内蒙古上升3.25个百分点以外，其余省（自治区），

都比 1995 年下降，下降幅度最大的是云南省，下降了 4.5 个百分点。按国有独立核算工业企业计算的资金利税率，比上述指标值更差，除滇、湘、豫、皖四省以外，12 个省（自治区）的资金利税率均低于全国平均数（6.54%），和 1995 年相比较，指标值除湖南略有上升外，其余各省（自治区）均较 1995 年下降。

按独立核算工业企业计算的净盈（亏）额分析，1995 年净亏的有新疆、青海、陕西 3 个省（自治区），1996 年湖南、贵州、甘肃由原来净盈转为净亏，净亏省（自治区）增加到 6 个。如按国有独立核算工业企业计算，1995 年净亏的有新疆、青海、陕西和湖南 4 个省(自治区)，1996 年，湖南由净亏转为净盈，安徽、江西、贵州、甘肃和宁夏却由 1995 年净盈转净亏，以至目前中西部按国有独立核算企业计算，有 8 个省（自治区）为净亏（见表 2）。

表 2　1996 年中西部各省、自治区工业企业经济效益指标　单位：亿元

	独立核算工业企业 利润总额	独立核算工业企业 比 1995 年增(+)减(-)	国家独立核算工业企业 利润总额	国家独立核算工业企业 比 1995 年增(+)减(-)	资金利税率(%) 独立核算工业企业	资金利税率(%) 国有独立核算工业企业
山西	35.09	1.11	27.14	-0.5	6.31	5.69
内蒙古	8.92	-0.37	0.87	-5.99	8.97	4.58
安徽	24.08	-21.96	-7.21	-15.43	9.37	6.93
江西	0.89	-4.26	-9.44	-12.93	4.27	3.57
河南	72.40	-33.49	37.25	-11.00	8.51	7.70
湖北	46.13	-6.13	8.67	-15.73	6.59	5.01
湖南	-7.44	-12.21	5.24	6.34	8.07	8.36
四川	12.69	1.45	2.8	-11.00	4.84	4.83
贵州	-4.85	-8.62	-5.00	-8.44	6.62	6.46
云南	101.15	-13.56	91.67	-19.85	25.95	31.58

续表

	独立核算工业企业		国家独立核算工业企业		资金利税率（%）	
	利润总额	比1995年增(+)减(-)	利润总额	比1995年增(+)减(-)	独立核算工业企业	国有独立核算工业企业
西藏			0.42	0.38	6.02	5.18
陕西	-9.80	-6.44	-20.46	-11.83	3.37	2.27
甘肃	-0.09	-5.82	-4.94	-5.19	4.70	4.26
青海	-9.87	-4.22	-9.28	-3.95	-1.10	-1.20
宁夏	2.11	-1.26	-0.92	-2.26	4.65	3.43
新疆	-19.10	-17.92	-10.60	-8.16	3.17	3.33

资料来源：1996年、1997年的《中国统计年鉴》；《中国统计提要（1997）》。

1997年上半年，和1996年同期比较，中西部地区有6个省（市、自治区）经济效益呈现恢复性回升，表现在亏损企业亏损额下降，下降幅度最大的新疆达28.46%，其次为湖北、青海、湖南、四川和贵州。其余10个省（市、自治区）亏损额继续上升，上升幅度最大的为安徽和云南，分别比1996年同期增亏32.21%和31.34%（见表3）。

表3　1997年上半年各地区独立核算国有工业企业亏损额及占利税总额的比重

地区	亏损企业亏损额（亿元）	比1996年同期增减（%）	亏损额占利税总额比重（%）	比1996年同期增减（百分点）
全国总计	451.49	2.15	34.47	-3.83
中部				
山西	9.69	24.55	25.90	6.27
内蒙古	9.85	7.07	62.86	5.89

续表

地区	亏损企业亏损额 （亿元）	比1996年同期 增减（％）	亏损额占利税 总额比重（％）	比1996年同期 增减(百分点)
安徽	12.89	32.21	35.07	9.53
江西	10.86	4.02	69.13	-1.99
河南	16.83	0.10	25.91	-2.87
湖北	21.64	-5.54	42.21	-4.97
湖南	21.34	-3.44	49.40	-16.39
西部				
四川	21.91	-2.97	39.78	-17.57
贵州	10.40	-0.38	51.84	-11.28
云南	12.07	31.34	8.01	0.32
西藏	—	—	—	—
重庆	13.18	5.86	1.1倍	-9.63
陕西	22.38	2.29	2.6倍	-71.47
甘肃	10.86	10.25	71.12	18.25
青海	6.23	-4.01	—	—
宁夏	2.61	13.48	60.00	10.22
新疆	10.48	-28.46	47.68	-1.1倍

注："-"表示利税总额为负数，没有可比性。
资料来源：国家统计局、国家经贸委、财政部联合通报，载《经济日报》1997年8月30日。

二　经济体制改革的新进展

1. 所有制结构的进一步调整

中西部地区多数省（市、自治区）为偏重型工业结构，采掘工业、原材料工业和军工占较高份额，所有制结构上，到20

世纪 90 年代初，多数省（自治区）国有经济比重还高达百分之六七十以上。不少自我发展能力低的国有老企业，面对市场竞争的严峻挑战，为了产品更新换代，或扩大规模进行技术改造，先后走上了向国内外招商引资，或向厂内职工与社会集资之路，使一部分国有独资企业，步入了投资主体多元化的股份制经济之路。1996 年，中西部地区股份制经济发展迅速，中部地区发展速度与全国平均数持平（19.9%），西部地区增长率比全国平均水平高 11.1 个百分点，按股份制企业产值指标衡量，总产值一年翻番或数倍增长的有山西、新疆、甘肃、贵州、云南、青海和宁夏等省（自治区）。由于基数低，尽管增长率较快，但规模仍有限，截至 1996 年底，中西部股份制经济在全国股份制经济中仅占 27.3%。

受区位和其他软、硬投资环境的制约，过去，中西部外商和港澳台投资企业的发展，与东部差距甚大。近年来，随着京九铁路、南昆铁路、兰新复线等大批交通、通信设施建成，投资环境显著改善。1996 年，中西部外商和港澳台投资企业，按产值增长幅度已超过全国平均值，增幅较大的有西藏、陕西、贵州、江西、湖北、青海和云南等省（自治区）；但就绝对规模看，还很有限，截至 1996 年底，中西部 17 个省（市、自治区）外商、港澳台投资企业的总产值仅占全国的 8.2%，只相当于广东省的 1/4（见表 4）。

1996 年，中西部地区，除西部集体工业外，各种非国有工业的增长幅度都超过国有工业，特别突出的是中部地区集体工业的增长率（21.6%），既高于中部国有企业增长率的 1.8 个百分点，也高于全国集体工业增长率的 13 个百分点，这和中部地区几个农业大省，近年农业产业化和贸工农一体化的推进有关（见表 5）。

表4　　1996年中西部地区股份制、外商和港澳台投资企业的发展

	股份制企业				外商和港澳台投资企业			
	企业单位数（个）	总产值（亿元）	比1995年增长(%)		企业单位数（个）	总产值（亿元）	比1995年增长(%)	
			企业单位数	总产值			企业单位数	总产值
全国	8282	2791.32	41.02	19.91	44371	10853.81	-1.09	18.78
中部	1988	421.74	42.82	19.91	4154	609.06	3.77	21.30
山西	85	18.52	51.78	430.66	255	31.74	7.14	20.78
内蒙古	187	15.40	88.89	41.41	279	35.45	2.57	21.49
安徽	160	85.11	2.56	24.16	381	103.01	-25.58	26.27
江西	188	12.81	172.46	-27.75	561	60.45	6.65	36.15
河南	833	103.19	41.19	5.69	1472	163.75	29.01	9.97
湖北	405	168.44	12.19	36.10	630	155.22	-10.76	32.08
湖南	130	18.27	113.11	-38.40	576	59.44	-5.26	9.54
西部	1750	340.14	54.18	31.51	1779	285.90	-11.93	22.99
四川	923	250.71	58.05	18.54	732	124.99	-21.87	8.75
贵州	161	17.37	59.41	171.41	186	18.56	20.78	45.34
云南	164	19.48	34.43	145.34	303	31.97	2.36	30.33
西藏	—	—	—	—	12	0.31	20.00	342.86
陕西	258	30.18	88.32	26.38	266	60.44	-10.74	63.39
甘肃	72	5.20	-6.49	182.61	65	20.46	-35.00	13.35
青海	23	0.95	109.09	143.59	15	0.54	7.14	31.71
宁夏	50	8.68	35.13	117.54	64	17.09	-3.08	16.42
新疆	99	7.57	62.29	186.74	136	11.54	-6.20	15.17

资料来源：1996年、1997年的《中国统计年鉴》。数据为乡及乡以上工业企业总产值按1990年不变价格计算。

表 5　　　1996 年中西部不同经济类型工业增长速度

（以 1995 年为 100）　　　　　　　单位:%

	国有企业	集体企业	股份制经济企业	外商投资企业	港澳台投资企业
全国	102.06	108.30	119.90	132.25	105.62
中部	103.32	121.60	119.91	133.33	109.05
西部	102.65	101.60	131.51	116.58	133.22

资料来源：1996 年、1997 年的《中国统计年鉴》。表中为乡及乡以上工业企业。

从表 6 可见中西部地区非国有经济发展较快，但在经济总量中所占仍有待提高，西部地区至今非国有经济还不足 50%，而新疆、青海两省（自治区）甚至不足 25%（见表 6）。

表 6　　1996 年中西部地区按经济类型分工业总产值构成　　单位:%

	国有工业	集体工业	城乡个体工业	其他经济类型工业
全国	28.48	39.39	15.48	16.65
中部	31.56	40.02	21.67	6.75
山西	36.52	37.03	23.37	3.07
内蒙古	48.21	21.56	22.47	7.75
安徽	26.38	50.06	16.36	7.19
江西	46.69	32.14	13.90	7.26
河南	29.59	41.40	21.48	7.52
湖北	29.54	41.78	20.21	8.47
湖南	29.34	34.49	31.87	4.29
西部	50.72	26.08	14.15	9.05
四川	37.68	31.13	19.19	11.99
贵州	59.77	18.09	14.87	7.25
云南	62.11	23.29	9.30	5.30
西藏	67.18	20.46	5.50	6.85

续表

	国有工业	集体工业	城乡个体工业	其他经济类型工业
陕西	54.18	26.52	10.61	8.68
甘肃	58.11	25.44	11.63	4.80
青海	76.66	15.67	5.23	2.44
宁夏	62.43	13.22	7.80	16.53
新疆	76.23	13.74	5.23	4.79

资料来源：《中国统计年鉴（1997）》，中国统计出版社1997年版。

2. 抓好搞活大型国有企业，推进现代企业制度的建立

中西部各省（市、自治区）把探索公有制多种实现形式、推进各种经济成分发展和国有经济布局的调整与国有企业的改革，特别是现代制度的建立紧密结合。截至1996年底，中西部由国家和省（市、自治区）两级主持的现代企业制度试点企业872家（见表7），相当一部分已完成改制。据初步调查效果很好和较好的约占40%。如拉萨啤酒厂1995年因技改资金不能按时到位临近半停产，后由四川光大金联实行业公司参股，并广泛吸引社会资金，组建成拉萨啤酒股份有限公司，改制不到两年，"拉啤"的年产量由过去的2000吨，发展到15000吨，扩建工程1998年完工后，将达到10万吨；过去一年亏损2700万元，1997年1—9月创利税2813万元；过去人均月工资503元，现在890元，外加奖金数百元；迄今，雪域高原已有"拉啤"、西藏矿业、明珠、圣地和金珠5家上市公司。

面对市场的新态势，中西部多数省（市、自治区），坚持市场导向把国有企业改制和地区经济结构调整紧密结合，围绕"造舰、创牌"壮大支柱产业、盘活存量资产，积极推进企业兼并联合与资产重组。既欢迎、支持省（市、自治区）外企业兼并、收购本地的"休克鱼";更培育、支持本地的优势企业、驰骋国内外大市场,朝"四跨"大企业集团发展。

表7　　　中西部地区现代企业制度试点企业的分布

省（区）	试点企业数	省（区）	试点企业数
山西	69	贵州	22
内蒙古	37	云南	79
安徽	31	西藏	1
江西	66	陕西	57
河南	104	甘肃	41
湖北	94	青海	17
湖南	55	宁夏	41
四川	68	新疆	11

资料来源:《统计资料》1997年第79期,表中为截至1996年底的数据。

武汉市政府支持无锡小天鹅、青岛海尔、深圳宝安集团等国内著名企业,分别以不同方式兼并了武汉洗衣机厂、希岛公司、马应龙药业公司等几条"休克鱼",不仅激活了这几家被兼并企业,使它们重新畅游在大市场,而且使上述优强企业的经营管理理念、管理模式、管理方法在被兼并企业及其所在地区,产生广泛深远的影响;"不求所有、但求所在",正成为中西部地区越来越多的决策者和企业家的共识。

在激烈市场竞争中,企业保生存、求发展的本能使条块分割等多年难以突破的"行政藩篱"土崩瓦解。同处重庆市的嘉陵、建设、望江、平山等兵器工业总公司系统的企业,和市属的奔达、宗申、隆鑫、津华,以及一批生产发动机零部件的集体和民营企业,1997年10月15日终于联合组建成中国嘉陵建设摩托车集团，集团总资产100亿元，拥有年产400万辆摩托车、500万台发动机的能力，成为国内摩托车行业的五强之一。

在东部许多著名企业进入中西部地区的同时，一批跨地区、跨行业以至跨国经营的大型企业集团也正从中西部地区崛起，除了早已退迩闻名的长虹、红塔集团外，下述企业亦从制度创新、经营创新、管理创新等方面提供了有益的启示。

双汇和春都是河南省食品行业的两大集团，在全国火腿肠市场上，两雄的市场占有率高达70%。1997年双汇兼并了武汉、开封、舞钢、大庆、绵阳和集宁六市休克中的7家肉联（食品）厂，以2000多万元的付出，盘活了5亿多元的存量资产，被兼并企业的原有原料肉供应腹地和目标市场区双双进入双汇旗下，7家闲置多年的大容积冷库得以充分利用。以同样的"四两拨千斤"的资本营运之道，前些年双汇吸引16家外商投资2093.3万美元，在漯河"双汇食品城"兴建总投资达2.53亿元的7家中外合资公司，1997年初，7家公司全部如期投产，当年销售收入3.2亿元，整个集团实现销售收入30亿元、完成利税2.6亿元，出口创汇3500万美元，前两项指标分别比1996年增长了23%和24%。

山西南风化工集团股份有限公司，1997年4月股票上市，立马以所筹资金并购了西安、呼和浩特、安庆等地的5家日化厂，发展为在本省拥有9个核心企业，在省外拥有7家控股子公司，合成洗涤剂年生产能力达45万吨，元明粉和硫酸钾分别达65万吨和6万吨的大型日用化工集团，使南风在全国合成洗涤剂行业排头兵的地位进一步加强。

咸阳偏转线圈厂是前些年为陕西彩色显像管总厂提供配套产品，靠贷款和发行债券7000多万元，负债建设、经营起家的中型工厂，五年多来，靠产权结构多元化、实行"一厂三制（国有、民有、外资)"发展成为偏转线圈生产规模全国第一、世界第二，拥有25家子公司（其中合资企业18家、上市公司2家），集科、工、贸于一体的"四跨"大集团，1997年产值达10亿元，出口创汇5000万美元，利润1亿元，人均创利税超过12万元。在全国电子元件厂百强排名第三。偏转集团改制中，特别引人注目的是，集团职工不仅拥有1/5的"偏转线圈"股票，而且在集团内由职工投资组建成民营性质的"咸阳偏转投资发展公司"，使职工既是劳动者，又持有资本，"职工是企业的主人"，在"偏转"再也不是纯粹的政治概念，而成为实实在在依法享有出资者权利的企业主人。

"剑南春"和"宁城老窖"是一南一北两个以白酒为主业的企业集团。剑南春面对全国白酒生产能力过剩、名酒也大量积压的市场形势，走"一业为主、多角经营"之路，凭借自己的名牌和资金实力，通过并购等多种形式，向饲料、养殖、医药、建材、旅游、房地产和高新技术等领域进军，1995年斥资1.1亿元，控股原国有西南铝业公司，一个20世纪50年代靠30担黄谷起家的小酒厂，到1997年已成为总资产11亿元、年销售收入数亿元的跨行业、跨地区的剑南春集团公司。

宁城老窖这支在内蒙古贫瘠沙区长出的奇葩，初始是一间年产白酒200吨的小酒厂，依靠质量意识赢得"塞外茅台"的美誉，尔后，依托名牌先后开发出宁城干白、干红葡萄酒、啤酒、苁蓉补酒，和矿泉水、杏仁露等多种系列饮料；资金实力增强后，为了企业的壮大，也为了反哺故园，利用酒糟加工精饲料，在100个村建了养殖和育肥肉牛基地，在农村建立红粱、山杏等原料基地；以参股等多种形式发展了纸箱、彩色印刷、金属制品和玻璃制品等一批乡镇企业，1997年已发展成总资产超过4.5亿元，年销售收入3.3亿元，利税6500万元的企业集团，在宁城老窖的带动辐射下，58万人口的宁城县，不仅甩掉了贫困的帽子，而且跻身于内蒙古综合经济实力10强县。

除上述企业集团外，内蒙古的鄂尔多斯羊绒集团、鹿王羊绒集团，山西的太钢集团、海棠电器集团，河南的"春都"、"莲花味精"和"新飞"集团，湖北的武钢集团、红桃K集团、东风和神龙汽车公司，湖南的"南方动力"和电线电缆集团，安徽的美菱集团、荣事达、海螺集团，江西的江铃汽车集团，重庆的长安集团、重钢集团，四川的攀钢集团、东方电气和地奥集团，云南的"昆明机床"、"昆明三聚磷酸钠"，贵州的贵铝集团，陕西的彩虹集团、秦川机床集团、大唐电信，甘肃省的金川公司、"三毛集团"，宁夏的"西北轴承"、青铜峡铝厂，青海的"青海钾肥"，新疆的"新联集团"等一批批企业集团的涌现与崛起，将成为支撑中西部广阔地区工业化、现代化的顶梁柱。

3. 放活国有小企业，多方推进民营经济发展

国有小型工业企业实质性的改革，在中西部各地起步时间参差不齐、起步早的四川省宜宾县，早在1992年就采取"改、转、租、包、卖、破、并、分、嫁（接）"等方式，对原属国有企业以至产权模糊的集体企业、乡镇企业进行了兼并；同时撤销工业主管局，由县国有资产管理局行使国有资产管理职能，组建国有资产经营投资公司，负责国有资本的具体营运，实现了政企、政资两个分开。据跟踪调查，改制效果明显，以宜宾县经委系统原16户国有工业企业为例，1996年的总资产、净资产、国有资产、年总产值，分别比改制前增加了139.5%、206.8%、208%和378%，改制前净亏216万元，1996年实现利税3615万元。四川省及时肯定、高度重视宜宾经验，从1994年起，每年以省委和省政府名义召开一次全省总结、推广宜宾国有企业改革经验的

会议，推动全省国有小企业的改革，并把宜宾经验推广到市（地、州）属竞争性行业的国有中型企业改革中。截至1997年6月，四川省（不含3个自治州）县属国有企业的改制面达到76.5％，步伐快的市（如乐山市、绵阳市）改制面已达98％—99％。安徽省在国有小企业中推行兼并、联合、出售、改制、租赁、外资嫁接等"九个一批"的改革，截至1997年6月，改革面达70.3％；湖南省国有小型企业的改革面，同期也达到69％。但是，中西部的有些地区，在党的十四届五中全会明确提出"抓大放小"以后，仍按既有的思维定式，首先想到省、地（市）、县、乡镇层层要抓些"大（企业）"在手，造成面广、量多的中小企业，戴着"国有"帽子，国有资产在大面积亏损中继续流失，下岗职工与日俱增，越来越多的企业净资产已成或正在成为负数。严峻的现实和江泽民1997年5月29日重要讲话的发表，使更多的人走出认识误区，看到"大"、"小"不能层层搞地方标准，只能是国家标准。银川市的决策层明确把全市的国有企业都划入"放小"范围，让国有资本从一般竞争性小企业中全部退出。实践使人们看到，只有触动产权这个"根"，解决"资产连心、经营贴心"，形成企业追求利润最大化的内在驱动机制，国有企业改革才算到位。河南省漯河市、山西省临汾市等，在这方面迈出了较大步伐。

国有小企业产权制度改革的进展，同时也是民营经济发展的进程，中西部各省（区、市）1996年以来民营等非公有制经济发展较快，如内蒙古非公有制经济在工业中已占30％，比五年前提高了24.8个百分点；西藏非公有制经济，在1992—1996年期间年增长超过30％；安徽省1997年私营企业注册资金超百万元的达881户，其中14户跻身全国私营企业500强之列。

许多经济欠发达、建设资金严重短缺的地区，明确提出把民营经济作为振兴地区经济的突破口或新增长点。深处内陆的湖南省邵阳市、1995年实施"民营突破"战略，1996年乡镇企业、个体工商户和私营企业实现产值分别比1995年增长96.8%和111%，被老百姓称为"一（民）惊人"。党的十五大以后，几乎所有的中西部省（区、市），都作出了加快民营经济、非公有制经济发展的决定，按照党的十五大报告关于"非公有制经济是我国社会主义市场经济的重要组成部分"，废除过去对非公有制经济的种种歧视性政策规定，从市场准入、经营范围、经营场地和融资渠道等多方面提供政策优惠。

4. 加强企业管理、加大技改力度，推进扭亏增盈

科学管理是搞好企业的基础工作，也是建立现代企业制度的重要内容。中、西部地区许多国营大中型企业，把加强管理、加大技术改造力度，既作为近期扭亏增盈、又为逐步建立现代企业制度准备条件的根本举措。1997年12月上中旬，《人民日报》对10家国有企业深化改革、扭亏增盈典型经验的报道，其中7家就在中西部。这7家和另外一些同样经营管理搞得好的国营大中型企业，为不同"病因"、"病症"导致亏损的国有企业通过改革、加强管理，走出困境提供了相当系统、生动具体的经验。

传统体制下"企业吃国家、职工吃企业"这"两口大锅饭"，使一些职工养成了惰性，宁可苦等苦熬就是不苦干。湖北黄石下陵钢铁总厂就是这样一个厂，年产才8万吨钢，职工有8000多人，到1995年资产负债率高过97.74%，当年亏损4649万元，是年10月为太钢集团兼并，组建成东方钢铁有限公司，总厂改成公司，其他一切依旧，部分职工甚至认为背靠太钢"大老板"，不愁没饭吃，企业状况更加恶化，每月亏损高达三四百万元。这促使东方钢铁有限公司领导沉疴下重药，顶着巨大

的阻力、减员消肿，行政人员裁减一半、生产人员裁减 1/3，建立健全各项管理制度；1996 年当年比 1995 年减亏 1580 万元，1997 年 1—10 月比 1996 年同期减亏 2673 万元，并于 1997 年 10 月首次实现利润 61 万元。与东方钢铁有限公司类似的贵州水城钢铁（集团）公司，原是一个牌子大的"穷家阔佬"，从 1994 年下半年开始滑坡，到 1996 年底，累计亏损 2.9 亿元，资产负债率高达 98.51%。1997 年 2 月下旬更换领导班子、学习邯钢经验，采取"模拟市场核算，实行成本否决"，八个多月就大见成效，以 1997 年 11 月每吨钢、生铁和钢材的成本与 1996 年同期相比，分别下降了 378 元、84 元和 362 元，从 4—11 月实现减亏 1 亿元，消化增支减利因素 1.5 亿元。

人浮于事是中、西部国有企业效益低下的重要原因，减员增效是国有企业改革的必然选择。江西萍乡矿务局是个百年老矿、可采资源越挖越少，员工却"越挖越多"，在册职工 3.2 万人，外加退休、伤残、抚恤人员 2 万人，从 1972 年起连续亏损 24 年，亏损最高年（1992 年）达 1.3 亿元。1993 年起，加强管理、转换机制，按照煤炭市场价格"倒算"出吨煤成本和成本中的工资含量与岗位定员，精简分流富余人员 1.65 万人，兴办多种非煤产业，使 1.15 万名下岗职工重新上岗。从 1993 年起，连续 4 年，每年平均减亏 3000 万元，1996 年扭亏为盈（38 万元），1997 年 1—10 月税后利润达 111 万元；目前非煤产业产值已占全局总产值的 2/3。和萍乡矿类似的还有河南焦作矿务局，这个国内最主要的无烟煤基地，也是百年老矿，全局 6 万多人都吃"煤"的饭，1992 年亏损额最高达到 1.48 亿；从 1993 年起贯彻"以煤为本、多种经营、综合发展"的方针，40% 的职工先后转岗非煤产业，非煤产业产值逐步占到全局总产值的一半，每年实现减亏 3200 万元，到 1996 年终于甩掉了亏损帽子。

旧体制下工厂只管生产不问营销,自然无市场意识可言,向市场经济转轨,企业的"市场不适应症"就暴露了出来。位于洛阳的中国第一拖拉机制造厂(以下简称"一拖")从1959年投产到20世纪70年代末共生产百万台"东方红",为中国农业机械化作出过历史性贡献,进入80年代,农村实行联产承包责任制,大马力拖拉机顿失用武之地,"一拖"的年利税额也从1980年的1.52亿元下滑到0.49亿元,尽管他们及时开发了小四轮拖拉机等产品,仍未扭转颓势,到1994年终于亏损,当年亏损额高过9400万元。由盈到亏使"一拖"下决心选择"一业为主,多种经营,多品种生产"的战略,拟定了用7年时间,形成拖拉机、汽车与外供柴油机、工程机械三大支柱产品的发展规划;规划实施第三年(1996年)就见成效,销售额比1994年翻一番,实现利税2.59亿元;1997年1—10月实现销售收入37.2亿元,利税2.18亿元。

生产联合收割机的新疆联合机械集团有限责任公司(以下简称"新联"),长期生产大中型收割机,家庭联产承包制实行以后,也陷入和"一拖"类似的窘境,每年亏损几百万元,1993年他们开发出价格只及大型收割机1/4,适应性强的"新疆-2"型收割机,立即受到农民和"新麦客"的青睐。在市场开拓上,采取"背依天山、逐鹿中原、走向全国",从中原小麦主产区"切入",抢占市场的制高点,再逐步向山东和陕、甘、青、宁、内蒙古市场扩展。1997年生产销售1万台,创年销售收入7亿元,在同类产品的市场占有率达70%。在规模扩张上,"新联"采取"销区产"模式,凭依"新疆-2"品牌,联合兼并中原地区有关企业,形成8个分厂、20多个零部件厂、外围还有130多家外协配套厂,形成总资产达5亿元的"集团军"。在近年来企业兼并联合资产重组的浪潮中,兼并方十有八九是东部企业，能挟资金、技术、品牌优势出征兼并的中西部企业，不过十之一二，"新联"就是其中风骚尽领的一帜。

如果说"一拖"、"新联"的产品结构调整还在本行业和工艺相近的范围内，那么，铁道部贵阳车辆厂（以下简称"贵车"）的结构调整则完全跳出了铁路车辆的老本行。该厂设计年修货车2000辆的产品大纲，是20世纪60年代中期从战备出发，不算"经济账"的产物，投产之日、即亏损之时，到1985年已累计亏损800万元，先天畸胎，决定了它只有不囿于原定行业和产品范围，5000多职工才有生路。跨行业转产当然有风险，但最终"贵车"成功了，它地处山沟，无区位优势可言，亦无资源优势，初始只能出租厂房、供应动力，靠辅助车间、生活配套设施作为引资的"本钱"，到1997年已建成包括生产片式电感器、专用高强度钢绳，到竹木制品、法国香水在内的14家合资企业，预计1997年销售收入将达到3.8亿元，利税可达2500万元。

跨行业转产成功的典型例证还有河南新飞电器有限公司，它原本是一家地方小型军工厂，20世纪80年代初已濒临倒闭，1984年转产冰箱、依靠自我滚动发展、坚持技术创新、把引进国外先进技术和企业自主开发有机结合，形成了应变能力强、反馈速度快的新产品开发机制，平均每两个半月就有一种新产品投放市场，在竞争白热化的冰箱行业，各项技术经济指标，多年处于前列。

上述经验表明，认真贯彻中央关于国有经济战略调整和国有企业改革的方针，按照优胜劣汰原则，通过优势企业兼并一批；对扭亏有望企业，通过"三改一加强"、减员提效、增资减债综合措施，搞活一批；对扭亏无望企业，依法规范破产一批。用三年左右时间，使大多数国有大中型亏损企业走出困境，大多数国有大中型骨干企业初步建立起现代企业制度的目标，在中西部地区实现，同样是充满希望的。

三 发展地方特色经济

盲目攀比"跟风"，追求"大而全"，低水平的重复建设造成中国许多工业产品的省际趋同度均在80%以上，有的高达90%多：在制定地方"九五"计划和2010年远景目标规划时，再次出现了24个省区市同把电子列为支柱产业，2个省区市同把汽车列为支柱产业，16个省区市把机械、化工列为支柱产业，14个省市区把冶金列为支柱产业的趋同选择。卖方市场向买方市场转化，市场竞争进一步加剧和优胜劣汰机制的作用，给上述非理性的决策，送上了一副苦口的清醒剂。中西部各省区市无不带着近年市场竞争中酸甜苦辣的体会，反复咀嚼中央关于"各地区要充分考虑国家的整体布局和市场容量，注意发展地区有明显优势的特色经济"的指示，对本省（区、市）未来支柱产业的选择和发展思路重新审视，进一步调整、完善地区经济发展的战略。

1. 围绕竞争优势的形成，确定结构目标

河南是人口总量居全国各省（区、市）之首的人口大省。工、农业规模在全国，分别居第5位和第6位；粮食、棉花和油料的产量，分别居全国第2位和第3位，但大而不强；人均工农业产值和收入都在第20位左右。基于总量与人均位次的强烈反差和其深层原因的发掘，河南省的决策层形成了"围绕农业上工业，上了工业促农业"。把富农强工两篇文章合在一起做的大思路，以农副产品深加工为龙头的食品工业，正和以汽车、摩托

车、数字程控交换机、彩色显示系列产品为主体的机电工业，以石油化工，医药、煤化工为主体的化学工业以及建筑建材一起成为支撑河南经济发展的四大支柱，使河南省国内生产总值增长幅度继1995年比全国平均水平高3.2个百分点以后，1996年增长幅度再次比全国平均水平高4.2个百分点。

新疆维吾尔自治区从国内市场需求和本区资源禀赋特点出发，实施"优势资源转换战略"，大做石油、棉花两篇文章，1996年原油生产能力达到1700万吨，产量增至1451万吨，比1991年增加91.2%，每年供应内地市场原油600万吨、成品油300万吨。目前，新疆石油天然气和石油化工工业的产值已占自治区工业总产值的46.8%；棉纺工业充分发挥单产高、品质好的优势，扩大棉田面积，保证"东锭西移"的原料需求，到2000年达到棉花总量150万吨、棉纺能力300万锭。1992—1996年的5年间，新疆地区生产总值年均递增率达9.9%，实现了鼓起"黑"、"白"两翅，带动天山南北经济全面发展的初衷[①]。

地处亚热带、热带的云南省，素有"植物王国"、"动物王国"之称，从"人无我有、人有我优"出发，云南"九五"计划确定，在继续发展烟、糖、茶、胶、林等传统优势产业的同时，选择更具特有优势的天然药物、微生物（如螺旋藻等）、花卉（如蝴蝶兰等近2000种）、特种香料（如香荚兰等）、饮料（如小粒咖啡等）、特种经济动物等18大类生物资源作为龙头，以"公司加农户"的组织架构，运用高新技术进行产业化开发，以此作为新的经济增长点，使绿色产业和磷矿、有色金属矿藏开采与深加工、旅游业一起，三足鼎立带动全省经济发展。绿色产业规划的实施，一开始就注意既面向国内市场，又进入国际市

---

① "十四大以来经济建设和精神文明建设成就展"（新疆版）。

场。1995年10月昆明成功地举办了"'95国际花卉展"。1999年5月1日至10月31日，中国政府将举办"'99昆明世界园艺博览会"，云南省作为承办方，将充分利用被誉为世界经济、科技界的"奥林匹克"盛会，展示自己发展绿色产业得天独厚的条件和业绩。云南经济从20世纪80年代单一的"两烟"优势向多元化优势产业的转变，给地区经济注入了新的活力，1992—1996年5年间，实现了地区生产总值年均递增10.9%的快增长①。

经济发展水平居全国后列的贵州省，更加重视从自身资源禀赋和市场需求出发，朝着建成中国南方能源基地、全国重要原材料基地（以铝、磷及其加工品为主），全国"烟、酒之乡"的目标，以及发展猕猴桃、刺梨、银杏、魔芋、杜仲、五倍子、油桐及其加工品等绿色产业，通过保持发展上述领域的竞争优势，使经济逐步走出困境。

2. 重点突破、协调发展的空间布局政策

中西部17个省（市、自治区）除重庆、宁夏土地面积不足10万平方公里以外，其余省（自治区）面积均在十几万、几十万平方公里。内蒙古、西藏和新疆3个自治区的面积都在一百几十万平方公里，地区经济的合理布局，成为影响地区经济发展绩效的重要方面。处于内陆和边疆的中西部各省、区、市通过近20年的实践，深刻认识到开放对启动中西部发展，引入短缺要素，使丰富的资源和产品转化为现实经济优势的重要意义，先后取得了"以开放促开发，以开发促发展"的共识。沿江的安徽、江西、湖北、重庆、四川各省（市），都把沿江地区作为本省对

---

① "十四大以来经济建设和精神文明建设成就展"（云南版）。

外开放和发展重点，呼应浦东的开放开发和三峡水利工程的建设，积极投入横贯东西的长江综合经济带的构建。

安徽省明确提出"一线（皖江，即长江安徽段）、两点（合肥市、黄山市）"，既是全省对外开放的重点，也是全省经济布局的重点，在"一线两点"地区集中了两个国家级、19个省级经济技术开发区，拥有两个国际航空港、9个口岸和一大批大型和特大型的工商企业，正成为带动全省经济起飞的引擎，使安徽省地区生产总值在1992—1995年期间实现年均递增19%的基础上，1996年比1995年再次增长13.2%[①]。

1992年以来，江西就把"昌九"工业走廊作为全省建设的重点，走廊由京九铁路和高速公路将省会南昌和港口城市九江相连，东临鱼米之乡的鄱阳湖区，西抵云山、拓林风景区，利用优势区位，创建良好的投资环境，五年来引进外资突破10亿美元，一批大型外资企业在此落户，走廊区内地区生产总值1996年占全省1/4，成为带动全省工业发展和产业升级的增长极，促使江西1992—1996年5年间，工业增加值的年均递增率达到22.3%，地区生产总值的年均递增率达到13.6%[②]。

地处华中腹地的湖北省，以"九省通衢"的武汉市为中心，黄石、宜昌、襄樊与十堰组成的大三角作为全省的核心经济区，在呼应浦东、服务三峡中，加快长江产业带和十堰、襄樊至武汉千里"汽车走廊"的建设，作为带动全省经济发展的主动力。从1993年起，地区生产总值增长幅度连续4年超过全国平均水平2.6—4.1个百分点，一改此前经济增长速度连续8年

[①] "十四大以来经济建设和精神文明建设成就展"（安徽版）。
[②] "十四大以来经济建设和精神文明建设成就展"（江西版）。

（1986—1992年）低于全国平均水平[①]。

1997年3月14日，全国人大八届五次会议批准设立重庆直辖市，揭开了重庆发展的新篇章。重庆成为中国面积最大（8.24万平方公里）、人口最多（3022万人）的直辖市，同时也是农业人口比例最高，有待脱贫人口最多的直辖市，更繁重的任务是如期安置百万移民，构建三峡库区经济。如何以重庆主城区老工业基地的振兴为依托，完成历史的重托，重庆市正在新征程上进行新的探索。

重庆为直辖市后，四川省的面积仍有48.5万平方公里，人口数量仍居西部首位（8357万人）如何推进人口众多、土地广袤的大省实现工业化、现代化，省委、省政府决策层提出了"依托一点（成都市）、构建一圈（成都平原经济圈）、开发两片（攀西、川南）、扶持三区（阿坝、甘孜、凉山三个自治州）"的省内经济布局方针[②]。进一步强化成都商贸、科技、金融中心和交通、通信枢纽的功能，依托成都、绵阳密集的科技人才，在高新技术产业化等方面，发挥先导作用，看来将成为贯彻上述方针的启动点。其他如陕西省，以加快关中地区的发展和结构升级，支持陕北、陕南的资源开发，实现三秦大地的全面繁荣。宁夏回族自治区，从提高北部川区经济入手，加快川区发展，帮助南部山区脱贫，实现"以川济山、山川共济"[③]。西藏自治区通过强化以拉萨为中心的雅鲁藏布江中游和拉萨河、年楚河河谷"一江两河"地区的综合开发，带动整个雪域高原的发展。

近年来，湖南省无论从结构目标到布局方针，都作出了符合

[①] "十四大以来经济建设和精神文明建设成就展"（湖北版）。
[②] 《四川省委政府领导畅谈四川省国民经济跨世纪发展战略》，载《厂长经理日报》1997年10月23日。
[③] "十四大以来经济建设和精神文明建设成就展"（宁夏版）。

客观经济规律的选择,使经济增长率从连续十几年低于全国平均水平,进入"九五"时期,一转为超过全国平均水平。

(本文曾以《中西部地区工业体制改革》为题,载《中国工业发展报告(1998)》,经济管理出版社 1998 年版)

下决心走新型工业化道路
——对山西经济发展的几点建议

进入 21 世纪，山西省经济运行指标显著好转，人均 GDP、城镇居民收入等指标在全国的位次止跌转升，令人欣慰。值得进一步分析的是，上述转折是短期性因素，还是经济结构战略调整和体制创新有显著进展所致。为了今后能保持持续快速增长，山西看来需要下决心走新型工业化之路；尽管作为煤炭生产大省，能源输出大省走新型工业化道路，调整幅度大、难点多，但还非走不可；否则，今后 20 年山西省实现全面建设小康社会就会受到更严峻的挑战。

一 在能源化工基地的现有基础上，塑造新型具有山西特色的竞争力的产业结构

党的十六大报告指出："形成以高新技术产业为先导，基础产业和制造业为支撑，服务业全面发展的产业格局"这段话对全国和几千万人的省，我看都适用，差别只在于，一个省在发展高新技术产业、基础产业、制造业和服务业时，不要追求行行俱

全，而是选准确能发挥自身比较优势，有可能形成竞争优势的若干行业或生产环节。

近年来，山西高新技术产业发展势头不错，2000年和2001年高新技术企业工业总产值的增幅达18.3%，比同期工业总产值增幅高8.3个百分点。今后，应更突出抓紧对全省经济增长有重大带动作用的高新技术产业，同时抓紧研究开发力量的培育。

山西重点发展哪些制造业，我首先想到的就是装备制造业，一则它是技术创新和科技进步的主要载体，是提升产业科技含量的重要推动力；再则，山西省装备制造业的历史悠久，19世纪末（1898年）就创办有太原机械局，到20世纪20年代，太原已拥有了机械工业集群的雏形，在机械制造业百余年发展历史积淀的基础上，通过加入国内外优强企业的价值链、或者承接京津地区和国外跨国公司的转包加工，或者引入国内外优强企业进入山西装备制造企业的重组等多种方式，激活庞大的存量。同时从一开始就要注意本土研发、设计和市场营销与开拓力量的培育（如组织设备成套供应和工程承包公司等），充分吸取20世纪后20年，山西只顾挖煤，而未抓住煤炭营销环节的历史教训。煤炭开采、焦化、建筑材料和多数高耗能工业，环境污染严重，亦是山西省工业的大头，不少得从更新工艺流程等源头治理，有无可能把坏事变好事，变压力为动力，将此与上述制造业历史积淀结合起来，侧重发展环保治理设备和低污染的加工制造装备作为山西装备制造业的特色与侧重面。

按照比较优势筛选一个省（区）的支柱产业，只是第一步，关键是这些产业能否培育出竞争优势，能否取得较高的市场占有率和经济效益。山西醋业，与其他省市相较具有比较优势，无人可争，而是否具有竞争优势则另当别论。据报刊所载数据，山西醋的市场售价还不及镇江香醋的一半，全年醋业的销售收入才4

亿元，真正卖到省外的仅占四成，而以香醋闻名的江苏镇江恒顺集团一个企业的年销售额就逼近3亿元……山西醋业的市场得失很值得深入的实证分析，它绝不仅仅是抓抓醋厂的管理等个别问题，而涉及地方政府对有序市场的培育、引导，醋行业协会的组织协调功能，山西醋品牌的树立与营销网络的培育等；引出的结论亦可供其他行业培育竞争优势参考。

二 从农产品流通和提高农民进入市场的组织化程度切入，繁荣农村经济

第一产业增加值占山西省GDP的份额已不足10%，对GDP增长的贡献率不高，但为实现全面建设小康社会的目标，今后还需对"三农"下大工夫。

20世纪50年代中期我刚从大学毕业就到山西农村调查，以后又多次去过，给我留下深刻的印象之一：山西在相当长时期是全国农业劳动模范最多的省。遗憾的是这样的省，为什么过了近半个世纪，农民人均纯收入还不足2000元（比全国平均水平低15%左右）。北京有家中郡县域经济研究所，他们根据2000年统计数据按经济实力与竞争力，将全国的县（含县级市）分为十档（A，B，……，I，J），按他们的分档，山西97个县中有80个县属后5档（F—J），A档的县没有，B档和C档的县亦仅分别只有一个。为什么会如此相悖！2000年夏，我和中央党校几位教授、博士曾到晋中地区咨询调研，那里农业自然条件属上中乘，交通便利，亦种了不少经济作物，进一步了解这些产品如何卖出去，答曰：主要等外地商贩来收购。总的说，农产品的市场体系和农业市场化程度还赶不上我于20世纪90年代初在鲁西地区（在山东省属欠发达地区）所看到的。农产品进入国内外大

市场的渠道、载体不建立，不能及时地掌握市场信息，农业结构的调整就只能停留在口头，难以落实到田头，甚至会盲人骑瞎马。引进农产品加工的龙头企业到本地落户，是途径之一，但不是每个县、乡都有这样的机遇。更普遍性的路子是政府扶持、培育本土和外地的农产品经纪人，进而发展经纪人协会和专门从事农产品的经纪公司等。总之，先跨出农业市场化的步子，进一步再跨出农业现代化的步子（包括农业技术支撑体系，农产品质量标准与认证体系的构建）。彻底解决"三农"问题的另一途径是，推进城镇化，加快农民向市民转化的步伐，其关键又在构建能创立新就业岗位的农转非的载体，从相关数据判断，山西大多数县域经济发展还处在"极化"阶段，所以城镇化首先是把县城建好（包括扩大城区面积），使之成为大中城市辐射农村的中继站，和农产品和诸要素汇入大市场的中枢，相应培植有竞争力的产业和产品。

三　以自力更生为主，积极争取中央政府的政策扶持

改革开放头 20 年，山西以大量廉价的能源产品支援了全国特别是沿海地区，在山西结构调整遇到单凭自身力量难以克服的困难时，申请上级政府支持是顺理成章的。党的十六大报告在"促进区域经济协调发展"一段中，就提出了"三支持"的政策，山西完全符合条件。当然，外因都需通过内因才能起作用，各级地方政府要把改善本地的投资经营环境放在首位，加快政府职能转换，寓管理于服务之中，从过去的指挥、命令型向服务型政府转变。

（本文原载《技术经济与管理研究》2003 年第 3 期）

发展食品工业　推进中部崛起[*]

在这次中国中部投资贸易博览会期间,举办以"食品工业与中部崛起"为主题的"中国食品工业高层论坛",可谓正当其时。两个多月前,胡锦涛总书记在主持中央政治局围绕区域协调发展主题的集体学习时指出:"要把促进区域协调发展摆在更加重要的位置,切实把区域发展总体战略贯彻好、落实好"。

区域协调发展是国民经济平稳、健康、高效运行的前提,是科学发展的重要内容,是可持续发展的重要保证,是全面建设小康社会,构建社会主义和谐社会的必然要求。党的十六届五中全会,在总结中国社会主义现代化建设中区域发展丰富经验的基础上,提升凝练形成中国区域发展总体战略,为地区发展极不平衡的中国,指出了走向协调发展的必由之路。

区域发展总体战略简要地说,即一个目标、三大要件。一个目标是,各地区居民能享受到均等化的基本公共服务,人民生活水平差距趋向收敛,各地区的经济发展与本地区的资源承载力相适应,实现经济发展与人口、资源、环境相协调。三大要件,一

---

[*] 2007年4月27日在"中国食品工业(漯河)高层论坛"上的讲话。

是国民经济和区域发展的总体战略布局；二是相应的政策导向和区域政策；三是构建完善区际协调互动的发展机制。以充分发挥各地区的比较优势，形成多姿多彩的产业，通过"和而不同"的分工协作、良性互动，提高国家经济总体的竞争力。

从世纪之交党中央提出实施西部大开发，到党的十六大提出"支持东北地区等老工业基地加快调整和改造"，直至2006年4月15日中共中央、国务院颁发《关于促进中部地区崛起的若干意见》，全国业已形成四大板块的区划格局，以此空间架构为依托，党的十六届五中全会提出了："坚持实施推进西部大开发，振兴东北地区等老工业基地，促进中部地区崛起，鼓励东部地区率先发展，健全区域协调互动机制的区域发展总体战略。"

中部6省面积占全国10.7%，人口占全国的28%，2006年地区生产总值4.3万亿元约占全国的1/5，无论在区位、资源、产业基础还是人力资源方面均具相当优势；晋、豫、皖3省是国家的重要煤炭基地；豫、鄂、湘、赣、皖5省都属农业大省，粮食占全国总产量近30%，油料、棉花产量占全国近40%，是国家重要的粮棉油基地，矿产资源丰富，是国家原材料、水能的重要生产与输出基地；地处全国水陆运输网的中枢，具有承东启西、连南接北、吸引四面、辐射八方的区位优势；人口多、人口密度高、经济总量达到相当规模，但人均水平低，特别是人均社会发展指标较低。中部6省地处腹心地带、国脉汇集的战略地位，其经济社会又好又快的发展，有利于提高国家粮食和能源的保障能力，缓解资源约束；有利于扩大内需，保持经济持续增长，事关国家发展的全局和全面建设小康社会的大局；促进中部地区崛起，理所当然地构成国家区域发展战略的重要组成部分。全面落实科学发展观和构建社会主义和谐社会的各项要求，围绕粮食、能源、原材料、现代装备制造和高技术产业五大基地和综合交通运输枢纽为中心,展开相关建设,是实现中部崛起的根本路径。

河南省在中部6省中,人口与经济总量均占首位,是最先突破千亿斤大关的全国产粮第一大省,中原崛起,特别是中原城市群的率先崛起,是中部地区崛起的关键环节,而以食品工业为主的农产品加工工业,无论在中原地区还是整个中部地区,都是优势产业之一,食品工业、农产品加工工业的品性决定了发展壮大食品工业、农产品加工工业具有多方面深远的意义。首先它是促进工业、农业两大部门良性互动的产业,既能促进农业增效、农民增收,更是引领传统农业转向现代农业的必由之路,同时亦是农业劳动力就近就地转移的重要渠道;同时,食品工业亦是赢利能力较强的行业,2006年按总产值计,食品工业占工业总产值的8%,而按利税计,食品工业占全部工业利税的13.2%。与此相应,食品工业、农产品加工工业还是连接城乡,促进城乡良性互动的纽带,对于大多数县和县级市而言,又是壮大县域经济最便捷的切入点。

河南省及其漯河市这些年来发展的业绩,就是以上论断最好的佐证。2006年河南省食品工业规模以上企业销售收入1970亿元,居全省各工业行业之首;粮食加工、肉禽蛋奶加工等的发展,有力促进了优质专用粮食品种和肉禽品种的推广与产业的基地化。2001年至2006年河南省累计发展优质小麦1180万公顷,使农民增收70亿元以上,同时推进安阳、鹤壁肉禽基地,漯河生猪基地和信阳水禽基地的形成。2006年漯河市农产品加工业对全市经济增长的贡献率达53.5%,其中食品工业的贡献率达45.3%。

在充分肯定食品工业发展成绩与重要作用的同时,如以发达国家为参照系,就可看到:未来食品工业还有巨大的拓展空间,以食品工业为主的农产品加工工业在带动地区经济发展，实现中原崛起、中部崛起中的作用，还大有提升、彰显的余地。

农产品加工工业的产值与农业产值的比例，发达国家为3:1，中国现为0.5:1，相差6倍；发达国家深加工用粮占粮食总量的份额超过70%，而中国仅8%。中国食品工业从目前以初加工、粗加工为主逐步向精深加工转变；成品向专用化、营养强化与科学组合、系列化、品牌化方向提升的空间还非常巨大。从市场营销与拓展看，健全、完善从农产原料到食品的市场网络体系，改造、提升传统业态，发展新型业态和第三方物流，把拓展国内外大市场与培育大型食品企业集团、壮大食品工业集群、打造食品工业基地紧密结合，在使食品"走出去"的同时，通过饮食文化和旅游业，以吸引游客、商家和投资人"走进来"。中部博览会和中原食品节为"请进来"和"走出去"搭建了大平台，为展示河南省从"大粮仓"向"大厨房"的历史跨越，为展示食品名城漯河的璀璨、推动中原大地食品工业的大发展，促进中部地区尽快崛起，必将发挥越来越大的积极作用。

（本文原载《技术经济与管理研究》2007年第4期）

作者年表

陈栋生，笔名边古、任源滨。

1935 年

10 月 5 日　生于湖北省应城县。

1941—1951 年冬

在武汉市小学中学学习（至高中二年级）。

1951 年冬—1954 年底

东北财经学院工业经济系学习至毕业。

1955—1965 年夏

中国科学院哲学社会科学部经济研究所（生产配置研究组）实习研究员、助理研究员。

其间，参加中国科学院黄河中游水土保持考察队，先后到国家计委燃动局、基建总局、重工局进修，参与过全国煤炭工业布局研究、以酒泉钢铁基地为中心的西北建设布局调研和以鞍钢为中心的鞍山地区生产力布局研究。

1965 年夏—1978 年秋

中国科学院自然资源综合考察委员会地理研究所。

其间：下放"五七干校"三年，参与过北京重污染企业搬迁布局的调研，全国发展沸腾炉、利用低热值燃料的调研。

1978 年秋—

中国社会科学院工业经济研究所。

其间：评任副研究员（1980 年）、硕士生导师（1981 年）、研究员（1985 年 7 月）、博士生导师（1986 年）、区域经济研究室主任（1991 年）、2000 年 11 月退休，返聘三年，到期终止。

其间：1990年1月 应武汉市政府之聘，任武汉市社会科学院名誉院长。

1990 年

2月 在中国区域经济学会成立大会上当选学会副会长、法人代表。

1991 年 7 月—1992 年 10 月

应聘兼任内蒙古呼伦贝尔盟副盟长。

1992 年

享受国务院颁发的政府特殊津贴。

1993—1995 年

兼任中国经济与社会发展咨询总公司总经理。

1993—1998 年

受聘任中央纪委监察部北京干部培训中心兼职教授。

1995 年

任中国社会科学院西部发展研究中心主任（退休后为名誉主任）。

其间：承担了工业布局与区域经济学和环境经济学的三年、八年科研规划的草拟。完成了国家计委地区司委托的《"七五"和后十年中国生产力布局研究》，主持完成了《论九十年代中国经济布局和指导方针》和《九十年代我国区域经济政策研究》以及社科基金项目：《中国西部经济崛起研究（1995—1997年)》等。

2002 年

受聘任国家行政学院兼职教授。

2003 年

受聘任特华博士后科研工作站指导专家。

2003—2004 年

主持国务院西部开发办委托课题：《促进东西部合作与交流研究》。

2005 年

受聘任北京市"十一五"规划顾问委员会副主任。

2006 年

当选中国社会科学院首届荣誉学部委员。

2007 年

受聘任北京市朝阳区人民政府顾问。

作者论著目录

著　作

《工业布局与环境经济学》，贵州人民出版社 1984 年版

《经济布局的理论与实践》，辽宁大学出版社 1988 年版

《中国地区经济结构研究》（与陈吉元合著），山西人民出版社、中国社会科学出版社 1988 年版

《区域经济的实证研究》，内蒙古文化出版社 1993 年版

《西部经济崛起之路》（与魏后凯、陈耀、刘楷合著），远东出版社 1996 年版

《西部大开发与可持续发展》，经济管理出版社 2001 年版

主编、共同主编

《环境经济学与生态经济学文选》，广西人民出版社 1982 年版

《中国产业布局研究》，经济科学出版社 1988 年版

《经济布局与区域经济研究》，东北财经大学出版社 1990 年版

《中国地区产业政策研究》（与周叔莲、裴叔平共同主编），中国经济出版社 1990 年版

《区域经济研究的新起点》，经济管理出版社 1991 年版

《区域经济辞典》，东北财经大学出版社 1992 年版

《呼伦贝尔经济社会发展战

略》，中国计划出版社1992年版

《区域经济学》，河南人民出版社1993年版

《纪检监察干部市场经济知识读本》（与张大平共同主编），中央党校出版社1994年版

《跨世纪的中国区域发展》，经济管理出版社1999年版

《西部大开发干部参考读本》，中央文献出版社2000年版

《西部开发：大战略新思路》，经济科学出版社2001年版

《中国区域经济新论》（与程必定、肖金成等共同主编），经济科学出版社2004年版

《区域协调发展论》（与王崇举等共同主编），经济科学出版社2005年版

《中部崛起论》（与周绍森共同主编），经济科学出版社2006年版

《区域发展创新论》（与罗布江村、陈达云共同主编），经济科学出版社2008年版

论　文

《生产力布局技术经济论证的意义和内容》，载《技术经济和管理现代化文集》，中国社会科学出版社1979年版

《当前生产力布局的若干问题》，载《经济研究参考资料》1979年第112期

《工业生产力的布局》（中央电视台播出），文稿载《经济管理》1980年增刊

《重视环境经济与管理问题的研究》，载《工业经济管理丛刊》1980年第4期

《环境保护和环境经济学的研究》，载《论环境管理》，山西人民出版社1980年版

《工业布局理论与方法的探讨》，载《经济问题探索》1980年第5期

《工业布局学——工业生产力空间组织的科学》，载《生产力经济学文集》，贵州人民出版社1981年版

《基本建设布局与经济效果》，载《论经济效果》，中国财政经济出版社1981年版

《基本建设项目的布局与厂址选择》，载《基建经济与管理》，青海人民出版社1981年创刊号

《工业布局问题》，载《经济管

理讲座》，化学工业出版社 1981年版

《内地工业要全面规划》，载《建设经济》1982 年第 12 期

《论工业布局》，载《贵州社会科学》1982 年第 3、4 期连载

《我国工业布局的成就、经验教训和改进途径》，载《煤炭经济研究》1982 年第 4 期

《生产力经济学中的环境与生态问题》，载《论生产力经济学》，吉林人民出版社 1983 年版

《工业布局的理论与实践问题》，载《生产力经济》1983 年第 2 期

《经济地带与经济区划》，载《技术经济与管理研究》1983 年第 4 期

《工业布局调整方向与途径的探讨》，载《经济问题》1983 年第 5 期

《工业布局与战略目标》，载《辽宁大学学报》1983 年第 6 期

《生产力布局的政治经济学考察》，载《云南社会科学》1983 年第 6 期

《工业污染防治战略初探》（署名任源滨），载《经济问题探索》1983 年第 8 期

《工业的劳动对象》，载《工业经济学》，经济管理出版社 1984 年版

《工业的地区结构和布局》，载《工业经济学》，经济管理出版社 1984 年版

《重视新兴产业布局的研究》，载《技术经济与管理研究》1984 年第 4 期

《围绕煤炭能源基地建设调整山西经济结构的探讨》，载《山西能源重化工基地综合开发研究》，山西人民出版社 1984 年版

《长江流域经济区划和产业布局》，载《经济研究资料》1984 年第 9 期

《工业布局战略》，载《中国工业发展战略问题研究》，天津人民出版社 1985 年版

《布局经济学体系初探》，载《财经问题研究》1985 年第 2 期

《我国工业布局的战略对策与前瞻》，载《中州学刊》1985 年第 6 期

《我国西部地区工业发展战略的几个问题》，载《工业经济管理丛刊》1985 年第 9 期

《对我国生产力布局战略的探讨》，载《经济研究参考资料》

1985 年第 62 期

《工业地区布局战略》，载《中国工业经济发展战略研究》，经济管理出版社 1986 年版

《布局经济的理论与实践》，载《生产力经济学》，浙江人民出版社 1986 年版

《我国的生产力布局》，载《中国经济建设的若干理论问题》，江苏人民出版社 1986 年版

《工业布局的战略研究》，载《中国生产力的合理布局》，中国财政经济出版社 1986 年版

《为什么必须把东部地区的发展和西部地区的开发结合起来》，载《红旗》1986 年第 3 期

《论三大经济地带发展战略》，载《新疆经济研究》1986 年第 4 期

《老少边穷地区经济发展的几个问题》，载《贵州计划经济》1986 年第 6 期

《走向 2000 年的中国经济布局》，载《经济研究参考资料》1986 年第 82 期

《改善我国经济布局的对策》，载《我国经济发展的若干问题及其对策》，经济日报出版社 1987 年版

《我国工业布局的大趋势》，载《财经问题研究》1987 年第 1 期

《建设布局基础知识讲座》，连载于《贵州投资研究》1987 年第 1、2、3、4 期

《再论我国经济总体布局战略》，载《开发研究》1987 年第 2 期

《试论山西省的产业政策》，载《技术经济与管理研究》1987 年第 3 期

《发挥三线企业作用的几个问题》，载《工业经济管理丛刊》1987 年第 3 期

《我国经济布局战略的再探讨》，载《社会经济导报》1987 年第 3、4 期合刊

《上海经济区发展战略初探》，载《效益与管理》1987 年第 4 期

《东北经济区发展战略初探》，载《工业经济管理丛刊》1987 年第 5 期

《西南经济区发展战略初探》，载《效益与管理》1987 年第 5 期

《工业布局与经济效益》，连载于《投资管理》1987 年第 6、7 期

《我国有色金属工业布局初探》，载《江西社会科学》1987 年第 6 期

《我国钢铁工业布局研究》，载

《财经问题研究》1987年第12期

《对新疆经济发展与产业政策的几点浅见》，载《开发研究》1988年第1期

《地区经济发展战略研究的几个问题》，载《首都经济》1988年第2期

《试论海南岛经济开发的空间格局》，载《工业经济管理丛刊》1988年第4期

《我国产业布局政策的抉择》，载《福建论坛》1988年第5期

《关于贫困地区经济发展的几个问题》，载《江西社会科学》1988年第5期

《流域经济与立体网络开发》（与魏后凯合作），载《工业经济管理丛刊》1988年第5期

《走出有武汉特色的对外开放之路》，载《学习与实践》1988年第5期

《论中国综合运输网的布局》，载《财经问题研究》1988年第7期

《行政性地方分权是当前地区间经济冲突与贸易摩擦的主要原因》（与魏后凯合作），载《中国社会科学院要报》1989年第17期

《从运行机制看经济布局与地区经济结构》，载《经济研究参考资料》1988年第38期

《工业布局》，载《中国工业经济管理》，经济管理出版社1989年版

《关于经济布局与地区结构问题》，载《当代中国社会主义经济理论问题》，中国社会科学出版社1989年版

《对区际贸易摩擦的几点思考》（与魏后凯合作），载《改革》1989年第2期

《论产业政策区域化和区域政策产业化》，载《计划与市场探索》1989年第3期

《振兴东北经济之路》，载《社会经济导报》1989年第4期

《关于沿海与内地协调发展的几个问题》，载《工业经济管理丛刊》1989年第4期

《我国的工业布局和区域经济》，载《中国工业经济研究》1989年第6期

《论建立区际经济新秩序》（与陈耀合作），载《财经问题研究》1989年第9期

《产业政策必须与区域政策相结合》，载《中国社会科学院要报》1989年第89期

《工业布局与工业经济效益》，载《中国工业经济效益问题研究》，中国社会科学出版社1990年版

"The Regional Economy", Eoited By Peter Nolan and Dong Fureng " The Chinese Economy and Future", 1990

《论区域经济——基本理论与操作运用》，载《财经问题研究》1990年第1期

《论地方社科院的立足点与生命力》，载《武汉学刊》1990年第2期

《中国区域经济发展四十年——成就与问题》（与陈耀合作），载《学习与实践》1990年第4期

《论区域经济和我国区域经济学的发展》，载《青海社会科学》1990年第4期

《九十年代中国经济布局的方针与走势》，载《技术经济》1990年第5期

《论"八五"时期我国经济布局和地区经济发展政策》（与魏后凯合作），载《地域研究与开发》1990年第5期

《我国90年代的区域经济政策》，载《中国工业经济研究》1990年第6期

《形势·对策·前瞻——与优秀企业家座谈要点》，载《学习与实践》1990年第11期

《对90年代经济布局方针的建议》，载《中国社会科学院要报》1990年第38期

《我的空间经济观》，载《我的经济观（1）》，江苏人民出版社1991年版

《论生产力布局与区域经济学》，载《贵州财经学院学报》1991年第3期

《兴盟富民之路——谈呼伦贝尔经济发展战略》，载《计划经济探索》1991年第4期

《九十年代区域经济发展的任务及其实现》，载《中国计划管理》1991年第7期

《兴区富民服务全国走向世界》，载《实践》1991年第8—9期合刊

《区域经济发展战略的理论与实践》，载《经济研究资料》1992年第5期

《沿边发展战略和呼伦贝尔的崛起》，载《实践》1992年第10期

《区际经济分工的理论与实

践》，载《江汉论坛》1992年第11期

《理所当然　势所必然——论社会主义市场经济的抉择》，载《呼伦贝尔日报》1992年12月3日

《从资源配置方式差异谈社会主义市场经济》，载《学习与实践》1993年第3期

《中国大陆区域经济的发展与走势》——在两岸科技经济交流与合作研讨会上的演讲稿（1993年6月11日）

《市场经济中的"经济效益"问题》，载《河南财经学院学报》1994年第2期

《区域经济三题》，载《市场经济研究》1994年第4期

《论现代企业制度》，载《中国物资经济》1994年第5期

《优化结构提高效率促进国民经济健康发展》，载《中国物资经济》1995年第3期

《对山西资源转换战略的再审视》——在山西能源基地形势与战略选择研讨会（1995.8.16）上的发言要点，载《山西能源》1995年第4期

《山西能源基地建设问题及发展对策》（与崔民选合作），载《能源基地建设》1995年第5期

《我国城市化问题研究》，载《投资研究》1995年第10期

《煤炭工业城市发展的几个问题》——在太原、大同中长期规划论证会上的发言要点，载《工业技术经济》1996年第1期

《长江上游经济带发展的几个问题》，载《开发研究》1996年第1期

《抓好"两个转变"迎接"九五"开局》，载《桥》1996年第2期

《山西资源转换战略的再审视》，载《能源政策研究》1996年第3期

《欠发达地区经济发展的几个问题》，载《技术经济与管理研究》1996年第4期

《论经济增长方式转变》，载《学习与实践》1996年第5期

《制度创新与中西部经济发展》，载《中国工业经济研究》1996年第6期

《抓住机遇促进大西南崛起》，载《领导广角》1996年第6期

《技术创新组织创新及培养经济新增长点》——在重庆市发展战略研讨会上的发言，载《重庆市跨

世纪发展战略》,重庆出版社 1997 年版

《长株潭经济区发展建设的战略选择》,载《湖南长株潭经济区发展研究》,湖南出版社 1997 年版

《对加快成都经济发展的几点浅见》,载《工业技术经济》1997 年第 5 期

《中部 5 省跨世纪发展的定位与目标》,载《学习与实践》1997 年第 11 期

《深化改革优化结构:中西部地区工业振兴之路》,载《中国工业发展报告(1998)》,经济管理出版社 1998 年版

《中国区域经济研究的回顾与前瞻》,载《工业技术经济》1998 年第 1 期

《中部崛起中的障碍克服》,载《学习与实践》1998 年第 5 期

《市场新态势和企业经营战略》,载《厂长经理时报》1998 年 8 月 6 日第 1 版

《走有地区特色的经济发展之路——中西部省(区)经济发展论述》,载《经济管理》1998 年第 11 期

《从经济布局看新疆经济的发展》,载《边疆经济研究》1999 年第 1 期

《西部经济崛起的重要支点:大力发展非公有制经济》,载《云南社会科学》1999 年第 1 期

《加快中西部发展的几点思考》,载《陕西师范大学学报》1999 年第 4 期

《制度创新是加快中西部发展的主动力》,载《中国工业经济》1999 年第 6 期

《西部大开发观念更新是先导》,载《经济参考报》1999 年 12 月 1 日版

《论西部大开发》,载《求是》2000 年第 1 期

《大战略新思路》,载《宏观经济研究》2000 年第 2 期

《漫话西部大开发》,载《首都经济》2000 年第 9 期

《中国西部地区工业历程的回眸与前瞻》,载《经济研究参考资料》2000 年第 102 期

《西部大开发:企业新机遇》,载《香港商报》2000 年 1 月 17 日 A 版

《投资西部,就是投资未来》,载《香港商报》2000 年 3 月 27 日 A 版

《西部大开发启动年回眸——

兼论经济全球化与西部大开发》，载《新疆财经》2001年第2期

《西部地区经济现状与大开发的对策》，载《中国工业经济》2001年第3期

《以人为本 富民兴区——谈西部大开发战略目标的定位》，载《中国财经报》2001年3月9日第3版

《西部大开发要坚持三个原则 关注三类差距》，载《领导广角》2001年第5期

《趋利避害 掌握主动 提升竞争力——论"入世"后的市场环境变化与对策》，载《中国改革报》2001年10月15日第6版

《论邓小平"两个大局"的战略构想》（与王新合作），载《求是》2001年第23期

《（西部开发）战略目标、阶段和重点》，载《中国西部大开发战略》，北京出版社2002年版

《东引西进 缩小三级梯度》，载《中国工商》2002年第6期

《新世纪中国区域经济走势》，载《理论前沿》2002年第15期

《下决心走新型工业化道路——对山西经济发展的几点建议》，载《技术经济与管理研究》2003年第3期

《壮大县域经济》，载《21世纪中国》2003年第10期

《树立科学发展观走新型工业化道路》，载《昆明社会科学》2004年第1期

《东中西协力联动推进西部大开发》，载《深圳大学学报》2004年第4期

《论西部地区投资软环境的建设》，载《技术经济与管理研究》2005年第1期

《论区域协调发展》，载《北京社会科学》2005年第2期

《科学发展观与城市差别化战略》，载《西京论坛》2005年第3期

《经济发展中的点、线、网、面——对乌昌经济区和新疆跨越式发展的思考》，载《新疆财经》2005年第5期

《努力走出中部地区崛起的新路子》，载《中部崛起论》，经济科学出版社2006年版

《对区域经济发展的几点思考》，载《技术经济与管理研究》2006年第1期

《对进一步推进西部大开发战略深入实施的几点思考》——2006

年4月28日在全国政协经济委员会专题调研座谈会上的发言要点,载《中国西部经济发展报告(2006)》,社会科学文献出版社2006年版

《城乡协调发展与西部大开发》,载《开发研究》2006年第6期

《"十一五"规划与区域经济的新格局》,载《市场论坛》2006年第12期

《彩云之南新春城——建设现代新昆明的思考》,载《中国经贸导刊》2006年第19期

《对建设资源节约、环境友好型城市的几点思考》,载《浙江经济》2007年第2期

《发展食品工业推进中部崛起》,载《技术经济与管理研究》2007年第4期

《落实区域发展总体战略 促进区域协调发展》,载《中国社会科学院院报》2007年5月17日

《数字解读区域发展战略》,载《时事报告》2007年第5期

《环北部湾区域合作与中国区域经济的新格局》——在"环北部湾经济合作论坛(2007年7月26日南宁)"上的演讲稿

《构建协调发展的区域经济新格局》,载《中国城市年鉴(2007)》,中国城市年鉴社2007年版

《用全覆盖的区域政策构建大协调的发展新格局》,载《经济管理》2008年第1期

《东西互动产业转移:我国实现区域协调发展的重要途径》,载《珠江经济》2008年第4期

《论构建协调发展的区域经济新格局》,载《当代财经》2008年第3期,《新华文摘》2008年第12期

《壮大县域经济需分类谋划》,载《浙江经济》2008年第7期

《我与区域经济研究30年——纪念改革开放30周年》,载《县域经济》2008年第6期